KB151324

제4판

The Art of Integrative Counseling

상담과 심리치료의 통합적 접근

Gerald Corey 저
이상민·이태림·고혜연·이장희·남지은 공역

박영story

이 책을 내가 알고 가르칠 수 있어 감사했던 나의 학생들에게 바친다.

차례

역자 서문

2001년 박사과정 학생으로 미국상담학회에서 코리 교수님의 강연을 들은 지 벌써 20년이 지났다. 유학 전 한국에서 코리 교수님의 저서인 [상담과 심리치료의 이론과 실제], [집단상담의 이론과 실제]로 상담이론과 집단상담 강의를 들었기에 미국상담학회에서 그 책들의 저자인 코리 교수님을 만나는 것이 비현실적으로 느껴졌다. 당시 코리 교수님의 강연을 직접 들으며 코리 교수님의 주된 상담이론이 실존주의적 접근이지만 다양한 상담이론을 통합적으로 활용하고 있음을 알 수 있었다. 그 후 미국의 학회에 갈 때마다 학회에서 활발히 강연하시고, 새로운 상담 교재와 기존의 저서들의 개정판을 출판하는 모습을 볼 수 있었다.

2015년 한국상담심리학회 연차대회를 준비할 때 코리 교수님을 연차대회에 모시기 위해 연락을 하였으나 저서 작업 등으로 인해 해외학회 참석은 어렵다고 하셨다. 하지만 아이러니하게도 2021년 코로나로 인해 온라인으로 코리 교수님을 한국에 모실 기회가 생겼다. 코리 교수님과 함께 한국 심리상담자들의 성장에 가장 도움이 될 만한 온라인 강의 주제에 대해 의논을 하였다. 코리 교수님은 한국의 상담실무가들에게 자신만의 통합적 상담 접근법을 알려주고 싶어 하셨다. 이에 따라 코리 교수님은 미국상담학회에서 최근에 개정하여 출판한 본 교재를 소개하였고, 온라인 강의에서 통역을 맡아 줄 이화여자대학교 교육대학원 상담심리 전공의 남지은 교수와 고려대학교 박사과정생인 이태림, 이장희, 고혜연 학생과 함께 본격적인 번역 작업에 들어갔다.

본 역서의 1~3장은 대표역자인 내가 맡았으며, 4장은 남지은 교수가 5~6장은 이장희 학생, 7~9장은 이태림 학생, 10~12장은 고혜연 학생이 각각 맡았다. 기존의 상담이론서와는 다르게 본 교재는 상담실무자들이 어떻게 다양한 상담이론을 통합하여 절충해서 사용할 수 있는지를 상담 사례를 중심으로 자세히 소개하고 있다. 특히 흥미롭게도 사례를 통해 코리 교수님 자신의 통합적 이론 접근법을 보여주었다. 이를 통해 현장의 상담실무자들 역시 자신만의 고유한 상담이론 모형을 어떻게 구축할 수 있는지 알려준다. 코리 교수님이 기술하듯 통합적 상담 접근법이란 그냥 마구잡이로 상담이론과 기법들을 짜깁기한 것이 아닌 "예술(art)의 경지"에 이르는 통합하는 능력이 있어야 한다. 상담의 역사에 있어 상담이 과학인지 예술인지에 대한 논란이 끊임없이 있었다. 아마도 코리 교수님은 과학으로 증명된 다양한 상담이론과 기법들을 예술적으로 통합해서 상담실무자들이 자신만의 상담 접근법을 개발해 나가는 방법을 이 책에서 보여주고자 한 것 같다. 역자 역시 지난 25년간 심리상담 관련 연구를 해오면서 증거기반 상담 개입만큼 중요한 것이 상담자들의 전문성 역량의 향상임을 계속해서 관찰할 수 있었다.

본 역서는 코리 교수님의 특강 전에 출간하기 위해서 한 달 만에 번역을 완성하였다. 그러기에 번역에 있어 다소 부족한 부분이 있을 수 있다. 역서의 경우 독자가 읽으면서 그냥 원서를 읽는 게 낫겠다는 말을 듣지 않는 게 무엇보다 중요하다. 그러기에 저자들 간에 합의를 통해 영어 문장을 그대로 직역을 하기보다는 독자들이 이해할 수 있게 최대한 자세히 의미를 중심으로 의역을 하자고 합의하였다. 그러기에 한글로 표현되는 게 어색한 용어는 바로 옆에 영어 원어를 달았으며, 상담이론 중 이해하기 난해한 개념이 소개되었을 때는 주석을 달아서 좀 더 자세히 그 의미를 전달하고자 노력하였다.

이 책을 출판하는 동안 박영스토리의 노현 대표님이 헌신을 다해 도움을 주었다. 진심으로 감사의 말을 전하고 싶다. 초벌 번역한 원고를 다시 한 번 윤독하면서 좀 더 좋은 표현이 가능한지 검토해 준 박영스토리의 전채린 과장님께도 감사의 말을 전하고 싶다. 나아가 역서를 꼼꼼하게 살펴봐 준 가족(안성희, 이세영)에게도 감사의 말을 전하고 싶다. 이번 역서 작업을 하면서 코리 교수님이 이 책 외에도 자신의 신간들도 함께 번역할 의향이 있는지 나에게 물어보았다. 상담계의 대가가 부탁하였기에 일단은 기회가 된다면 코리 교수님의 신간들도 계속해서 번역 작업을 하겠다고 약조하였다. 코리 교수님의 연세가 이제 80대 중반에 접어들었음에도 이런 열정을 발휘하는 것을 보면서 나도 저렇게 나이가 들고 싶다고 생각하게 된다. 소중한 기회를 주신 코리 교수님에게 다시 한 번 감사의 말을 전하고 싶다.

2021년 3월

대표역자 이상민

이메일: leesang@korea.ac.kr

저자 서문

상담의 이론과 실제를 다룬 나의 책에서는 각각 이론의 장마다 상담 실제에 맞는 통합적 접근법을 제시하면서 나의 통합적 접근법을 상담 사례에 적용하려고 노력해 왔다. 본 저서 [상담 및 심리치료의 통합적 접근]는 이러한 기존의 상담이론 책을 확장하여 좀 더 다양한 통합적 관점을 가지고 상담 사례를 개념화하고자 하는 독자들을 돕기 위해 저술되었다.

[상담 및 심리치료의 통합적 접근 4판] 책에 대하여

이 책은 상담이론이 상담 실제에 어떻게 적용되는지에 관심이 있는 대학원생이나 초보 상담자들에게 특히 도움이 될 것이다. 이 책을 통해 상담자가 상담장면에서 어떻게 자신만의 통합적인 접근법을 개발할 수 있는지 배우게 될 것이다. 이 책은 상담이론 책과 함께 보조 교재로도 사용될 수 있고, 고급상담실제, 상담기법, 치료과정, 상담 실습과 인턴십 과목의 교재로도 사용될 수 있다. 이번 개정판은 아들러 치료, 실존주의 치료, 인간중심 치료, 게스탈트 치료, 사이코드라마, 현실치료, 행동치료, 인지행동치료, 해결중심 단기치료, 동기강화 치료, 이야기 치료, 여성주의 치료, 가족치료 등 다수의 현대 상담이론들에서 사용되는 기본 개념과 기법들을 다루고 있다.

상담 분야의 최신 경향 중 하나는 다양한 이론적 모형과 접근법들이 상담 장면에서 통합되고 있다는 점이다. 상담자 대부분이 하나의 단일 이론에만 얽매이기보다는 상담 실제에 도움이 되는 통합적 접근법이 더 효과적이라고 믿고 있다. 다수의 기초 교재들이 현대 상담 및 심리치료 이론들의 기본 개념과 기법들을 소개하고 있다. 그러나 이들 많은 교재 중에 다양한 이론들을 통합하는 방법을 알려주는 교재는 드물다. 이 책에서 나는 다음의 몇 가지 측면을 특히 염두에 두고 저술하였다. (1) 내가 경험한 실제 상담 경험을 토대로 통합적 개념과 기법을 알려주려고 노력했다. (2) 이들 개념과 기법을 다양한 이론적 모형에서 빌려와서 상담의 시작부터 종결과정 모두에 어떻게 적용하는지 보여주려고 노력했다. (3) 이 책을 읽는 당신이 나와 상담하는 내담자로 상상하면서 나의 통합적 접근법을 경험하도록 노력했다. (4) 상담전문가인 당신이 상담 실제에서 자신만의 통합적인 상담기법을 구축할 방안을 제시하고자 노력했다. 보다 적극적으로 학습하게 하려고 때로는 당신에게 치료자의 역할을 하게 하며, 때로는 당신에게 내담자의 역할을 가정해보도록 하였다.

당신에게 딱 맞는 개인 맞춤형 통합적 접근법을 개발하는 방법을 알려주기는 힘들지만, 당신만의 치료 방법을 구축하기 위해 적합한 주요 개념과 기법을 결정할 때 고려해야 할 점이 무엇인지에 대한 지침을 주고자 하였다. 통합적 관점을 어떻게 개발하는지에 대한 답은 하나가 아니다. 이 책을 읽고 공부하면서 나는 당신과 당신의 내담자를 위해 가장 좋은 통합적 상담 접근법을 어떻게 구축할 수 있는지 당신만의 방법을 얻어가기를 바랄 뿐이다.

이번 개정판의 새로운 점

이번 4번째 개정판에선 수필처럼 지극히 사적으로 쓰는 이전 판의 글쓰기 방식을 고수하면서 최신의 논의를 포함하여 몇몇 개념들을 수정 보완하였다. 치료적 관계의 주요 역할과 관련된 최신의 연구 결과물들을 제시(2장), 치료 성과에 대한 내담자의 피드백의 역할(3장), 통합적 접근법에 있어서 다양성의 중요성을 강조하는 방법(4장), 인지, 정서, 행동 차원에서 내담자와 작업하는 증거기반 실제에 대한 내용(6, 7, 8장), 통합적 치료의 최신 경향(9장), 그리고 심리치료 통합의 미래와 증거기반실제의 역할(12장) 등을 수정 보완하여 제시하였다.

이번 개정판의 또 새로운 점은 상담 실제에 있어서 영성의 역할과 다양한 문화권의 내담자들에게 적합한 심리치료에 대해서 좀 더 강조하면서 다양성 이슈에 대해 좀 더 확장된 치료법을 추가한 점이다(4장). 나아가 존중의 중요성, 저항의 재해석, 변화 단계에 대한 이해 등과 함께 내담자의 저항에 대해서 좀 더 심도 있게 기술하였다(5장). 인지행동 접근법 대한 새로운 자료와 어떻게 인지행동 치료가 상담실제에 통합될 수 있는지 역시 기술하였다(6장). 통합적 관점에서 마음챙김과 수용전념 치료의 개념이 어떻게 다루어질 수 있는지 역시 새롭게 추가되었다(8장). 통합적 접근에서 동기강화 상담 접근법을 어떻게 유연하게 적용할지와 개인 맞춤형 치료 방법에 대해서도 논의하였다(9장). 전이와 역전이의 역동에 대한 이해에 대해서도 논의하였고(10장), 개인상담이 진행될 때 과거, 현재, 미래의 역할에 대한 이해에 대해서도 논의하였다(11장). 해결중심 단기치료와 이야기치료에 대해서 좀 더 강조하였으며(4, 9, 11장), 치료자의 소견서와 같은 상담 종결과 관련된 문제와 내담자가 상담 종결 후 다시 예전의 상태로 돌아가지 않도록 도와주는 재발 방지 전략에 대해서 좀 더 심도 있게 논의하였다(12장). 모든 장의 내용들이 최신의 통합적 접근에 잘 맞아떨어지는지 꼼꼼하게 검토했고 특히 심리치료를 통합적으로 하자는 움직임에 있어서 최신의 경향성을 주목하여 그 내용을 반영하고자 노력했다.

저자 소개

Gerald Corey

제럴드 코리(Gerald Corey, EdD) 박사는 Fullerton 소재 캘리포니아 주립대학교 인간서비스와 상담학과의 명예교수이다. 그는 University of Southern California에서 상담학 박사 학위를 받았다. 그는 미국전문심리협회의 상담심리 전문가, 공인심리학자, 국가공인상담자이다. 그는 미국심리학회(상담심리학 17분과와 집단심리치료 49분과 소속), 미국상담학회, 미국집단상담학회의 특별회원이다. 미국심리학회, 미국상담학회, 미국집단상담학회 미국집단심리치료학회, 미국정신건강상담사협회, 미국초월영성종교상담학회, 미국상담자교육과수퍼비전 학회, 미서부상담자교육과수퍼비전 학회의 회원이기도 하다. Jerry(코리의 애칭)와 Marianne(코리의 부인) 모두 미국정신건강상담사협회에서 2011년에 평생 공로상을 받았으며 2001년에는 미국집단상담학회에서 우수학자상을 수상하였다. 1991년 캘리포니아 주립대학교에서 올해의 교수상을 받았다. 그는 집단상담과 윤리상담 과목을 가르쳤다. 그는 60여 편의 논문을 썼으며, 수많은 저서를 집필하였으며 현재 상담분야에서 가장 많이 사용되는 16종의 개론서의 저자 또는 공동 저자이다. 그의 저서인 "상담과 심리치료의 이론과 실제"는 아랍어, 인도네시아어, 포르투갈어, 터키어, 한국어, 중국어 등으로 번역되었다. 그의 다른 저서인 "집단상담의 이론과 실제" 역시 한국어, 중국어, 스페인어, 러시아어 등으로 번역되었다.

지난 40년간 코리 박사 부부는 동료들과 함께 미국 전역에 다양한 대학교에서 정신건강 전문가들을 위한 집단상담 워크샵을 진행하였다. 나아가 홍콩, 독일, 아일랜드, 벨기에, 스코틀랜드, 멕시코, 캐나다, 중국 및 한국 등 세계 각국에 가서 집단상담 및 상담 교육에 초점을 맞춘 워크샵을 진행했다. 그는 여행, 하이킹, 사막과 산악자전거와 같은 여가생활을 즐기며 1931년식 포드 자동차를 가지고 손자, 손녀 그리고 친구들과 드라이브를 하는 것을 좋아한다. 코리 박사 부부는 1964년 결혼해서 두 명의 딸(Heidi and Cindy), 두 명의 손녀(Kyla and Keegan)와 한 명의 손자(Corey)가 있다.

제럴드 코리는 미국상담학회(ACA)에서 책 6권을 출판하였다. 2019년 본 저서인 The Art of Integrative Counseling(상담 및 심리치료의 통합적 접근) 저서 외에도 2018년에는 Counselor Self-Care 교재를 Michelle Muratori, Jude Austin, Julius Austin과 공저를 하였으며, 2015년에는 Boundary Issues in Counseling: Multiple Roles and Responsibilities 교재의 3판과 ACA Ethical Standards Casebook 교재의 7판을 Barbara Herlihy와 함께 공저했다. 2010년에는 Robert Haynes, Patrice Moulton, Michelle Muratori와 Clinical Supervision in the Helping Professions: A Practical Guide의 2판을 공저하였다. 그리고 2010년에는 Creating Your Professional Path: Lessons From My Journey를 단독으로 저술하였다.

Cengage Learning 출판사에서 출판한 저서는 다음과 같다.

- Issues and Ethics in the Helping Professions, 10판(2019, Marianne Schneider Corey, Cindy Corey 공저). 이 책은 일본어, 중국어, 한국어로 번역이 되었다.
- Groups: Process and Practice, 10판(2018, Marianne Schneider Corey, Cindy Corey 공저)
- I Never Knew I Had a Choice, 11판(2018, Marianne Schneider Corey, Michelle Muratori 공저)
- Theory and Practice of Counseling and Psychotherapy, 10판(학생매뉴얼)(2017)

- Theory and Practice of Group Counseling, 9판(학생매뉴얼)(2016)
- Becoming a Helper, 7판(2016, Marianne Schneider Corey 공저)
- Group Techniques, 4판(2015, Marianne Schneider Corey, Patrick Callanan, J. Michael Russell 공저)
- Case Approach to Counseling and Psychotherapy, 8판(2013)

이외에도 다양한 장면에서 상담 실무를 다룬 다수의 교육용 DVD 프로그램을 만들었다. (1) 2019년 Theory and Practice of Group Counseling 교재와 연계된 집단상담 비디오, (2) 2015년 Marianne Schneider Corey, Robert Haynes와 함께 만든 Ethics in Action의 DVD와 워크북, (3) 2014년 Marianne Schneider Corey, Robert Haynes와 함께 만든 Ethics in Action: Evolution and Challenges의 DVD와 워크북, (4) 2015년 Theory and Practice of Counseling and Psychotherapy 교재와 연계된 Stan의 사례 DVD, (5) 2015년 Robert Haynes와 함께 만든 Integrative Counseling 교재와 연계된 Ruth의 사례 DVD, (6) 2012년 Theory and Practice of Group Counseling 교재와 연계된 DVD 등이 있다. 이 모든 비디오 프로그램은 센게이지러닝 출판사를 통해 볼 수 있다.

감사의 글

이번 4판의 개정판이 나오기까지 이 책을 꼼꼼히 검토하고 소중한 피드백을 준 너무나도 많은 사람들에게 감사한다. 나는 특히 모든 장에서 나온 사례를 꼼꼼히 읽고 비평을 해준 East Tennessee State University의 Jim Bitter에게 감사드린다. 나는 그와 함께 지속적으로 생산적인 논의를 하였으며 어떤 자료를 넣고 빼고 수정할지를 의논하면서 이 개정판을 완성하였다. 임상심리학자이자 주립정신병원에서 수련과 수퍼비전의 책임자로 근무하고 있는 Robert Haynes에게도 감사의 말을 전하고 싶다. 그는 이 새 개정판을 사례부터 시작해서 수정된 내용까지 검토해주었다. 특히 이전 판과 비교할 때 이 개정판에 새롭게 들어가야 할 부분이 무엇인지 조언해주고 통찰을 준 점이 감사하다. 나의 아내이자 동반자인 Marianne Schneider Corey 역시 꼼꼼하게 읽고 상담사례들을 편집하면서 책 전체를 검토해주었다. Cleveland Clinic Center for Integrative and Lifestyle Medicine에 있는 Kellie Kirksey 역시 Gwen의 사례를 제공해 주었고, Gwen과 어떻게 상담을 해야 하는 통합적 관점에서 아이디어를 제공해 주었다. Johns Hopkins University의 Michelle Muratori 역시 Rita, Kelsey, Elaine, Shante, Bonnie, Tricia, Chelsea 사례를 업데이트해주며 함께 도왔다. Arizona State University의 Jamie Bludworth와 나는 지난 9년간 상담이론과 실제에 대해 미국상담학회의 특별

강연을 함께 해왔다. 이때 우리는 다양한 상담접근법을 어떻게 통합할 것인가에 대해서 자주 논의하였고 그는 내가 Joleen, Aaron, Andrew, Charles 사례를 만들 수 있게 도움을 주었다.

나는 인지행동치료와 Marissa 사례를 검토해준 REBT의 상징적인 인물인 Debbie Joffe Ellis에게도 감사한다. Sidney에 도움을 준 University of Mary Hardin-Baylor의 Jude Austin, Win-May 사례에 도움을 준 University of Louisiana at Monroe의 Julius Austin에게도 감사한다. Jude and Julius Austin와 함께 이론을 실무에 어떻게 적용하는지 함께 논의할 수 있어서 너무 즐거웠다. California State University at Fullerton의 Amy Manfrini 역시 Lani, Rob, Rico 사례에 도움을 주었다. Randy Alle-Corliss와 나는 오랫동안 함께 강의를 진행하였고 Chet와 Jasper 사례를 함께 수정하고 발전해왔다. 내 제자였던 Nicholas Lazzareschi, Jeff Markow 역시 이 책을 꼼꼼히 검토해주었고 최종본이 나올 때까지 소중한 피드백을 주었다. 난 Amanda Connell에게 특별히 감사의 말을 전하고 싶다. 그녀는 California State University at Fullerton에서 나와 함께 집단상담 과목을 강의하는데 이번에도 이 책 전반에 걸쳐 꼼꼼하게 검토를 하고 사례를 수정하는 데 도움을 주었다. 이 책을 검토해 준 모든 분들은 특별히 사례에 관심을 가지고 봐주었으며 내가 사례를 좀 더 발전시킬 수 있도록 다양한 제안을 해주었다. 이 사례들은 나 혼자 만든 것이 아니라 모든 사람들의 공동 작품이다.

미국상담학회의 부편집자인 Carolyn Baker에게 특별한 감사의 말을 전하고 싶다. 그녀는 전반적으로 책 전체를 검토해주었으며 내용과 관련해서 통찰력 있는 논평을 해주었을 뿐만 아니라 양식의 통일성과 개정 과정에서의 전폭적인 지지를 나에게 해주었다. 이 책이 보다 명료하고 실제적이고 효과적으로 보이도록 노력해준 미국상담학회의 편집자인 Kay Mikel에게 감사의 말을 전하고 싶다. 이 책은 팀워크로 만들어진 책이며 Carolyn과 Kay가 그 중심에 있었음을 말하고 싶다.

제럴드 코리(Gerald Corey)

Chapter 01 | 상담의 시작 단계

당신이 이제 막 상담이나 인턴십을 시작했을 때 다음의 질문을 들은 바가 있을 것이다. “상담에 있어 당신의 접근법은 무엇입니까?” “당신의 이론적 접근법은 당신의 상담 방식에 어떤 영향을 미칩니까?” 당신이 상담자로 직업을 구하려고 면접을 하거나 스스로 자기 성찰을 할 때마다 계속해서 이런 질문을 마주하게 될 것이다.

이 책은 당신이 상담할 때 상담과정을 개념화하는 데 도움을 줄 것이고 당신의 이론적 지향점을 명확하게 세울 수 있도록 도와줄 것이다. 나는 상담에서 내담자의 **사고**, **정서**, 그리고 **행동**에 주의를 기울이는 통합적 접근을 개발하는 것이 얼마나 중요한지 알려주고 싶다. 내담자의 사고, 정서, 그리고 행동을 함께 통합하여 다룬다는 것은 상담 실제에 있어 강력하게 사용될 수 있으며 많은 것을 아우를 수 있는 접근법의 토대가 될 수 있다. 만약 이 세 가지 요소 중 어떤 것 하나라도 배제된다면 그 치료적 접근은 완벽하다고 할 수 없다.

상담 접근법 중에 어떤 개념과 기법을 자신의 상담 접근법으로 통합하려고 한다면 현대의 여러 상담이론에 대한 지식을 먼저 지니고 있어야 한다. 자신만의 통합적 접근법을 개발한다는 것은 쉬운 일이 아니다. 여러 가지 상담이론에서 아무것이나 무작위로 그냥 마구잡이로 가지고 와서 짜깁기할 수는 없다. 인간 행동을 바라보는 관점에 있어 각각의 상담이론은 그들만의 고유한 장점이 있다. 그러므로 여러 주요 상담이론을 심도 있게 연구하면서 성급하게 이론의 각 부분을 기계적으로 통합하는 것을 피해야 하고 오히려 시간을 가지며 당신만의 고유한 관점을 구축하기 위한 자신만의 상담을 이끌어 줄 수 있는 통합적 관점의 기본요소들을 탐색해 나가야 한다.

이론은 상담과정을 이해하기 위한 좋은 도구이지만 어떤 좋은 이론도 다양한 상황에 직면한 모든 내담자의 문제를 완벽하게 설명해내지는 못한다(Norcross, Goldfriend, & Arigo, 2016). 연구를 통해 심리치료가 잘 작동하고 매우 효과적이라는 것이 증명되었지만 어떤 특정 이론이나 기법이 모든 다른 이론이나 기법에 비해 우수하다고 증명된 바는 없다(Wampold, 2010). 각각의 이론마다 그 이론만의 고유의 장점이 있다. 그런 연유로 상담과 심리치료에서 다양한 접근법을 통합하여 적용하는 것이 효과적이라는 인식은 점점 커지고 있다(Goldfriend, Glass & Arnkoff, 2011). Goldfriend와 그의 동료들은 연구를 통해 효과성이 증명된 상담 개입만을 사용하자고 하는 증거기반 상담 접근법이 강조되면 강조될수록 통합적 상담 방법이 더욱더 각광 받을 것이라고 하였다. 어떤 한 이론보다는 경험적 실용주의가 21세기의 통합적인 주제가 될 것이다. 게다가 다수의 연구가 치료적 동맹(치료적 관계)과 인간으로서의 상담자의 태도와 자질이 상담의 성과를 결정하는 데 주요 요소라는 것을 지지해주고 있다(Elkins, 2016; Hubble, Duncan, Miller & Wampold, 2010; Keenan & Rubin, 2016). 이 상담 관계에 대한 주제는 2장에서 보다 자세하게 다루고 있다. 이 책의 목적은 상담에서 당신만의 고유한 관점을 구축할 수 있도록 도와주는 것이고 이를 통해 궁극적으로 실제 상담에서 당신만의 통합적 접근법을 개발할 수 있도록 도와주는 것이다.

이런 통합적 상담 접근법을 개발하기 위해서는 다수의 상담이론에 정통해야 한다. 나아가 이 상담이론들을 다양한 방식으로 통합할 수 있다는 개방적인 사고를 지녀야 하고, 심리치료 연구들과 친숙해야 하며, 당신의 가설이 잘 작동하는지 알아보기 위해 끊임없이 스스로 점검해 볼 의향이 있어야 한다. 당신만의 통합적 상담 접근법을 개발하고 개념화할 때는 상담자 자신의 성격 특성도 고려해야 하고 다양한 내담자에게 어떤 개념과 기법이 가장 잘 작동하는지 역시 생각해야 한다. 특정 문제에 적합하거나 다양한 유형의 내담자에게 알맞은 상담 방법을 선택하려면 상담 관련 지식, 기술, 기법과 임상적인 경험이 풍부해야 한다. 또한, **언제, 어떻게** 각각의 특정 상담 개입을 해야 하는지를 아는 것이 바로 하나의 기법이다.

역량 있는 상담자가 되기 위해서는 당신의 삶에 대해 진솔하게 뒤돌아 성찰할 수 있어야 한다. 상담자로서 내담자에게 권장했던 행동을 당신도 할 수 있는가? 당신이 당신 스스로의 삶을 바꾸고자 하는 개방적인 자세를 취하지도 않으면서 내담자들이 필요할 때 당신에게 도움을 요청하도록 영감을 주는 것은 어려울 것이다. 이 책에 있는 많은 기법이 어떻게 사용되는지를 배울 때 가장 중요한 요소는 당신 스스로가 자기 자신을 탐색하는 것이다. 당신 스스로가 내담자의 입장이 되어봄으로써 내담자에게 다양한 상담 개입 방법을 어떻게 창의적으로 적용할 수 있을지 학습하게 될 것이다(상담자가 수련 중 분석 상담하는 것의 가치는 10장에서 더 알아볼 것이다). 가능한 한 나는 당신이 내담자의 입장이 되어보는 것을 추천한다. 이 책에서 "내담자가 되어보기" 장은 당신이 상담자로서 자신을 탐색하는 데 유용하게 작용할 뿐만 아니라 상담자인 당신이 내담자에게 어떻게 개입해야 할지에 대한 전략도 제공할 것이다.

통합 이론적 접근: 개요

이 책을 통해 상담에 대한 나의 통합적 접근을 소개하고자 한다. 나는 상담의 **통합적 접근**을 다양한 상담이론에 뿌리를 두고 다수의 접근법에서 체계적으로 적절한 상담기법을 차용하여 내담자의 특정 요구에 따라 상담 접근 방식을 조정하며 맞춰가는 것이라고 생각한다. 그렇다고 내가 사용했던 이론의 개념화 방식을 당신도 똑같이 당신의 상담에 적용하라고 제안하는 것은 아니다. 당신은 당신이 앞으로 상담에서 만나게 될 내담자 유형을 생각하며 당신의 성격에 맞는 당신만의 고유한 통합적 상담 접근법을 개발해 나가야 한다. 이 장에서는 내가 나의 상담 접근법을 설명함으로써 당신이 당신만의 이론적 지향점을 형성하는 데 도와줄 수 있는 틀을 제공하고자 한다.

상담이 학문으로 막 정립되었던 초창기에는 인간의 성격을 변화시킬 수 있는 "최상의" 방법이 무엇인지 상담실무자들이 서로 자신만의 이론을 가지고 치열하게 논쟁을 하였다. 그러기에 많은 상담실무자와 학자들이 서로 자신의 이론이 더 좋다고 하며 심리치료 이론을 통합시킨다는 것에 대해서는 다소 회의적이었다. 종종 자신의 상담 접근법 외의 다른 이론에 대해서는 알고자 하지 않았고, 다른 상담이론의 효과성에 대해 무시했다. 하지만, 1980년대부터 상담자 대부분이 여러 이론으로부터 그 이론의 가장 좋은 부분을 골라 이론들을 통합하는 것에 대해 심각하게 고려하게 되었다. 상담실무자들은 이제 각각의 상담이론의 잠재적 가치를 인식함과 동시에 특정 이론의 한계점 역시 간파하고 있다. 상담자 대부분이 이제 통합적인 형태로 상담 실무를 하고 있으며 연구 결과 역시 통합적 접근의 효과성을 지지하고 있다 (Norcross et al., 2016). 예를 들어, 두 가지의 유명한 상담 접근법인 인지행동치료와 동기강화상담 접근법의 통합을 들 수 있다. Naar와 Safren(2017)는 이 두 가지 상담 접근법을 최대한 효율적으로 통합하는 방법을 자신들의 책을 통해 설명하고 있다.

상담을 배우는 수련생으로 자신의 성격에 맞는 상담 스타일을 찾기 위해서는 주요 치료적 접근법을 충분히 익히고 그 접근법에 익숙해지는 것이 중요하다. 일단 한 가지 상담이론을 결정하여 그 한 이론을 깊이 있게 공부하고 거기서부터 통합적인 방식을 찾아 나아가는 것은 좋은 방법이다. 당신의 세계관과 일치하는 상담이론 하나를 깊이 있고 폭넓게 공부하고 그 상담이론을 당신이 지향하는 상담 접근법을 개발시킬 수 있는 토대로 사용하기를 권유하고 싶다. 상담이론을 구체적으로 명확히 아는 것은 상담자로서 당신이 무엇을 하고 있는지 이해할 수 있도록 도와준다. 이론적인 근거가 분명하지 않으면 상담자는 허둥댈 것이며 상담은 산으로 가게 되고 내담자도 상담에 대해 만족하지 않을 것이다.

명백한 이론적 근거 없이 상담하려고 시도하는 것은 청사진 없이 집을 지으려고 하는 것과 같다. 집의 토대는 구조물을 지탱하기 위해 강하게 만들어져야 한다. 만약 당신이 이론적으로 무지하고 당신의 개입을 지지해줄 분명한 이론이 없다면 내담자를 변화시키려고 도와주려는 당신의 시도는 불완전한 것이다. 이론은 인간의 본성, 발달 과정, 학습 과정, 기능과 역기능, 그리고 목적과 동기와 같은 요소를 이해할 수 있도록 하는 토대이다. 이론적 모형은 절대 변화하지 않는 구조물이 아니다. 오히려, 이론은 상담과정에서 발생하는 많은 요인을 이해할 수 있도록 도와주고 당신이 상담에서 어떻게 말하고 행동해야 하는지 상담 방향을 알려주는 구체적인 틀을 제공해 준다.

당신은 당신이 선택한 이론의 기본 철학과 당신이 하는 치료 방법이 효과적이라는 것을 믿어야 한다. 자신과 맞지 않은 치료법을 사용한 상담자와 달리 자신이 좋아하며 내담자에게 적합한 치료법을 사용했다는 상담자들의 경우 상담의 효과성이 월등했다(Wampold, 2010). 치료 방법은 당신의 신념, 가치관, 성격과 맞아야 한다. 다음과 같이 스스로에게 물어봐야 한다: "내가 했던 치료 중에 어떤 방법이 가장 효과적이었는가"(p. 49).

나는 여러 현대 상담이론에서 개념과 기법을 가지고 왔다. 그런 다음 보편적인 인간의 사고, 정서, 행동을 고려하면서 나의 성격과 어울리는 방식으로 그 이론들의 개념과 기법들을 적용하였다. 나는 보통 내담자에게 자기가 내린 의사결정에 대해 어떻게 생각하는지 물어본다. 그 결정 중 어떤 결정들은 어릴 때는 심리적으로 자신을 보호하고 살아남기 위해 좋은 결정이었으나 현재는 비효율적인 좋지 않은 결정일 수 있다. 나는 내담자들에게 자신이 하는 "자기 대화(self-talk)"에 집중하고 다음의 질문을 스스로 하도록 격려해준다.

- 당신의 문제는 당신이 지닌 자신에 대한, 타인에 대한, 그리고 삶에 대한 신념과 어떤 관련이 있는가?
- 당신이 집착하는 사고와 신념이 어떻게 당신의 문제를 만들어 냈는가?
- 당신이 반복해서 생각하는 것들을 비판적으로 평가해봄으로써 당신은 그 문제에서 자유롭게 될 수 있는가?

이러한 개입은 내담자가 생활하면서 경험했던 사건, 그리고 그 사건들을 어떻게 해석했는지, 그리고 그들의 신념체계를 바꾸기 위해 인지적으로 무엇을 해야 할 필요가 있는지를 생각하도록 도와줄 수 있다.

일단 내담자가 이러한 문제에 대해 생각하기 시작하면 지금까지 표현하지 못했거나 해결하지 못했던 정서적인 문제 때문에 불편함을 경험하는 경우가 종종 발생한다. 나는 내담자들이 그들의 여러 감정을 직접 토로할 수 있게 도와주고 특정 사건들이 그들에게 어떤 영향을 미쳤는지 말해볼 수 있도록 격려한다. 내담자들이 사로잡혀 있는 감정을 자유롭게 표출하고 그들이 이해받는다고 느끼게 하는 기법을 통해 치유가 가능해진다. 내담자들이 그들의 신념과 결정에 집중할 수 있도록 격려하는 것 외에도 나는 내담자들에게 그들의 정서나 행동에 대해 질문한다.

- 당신은 당신이 아무것도 할 수 없다고 생각되는 무기력한 감정에 너무 사로잡힌 적이 있는가?
- 당신은 삶을 어떻게 바라보고 있는지, 그리고 당신은 당면한 어려움으로부터 자신을 어떻게 보호하는지에 대해 당신의 감정이 어떤 힌트를 주는가?
- 당신의 감정은 행동에 어떤 영향을 주는가?
- 당신은 생각 없이 매일 하는 습관이나 루틴이 있는가? 있다면 그것은 당신에게 어떤 영향을 주는가?
- 당신은 어떤 행동을 회피하는가?
- 당신은 몇몇 행동을 했다가 바로 그것에 대해 후회하는가?

사고와 감정은 치유과정에서 중요한 요소이지만 결국 내담자들의 행동 변화가 있어야 한다. 내담자들이 시간을 많이 들여서 억눌린 감정을 발산하고 통찰을 얻게 되는 건 중요하지만, 어떤 시점에 이르면 결국 행동의 변화가 일어나야만 한다. 그들의 감정과 사고는 현재의 삶에서 검증되고 실제 생활에 적용되어야 한다. 만약 상담과정에서 행동에 초점을 맞춘다면 내담자가 그들의 감정과 사고 역시 함께 바꿀 가능성이 크다. 통합적인 상담 방식을 사용함으로써 상담의 전 과정을 통해 이 세 가지 차원(감정, 사고, 행동) 사이에서 발생하는 상호작용을 관찰할 수 있을 것이다.

매일매일 직면하는 상황들 속에서 새로운 행동을 취하도록 내담자를 격려하여 내담자가 자기가 학습한 것을 탄탄하게 습득할 수 있게 도와주는 것이 중요하다. 나는 계약 기법, 과제 내주기 기법, 행동 프로그램, 자기 모니터링 기법, 지지체계 구축, 변화를 위한 자기 주도 프로그램 등을 사용한다(이 전략들은 8, 9, 12장에 보다 자세히 설명되어 있음). 이 접근법들은 내담자들에게 새로운 행동을 연습하게 하고 실제적인 변화의 계획을 세우도록 도와줄 것이다. 일상생활에서도 이 계획을 수행하기 위해 실용적인 방법을 고안하고 실행하는 내담자의 행동을 강화시킨다.

삶의 가치관과 철학을 분명하게 정의하고 명확하게 하는 것은 건강한 삶을 살아가는 데 필수적인 요소이다. 궁극적으로 당신이 상담에 있어 가장 의미 있게 생각하는 부분은 당신의 가치관과 성격의 연장선에 있을 것이다. 당신의 삶에 대한 철학이 진화하는 것처럼 당신의 상담에 대한 철학도 진화할 것이다. 자신만의 고유의 상담 접근법을 개발하는 것은 평생 끝나지 않는 과정이고 당신만의 고유한 상담 방식은 끊임없이 변화해야 한다. 당신의 가치관, 삶의 경험, 인생철학을 성찰하고 되돌아보는 것이 그 출발점이다.

내담자가 되어보기: 내담자 관점에서 바라보기

최초 상담회기

초기 상담의 주된 목표는 치료적 동맹을 맺고 내담자의 문제와 어려움을 파악하고 치료의 초점을 정하고 치료에 대한 동기를 강화하고, 내담자가 사전동의서에 서명을 할 수 있도록 상담과정에 대한 정보를 제공하는 것을 포함한다(Naar & Safren, 2017). 초기 상담은 중요 정보 탐색, 호소 문제 및 최근 관련된 사건 파악, 현재 기능 수준 및 상담에 대한 기대치 등에 초점을 두고 임해야 한다(Maniacci & Sackett－Maniacci, 2019).

이 책의 목표 중 하나는 현존하는 상담이론의 어떤 부분을 당신만의 상담 철학에 통합시킬지 경험적으로 적절하게 결정하도록 도와주는 것이다. '내담자가 되어보기'를 함으로써 내담자 관점에서 상담이론의 통합을 성찰해보기를 권유한다. 당신이 상담자가 아닌 내담자이고 첫 번째 상담회기를 나에게 받을 것이라고 상상해보자. 상담자로서 나는 분위기를 조성하는 데 상담의 처음 몇 분이 매우 중요하다는 것을 알고 있다. 나는 비밀 보장의 한계를 포함해서 상담의 비밀 보장에 관해 이야기하면서 상담을 시작했다. 상담의 기본 규칙과 상담이 무엇인지 설명하면서 나는 내담자인 당신이 편안하게 이야기할 수 있을 만큼 안전하다고 느끼기를 바란다. 신뢰와 라포(rapport)를 조성하기 위해서 오늘 상담에서 무엇을 기대하고 있는지 당신에게 물어본다.

내가 가장 하고 싶은 것은 내담자인 당신의 이야기를 경청하며 듣는 것이다. 당신과 인간 대 인간으로 참만남을 가지고 당신을 소중하게 여기는 것은 긍정적인 변화에 있어 필수적이다. 치료적 관계를 위해 나를 개방하면서 당신에 대한 애정을 표현하며 현재에 초점을 둠으로써 당신과 좋은 관계를 맺으려고 한다. 첫 상담 회기의 나의 목표는 내담자인 당신과 긍정적인 관계를 형성하는 것이다. 이를 위해 나는 요약 및 공감 반응을 사용하면서 당신의 이야기를 경청하며 당신이 스스로를 잘 이해할 수 있도록 당신의 잠재력을 존중하고 신뢰와 희망, 그리고 돌봄과 관심을 표현할 것이다. 첫 번째 상담 회기에서 내가 당신에게 물어볼 것 같은 몇 가지의 질문들은 다음과 같다. 각각의 질문에 어떻게 답을 할 것 같은가?

- 당신은 어떻게 상담에 오게 되었나요? 최근 당신의 인생에서 무슨 일이 있었기에 바로 이 시기에 전문적인 도움을 구하게 되었나?
- 상담에 대해 어떤 것을 기대하고 있고 상담자인 나에게는 어떤 기대를 하고 있는가? 당신이 두렵거나, 주저하거나, 바라는 것은 무엇인가? 당신은 이 상담을 통해 무엇을 얻고자 하는가?
- 당신의 삶에 있어서 전환점이 되는 중요한 사건들에 대해 말해줄 수 있는가? 당신의 삶에 중요한 사람들은 누구인가? 어떤 중요한 결정들을 내렸는가? 그동안 어떤 어려움을 경험했고 현재 어떤 문제로 힘든가?

가능한 한 나는 우리의 대화 내용이나 상담과정이 어떻게 전개될 것인지에 대한 선입견을 품지 않으려고 노력한다. 그보다는 이 회기에서 당신이 표현하고자 하는 생각과 감정을 좀 더 공유하기를 희망한다. 당신은 상담으로부터 원하는 것이 무엇인지 확실히 모를 수도 있고 나와 있는 것에 대해서 양가감정을 지닐 수도 있다. 당신은 상담을 받으면 과연 가족관계가 좋아질까에 대해서도 확신하지 못할 수 있다. 변화에 대해 확신할 수 없다는 걱정을 이야기하면서 상담을 시작하는 것은 좋은 출발이다. 상담에 대한 기대, 희망, 걱정, 의구심, 의심을 표현할 기회를 주면서 상담을 시작하는 것은 중요하다. 이것이 내가 내담자인 당신에 대해 자세히 알아가면서 당신과 관계를 맺는 하나의 방식이다.

나는 특정 상담기법을 적용해야겠다고 의식적으로 계획하고 있지는 않다. 나는 내담자인 당신의 요구에 맞춰 그때그때 기법을 적용한다. 나는 당신이 문제를 얼마나 직면할 수 있을지, 변화할 준비가 얼마나 되어 있는지, 나아가 당신의 문화적 배경, 가치관, 그리고 나에 대한 신뢰를 포함하여 여러 요소를 고려하여 기법을 적용한다. 나는 당신이 자신의 감정을 탐색하고 경험하도록 도와주고 싶다. 나아가 당신의 신념이 당신의 정서와 행동에 어떠한 영향을 미치는지 파악하도록 도와주고 싶다. 또한, 당신이 새로운 행동을 마음껏 실험(experiment)할 수 있도록 격려하고 싶다.

사전동의

사전동의 과정과 초기 상담에서는 나는 아들러의 접근법을 주로 사용한다. 왜냐하면, 아들러 접근법은 상담과정 전반에 걸쳐 상담자와 내담자가 동등하다는 의식이 스며있기 때문이다. 상담과정에 대해 (내담자인) 당신을 교육하고 당신의 질문에 응답하고 당신의 기대가 무엇인지 명확하게 파악하는 것은 윤리적이고 효과적인 상담에서는 필수적인 과정이다. 당신에게 정보를 너무 많이 주거나 때론 너무 적은 정보를 주지 않도록 균형을 맞추는 일은 쉽지 않은 일이다. 그러므로 첫 번째 상담 회기에서 너무 압도되지 않을 정도의 적당한 양의 정보가 적혀있는 사전동의서를 제공해야 한다. 이 과정에서 내담자인 당신이 상담으로부터 얻고 싶은 것을 말할 기회를 제공해 주는 것은 중요하다. 당신이 자신에 대해서 충분히 표현할 수 있을 만큼 안전감을 느끼게 하기 위해서는 당신이 치료관계의 본질에 대한 최소한의 정보를 파악하도록 도와야 한다. 내담자로서 상담이 어떻게 진행되고 작동하는지에 대해 무엇을 알고 싶은가? 이러한 전문적인 관계를 맺으며 상담에 참여하기 전에 무엇을 필수적으로 알아야 한다고 생각하는가? 첫 상담 회기 도중에 치료계약을 맺으며 알아봐야 할 몇 가지 주제들이 있다.

- 우리가 상담할 때 비밀 보장이 왜 중요하다고 생각하고 비밀 보장의 한계는 무엇인가?
- 치료적 관계는 어떻게 작동하는가?
- 상담자의 주된 역할을 무엇인가?
- 내담자로서 상담 회기 시간과 상담 회기 밖에서의 시간에서 원하는 것은 무엇인가?
- 당신과 내가 어떻게 협력하여 공동작업자가 될 수 있는가?
- 상담과정은 대략 얼마나 걸리는가? 당신이 정서적으로 안정이 되고 효과적으로 행동하기까지 얼마나 걸리는가?
- 상담을 종료해야 하는 시점을 우리는 어떻게 알 수 있는가? 누가 상담 종료에 대한 권리와 책임을 지고 있는가?
- 내담자로서 당신의 권리와 책임은 무엇인가?
- 당신이 예측할 수 있는 상담의 이점과 위험은 무엇이 있는가?

첫 번째 상담 회기 도중에 당신이 나에게 "내가 가지고 있는 문제 중 하나는 나 자신을 믿지 못한다는 것이에요. 나는 항상 다른 사람들이 나에게 기대하고 있는 것들에 대해 생각해요. 나는 너무 오랫동안 다른 사람들만을 기쁘게 하려고 노력해 와서 내가 누구인지 잊어버리는 때가 있을 정도예요"라고 말했다고 가정해보자. 이 상황은 내가 당신에게 상담의 주요 과제들에 대해 교육할 좋은 기회이다: 당신이 어떻게 생각하고 느끼고 행동하는지에 대해서 점검해 볼 수 있을 것이다.

나는 내담자인 당신과 협력적인 상담 관계를 형성하고 싶다(효과적인 치료 동맹을 어떻게 맺어야 하는지는 2장에 자세히 설명되어 있다). 나는 상담에 대한 나의 관점과 상담이 어떻게 작용하는지를 설명하기 위해 많은 시간을 보낼 것이다. 상담과정을 명확하게 함으로써 나는 상담의 방향을 결정하는 것은 당신에게 달려있다는 것을 전달하고자 한다. 이는 당신이 당신의 삶을 제일 잘 안다는 것, 당신의 삶의 전문가는 당신이라는 가정에 근거한 것이다. 나는 당신 스스로 답을 찾을 수 있도록 격려해주는 동시에 쉽게 해결할 방법을 제공하려고 노력하지 않을 것이다. 나는 당신이 스스로 답을 찾아갈 수 있게 옆에서 지도하며 지지해주기만 할 것이다. 상담의 결과로서 나는 당신이 어떤 선택을 할 수 있는지 스스로 인식하게 하고 자신을 한계를 직시할 수 있도록 도와줄 것이다.

첫 회기에서 이쯤 되면 우리는 상담의 본질, 비밀 보장의 목적과 한계, 상담 절차, 상담의 이점과 위험에 관해 이야기했을 것이다. 당신은 어떤 질문과 반응이 생기는가? 이후로는 당신의 문제를 드러내기에 적절하다고 생각되는 구체적인 치료 절차들에 관해 이야기할 것이다. 당신이 자신의 문제를 다루기 위해 사용할 기법을 선택하는 데 도움을 줄 것이다.

정신건강 전문가들은 상담과정에 대해 정확한 정보를 알려줄 윤리적 책임이 있다. 이러한 정보를 공유하는 것을 통해 내담자인 당신이 얼마나 치료에 있어서 파트너가 되었다고 느끼게 되는지 생각해 볼 필요가 있다.

초기평가

다음으로, 나는 내담자인 당신의 상황을 평가하고 당신에 대해 내가 어떤 인상을 받았는지 공유하고자 하였다. 이 평가 단계 초기에는 자살과 같은 위험 요소들을 평가하고, 안정화 혹은 탐색과 같은 방법을 사용할 것인지를 결정해야 한다. 만약 당신이 위기 상황에 부닥쳐 있거나, 물질남용의 문제가 있거나, 정서적 장애로 고통받는다면 초기 상담 단계에서 바로 안정화 기법을 사용해야 한다. 당신의 현재 사용하는 대처전략, 강점, 주변인과의 관계, 그리고 삶의 의미를 탐색하는 것도 유익하다.

여기서 평가(assessment)는 상담과정에서 좀 더 탐색해 봐야 할 주제가 무엇인지 알기 위해 당신의 삶과 연결된 다양한 요인들을 평가하는 것

(evaluating)이다. 아들러 이론을 사용하는 상담자들은 내담자들이 질문하고 그들의 대답을 자연스럽게 끌어내는 방식을 능숙하게 사용한다(Maniacci & Sackett-Maniacci, 2019). 나는 아들러식 "질문" 몇 가지를 물어봄으로써 당신을 평가하는 데 이용할 가능성이 크다: "이 문제가 없었다면 당신의 삶은 어떻게 바뀌었을까요?" "만약 당신에게 이 증상이나 문제가 없었다면 당신은 무엇을 다르게 했나요?" "이 문제, 걱정이 없었다면 당신의 삶은 어떻게 바뀌었을까요?" 만약 당신이 "증상이 없어졌다는 것 외에는 아무것도 변하지 않았을 거예요"라고 대답한다면 나는 당신이 심리적인 고통을 호소하더라도 먼저 신체적, 기질적인 문제 여부를 의심해 볼 것이다. 하지만 만약 당신이 "우울하지 않았다면 나는 더 자주 나가서 친구들을 만났을 거예요"라고 대답한다면 나는 당신이 우울하므로 당신이 회피하고 싶은 것을 피할 수 있게 되어 좋은 점도 있지만 동시에 그것 때문에 힘들어서 도움을 받고자 한다고 생각할 것이다. 이러한 대답은 좋은 친구가 되고 싶고 친구들로부터 환영받고 싶은데 그럴 수 있을까 하는 것에 대한 당신의 걱정을 표현하는 것일 수도 있다. 이런 질문을 하는 것은 당신이 삶에서 문제가 되는 부분이 변화했을 때 어떨지를 생각하게 되기에 상담과정의 좋은 촉매제가 될 수 있다.

초기평가에서 나는 당신의 원가족에 대해 알아가는 것에도 관심을 가진다. 당신의 원가족에 대해 이해하고 평가하는 것을 통해 당신이 가족으로부터 배운 의사소통 방식이나 상호작용 패턴이 가족관계 외의 상황인 사회관계 속에서 상호작용할 때도 반복적으로 나타나는지 알 수 있게 해준다. 당신의 가족 간 상호작용이 당신에게 어떤 영향을 주었는지 탐색함으로써 나는 당신이 부모와 어떻게 상호작용을 했는지, 부모는 서로 어떻게 상호작용했는지, 그리고 당신의 부모와 다른 자녀들은 어떤 상호작용을 했는지를 살펴보게 하고 그 상호작용에서 당신은 무엇을 배웠는지 생각해보도록 할 것이다. 이것은 단순히 내가 질문하고 당신은 그에 따른 대답만 하는 면접과 같은 것은 아니다: 오히려 상담과정에서 당신이 파트너로서 함께 평가에 참여하는 것이다(Naar & Safren, 2017).

평가는 상담과정 내내 계속되어야 한다. 접수면접 때 평가를 하고 나면 모든 평가가 끝났고 그 평가 결과가 변하지 않는다고 생각하는 것은 오산이다. 평가는 상담과정과 연결되어 있으며, 상담 목표를 달성하기 위해 상담 개입 방법이 얼마나 잘 작동하고 있는지를 측정하는 기초가 될 것이다. 이를 위해 나는 당신이 당신의 이야기를 자유롭게 할 수 있도록 격려한다. 당신이 삶에 관해 이야기할 때 그 내용뿐만 아니라 그것을 말하는 방식도 관찰해야 한다. 나는 당신이 삶에 대한 어려움에 대처하기 위해 사용한 장점과 자원에 관심을 기울인다. 이런 평가는 단순히 당신의 문제를 이해하는 것 이상이다. 우리는 당신의 삶에 대해 긍정적인 패턴을 중심으로 평가를 진행할 수 있다.

상담시간의 제약

1970년대에 심리치료의 분야는 장기심리치료에서 벗어나 인지행동치료와 같이 문제중심적이고 단기심리치료로 전환되기 시작했다. 당신이 단기심리치료를 표준으로 하는 기관에 근무하고 있으며 거기에서 내담자를 받는다면 내담자의 보험회사가 상담을 몇 회기까지 얼마나 지급해줄 수 있는지에 대해 분명히 알 필요가 있다. 만약 기관의 정책에 따라 상담을 6회기밖에 지원해줄 수밖에 없다고 정해져 있다면, 당신은 이러한 회기 제약을 상담을 시작할 때부터 알고 있어야 한다. 상담회기가 제한적이라면 상담자는 단기치료 접근법을 사용하여 짧은 기간 내에 목표를 달성할 것을 염두에 두고 상담에 임해야 한다. 이때의 상담 목표는 내담자인 당신이 원하는 방향으로 살아갈 수 있도록 현실적인 대처 방법을 빠르고 효율적으로 습득하도록 도와주는 것이다.

단기치료는 명확하고 현실적인 목표를 세우고 상담회기가 구조화되어 있으며 상담자가 능동적으로 개입하는 경향을 띤다. 때로는 단 한 번의 상담 회기만으로도 일상으로 회복될 수 있다. 예를 들어, 당신이 박사과정 지원에 대해 확신을 지니지 못했을 때, 단 한 번의 상담 회기를 통해 당신이 지닌 양가감정이 정리되고 미래의 계획을 세우는 데 도움을 줄 수 있다. Hoyt (2009)는 한 회기 상담이 가장 빈번히 많이 하는 상담이라고 하였다. 다양한 치료 접근법을 사용하는 상담실무가들은 특정 사례에서 한 회기 상담의 유용성을 언급하고 있다. 단기치료 접근법은 점점 더 많이 사용되고 있다 (Norcross, Pfund & Prochaska, 2013); 게다가 단기치료만을 제공할 수밖에 없는 상황도 많이 발생한다(Norcross & Beutler, 2019). 시간이 제약이 있는 단기치료는 시간을 중시하며 목표지향적이고 효율적인 방식을 중시한다. 이런 방식들은 어떤 이론적 접근법에도 통합될 수 있다(Hoyt, 2015).

상담회기 시간에 제한이 있으면 자연스럽게 보다 현실적인 목표를 수립하게 된다. 각 상담 회기가 끝날 때마다 나는 당신에게 당신이 얼마나 목표를 이루었다고 생각되는지를 물어볼 것이다. 또한, 나는 당신이 얼마나 목표를 이루었는지를 평정척도에 표시하도록 할 것이다(이 평정척도는 Duncan, Miller, and Sparks [2004]의 "*The Heroic Client*" 책에 나와 있음). 피드백 통보 치료(*feedback-informed therapy*)의 일환으로써 나는 당신에게 다음의 4가지 영역에 대해 평정척도에 응답하도록 할 것이다:

관계: 당신의 이야기를 잘 들어주고 이해받고 존중받았다고 느끼는 정도가 어느 정도인가?
목표와 주제: 이야기하고 싶고 작업하고 싶었던 것이 어느 정도 다루어진 것 같은가?
접근과 방식: 치료자의 접근법이 어느 정도 적절하다고 느껴지는가?
종합: 전반적으로 이번 회기가 어느 정도 좋았다고 느껴졌는가?

지난 상담에 대해 생각하면서 당신은 상담과정에서 무엇이 작동했고, 작동하지 않았는지 인식할 수 있는 위치에 있다. 나는 당신이 상담과정과 그 과정에서 당신의 경험을 피드백하도록 조력할 것이다. 만약 내가 당신으로부터 피드백을 듣는다면, 우리는 협력하여 같이 상담시간에 무엇을 할지 수정하고 치료과정을 새롭게 만들어나갈 수 있다. 상담 결과를 향상하기 위해 내담자로부터의 피드백을 사용하는 것에 대한 더 많은 정보는 "임상실제에서 피드백 통보 치료: 최상의 결과에 도달하기"(*Feedback-Informed Treatment in Clinical Practice: Reaching for Excellence*, Prescott, Maeschalck, & Miller, 2017)와 같은 책에서 찾을 수 있다.

비록 현대사회에서는 단기치료를 강조하지만, 나의 접근은 간헐적 단기치료에 가깝다. 나는 현재 당신의 삶에서의 주된 걱정거리를 다루고 집중하고 있지만, 내담자만 괜찮다면 마치 1년에 한 번씩 건강검진을 하는 것처럼 오랜 기간에 걸쳐 걱정거리가 있을 때마다 간헐적으로 단기치료를 진행하고 싶다. 무엇보다도 나는 당신이 더는 상담자가 필요 없게 되기를 바란다. 만약 내가 상담자의 일을 똑바로 한다면, 결국 나와 당신은 다시 만날 일이 없게 될 것이다. 나는 상담과정에서 어떤 시점이라도 상담 종결이 있을 수 있다고 생각한다. 내담자인 당신은 종결에 대한 문제를 처음부터 다루는 것이 좋겠는가? 종결 문제에 대해 일찍부터 이야기하는 것이 당신에게 도움이 되겠는가?

이 책의 각 장에는 다양한 내담자들을 대상으로 나의 통합적 상담 접근을 사용한 두 가지의 사례를 보여준다. 사례들은 각 장에 있는 주된 원칙과 주제가 어떻게 적용하는지를 보여주고 강조하기 위해 있는 것이다. 나는 이 각각의 내담자들에게 적용한 개입을 보다 강조하면서 사례에 대해서는 상대적으로 짧게 쓰려고 노력했다. 각 사례를 읽고 성찰하면서 당신이 각각의 내담자와 어떻게 상담했을지에 대해 생각해 보기 바란다.

최초 상담회기와 Gwen의 사례

Gwen은 56세 기혼 흑인 여성이고 수면 장애와 스트레스, 직장으로부터의 고립, 우울과 불안에 대해 어려움을 겪고 있다.[1] Gwen은 5명의 형제자매 중 장녀였고, 그녀의 부모가 이혼한 이후로는 어린 형제자매들을 돌보는 가장이 되었다. 장녀로서 Gwen은 그녀 자신뿐만 아니라 그녀를 필요로 하는 다른 사람들에게도 책임이 있다는 것을 굉장히 빨리 배웠다. 그녀는 종종 그녀의 욕구를 다른 사람을 기쁘게 하려고 희생했다. 그녀는 때로는 자신을 위한 행동을 할 때도 있지만, 대부분은 남을 돕는 역할을 자처하고 본인의

1) 이 내담자에 대한 자료는 나의 책 상담과 심리치료의 이론과 실제(Corey, 2017)에서 사용된 Gwen의 사례를 수정, 보완하였다. 이 사례는 이 책의 각 이론 장에서 나오며, Kellie Kirksey 박사가 Gwen에게 어떻게 각각 이론을 사용했는지 보여주고 있다.

삶의 의미나 자신만의 정체성에는 관심을 가지지 않았다.

Gwen은 Ron과 31살에 결혼했고 때때로 문제가 있지만, 기본적으로 좋은 관계를 맺고 있다고 말했다. 그들에게는 성인이 된 자녀가 3명 있다. Gwen은 회계학 석사학위가 있고 공인회계사(CPA)로서 대기업에서 일하고 있다. 그녀는 직장에서 흑인 여성은 자기뿐이라고 이야기했다. 직장에서 다문화, 성별, 인종 형평성에 관해 이야기하는 사람이 자신밖에 없어서 고립되는 것 같고 다소 지친다고 이야기했다. 직장에서 일이 너무 많아서 친구들과 보내는 시간이 줄었고, 취미 활동에 충분히 시간을 못 쓴다고도 하였다. Gwen은 주요 양육자로 치매가 이미 많이 진행된 엄마와 함께 살고 있다.

접수 면접

이번이 Gwen에게는 공식적으로 첫 번째 상담 회기이다. 그녀는 직장에서 일에 집중하기 어려워했고 전반적으로 우울하고 압도된다고 느껴서 상담에 찾아왔다. Gwen은 굉장히 불안하다고 하였다. Gwen은 마음속에 쌓아둔 스트레스로 인해 지친다고 이야기하면서 상담을 시작했다. 그녀는 그녀가 모두를 위해 너무 오랫동안 모든 것을 참았다고 이야기했다. 접수 면접 시간 동안 나는 사전동의서의 의미에 관해 설명하고 Gwen에게 상담이 어떻게 진행될 것인지 설명해주었다.

Gwen은 직장과 가족에서 그녀가 아직 완료하지 못한 일들에 대해서 힘들어했고 그녀의 인생이 어디로 향하고 있는지 알 수 없어서 마음이 무겁다고 말했다. Gwen은 몇 가지 걱정 때문에 상담에 왔다. 일단 직장과 관련된 걱정이 다수였다. 그녀는 직장에서 엄청나게 긴장이 된다고 하며 그녀는 그냥 의견을 말하는 것인데 사람들은 그런 그녀를 감정적이고 화가 많은 사람으로 낙인을 찍는다고 하였다. 직장에서 긴장을 더 많이 할수록 집안일에는 소홀해졌다. 또 다른 걱정으로는 그녀의 어머니가 기억을 잃고 있다는 것이었다.

Gwen은 오랫동안 상담은 마음이 약한 사람들을 위한 서비스이지 자신과 같이 자신감이 있고 확고한 신념을 지닌 흑인 여성을 위한 것은 아니라고 믿어왔었다. 그래서 Gwen은 상담을 받은 경험이 없었다. 첫 회기에 나는 그녀가 자신의 감정과 경험을 자유롭게 표현해도 안전하다고 느끼도록 신뢰와 존중의 분위기를 형성하려고 노력했다. 치료적 동맹을 형성하면서 나는 Gwen이 이미 상담에 온 것만으로 새로운 행동을 시도하는 변화의 과정을 시작했다는 것을 인식시켜 주었다.

우리의 상담 여정의 첫걸음은 상호존중을 바탕으로 한 치료적 동맹을 형성하는 것이다. 나는 Gwen을 힘들게 하는 것이 무엇인지 경청하면서 그녀가 원하는 방향을 토대로 상담을 진행해 나갔다. 그녀가 자신을 다시 신뢰하고 자신감과 자신만의 가치를 다시 찾아갈 때마다 그러한 그녀의 시도에 나는 공감과 연민으로 반응을 하였다.

최초 상담 회기에서 촉진을 유발하는 질문들

상담을 시작할 때 Gwen이 불안을 느낄 수 있다는 것은 쉽게 예상할 수 있다. 나는 그녀가 상담에 오기까지 어떤 감정을 느꼈는지 말할 기회를 주고자 하였다. 그것만으로도 상담의 방향성을 잡을 수 있기 때문이다. 나는 그녀가 그녀의 상담에 대한 기대, 두려움, 희망, 양가감정에 관해 자유롭게 이야기할 수 있도록 초기 상담을 구상했다. Gwen과 상담하는 초기 단계에서는 나도 우리의 상담 여정이 어디로 향할지 몰랐다. Gwen과의 상담은 Gwen이 어디까지 가고 싶고 상담에서 무엇을 탐색하고 싶은지에 따라 그 방향성이 달라질 것이다. 나는 그녀에게 첫 번째 상담에 오면서 무엇을 생각했고 느꼈는지에 대해 말할 기회를 주면서 상담을 시작했다. 그러고 나서 나는 다음의 몇 가지 질문을 하고 그녀에게 대답할 시간을 주었다.

- 최근에 느꼈던 감정을 고려해 볼 때 무슨 연유로 지금 상담소에 오게 되었나요? 무슨 일이 있었나요? 혹은 최근에 무슨 변화가 있었나요? 여기로 전화하게끔 한 급한 사건이 있었나요?
- 내가 당신에 대해 알아야 할 것은 무엇이 있나요?
- 성차별과 인종차별 관련해서 경험한 것이 무엇이고 그 경험이 지금 어떤 영향을 미치고 있나요?
- 당신의 삶에서 잘 기능되는 부분은 어떤 것인가요?
- 무엇이 달라졌으면 좋았을 것 같나요?

- 현재 어떤 부분에서 갈등과 어려움을 겪고 있나요?
- 이 상담에 오려고 준비하면서 무엇을 경험했나요?

이 질문들은 Gwen이 나를 처음 만나면서 경험하는 것들에 관해 편하게 이야기할 수 있도록 도와준다. 이들은 첫 회기 상담 중에 일어나는 평가 과정에 핵심적인 질문이다. 이 평가 과정에서 떠오르는 질문은 다음과 같다. "내담자가 성장하고 현재의 대인 관계에서 더 효과적으로 대처하기 위해 그녀가 스스로에 대해 더 잘 이해해야 하는 것은 무엇인가?"

Gwen과 치료적 관계를 형성하는 것

상담 시작부터 나는 Gwen과 내가 이 상담 관계의 파트너로서 상호 간의 책임이 있다는 것을 알려주었다. 상담과정이 어떻게 이루어지는지에 대해 Gwen에게 알려주고, 사전동의를 받고, 내가 그녀와 다른 성별, 인종이라는 것(이러한 성별과 인종의 차이가 그녀의 삶에 어떤 영향을 주었는지에 대해 나에게 설명해야 한다는 것을 알려줌)을 알려주면서 치료적 동맹을 형성하는 것이 초기 상담에서 가장 중요한 요소이다. 치료적 동맹은 상담의 성과에 큰 영향을 미치기 때문에 나는 첫 번째 상담 회기에서 치료적 동맹을 형성하려고 최선을 다한다. 이는 상담 초기뿐만 아니라 상담이 효과적으로 계속 진행되려면 모든 상담 단계에서 치료적 관계가 지속되어야 한다.

치료적 관계를 형성하려면 내가 수동적인 내담자에게 일방적으로 도움을 주는 것이 아니라 함께 상담과정을 발맞춰 나가야 한다. "나는 Gwen의 이야기를 얼마나 판단하지 않고 들을 수 있는가?" "나는 그녀에게 얼마나 잘 공감하고 그녀를 잘 돌볼 수 있는가?" "나는 나의 정체성을 잃지 않으면서도 그녀의 주관적인 세계를 잘 받아들일 수 있는 능력이 있는가?"와 같은 질문을 스스로 하였다. 나는 특히 나의 단점에 대해 Gwen에게 가능한 한 솔직해지려고 했다. 나는 우리의 치료적 동맹을 형성하는 데 도움이 된다면 Gwen이 언제라도 어떤 질문도 맘대로 할 수 있도록 그녀를 격려했다.

상담 초기 단계에서의 이론들

상담 관계가 시작되는 단계에서 내가 주로 신경을 쓰는 것은 내담자가 근본적인 삶의 변화를 위해 위험을 감수하며 어떤 시도도 자유롭게 할 수 있도록 안전감의 토대를 마련하는 것이다. 나는 주로 이 시기에 인간 중심 접근법의 다양한 요소들을 가지고 나의 상담 접근법과 결합한다. 예를 들어, Gwen의 이야기를 잘 이해해 주면서 경청만 잘한다면 그녀는 나에게 자신이 진정으로 원하는 것이 무엇인지 자유롭게 말하리라 믿고 있다. 나의 상담 방식은 수동적이라기보다는 전반적으로 능동적인 스타일이지만, 그런데도 나는 일단은 Gwen의 입장에 서서 그녀가 세상을 어떻게 지각하는지 살펴보고자 하였다. 내가 충분히 경청하고 꼼꼼히 관찰하기만 한다면 그녀가 나를 그녀의 내면의 세계로 이끌어 줄 것으로 믿었다. 인간 중심 접근에서 이야기하듯이 나는 Gwen이 자신의 내면의 세계를 들여다보도록 애쓰게 하였고 그녀가 지닌 자신만의 지혜를 믿게 하려고 노력하였다. 이러한 접근법에서는 상담자와 내담자 간의 관계를 특히 강조하는데 나는 이러한 상담 관계가 치료와 변화를 가져오는 치유 요인이라고 믿는다. 나는 Gwen과 초기 상담에서 최대한 내담자와 지금 여기에서 함께 머물러 있으려고 하였고 나를 개방하면서도 Gwen의 이야기에 관심을 기울이고 있음을 보여주려고 노력하였다. 내가 원하는 것을 너무 급하게 그녀에게 제시하기보다는 그녀만의 의견을 낼 수 있도록 도와주려고 하였다. 나는 Gwen이 자신의 삶에 대해 전문가라고 믿었다. 인간 중심 상담 접근법에 기초하여 나는 Gwen이 상담을 통해 무엇을 하고 싶은지 스스로 인식할 수 있고 그녀의 상담을 스스로 구성해 나아갈 수 있다고 믿어 주었다.

나는 Gwen에게 영향을 주는 다양한 환경적 요소와 시스템을 고려하지 않고는 그녀를 완전히 이해할 수 없다고 생각했다: 가족, 사회 집단, 공동체, 교회, 다른 문화 단체들. 상담과정이 효과적으로 진행되려면, Gwen이 스스로 사회적 관계에서 어떤 영향을 주고받는지를 이해하는 것이 중요하다(다문화, 여성주의, 가족 상담자들이 강조했듯이, 인간은 사회 및 문화적 틀을 포함하는 시스템의 맥락 안에서 이해될 필요가 있다). Gwen의 삶을 이해할 때 내부적 또는 외부적 요인 중 하나라도 무시하는 것은 상담의 효과를 경감하게 만들 것이다.

기법의 사용

나는 Gwen에게 아이디어와 기법을 소개했고 그중에 도움이 되는 것과 도움이 되지 않는 것을 Gwen이 자유롭게 말할 수 있도록 도왔다. 처음 기법을 결정할 때, 나는 Gwen의 여러 가지 측면을 고려하였다. 그녀가 문제를 직면할 준비가 되어 있는지, 변화할 준비가 되었는지, 그녀의 문화적 배경, 가치관, 그리고 상담자에 대한 신뢰가 얼마나 있는지 등을 고려해야 했다.

나는 보통 상담을 시작하고 마무리할 때는 Gwen에게 이번 상담 회기가 어떠했는지 물어봤다. 나는 상담과정에서 협력이 잘 되었는지 Gwen의 치료적 목적에 맞게 상담이 잘 이루어졌는지 확인하기 위해 지속적으로 피드백을 받았다. 상담자로서 나의 역할은 최대한 지금-여기에 내담자와 함께 머무는 것이다. 이렇듯 Gwen과 함께 하는 과정을 통해 통합적 치료 접근법을 효과적으로 사용을 하면 내담자를 최상의 기능과 균형이 있는 상태로 변할 수 있도록 도와줄 수 있다.

성찰 질문

최초 상담회기 도중에 Gwen이 가장 성취하고 싶었던 것에 대해 생각해보시오. 다음의 질문을 고려하시오.

- 평가 과정 중에 Gwen과 함께 무엇에 집중할 것인가?
- 첫 상담 회기의 사전 동의 과정 중 어떤 측면을 가장 중요하게 다루고 싶은가?
- 당신은 당신과 Gwen의 차이점을 얼마나 능숙하게 다룰 수 있는가? 상담자와 내담자 간의 차이점 중에 가장 먼저 다뤄야 한다고 생각하는 것은 무엇인가?

최초 상담회기와 Chet의 사례

42세인 Chet는 아내인 Amelia가 이혼하자고 하자 결혼 생활의 위기를 느껴 상담 신청을 하였다. 15년 동안 결혼 생활을 하면서 아내는 자신은 이제 혼자 살고 싶고 현재 결혼 생활이 기쁘지 않다고 남편에게 말을 하였고 그 이야기는 Chet에게 엄청난 충격이었다. 종종 부부관계에 갈등의 순간이 있었지만, Chet는 Amelia가 이혼을 원할 만큼 우울하다고 생각한 적이 없었다.

Amelia는 개인 상담을 받고 있었고 여성친목회에도 참가하고 있었다. Chet는 Amelia와 함께 부부치료를 받기를 바랬지만 Amelia는 이를 거절하였다. 그는 그녀가 여성친목회에서 어떤 영향을 받아서 지금의 부부관계에 불만족을 느꼈을 것으로 생각하였다. Chet는 가족은 항상 함께해야 한다고 생각하고 이혼은 바람직하지 않다고 여기는 문화권에서 성장했다. 그는 Amelia가 전통적인 가족의 역할과 가치관에 반하는 행동을 하는 것에 화가 났고, 그녀가 왜 결혼 생활을 유지하기 위해 노력하지 않는지 이해하기 힘들었다. Chet는 이 상황에 대해 자기가 할 수 있는 게 아무것도 없어 무기력을 느끼며, 종종 심각한 우울이나 공황 상태를 보고하였다.

나는 Chet가 상담에서 무엇을 원하는지 특별히 관심을 가졌다. 상담 첫 회기에 Chet는 그가 우울, 불안, 절망에서 벗어나고자 하는 데 상담이 어떤 도움을 줄 수 있는지 물어보았다. 자신의 문제에 관해 이야기할 때 Chet는 내가 그에게 직접적인 조언해줄 것을 기대하였다. 그는 첫 번째 상담회기에 오는 게 불안했다고 말하였고 그는 보통 새로운 인간관계를 맺을 때 혼자되거나 버림받을까 봐 많이 두려워한다고 하였다. 상담에서 무엇을 기대하느냐는 질문에 대해서 "15년의 결혼 생활이 파탄이 난 현재 상황을 어떻게 대처해야 할지 알고 싶어요. 이혼에 대한 우울, 분노, 불안에 대해 어떻게 다뤄야 하는지 알고 싶어요"라고 대답하였다.

치료계약

상담회기에 대한 방향성을 알려주는 상담 작업계약서를 공식적으로 작성하면서 나는 Chet와의 치료적 동맹을 맺기 시작했다. 내가 생각한 상담자의 주된 책임과 기능, 내담자로서 Chet의 책임에 관해 그와 이야기했다. 나는 처음부터 그가 좀 더 능동적인 자세를 가지고 상담에 임하기를 바란다고 알려주었다. 나 역시 능동적이고 때로는 직접적으로 개입할 것이라고 하였다(이것은 대부분의 인지행동치료와 행동중심치료의 특징이다).

상담과정 초기에는 Chet가 상담과 삶에 대해 자신이 원하는 것을 명확히 아는 것이 중요하다. 비록 그의 대답이 처음에는 모호할지라도, 나는 Chet가 좀 더 구체적으로 그가 상담에서 바라는 것이 무엇인지, 그리고 그가 어떻게 그의 현재 상황을 인식하고 있는지를 자세히 표현할 수 있도록 도와주었다(이 과정은 아들러 치료, 행동치료, 인지행동치료, 현실치료, 여성주의 치료에서 특히 중요하다. 상담 목표에 대해서는 3장에 보다 자세히 설명되어 있다).

사전동의 일부분인 치료계약을 맺는 것은 상담 초기에 중요하지만, 적절한 시기를 고려하여야 한다. 나는 먼저 비밀 보장과 비밀 보장의 한계에 관해 설명했다. Chet의 어려움 정도를 평가하면서 나는 자살과 타살 가능성에 대한 위험도를 평가했다. Chet가 오랜 관계가 깨진 것에 대해 절망스럽고 화나고 우울하다고 느낀다고 한 것을 고려할 때 잠재적으로 자기 자신과 다른 사람들을 해할 수도 있기에 그러한 요소들을 상담 전반에 걸쳐 관심을 가지고 지켜봐야 했다. 절망이라는 감정은 특히 위험할 수 있기에 나는 상담 초기부터 조금이라도 희망을 느낄 수 있도록 노력하였다. Chet의 현재 대처 전략을 평가하기 위해 안정화 작업을 도입하면서 그에게 마음챙김 이완훈련 기법을 알려주었다. 이 새로운 대처전략을 통해 Chet는 그의 현재 생각과 감정을 통제할 수 있게 될 것이며 이 기법들은 상담이 진행되면서 계속 도움을 줄 것이다.

Chet가 어떻게 하면 좋은 상담 성과를 얻어낼 수 있는지 구체적으로 교육시키는 것도 중요하겠지만, 나는 너무 많은 교육으로 의해 Chet가 압도당하거나 자신을 드러내기를 꺼리지 않게 하려고 노력하였다. 내가 너무 말을 많이 하기 보다는 Chet의 이야기에 경청하면서 내가 주의 깊게 그의 이야기를 듣고 있다는 것을 상기시켜 주었다. 상담시간에 지금-여기 함께 머물면서 내담자에게 최대한의 관심을 주는 것은 앞으로 계속되는 상담 회기를 수월하게 해준다. 만약 내가 잘 경청한다면 Chet가 상담에 지금 오게 된 이유를 알 수 있을 것이다. 만약 내가 정확하고 주의 깊게 경청하지 않는다면, 그가 말한 첫 번째 문제에만 집착하여 초점을 잃을 위험이 있다. 그러기에 상담 개입을 계획하고 실행하기 전에 먼저 인내심을 가지고 경청하는 것이 무엇보다 중요하다.

초기 평가

처음 두 번의 상담 회기 동안 나는 평가를 통해 그의 사례를 개념화하고 실행하고자 하는 치료 계획을 세운다. 나는 Chet에 대한 가설을 만들고 그것에 대해 그와 이야기한다. 진단은 종종 평가 과정의 일부이고 그것은 내담자의 행동과 생각에 의미를 부여하는 것이다. 이런 관점에서 진단은 Chet와 **함께** Chet에 **대해** 생각하는 과정이라고 볼 수 있다. 나는 진단을 Chet가 현재 어떻게 기능하고 있는지 그 기능 방식에 대해 일반적으로 자세히 작성한 진술문이라고 생각한다. 전반적인 평가 과정을 통해 나는 Chet의 행동 패턴을 직감적으로 파악하고 내가 관찰해서 발견한 것들을 그와 치료과정에서 공유할 수 있다. 정확한 진단을 내리는 것은 몇몇 임상 장면에서는 중요하지만, 일반적으로 치료 장면에서는 그렇게 중요하지 않으며 초기 상담에서 다루어야 할 것은 아니다.

초반 상담 회기 동안은 Chet가 그의 삶에서 무엇이 바뀌었으면 좋겠고 상담으로부터 얻고 싶은 것이 무엇인지 알아보는 것이 중요하다. 나는 계속해서 그가 상담에 능동적으로 참여하는 만큼의 변화가 있을 거라는 메시지를 전달할 것이다. 나는 그가 원하는 변화로 나아가기 위해서는 한걸음, 한걸음 조금씩 나아가는 것이 얼마나 중요한지 강조할 것이다.

실존적 주제

최초 상담 회기에서도 실존적 주제가 나오곤 한다. Chet은 그가 이해하는 수준에서 그와 그를 둘러싼 세계에 관한 이야기를 만들어 갔다. 그의 삶에 대한 중요 주제들을 드러내기 위해서는 여러 번의 상담회기가 필요할 수도 있다. Chet가 과거에 잘못된 선택을 했다고 할지라도 나는 그가 과거 경험의 피해자가 될 필요는 없다는 것과 그가 그의 미래를 다시 계획할 수 있는 능력이 있다는 것을 알려주려고 했다. 불확실성과 자유가 공존하는 이 세계에서 때론 Chet의 불안이 도움이 될 수 있다. 확실히 보장되는 것이 하나도 없는 우리 삶에서 Chet가 가지고 있는 어느 정도의 불안, 외로움, 죄책감은 건강한 것일 수 있다. 그러므로 이러한 실존적 상태가 문제라기보다는 Chet가 이런 실존적인 상태에서 어떻게 삶에 대처해야 하는지에 초점을 맞추는 것이 중요하다.

Chet의 이야기 듣기

상담 초반에 나는 Chet의 호소 문제에만 너무 연연하지 않았다. 상담자로서 나의 역할은 Chet가 자신의 문제에만 너무 메여있는 것으로부터 자유롭도록 도와주면서 그와 그의 관계에 대해 새롭게 인식할 수 있도록 해주는 것이다. 나는 Chet의 이야기에 관심을 가지고 경청하면서 그와 협력적 관계를 형성하려고 노력했다. 특히 그가 자신의 역량을 충분히 발휘했던 시기를 이야기하면서 그렇게 능력이 있는 Chet라는 사람과 Chet라는 사람이 직면하고 있는 문제는 별개라는 것을 인식하도록 도왔다. 상담 시작부터 나는 Chet가 자신의 역량을 잘 발휘했던 시기와 그가 스스로 당면한 문제를 해결할 수 있었던 시기를 찾아가면서 그의 이야기를 들었다. Chet는 자신의 삶을 변화시킬 수 있도록 도와줄 많은 개인적 자원과 역량을 이미 지니고 있었다. 그러므로 나는 Chet에게 강점 중심 상담 접근법을 사용하여 그의 역량을 충분히 인식하고 활용할 수 있게 하였다. Chet는 자신을 문제라고 보았지만 그렇지 않다. Chet라는 사람과 문제를 분리시켜야 했다. 궁극적으로 Chet는 그의 개인적인 자원을 발견하고 그러한 자원들을 사용하여 그의 당면한 과제들을 대처해 나가고 삶을 재설계하는 방법을 발견해 나갈 것이다.

성찰 질문

해결중심접근법의 상담자는 내담자의 강점을 찾아내기 위해 예외 질문 기법을 쓰고, 이야기치료접근법의 상담자는 문제에만 초점을 둔 내담자의 이야기에 대안적 이야기를 만들어 내는 방식으로 문제에 관한 이야기가 아닌 새로운 이야기를 만들어 낼 수 있는 독특한 사건에 집중한다. Chet과 상담할 때 다음의 질문을 고려해보시오.

- Chet에게 상담과정에 대해 교육하면서 핵심적으로 다루고 싶은 부분은 무엇인가?
- Chet는 “15년의 결혼 생활이 깨지는 것에 대해 어떻게 대처해야 할지 알고 싶어요. 이혼에 대한 우울, 분노, 불안에 대해 어떻게 다뤄야 하는지 알 필요가 있어요.”라고 이야기하였다. 어떻게 대답할 것인가?

- Chet가 문제에만 메여 있는 것에서 자유롭게 되고 그와 그의 주변인과의 관계에 대해 새로운 이야기를 만들어 낼 수 있도록 어떻게 도울 것인가?

결론적 논평

상담을 찾는 각각의 내담자들 유형이 매우 다르다는 점을 고려할 때 효과적인 상담을 하기 위해서는 통합적 상담 접근법이 접목되어야 한다. 각각의 치료적 접근은 고유의 장단점이 있으며, 어떤 한 이론이 타당하다고 다른 이론은 틀렸다고 말할 수는 없다. 특정 상담이론이 "맞다, 틀리다"라고 하기보다는 각각의 상담이론은 인간의 행동을 이해하는 데 나름으로 기여하고 있다고 볼 수 있다. 사회가 다원화된 만큼 상담에서 통합적 접근법을 쓰는 것은 이제 필수불가결하다.

이 장에서는 각 이론이 지향하고 있는 부분을 간략하게 논의하며 소개하였다. 다양한 치료 방법과 이론적 접근에 대해 좀 더 알고 싶다면 "상담과 심리치료의 이론과 실제"(*Theory and Practice of Counseling and Psychotherapy*, Corey, 2017) 책을 참고하면 된다.

이 장에서는 초기 상담 단계에 대해 다루었다. 이 장을 읽은 후에 이를 머릿속에 정리하기 위해 다음의 질문에 대해 성찰하는 시간을 가져보기 바란다.

- 지금 당신은 자신만의 상담의 기본 틀을 갖추기 위해 어떤 이론을 주된 이론으로 삼을 것인가?
- 당신만의 접근법을 개발할 때 직면하게 될 가장 어려운 도전과제는 무엇인가?
- 첫 상담 회기에서 사전동의서의 어떤 부분을 내담자와 꼭 함께 논의하고 싶은가?
- 시간이 제한된 상담과 단기 상담의 주요 장단점은 무엇인가?

- 내담자 입장이 되어보는 경험은 다른 사람을 상담할 때 어떤 도움을 주는가?
- 첫 상담 회기에 진단이 필수적이라고 생각하는가? 만약 그렇다면 왜 해야 하며, 그렇지 않다고 한다면 왜 안 해도 되는가?
- 평가와 진단이 얼마나 내담자와 협력하에 이루어져야 한다고 생각하는가?
- 사고, 감정, 행동 차원에 기반하여 당신만의 통합적 접근을 만드는 것은 어떤 장단점이 있는가?

Chapter 02 | 치료적 관계

이론적 기반을 가지고 기술과 기법을 효과적으로 사용하는 것은 중요하다. 하지만, 상호 간의 존중과 신뢰를 기반으로 한 치료적 관계가 형성되지 않으면 이러한 기술은 무용지물이 된다. 치료적 관계의 중요성은 아들러 치료부터 신경과학을 상담에 결합한 현대 접근 방식에 이르기까지 수많은 접근에서 강조한다(Miller & Dillman Taylor, 2016). 사람과 사람 간의 관계는 긍정적인 변화를 가져오는 원천이다. 상담은 심도 있는 인간관계에 기반하고 있기에 나는 내담자와 상담자의 관계를 특히 강조한다. 내담자를 향한 진실하고 성실하며 용기 있는 나의 태도와 성격이 바로 내가 내담자에게 제공해야 할 것이다.

실존적 접근은 치료를 공동의 여정으로 보고 내담자가 인간으로서 어떻게 존재하는지를 관심을 지닌다. 실존적 접근과 인간중심 접근은 둘 다 상담자의 개인적 특성과 태도를 강조한다. 실존주의 상담자들은 상담할 때 진실하게 자신을 개방하려고 노력한다. 실존주의 상담자들은 다양한 이론으로부터 기술을 가져와 적용하는 데 능숙하고 기술을 창의적으로 사용하지만 어떤 한 이론의 기술에 얽매이지는 않는다. 실존주의 상담자들은 인간으로서 존재한다는 것은 무엇인가를 고민하는 철학적인 틀을 기반으로 개입한다. 상담은 내담자와 상담자가 함께 떠나는 여정이고 이 여정은 내담자가 경험하고 인식한 것을 깊이 있게 탐색하는 것이다. 이 여정을 떠나기 위해서는 상담자도 자신의 현상학적인 세계와 접촉해야 한다.

작업동맹을 형성하는 것

치료동맹은 내담자와 상담자가 둘 다 동의한 목표를 이루기 위해 같이 일하는 것을 뜻한다. 치료동맹이 얼마나 잘 형성되었는지가 상담 성과를 가늠하는 척도가 된다. 또한, 치료동맹은 상담을 성공으로 이끄는 결정적인 요인이기도 하다(Meichenbaum, 2017; Naar & Safren, 2017). 상담자와 내담자의 관계는 모든 접근에서 중요하게 다루지만, 일부 접근들이 상담 관계를 특히 강조한다. 특히 강조하는 접근들은 실존주의 접근, 인간중심 접근, 게스탈트 접근, 여성주의 치료, 포스트모던 접근(해결중심 치료와 이야기 치료)이다. 이 관계 중심적 접근(경험주의적, 인본주의적 접근)은 내담자–상담자 관계를 가장 중요하게 생각하고 기술은 그 다음의 문제라고 여긴다. 치료적 관계를 형성하기 위해서 상담자는 내담자가 경험하는 주관적 세계를 이해하고 공감해야 하며, 내담자에게 상담자가 잘 이해하고 있다는 것을 전달해야 한다. 인지행동 치료와 같은 접근은 치료동맹이 중요하다는 것은 인정하지만, 치료동맹만으로는 실질적 변화를 가져올 수 없다고 생각한다.

치료동맹은 상담자가 혼자서 형성하는 것이 아니다. 치료동맹은 상담자와 내담자가 협력하여 형성하는 것이다(Cain, 2010, 2016; Meichenbaum, 2017; Naar & Safren, 2017). 치료동맹의 질적 수준은 상담 성과에 지대한 영향을 미친다(Hubble et al., 2010; Keenan & Rubin, 2016; Kottler & Balkin, 2017). 연구 결과에 따르면 상담자–내담자 관계는 치료적 변화와 상담 결과의 효과성과 지속성에 지대한 영향을 준다는 것을 증명해 왔다(Elkins, 2016; Keenan & Rubin, 2016; Miller, Hubble, & Seidel, 2015; Naar & Safren, 2017). 효과적인 치료적 관계는 내담자가 자신의 사고, 감정, 행동이 변화될 수 있다고 인식하게 하는 상담 기술을 창의적으로 만들게 도와준다. 치료적 관계에 대해 가장 이해하기 쉽게 서술된 책은 '효과적인 심리치료 관계'(*Psychotherapy Relationships That Work*, Norcross & Lambert, 2019)라는 책이다.

치료적 관계는 내담자의 피드백을 듣는 것도 포함한다. 상담과정을 알려주고 지도하고 평가하는 데 내담자의 피드백은 필수적이다(Duncan, Miller, Wampold & Hubble, 2010). 내담자가 상담 초기에 적극적으로 참여하며 의미 있는 변화에 관심을 보이는 것은 긍정적인 결과로 이어지는 중요한 요소이다. 심리치료의 성공은 내담자가 얼마나 적극적으로 참여하는가와 치료동맹에 달려있다(Norcross et al., 2016). 심리치료의 효율성을 극대화시킬 수 있는 방법은 내담자 주도 결과 통보 치료(client-directed, outcome informed therapy)를 통해 내담자의 피드백으로부터 상담의 방향성을 잡아가는 것이다(Duncan et al., 2004; Miller, Hubble, Duncan, & Wampold, 2010; Miller et al., 2015).

다음은 내가 생각하는 효과적인 치료가 갖춰야 하는 가정들이다. 이 진술들은 내 통합이론의 토대가 되는 문장들이다.

- 치료 장면에서 인간 대 인간으로의 참만남은 긍정적인 변화가 촉진시킨다.
- 상담자의 역할은 실존하는 자기 자신의 모습을 잘 들여다보는 것이다. 그러기에 사용하는 기술보다 태도가 더 중요하다.
- 상담자의 주된 역할은 물리적으로나 정서적으로 상담시간에 내담자와 함께 하는 것이다.
- 상담은 기본적으로 내담자가 주도하여 진행된다. 상담자의 역할은 내담자가 새로운 시도를 할 수 있도록 분위기를 형성해주는 것이다.
- 내담자의 변화는 상담자의 진솔한 행동을 모델링함으로써 일어난다.
- 상담자는 내담자의 요구를 충족시키기 위해 기술과 관계를 맺는 방식을 조율해 나아가야 한다.
- 상담자의 태도나 가치관은 이론이나 지식, 기술만큼이나 중요하지만, 상담자 개인의 가치관을 내담자에게 강요하는 것은 비윤리적이다.
- 상담자는 다양한 내담자들에게 전문적인 이론과 기술을 사용하여 상담해야 할 윤리적 의무가 있다.
- 상담자가 내담자와 소통을 잘하고 내담자를 중심에 두어 치료할 때 내담자가 가장 잘 기능할 수 있다.
- 내담자에 대한 자신의 반응에 대해서 주의 깊게 성찰하지 못하는 상담자는 단순 기술자가 되는 것이고, 때로 내담자에 대한 중요한 정보를 놓치게 된다.

- 효과적인 치료동맹은 내담자가 위험을 감수하고 행동할 수 있도록 도와준다.
- 알아차림은 내담자와 상담자 모두가 진솔하게 상담에 참여할 때 발생한다.

다소 반복되기는 하지만 위의 진술문들은 치료적 관계의 중요성을 명확히 알려준다. 만약 당신이 관계 중심 접근법을 사용한다면, 특정 기법을 정확하게 사용하는 것이나 특정 방식으로 내담자의 사고, 정서, 행동에 개입하는 것에 대해 덜 고민해도 된다. 그렇다고 당신에게 내담자가 좀 더 자신의 경험을 탐색할 수 있도록 다양한 기술을 사용하지 말라고 하는 것은 아니다. 당신 역시 내담자를 위한 다양한 상담 기법을 사용할 수 있다.

당신은 상담자의 역할이 컨설턴트라고 생각할 수 있다. 컨설턴트로서의 상담자의 역할은 행동 중심 및 문제해결 중심 접근에서 강조한다. 라이프 코칭에 있어서도 컨설턴트의 역할이 강조되고 있고, 이 영역이 점점 확대되고 있다. 내담자는 당신에게 자신이 원하는 것을 말하고 상담자는 그것을 성취할 방법을 습득할 수 있도록 다양한 자원을 가지고 코칭을 해준다. 컨설턴트로서 당신은 내담자에게 특정 상황 속에서 사용할 수 있는 전략을 알려준다.

상담자는 상담과정에서 핵심적인 존재이다(Cain, 2010, 2016; Hubble et al., 2010; Keenan & Rubin, 2016; Wampold, 2010). 당신이 어떤 사람인지에 따라 상담과정이 달라질 수 있다. 상담자의 진솔한 태도를 통해 내담자가 성장할 수 있도록 한다. 만약 상담자가 이론과 실무적 지식만 풍부하고 인간 성품으로서의 열정, 돌봄, 신념, 진솔성, 감수성이 없다면 내담자의 삶을 바꾸는 것은 어려울 것이다.

치료적 관계에서의 자기 개방

상담자가 자신을 개방한다는 것은 마음을 다해 진솔하게 상담에 임하는 것이며 내담자가 상담자를 잘 알 수 있도록 하는 것이다. 또한, 상담자의 자기 개방은 내담자와 치료적 관계를 형성하기에 좋은 방법이다. 만약 상담자가 상담시간에 자신을 숨기고 진솔하지 않은 행동을 취하면 내담자도 똑같이 행동할 것이다. 내담자와 치료적 관계를 형성시킬 수 있는 적절한 때에 내담자에게 적합한 상담자 개인의 이야기를 내담자에게 개방함으로써 내담자는 더 진솔하게 되고 자신을 개방할 수 있다. 물론, 상담자의 모든 생각과 감정을 검열하지 않고 공유하라는 것은 아니다. 오히려, 내담자와의 상담과정을 촉진시킬 수 있을 때 내담자의 이야기를 들으면서 생기는 생각과 감정을 공유할 필요가 있다.

상담자들이 지금-여기(here and now) 현재 상담 장면에서 발생한 것에 대한 반응과 내담자와 상호작용을 하면서 느끼는 것들을 내담자에게 개방하는 것은 일반적으로 상담에서 유용하다. 상담자의 자기 개방은 아들러 치료, 실존주의 치료, 인간중심 접근, 게스탈트 치료, 현실치료, 여성주의 치료를 포함한 여러 이론이 공유하는 가치이다. 실존주의 상담자는 내담자와 상담할 때 자신을 적절한 시기에 개방하며 내담자를 존중하면서 자신이 현재 느낀 감정을 공유한다(Yalom & Joselson, 2019). 게스탈트 치료는 치료적 관계에서 상담자가 자신의 감정에 대해 개방하도록 권장한다(Yontef, Jacobs & Bowman, 2019). 그리고 나의 동료이자 아들러 접근법을 연구한 동료인 Jim Beatter와 Rebekah Byrd(2011)는 그들의 책에서 자기 개방과 스토리텔링이 어떻게 개인, 집단, 커플 또는 가족 간의 관계에서 적용될 수 있는지에 대한 설명을 제공하고 있다.

전통적이거나 고전적인 정신분석 치료법에서는 상담자가 치료적 관계에서 자신을 개방하는 것에 반대한다. 고전적인 정신분석 상담자들은 일반적으로 "빈 화면(blank screen)" 접근법을 사용하여 익명인 것과 같이 중립적인 자세를 유지하며 자신을 거의 공개하지 않는다. 그렇게 함으로써, 상담자들은 내담자가 상담자에게 투사하게 하여 궁극적으로 내담자의 전이 관계를 촉진시킨다. 만약 상담자가 자신을 거의 드러내지 않고 개인적인 반응을 내담자와 공유하지 않는다면, 내담자가 상담자에 대해 느끼는 것은 대체로 과거의 다른 중요한 인물들과 관련될 것이다. 미완성 과제와 억압된 상황에 대해 투사할 수 있게 하는 것은 정신분석 치료의 핵심적인 요소이다.

자기 개방은 내담자가 상담자에게 비현실적인 투사를 할 가능성을 줄이는 방법 중 하나이다. 만약 상담자가 신비스러운 인물이 아니라고 생각하고 내담자가 상담자에 대해서 좀 더 알게 된다면, 내담자는 상담자에게 투사하지 않을 것이다. 현대의 관계 중심 정신분석학은 치료적 관계가 내담자의 변화를 촉진하는 데 가장 중요하다고 생각한다. 현대의 관계 중심 정신분석학은 상담자가 적절하게 자신을 공개하는 것을 허용하며 상담자가 상담하면서 느끼는 것들을 내담자와 공유하도록 권장한다.

인간 중심 접근법에서는 즉시성을 강조하면서 상담자와 내담자가 치료적 관계에 대해 어떻게 생각하는지를 서로에게 솔직히 각자의 경험을 나누도록 한다. 즉시성이란 상담자가 상담하면서 내담자에게 어떤 감정을 느꼈고 내담자－상담자 관계에 대해 어떻게 생각하는지를 내담자에게 지금－여기 상담 장면에서 바로 공개하는 것이다(Gelso, 2011). 상담자와 내담자 사이에 지금－여기서 무엇이 일어나는지에 대해 초점을 두고 있는 즉시성이 아마도 자기 개방의 가장 핵심적 요소일 것이다. 즉시성은 내담자가 상담자와 전이 관계를 형성할 때 가장 유용하다. 예를 들어, 내담자의 이야기를 들을 때 어떤 어려움이 있다면 그것을 내담자와 공유하는 것이 상담에 도움이 된다. 상담자는 내담자에게 “저는 지금 당신이 이야기한 것을 온전히 이해하지 못하고 있어요. 당신과 당신의 느낌에 관해 이야기할 때는 어느 정도 이해할 수 있었어요. 그런데 당신이 딸에 대해서 이야기를 한 부분부터는 이해가 잘 안 되었어요”라고 말할 수 있다. 이렇게 이야기함으로써 내담자를 함부로 판단하거나 낙인을 찍지 않으면서 내담자의 이야기에 대해서 상담자가 어떻게 생각하는지 공유하는 것이다. 내담자에게 상담자가 내담자의 이야기를 어떻게 생각하고 느끼는지를 알려주는 것은 즉시성의 중요한 형태 중 하나이다. 내담자 이야기에 대한 상담자의 반응을 내담자와 적절히 공유하는 것은 상담자가 내담자에게 준 피드백에 관해 이야기하도록 독려할 때 특히 유용하다.

상담자의 개인적 문제를 내담자에게 검열하지 않고 다 말하는 것은 삼가야 할 행동이다. 하지만, 내담자가 상담자와 연결되어 있다고 느낄 수 있게 상담자의 특정 모습을 보여주는 것은 좋은 방법이다. 노련한 상담자도 자신을 얼마나 개방해야 하는지를 알기는 어렵다. 상담자가 **언제 얼마나 무엇**을 공개해야 하는지 고민해봐야 한다. 너무 적게 공개하거나 너무 많이 공개하는 것은 문제가 될 수 있다. 상담자가 자신을 개방하는 것에만 너무 집중한다면, 내담자는 상담자의 부적절한 개인 문제 공개에 대해 부담감을 느낄 것이다. 상담자는 내담자에게 시기적절하고 유익한 방식으로 자신을 개방해야 한다. 만약 상담자가 자신의 감정에 휩쓸려서 내담자에게 온전히 집중할 수 없다고 생각된다면, 상담자가 지금 내담자에게 어떻게 영향을 받고 있는지를 내담자와 공유하는 것도 도움이 될 수 있다. Gelso(2011)는 상담자가 내담자의 요구에 대해 주의 깊게 공감하고 경청해야 하면서 동시에 상담자 자신의 요구와 갈등 역시 조심스럽게 관찰해야 하고 자신을 무분별하지 않고 적절하게 개방해야 하고, 내담자의 이익을 항상 고려해야 한다고 권고한다. 상담자의 개방이 내담자에게 도움이 되고 있는지를 알기 위해서 다음의 질문에 스스로 대답해 볼 필요가 있다.

- 무엇이 나를 개방하도록 이끄는가?
- 나를 얼마나 개방해야 내담자가 자신에 대해 진실하고 구체적으로 이야기해주는가?
- 나를 개방하는 것은 내담자가 자신의 목표를 이루는 데 얼마나 도움이 되는가?
- 나를 개방하는 것은 내담자가 자신의 문제에 대해 새로운 관점으로 생각하고 새로운 행동을 취할 수 있도록 하는가?
- 내담자의 통찰이 새로운 행동으로 전환되도록 돕는데 나의 자기 개방은 얼마나 도움이 되는가?

자기 개방은 상담자의 개인적인 과거나 현재 문제를 내담자에게 자세하게 이야기하는 것을 의미하지는 않는다. 상담자가 자신을 너무 많이 공개하면 내담자가 생산적으로 자기 탐색을 하는 것에 방해가 될 수 있다. 상담자가 자신을 개방할 때 주의해야 할 점은 내담자의 필요가 아닌 자신의 욕구 때문에 자신을 개방하는 것이다. 때때로, 상담자가 내담자와 비슷한 개인적인 문제나 감정이 있다는 것을 간략하게 내담자에게 알리는 것만으로도 치료적 관계를 증진하는 데 큰 도움이 된다. 상담자의 개방은 내담자가 자신의 반응이 정상적이라는 것을 받아들이도록 도울 수 있고, 상담자가 내담자의 반응을 이해한다는 것을 내담자에게 알려줄 수 있다. 물론, 상담자 역시 자신의 경험, 감정, 반응을 공유할 때 자신의 취약한 부분을 공개하게 되는 것이다. 하지만 상담자가 자신을 드러내지 않는다면 내담자도 상담자 앞에서 자신의 약점을 드러내려고 하지 않을 것이다.

모든 내담자 유형에게 자기 개방을 권장하는 것은 아니며, 내담자의 문화적 요인을 고려할 필요가 있다. 일부 내담자는 전문적인 돌봄 관계에서 자기보다 권위가 있는 윗사람에게 자기 개방을 하는 것은 부적절하다고 여긴다. 많은 아시아계 미국인 내담자들은 가족이 아닌 사람들에게 개인적인 문제를 드러내는 것을 꺼린다. 라틴 아메리카, 아메리칸 인디언, 아프리카계 미국인 내담자, 군인, 그리고 다양한 다른 문화권의 내담자들에게는 비슷한 압력이 종종 있다. 상담자들은 내담자가 개인적인 문제를 공개하기 힘들어할 때 문화적인 힘이 작용하고 있을 가능성도 고려해야 할 필요가 있다. 자신이 알지 못하는 전문 상담사에게 개인적으로 자신에 대해 말하는 것은 이런 문화권의 내담자들에게는 어려운 일일 수 있다. 상담자들의 자기 개방은 반드시 측정 가능해야 하며 상담자–내담자 사이의 새로운 관계에서 문화적 규범보다도 더 중요할 수 있음을 깨달아야 한다.

치료적 관계를 형성할 때 상담자의 역할

상담자의 개인적 특성

내담자와 좋은 관계를 형성하기 위해서는 상담자가 어떤 태도를 보여야 하며, 내담자를 위해 상담자는 어떤 행동을 취해야 할까? 인간 중심 접근법은 상담과정에서 치료적 관계의 중요성을 이해하는 데 크게 기여하였다. Carl Rogers(1957, 1961, 1980)는 치료 관계의 필수 요소를 형성하는 데 필요한 상담자의 3가지 개인적 특성에 관해 선구적인 연구를 수행했다: (a) 일치성 또는 진솔성, (b) 무조건적 긍정적 관심과 수용, (c) 정확한 공감적 이해. 상담의 핵심 조건으로 알려진 이 요인들은 모든 이론의 기초이다. 협력적 치료 동맹을 형성하는 것과 함께 일치성, 긍정적 관심, 공감이 내담자를 성장시키는 데 도움이 되는 예측 변인이라고 보고하고 있다(Cain, 2010, 2016; Keyann & Rubin, 2016).

일치성은 상담자로서 진정성이 있어야 함을 의미한다; 상담자는 상담시간 동안 진실하고, 통합적이며, 진솔해야 한다. 상담자는 거짓된 가면을 쓰지 말아야 한다. 상담자는 내면에서 느낀 것과 그것을 외적으로 표현할 때 일치해야 한다. 내담자와의 관계에서 느끼는 감정, 사고, 반응, 태도를 공개적으로 표현할 수 있어야 한다. 상담할 때 상담자는 내담자에게 진정한 관심과 돌봄을 전할 필요가 있다. 이런 돌봄은 무조건적으로 이루어져야 하며, 내담자의 감정, 사고, 행동을 선과 악의 관점에서 도덕적으로 판단하지 않아야 한다. 상담자는 조건 없이 내담자를 수용하고 가치 있게 여겨야 한다. 수용은 내담자가 자신의 신념과 감정이 자연스러운 것이라고 느낄 수 있게 도와준다. 상담자의 주요 업무 중 하나는 상담시간에 순간적으로 드러나는 내담자의 경험과 감정을 민감하고 정확하게 이해하는 것이다.

특히 지금－여기 바로 나타나는 내담자의 주관적인 경험을 감지하기 위해 노력하는 것은 중요하다. 공감하기 위해서는 내담자의 내면의 세계에 대해서 깊이 있는 주관적인 이해가 필요하며, 내담자의 경험과 일치감을 갖는 것이 요구된다. 상담자가 내담자에게 감정 이입을 함으로써 내담자와 주관적 세계를 공유할 수 있다. 공감적 이해는 상담자가 내담자의 감정에 휩쓸려 길을 잃지 않고 마치 자신의 감정인 것처럼 느끼는 것을 의미한다. 상담자가 이런 공감적 이해를 한다면 내담자는 자신을 더 깊게 이해하고 자신의 신념과 세계관을 명확히 할 수 있다.

행동 중심 접근과 치료적 관계

행동 중심 접근법(예: 행동치료, 인지행동치료, 합리적정서행동치료(REBT), 현실치료, 해결중심 단기치료)도 내담자－상담자 관계의 질적 수준을 효과적인 치료의 핵심 요소로 본다. 상담 기법에 별반 관심이 없는 인간중심 상담자와 달리, 행동 중심 치료자들은 특정한 변화를 만들어내기 위해 고안된 기법을 자주 사용한다. 예를 들어 행동 중심 치료자들은 증거기반 연구에 의해 검증된 특정 행동 개입의 능숙한 적용이 내담자를 도와줄 수 있다고 믿는다. 그러나 이런 연구 기반 기법들은 상담자와 내담자가 좋은 관계를 형성하고 있어야지 성공할 수 있다. 상담 전반에 걸쳐 유지되어야 하는 좋은 상담 관계 외에도 행동 치료사는 내담자를 원하는 방향으로 변화시키는 데 도움이 되는 개입을 능숙하게 다루는 능력을 요구한다(내담자의 사고, 감정, 행동을 변화하는 데 도움이 되는 기술은 6, 7, 8장에 자세하게 나와 있다).

치료 관계를 형성하는 것

만약 내담자들이 그들의 문제에 대해 자유롭게 이야기한다면, 상담자는 관심 기울이기, 적극적인 경청, 그리고 공감을 제공해야 한다. 인간중심 상담자들은 그들의 태도와 행동을 통해 내담자가 존중받는다고 여기게 한다. 내담자의 주된 관심사에 대해 귀를 기울이고, 내담자가 자신이 원하는 것을 얻을 수 있는 능력이 있다는 것을 인식시키고, 편견을 가지고 내담자를 보는 것이 아니라 내담자만의 독특함을 봄으로써 상담자는 내담자를 존중한다. 상담자가 내담자를 수용하고 인정해줌으로써 내담자는 자신의 문제가 중요하다는 것을 깨닫고, 용기를 가지고 자신에 관해 이야기하게 될 것이다. 상담자는 행동을 통해 내담자에 대한 태도를 보여줄 수 있다. 이런 행동은 다음과 같다.

- 내담자에게 적극적으로 경청하고 이해하는 것
- 내담자들의 변하고 싶은 욕구를 인정해주는 것
- 비판적 판단을 보류하는 것
- 적절한 따뜻함과 수용을 표현하는 것
- 내담자들이 경험하는 세계를 이해하고 있다는 것을 전달하는 것
- 상담자가 자신의 가치관과 내담자의 가치관이 다를지라도 내담자들의 가치관을 존중하고 있다고 전달하는 것
- 지지와 도전을 제공해주는 것
- 내담자들이 변화를 위한 내면적 자원을 기를 수 있도록 도움을 주

는 것
- 변화를 가져오기 위해 특정한 단계를 거칠 수 있도록 격려하는 것

이 태도와 행동은 인간중심 접근법에서 주요하게 사용된다. 당신이 얼마나 다른 사람에게 관심을 기울이고, 경청했고, 그들의 상황에 공감했는지를 스스로에게 물어보자. 내담자가 내면의 주관적 세계관을 형성하는 데 도움이 되거나 방해가 될 수 있는 상담자의 자질을 평가해봐라. 이런 자질들은 1~10점으로 스스로 검토하는 것이 가능하니, 당신이 이런 태도와 행동적 특성을 어느 정도 지니고 있는지에 대해 그 수준을 가늠해 보는 것이 중요하다. 다음 질문에 대해 자신을 어떻게 평가할지 생각해보자.

- 내담자들이 언어적으로 표현한 것과 비언어적으로 표현하는 것에 어떻게 반응하는가? 당신은 주로 내담자가 무엇을 공개하는지에만 주목하는가, 아니면 말하는 방식에도 주목하는가?
- 내담자가 자신의 이야기를 할 수 있도록 당신은 어떻게 하는가? 조급해져서 이야기를 방해하고 싶은가? 당신만의 호기심을 충족시키기 위해 내담자들에게 당신이 듣고자 하는 이야기를 자세하게 하도록 하는가? 내담자들 이야기의 세부 사항에만 집중하여 그들이 힘들어 하는 것의 핵심을 놓치는 경향이 있는가?
- 내담자가 말하는 것으로부터 핵심 메시지를 자주 탐지할 수 있는가? 내담자에 대해 이해한 것을 어떻게 내담자에게 확인시켜 주는가?
- 어떻게 내담자가 문제 탐색에 집중할 수 있도록 하는가? 내담자의 내면이 약하거나 당신에게 의존하려고 할 때도 당신은 자신만의 중심을 유지할 수 있는가?
- 내담자의 내면의 세계에 들어가기 위해 어느 정도까지 자신의 편견을 버릴 수 있는가? 예를 들어, 당신이 스스로를 독립적이고 자급자족할 수 있는 사람이라고 생각할 때 내담자가 자신은 남편에게 기꺼이 복종하고 의존하고자 하는 용의가 있다고 말한다면, 받아들일 의향이 있는가?

- 내담자에게 이해와 수용을 잘 전달하고 있는가?
- 내담자가 저항하려고 할 때 당신은 얼마나 방어하지 않으며 대응할 수 있는가? 이런 저항을 내담자의 문제를 깊게 탐구할 기회로 사용할 수 있는가?

다른 사람의 말을 경청하는 것은 매우 간단해 보일지 몰라도, 다른 사람의 관점에서 세계를 이해하려고 하는 것은 어렵다. 존중, 진솔성, 공감 능력은 내담자에게 사용되는 기법이 아닌 "존재 그 자체(states of being)"이다. 진솔하게 **행동(acting)**하거나 진솔성 기법을 사용하는 것이 아니라 진솔함 그 **자체(being)**가 치료적 관계를 효과적으로 형성할 수 있게 한다(Gelso, 2011). 인간중심 상담자는 눈에 생생하게 보일 수 있을 정도로 진솔하고 존중하는 자세를 가지고 내담자와 작업 관계를 형성해야 한다. 상담자는 상담 관계가 내담자의 이익을 우선하는 쌍방향 관계라는 것을 분명히 알고 있어야 한다.

내담자가 어디에 초점을 둘지 도와주는 것

도움을 청하러 온 내담자들은 종종 그들의 문제에 압도되어 있다. 내담자가 자신을 괴롭게 하는 모든 문제를 상담자에게 상담 한 회기에 한꺼번에 이야기할 때, 상담자도 그 이야기 때문에 압도당할 수 있다. 치료적 노력에 대한 방향을 제시하기 위해서 초점을 맞추는 과정이 필요하다. 어디에 초점을 둘 것인지 결정하기 위해서는 내담자가 무엇을 가장 힘들어하고 있는지를 평가해야 한다. 수많은 문제를 가지고 있는 내담자에게 "불행히도, 우리는 당신의 문제를 모두 한 번에 처리할 수 없어요. 상담을 오기로 결정했을 때 어떤 일이 있었나요?," "당신의 인생에서 이 시기에, 무엇이 당신에게 가장 절박하고 괴롭게 하나요?" 또는 "만약 당신이 오늘 단 한 가지 문제만을 다룰 수 있다면, 어떤 것을 다루고 싶은가요?"라고 물어볼 수 있다. 이런 과정을 거치면서 내담자는 자신의 문제를 몇 가지 주제로 분류하여 좀 더 감당하기 쉽게 주요 상담 주제를 목록화할 수 있다.

내담자가 어떤 문제를 탐색하고 싶은지 결정한 후에 내담자와 치료 계약을 형성할 수 있다. 현재 가장 중요한 문제에 초점을 맞춤으로써 내담자는 자신의 문제를 명확히 하고 상담자는 어떤 개입을 사용할지 정할 수 있다. 내담자와 진솔한 대화를 나눔으로써 내담자를 치료할 수 있다.

내담자 되어보기: 협력적 동반자로 함께하기

함께하는 여정으로서의 치료

이 책을 읽는 내내 나는 당신이 내담자가 되어보도록 제안하고 있다. 내담자가 되어보는 것을 통해 상담사례와 자료들이 당신에게 보다 생생하게 다가올 것이고, 통합 치료가 어떻게 적용되는지를 경험적으로 느낄 수 있게 해줄 것이다.

연구 결과는 내담자가 상담 장면에서 능동적으로 참여하는 것은 중요하다고 보고하고 있지만, Bohart and Tallman(2010)은 심리 치료의 효과성에 영향을 미치는 공통 요인 중에 내담자 요인은 종종 무시된다고 지적했다. 내담자의 참여가 상담의 성공적인 결과에 지대한 영향을 미친다는 것은 경험적 연구를 통해 명확히 규명되었다(Gonzales, 2016). 당신과 내가 치료 관계를 시작한다고 생각해보자. 치료는 공동의 목표를 향해 상담자와 내담자가 함께 노력하는 합작품이다. 내담자가 능동적으로 행동하는 것은 엄청난 이점을 가져오기 때문에 내담자가 평가와 치료의 모든 단계에 가능한 한 많이 참여하도록 권한다. 내담자가 능동적으로 자신을 치유하는 것이 최상의 치료이다. 내담자의 자원, 상황, 그리고 상담을 위한 준비가 상담의 긍정적인 결과에 매우 중요하다. 여성주의 치료사, 아들러, 인지행동 치료사, 행동 치료사, 동기 강화 상담자, 해결중심 치료사, 이야기 치료사를 포함한 많은 치료적 접근법에서 협력적 파트너십을 강조한다.

만약 당신이 치료적 관계에서 얻는 것이 거의 없다면, 나는 이 결과에 대해 상담자로서 당신에게 어떻게 개입했는지에 대해 생각해 볼 것이다. 또한, 나는 당신이 이 결과에 어떻게 기여하고 있는지도 알아볼 것이다. 나는 내가 당신에게 변화하고자 하는 마음을 주입할 수 없다는 것을 알지만, 변화를 만드는 것의 장단점을 생각해보는 환경을 만들 수는 있다. 상담자와 내담자는 둘 다 변화에 대한 지지적인 환경을 만드는 데 책임을 지닌다.

상담의 초기 단계에서의 관계

상담 초기의 몇 회기 동안 상담자로서 나의 주요 업무는 당신이 문제를 정의하고 명확히 하도록 도와주는 것이다. 나의 목표는 당신과 관계를 형성하여 당신이 당신에 관해 이야기하고, 변화하고 싶은 부분을 명확히 하고, 문제를 다루는 데 새로운 관점을 도입하도록 하는 것이다. 이 과정에서 당신의 역할은 무엇이라고 생각하는가?

당신은 여러 가지 문제 때문에 상담에 올 수 있다. 문제 상황에 만족스럽게 대응하지 못하고 있다고 생각하기 때문일 수도 있고, 자신에 대한 의심으로 고민하고, 두려움에 사로잡혀 있거나, 어떤 형태로든 상실감에 시달리기 때문에 상담을 받을 수도 있다. 정신적 상처를 치유해야 할 때도 있을 것이다. 큰 문제들로 어려움을 느끼는 것이 아니라 매일 발생하는 어려움에 효과적으로 대처하지 못하기 때문일 수도 있다. 당신은 무의미한 직업에 종사하는 자신을 발견할 수도 있고, 자신의 목표와 이상에 부응하지 못하기 때문에 좌절감을 경험하거나, 대인관계에서 불만을 느낄 수도 있다. 기대하는 것만큼 당신의 삶을 잘 관리하지 못하고 있다는 것을 깨달을 수도 있다. 왜 상담을 받으러 왔는가?

치료적 환경을 형성하는 것

자기 탐색에 얼마나 개방적인가? 초기 상담 동안 상담자가 조성하는 상담 분위기는 좋은 치료 관계에 큰 영향을 준다. 상담자인 내가 과도하게 관계보다는 호소문제에만 집중하거나 질문을 너무 자주 하거나 해결책을 너무 빠르게 제시하는 실수를 범할 수 있다. 협업적 동반자 관계를 구축할 수 있다면, 상담자는 내담자가 스스로 자신의 문제를 평가하고 해결할 수 있도록 도와줄 것이다. 내담자는 상담 안팎에서 어느 정도의 책임을 져야 하는가? (이런 측면은 행동치료와 현실치료에서 핵심으로 다룬다) 내담자인 당신은 자신이 문제가 되는 부분을 명확히 확인할 수 있을 것이고, 일상생활에서 마주하는 다양한 문제 상황을 해결하기 위해 사용할 수 있는 기술들을 습득할 것이다.

첫 회기부터 상담자인 나는 내담자인 당신 안에 있는 자원과 강점을 찾아 삶을 윤택하게 하도록 격려할 것이다.

▒ 문화적 맥락을 고려하는 것

당신은 나이, 성별, 장애, 인종, 민족, 종교, 또는 성적 지향성 때문에 직장에서 차별받을 수 있고 그때 좌절하고 화가 날 수도 있다. 내가 당신에게 억압적인 환경에서의 부당함을 참으라고 한다면 그것은 옳지 않을 것이다. 단순히 현재 나타나는 당신만의 문제를 해결하는 것이 아니라 당신의 지역사회에 변화를 가져오는 행동을 하도록 당신을 지원할 수 있다. 이를 달성하기 위해서는 상담자인 나는 당신과 비슷한 차별을 겪는 사람들과 당신이 가지고 있는 억압에 대해 학습해야 할 것이다. 상담자 역할에서 넘어서서 교육자, 조언자, 사회개혁가, 정책 입안자들에게 사회적 영향력을 미칠 수 있는 사람들과 같은 다양한 역할을 준비해야 할 수도 있다.

상담자는 당신이 치료를 시작한 근본 목표를 존중할 필요가 있다. 당신이 원하는 것에 대해 주의를 기울이는 것이 상담의 기초이다. 그러고 나서 나의 임무는 당신이 현재 하는 행동의 결과를 예측하고, 대안을 생각해 보도록 격려하는 것이다. 비록 억압적인 상황이 당신의 삶의 질을 심각하게 훼손시킬지라도, 당신은 당신이 통제할 수 없는 상황의 희생자가 아니다. 당신은 당신의 상황을 개선하기 위해 무엇을 할 수 있는가? 우리는 동반자로 당신의 상황을 변화시킬 새로운 길을 찾을 수 있을 것이다.

상담자인 나 또한 당신을 문제를 확인하고 평가하는 데 참여하기 때문에 나는 "피해자를 탓하는" 자세를 취하지 않는다(여성주의와 가족체계 치료는 모두 문제의 근원이 당신의 내적 갈등이 아닌 환경에 있을 수 있다는 것을 강조한다). 당신은 당신의 내적 갈등을 해결하기보다는 환경에서 받는 외적 스트레스를 잘 다루고 이해하기 위해 나를 찾아온 것일 수도 있다. 당신이 자립과 독립을 선호하기보다는 상호의존이 더 중요하다고 여길 수 있다는 것을 상담자가 인식하는 것이 중요하다. 일상생활에서 어려움을 겪을 때 쉽게 활용할 수 있는 외적 자원을 지역사회 내에서 찾는 것은 유용할 수 있다. 지역사회에서 자원을 찾기 위해 상담자는 지역사회와의 연계서비스와 지침에 대한 지식을 지니고 있어야 한다. 법률적 지원 서비스에 대해 알려주거나, 취업, 육아, 노

부모 부양과 같은 일상적인 생존 문제에 대처하는 데 필요한 자원을 얻을 수 있도록 해야 한다. 이것이 변화에 대한 공동체 접근법의 핵심요소이다.

모든 내담자에게 동일한 방식과 개입으로 상담하는 것은 치료 효과를 제한할 가능성이 크다. "단일 사이즈가 모두에게 잘 맞는다"라는 개념은 창의성을 저해하고 오해를 불러일으킬 수 있다. 내담자인 당신은 나에게 당신의 주요 가치관과 신념을 자유롭게 토로할 수 있는가? 내담자의 문화적 배경을 이해하는 것은 치료 작업 관계를 형성하는 데 도움이 된다. 내가 당신의 문화와 세계관에 대해 모든 것을 완벽하게 이해할 필요는 없지만, 변화의 촉진자가 되기 위해서는 나는 적어도 당신의 기본적인 신념과 가치관에 대해 어느 정도 알고 있어야 한다. 나는 차별이 아닌 차이에 대한 이해를 넓힐 수 있는 방식으로 다양성을 포용해야 할 차별 철폐 의식과 책임을 지녀야 한다. 상담자가 내담자의 행동과 의사결정에 영향을 미치는 내담자의 주요 가치체제를 파악하지 못한다면, 내담자는 금방 알아차리고 상담에는 다시 돌아오지 않을 것이다. 상담자로서 나는 당신에게 나의 가치를 강요해서는 안 되고 오히려 당신이 자신의 가치를 명확히 하는 것을 도와줘야 한다. 나는 당신이 나와 다른 가치를 가질 권리가 있음을 존중해야 한다. 우리 사이의 가치관이 충돌하는 것을 관리하고 이것을 당신의 문제로 보지 않는 것은 나의 책임이다.

나는 당신과 우리 배경의 몇 가지 유사점과 차이점(예: 민족성, 나이, 장애 및 성별)에 대해 논의할 준비가 되어 있다. 문화적 배경의 차이가 상담에 영향을 미칠 수 있기 때문에 이 논의를 하면서 어떤 영향을 미쳤는지 주의 깊게 살펴보는 것은 중요하다. 상담과정 내내, 나는 상담 작업에 방해가 되는 어떤 차이라도 자유롭게 이야기할 수 있도록 내담자인 당신을 격려할 것이다.

가족 맥락을 이해하는 것

가족체계 관점에서, 개인은 그들의 관계 맥락과 가족에서 어떻게 상호작용을 하는지를 평가함으로써 가장 잘 이해된다. 내가 당신을 개별적 존재로만 본다면 당신을 완전히 이해하는 건 불가능하다. 환경에 둘러싸인 인간, 사회적 맥락에서의 인간이라는 관점을 가지고, 당신의 가족이 과거와 현재에 어떤 영향을 주었는지를 이해하는 것이 중요하다. 당신은 당신의 가족력과 패턴에 대해 어떤 것을 말해줄 수 있는가?

가족체계 모델에서는 당신의 문제는 가족 전체가 기능을 제대로 하지 못했기 때문에 발생했다고 보고 이런 기능 장애는 종종 여러 세대에 걸쳐 반복됨이 확인될 수 있다. 가족체계 치료의 중심 원리는 내담자가 상호관계 시스템과 연결되어 있고 시스템의 한 파트가 변화하면 그 변화가 다른 파트에도 영향을 준다는 것이다. 가족 구성원 한 명이 한 행동은 가족 내의 다른 모든 사람에게 영향을 미칠 것이고, 그들의 반응은 다시 가족 구성원 서로 간에 영향을 줄 것이다. 그러므로 상담자로서 내가 당신과 당신 가족의 전체적인 맥락적 상황을 고려하면서 당신과 다른 가족 구성원들 간의 상호작용과 영향을 관찰하지 않고는 당신의 문제를 정확하게 평가하는 것은 불가능하다. 인간관계의 역동을 적절하게 고려하지 않고 내담자 내면세계의 역동만을 탐색한다면 상담자는 내담자를 불완전하게 이해하게 될 것이다. 가족은 내담자가 다른 사람과의 관계에서 어떻게 기능하고 어떻게 행동하는지를 이해할 수 있게 해주는 주요 맥락적 상황이다.

Sidney와 치료 동맹을 형성하기

Sidney는 25세의 흑인 남자 수학과 대학원생이다. 그는 우울해서 상담을 받고 있다. Sidney는 "왜 이런 기분이 드는지 저를 전혀 이해할 수가 없어요"라고 말했다. 그는 계속해서 짜증나고, 게을러지고, 고립되는 경향을 느낀다고 보고했다. 첫 회기에서 Sidney는 자신의 과거경험이 현재 감정에 어떤 영향을 미치는지 논의하는 것이 불편해 보였다. 그는 또한 아무렇지도 않게 이야기하면서 그가 왜 상담을 받으러 왔는지 구체적으로 밝히지 않았다.

치료 관계를 형성하기

Sidney와 나의 치료 관계가 Sidney가 자신의 목표를 달성할 수 있도록 도와주는 주요 요소 중 하나라고 나는 확신했다. Sidney가 상담으로부터 많은 것을 얻으려면 그는 치료과정이 어떻게 진행되는지 명확히 알아야 한다.

나는 Sidney와 나의 관계가 상하관계가 된다면 상담 관계에 잠재적으로 해가 될 수 있다는 것을 알고 있기에 동등성과 협력적 관계를 구축하기 위해서 치료적 노력을 다하였다. Sidney가 자신의 삶에 관해 결정을 잘 내리지 못해 자신감이 부족할지라도, 나는 그가 내면의 자원을 찾을 수 있도록 도와줘야 한다. 만약 그 과정을 거치지 않는다면, 나는 Sidney에게 제대로 된 상담을 제공하지 못한 것이다.

첫 회기에서 치료적 관계를 깊게 맺는 방법은 상담자와의 관계에서 Sidney가 취약한 부분을 드러내기를 두려워할 수 있다는 점을 존중하는 것이다. 나는 자기 개방을 하면서 Sidney에게 내가 그의 이야기의 중요한 부분을 놓치고 있는 것처럼 느낀다고 밝혔다. 나는 대부분의 아프리카계 미국인 남성들이 지속적으로 억압, 표적화, 프로파일링, 그리고 수많은 다른 형태의 차별을 경험한다는 것에 주목했다. 때때로 그 결과로 나타나는 자연적인 이질감이 우울증 같이 느껴질 수 있다. 이번 첫 회기에서 나의 목표는 Sidney가 그의 과거와 그를 상담에 오게 한 중요한 사건을 억지로 말하도록 하는 것이 아니다. 대신, 나는 그가 준비되었을 때 그 이야기해도 안전하다고 느끼도록 하는 과정에 초점을 맞추고 그를 도와줄 것이다.

일단 내가 Sidney에게 명확히 왜 그가 상담에 왔는지를 모르겠다고 밝히니, Sidney는 자신의 과거를 개방하지 않는 이유를 이야기했다. Sidney는 그의 성적 성향과 그의 남자 파트너와의 친밀한 관계에 관해 이야기했다. 그는 자신이 게이라고 밝힐 때 내가 그것에 대해 좋지 않게 평가할까 봐 두려워하고 있다고 이야기했다. 내가 백인 남성 상담자이기 때문에 나는 그가 이 관계에서 안전하다고 느낄 수 있도록 하는 방법에 대해서 그와 이야기했다. 이에 감정에 관해 이야기할 때, 나는 그가 치료 관계를 형성하기를 망설이고 있다는 것과 그가 로맨틱한 관계에서 느끼는 즐거움과 로맨틱한 관계가 깨질까 봐 느끼는 불안감도 함께 반영한다. Sidney는 과거에 불륜 문제 때문에 관계가 깨진 적이 있었다. 이런 경험은 그의 자존감과 자아상에 부정적인 영향을 끼쳤다. 그러기에 그가 현재의 관계에서 느끼는 행복과 즐거움은 동시에 그를 두렵게 하기도 한다. Sidney는 자신이 이 행복을 누릴 자격이 없고 이 관계가 끝나는 것은 시간문제라는 느낌이라고 말하였다. Sidney는 이런 운명적으로 깨질 거라는 감정에 압도되어 우울증을 경험하게 되었을 때 상담에 온 것이다.

나는 내담자-상담자 관계를 가장 중요한 요소라고 여기는 인간중심 접근 방식에 가장 큰 영향을 받은 상담자이다. 나의 진정성 있는 진솔성, 무조건적인 긍정적인 관심과 돌봄, 그리고 공감 능력은 Sidney가 안전하다고 느낄 수 있게 하고, 그의 과거를 개방할 의지를 고취시킨다. 첫 회기에서는 그의 이야기를 이제 막 듣기 시작하는 것이고, 그의 인생에서 중요한 사건들과 전환점을 들으려면 더 많은 시간이 필요하다. 이후 회기에서 Sidney는 자신의 이야기를 구체화한다. 나의 목표는 그의 이야기를 함께 들으면 새로운 방식으로 해석할 수 있는 현재와 과거의 사건들을 모두 찾는 것이다. Sidney가 자신의 삶에 관한 이야기하는 것은 그가 어디에 초점을 두고 있는지 무엇을 기억하고 있는지에 영향을 미친다. 이런 의미에서 그의 이야기는 그가 미래를 어떻게 바라보게 될 것인가에도 영향을 미칠 것이다.

상담 초기엔 나의 주된 관심사는 진정성, Sidney의 감정과 생각을 온전히 수용해주는 것, 그에 대한 무조건적인 긍정적인 관심을 비춰주는 것, 그리고 그를 인격체로 존중하는 것이다. 나는 Sidney가 자신만의 길을 스스로 찾을 수 있다고 믿기 때문에, 나는 Sidney와 함께 협력해서 상담과정을 어떻게 진행할지 이야기하고 계획한다. 만약 내가 잘 경청하고, 상담내용에 대해서 성찰할 수 있고 그가 처한 상황에 깊이 공감할 수 있다면, 나는 Sidney가 결국 자신의 문제를 직면하고 스스로 해결책을 찾기 시작할 것이라고 믿는다. Sidney의 경우 상담 초기에는 자신의 감정을 잘 파악하지 못했지만, 내가 조건과 판단도 없이 그를 무조건적으로 수용한다면 그는 자신의 감정을 명확히 할 수 있을 것이다. 나는 개방, 신뢰, 돌봄, 이해, 수용의 분위기를 만들기 위해 노력한다. 내가 이런 분위기를 형성할 수 있다면, Sidney는 우리의 관계를 그가 나아가고 성장하는 데 사용할 수 있을 것이다.

성찰 질문

Sidney와의 치료적 관계를 증진하기 위해 어떻게 개입할 수 있는지 생각해보자. 다음 질문을 고려해보시오.

- Sidney는 자신이 동성애자이고 남성과 사귀고 있다고 말하는 것을 두려워한다. Sidney에게 안전한 상담 환경을 조성하려면 어떻게 해야 할까?
- Sidney와의 치료 관계를 깊게 맺기 위해서 Sidney의 경험 중 어떤 측면을 강조할 것인가?
- 아프리카계 미국인 동성애자와 함께 일하는 데 있어 어려운 점은 무엇이 있는가?

Rita와 치료 관계 형성하기

Rita와의 상담 단계

처음에 Rita는 죄책감과 어머니로서 부족하다는 느낌 때문에 상담을 받으려고 했다. 나는 Rita에게 이전 상담에 대해 어떻게 생각하고 느꼈는지 알려달라고 부탁했다. 그녀는 상담을 받을 때 자신이 중심이 되고 자신만을 바라보는 게 익숙하지 않았다고 말했다. 내담자가 경험하고 있는 일에 관심을 기울이는 것이 상담과정의 핵심 요소이기 때문에 나는 Rita가 느끼고 있는 것을 좀 더 탐구해야 할 필요성이 있다고 생각했다. Rita가 상담에서 이야기하고 싶은 주제를 생각하게 하고, 일상생활에서 변화하고 싶은 부분들을 결정하게 하면서 Rita가 상담에서 주된 역할을 할 수도 있음을 함께 탐색하고자 하였다. 나는 그녀의 치료 방향에 대해 전적으로 책임을 지기보다는 Rita와 함께 치료 방향에 대해 협력할 방법을 찾았다. 우리는 Rita가 현재 경험하고 있는 것부터 이야기하기 시작했다. 나는 그녀를 존중하기 때문에 Rita가 이야기하기를 원하는 주제를 정하도록 하고 그녀가 스스로 속도를 조절하도록 했다. 교사이자 컨설턴트의 역할을 하면서 나는 그녀가 치료가 끝난 후에도 개인적인 성장을 계속할 수 있도록 상담과정에 대해 배우도록 도와주었다.

Rita의 이야기를 경청하기

나는 Rita의 많은 문제가 자기 자신과 자신을 둘러싼 세계에 대해서 좁은 시각을 가지고 바라보고 자기 패배적 관점을 가지고 봄으로써 발생했다고 생각했다. 상담에서 그녀 내면의 자원을 찾아 자신만의 새로운 이야기를 만들고자 하였다. 이야기 치료 관점에서 볼 때, 나는 그녀가 자신의 삶의 이야기를 다시 쓰도록 돕고자 했다. 그녀와 함께 작업하여 그녀가 과거의 사건들을 검토하고 재구성할 수 있게 하며 자신의 미래를 위해 새로운 이야기를 쓸 수 있도록 도왔다. 이 단계에서, 나는 여성주의 치료의 개념에도 영향을 받았다. 우리의 협력은 Rita를 사회적 억압 속에서 벗어날 수 있도록 하고, 자신이 삶을 능동적으로 지휘할 수 있도록 하는 것을 목표로 할 것이다.

나는 첫 회기에 Rita에게 그녀의 과거사에 대해 질문하면서 시작하지는 않았다. 하지만, 이번 회기에서는 Rita의 이야기에서 부족한 부분을 채우기 위해 질문을 할 것이다. 그녀의 지난 삶에 관해 물어보는 것은 그녀가 과거에 의미 있다고 생각하는 사건들뿐만 아니라 그녀가 현재 삶을 어떻게 생각하고 있는지를 포괄적으로 알려준다. 호소 문제와 연결된 그녀의 정체성과 자신을 분리하는 질문(이야기 치료의 문제의 외재화 작업)을 활용하여 그녀의 인생 이야기를 재구성하도록 도와준다. 상담 회기의 과제로서, 나는 자서전 방법을 제안하고, Rita에게 자신의 삶에서 중요했던 전환점에 관해 쓰도록 했다. 이 과제는 그녀의 어린 시절과 청소년기의 사건, 부모와 형제자매와의 관계, 학교 경험, 현재의 어려움, 그리고 미래의 목표와 포부를 쓰는 것을 포함한다. 나는 그녀의 생각 중에 어떤 것이 그녀를 좀 더 집중하고 회상하는 데 도움을 주었는지 물었다. 나아가 그녀가 떠올린 이미지 중에 어떤 것을 통해 내가 그녀의 주관적 세계를 좀 더 잘 이해할 수 있는지 물었다. 이런 과제를 통해 Rita는 자신의 인생 경험에 관해 상담 외의 시간에도 되새기고, 적극적으로 치료에서 무엇을 얻어가고 싶은지 생각하게 된다. 나 역시 이러한 과정을 통해 상담을 어디서 어떻게 진행해야 할지에 대해 감을 잡아간다.

Rita가 그녀의 문제를 표현할 수 있도록 도와주기

Rita의 자서전은 나에게 그녀의 삶을 드러내는 중요한 단서를 제공했다. 초기상담하는 동안, 나는 그녀의 문제로부터 자신의 정체성을 분리하도록 격려하였다. 나는 이야기 치료에 영향을 받았기 때문에 내담자가 문제를 외재화하는 것이 중요하다고 생각한다. 이야기 치료에서는 내담자인 한 개인이 문제라고 인식하지 않으며 이에 따라 나도 Rita를 그녀의 문제와 별개로 보았다. Rita는 그녀가 걱정하고 있는 수많은 문제를 나열했지만, 우리는 한 번에 모든 문제를 다룰 수 없었다. 내가 그녀에게 지금 가장 문제가 되는 것이 무엇이냐고 물었을 때, 그녀는 "죄책감이요. 제가 하지 않은 일에 대해 너무 자주 죄책감을 느껴요. 나에게 중요하다고 생각하는 일들을 아무리 열심히 해도 결국 기대에 못 미치고, 그러면 저는 죄책감을 느껴요."라고 대답했다.

Rita의 죄책감 문제와 그녀 자신을 분리하도록 돕기 위해, 나는 미술치료 기법을 간략히 사용하여 Rita에게 죄책감을 그려보도록 하였다. 우리는 색깔, 모양, 의미, 경험에 대해 그려보고 이야기한다. 그녀가 준비되었다면, 한발짝 더 나아가서 우리는 게스탈트 치료법을 사용하여 죄책감에게 목소리를 주고 그것과 대화를 나눌 수도 있다. Rita가 죄책감을 그리고 나면, 나는 이 과정에 대해 어떻게 경험하고 있는지를 공유하기 위해 지금-여기 바로 이 장면에서 자기 개방을 사용하여 접근할 수도 있다. 이런 식의 진솔하고 적절한 시기의 자기 개방은 종종 내담자와의 관계를 강화하는 역할을 한다. 이 과정을 마치고 나는 그녀에게 죄책감이 어떻게 발생하는지와 죄책감을 경험하는 상황의 예시를 말해달라고 한다. 나는 죄책감 문제의 영향력을 도표화하는 것에 관심이 있다. 해결중심 치료와 이야기 치료의 틀을 이용하여 Rita에게 죄책감을 느끼는 것에 대한 예외를 찾기 위한 다음의 질문을 던진다.

- 죄책감이 당신의 관계에 영향을 많이 미치는데 혹시 그러지 않은 경우가 있었는가? 당신은 그때 어땠는가? 영향을 받지 않았는가? 당신이 그렇게 할 수 있었다는 게 당신에게 어떤 의미를 갖는가?
- 죄책감이 문제가 되지 않는다면 인생이 어떻게 달라질 거로 생각하

는가?

- 불필요한 죄책감으로부터 자신을 분리하기 위해 조금이라도 노력할 의향이 있는가?

이 질문들은 Rita가 죄책감에 사로잡히거나 낙담하지 않은 순간을 발견하기 위한 것이다. 이 과정은 죄책감이 휩싸이지 않는 삶이 어떨지를 생각할 수 있도록 도와준다. 나는 그녀에게 때로는 죄책감을 느끼는 것이 적절할 수 있으며, 죄책감이 행동을 변화시키는 데도 때때로 도움을 주기도 한다고 알려주었다. 하지만 나는 그녀가 불필요하거나 너무 부담스러운 죄책감을 떨쳐버릴 수 있도록 상담에서 함께 도와준다고 하였다.

상담하면서, 나는 Rita가 생각하는 것보다 자신이 죄책감에 대한 통제력을 가지고 있다는 것을 스스로 깨닫기 바랐다. 그녀가 이런 문제(예: 죄책감 등)로부터 거리를 둘 수 있게 되면서, 문제에 관해서만 이야기하는 것에 대한 부담을 덜게 될 것이고 다양한 선택지를 발견할 수 있을 것이다. 그러면 그녀는 자신이 원하는 삶을 구성하기 위해 자신 안에 있는 자원에 더 집중할 것이다.

성찰 질문

Rita와의 치료 관계를 증진시키기 위해 Rita에게 어떻게 개입할 수 있는지 생각해보자. 다음 질문을 고려해보시오.

- Rita의 문제로만 꽉 찬 이야기(problem-saturated story: 이야기 치료의 개념)는 "죄책감"에 대한 주제를 포함한다. Rita를 이 문제로만 꽉찬 이야기에서 분리하고 이 이야기를 자유롭게 하는 새로운 이야기로 바꾸기 위해 어떤 전략을 쓸 것인가?
- Rita가 자신에 대해 어떻게 생각하는지 당신에게 묻는다면, 어떻게 대답하고 싶은가?
- Rita에게 그녀의 문제에 대한 정답을 주고 싶은가? 왜 주고 싶고, 왜 주고 싶지 않은가? 당신이 정답을 알려주는 것이 Rita가 자신의 길을 찾는 데 도움이 되리라 생각하는가, 아니면 방해가 될 것으로 생각하는가?

결론적 논평

당신이 내담자와 함께한다는 것은 유능한 상담사가 되기 위해 가장 중요한 요소이다. 만약 당신이 내담자와 완전히 함께 할 수 있고 진솔할 수 있다면, 당신은 내담자가 자기성찰, 적절한 자기 공개, 그리고 위험을 감수할 수 있도록 하는 촉매제가 되는 것이다. 자신만의 상담 방법을 개발하기 위해서는 우선 자신이 누군지 알아야 한다. 상담 기법보다 당신 자신만의 내적 힘이 있어야 하고 성장을 촉진하는 치료적인 관계를 형성하고 유지하는 역량을 갖춰야 한다. 기술과 기법이 유용하긴 하지만, 특정 내담자와 상황에서는 조심스럽게 변형하여 사용되어야 한다. 기법은 현재 파악한 상담내용과 과정들을 좀 더 풍부하게 해주고 내담자에게 개인적으로 관련된 문제를 탐구하기 위한 도구일 뿐이다. 연구결과에 따르면 긍정적인 치료 결과를 얻기 위해서는 기법이 아닌 개인 및 대인관계 차원의 치료적 요소(함께하기 및 경험적 참만남 등)가 더 중요하다고 보고하고 있다(Schneider & Krug, 2017). 상담자의 주된 기능은 내담자들에게 자신이 어떻게 살고 싶은지를 스스로 결정할 수 있도록 격려해주는 것이다.

치료적 관계를 다룬 이 장을 읽은 후, 내담자와 어떤 관계를 맺고자 하는지에 관한 생각을 명확히 하기 위해 다음 질문에 대해 생각해 볼 수 있다.

- 상담과정에서 기법은 어떤 역할을 한다고 생각하는가?
- 내담자—상담자 관계에서 어떤 것에 중점에 두는가? 만약 "작업 관계"에 대해 몇 마디로 내담자에게 설명해야 한다면, 어떻게 설명할 것인가?
- 상담자에게 자기 개방이 얼마나 중요하다고 생각하는가? 상담자가 자신을 개방하는 것이 내담자에게 언제 도움이 될 것으로 생각하는가? 내담자에게 공개하지 않을 사항들이 있는가?
- 상담이 함께하는 여정이라는 데 얼마나 동의하는가? 협력적 관계를 맺기 위해 첫 회기에서 당신은 상담자로서 구체적으로 어떻게 행동하고 말할 것인가? 내담자가 상담자에게 기대하는 바에 대해 어떤 말

을 해줄 수 있는가? 당신이 내담자라면 상담자에게 가장 기대하는 점은 무엇인가?

- 당신이 내담자라면, 상담자와 어떤 관계를 맺고 싶은가?
- Carl Rogers는 성공적인 치료 성과에 일치성, 무조건적인 긍정적 존중, 공감이 기여한다고 했다. 모든 이론에서 이런 핵심 조건은 어떻게 기본 조건이 되는가?
- 내담자를 공감하고 존중할 수 있는가? 이런 부분을 개선하려면 어떤 노력을 해야 하는가?
- 당신은 잘 경청할 수 있는가? 사람(또는 내담자)의 말을 들을 때, 어떻게 반응해야 하는지에 대해 생각하는 자신을 발견한 적이 있는가? 대화할 때, 다른 사람이 말하는 것에 완전히 집중할 수 있는가?
- 상담 초기 단계에서 내담자가 가장 걱정하고 있는 문제를 스스로 탐색할 수 있도록 안전한 환경을 만들려면, 당신은 가장 먼저 무엇을 초점을 두고 행동할 것인가?

Chapter 03 | 치료 목표 설정

모든 상담이론에서 성공적인 상담 성과를 달성하기 위해서는 목표 설정의 역할이 중요하다고 말하고 있다. 어떤 치료법은 감정을 표현에 초점을 맞추고, 어떤 치료법들은 인지 패턴 식별에 중점을 두며, 어떤 치료법들은 행동의 변화에 초점을 맞춘다. 나는 이론과 기법을 통합할 때 사고, 감정, 행동 접근 방식을 모두 결합하는 것이 가장 유용하다고 생각한다.

내담자와 상담할 때, 각각의 영역에 있어 표적 목표를 설정하면서, 특히 내담자가 스스로 문제라고 생각하는 부분에 대해 주요 목표를 설정한다. 같은 내담자일 때도 당신은 시기적절하게 신념의 변화, 다양한 감정의 탐색, 행동 변화 실행과 같은 다양한 차원의 기능에 초점을 맞출 필요가 있다. 치료적 방향을 제시하는 다양한 목표를 내담자와 유연하게 설정하는 것은 중요하다. 명확한 목표가 없다면, 상담회기가 생산적이지 못할 가능성이 크다.

상담자의 이론적 모형은 수립된 목표의 유형과 그 목표를 달성하기 위해 사용하는 방법에 큰 영향을 미친다. 내담자와 상담 목표를 논의할 때, 치료과정에 관련된 목표, 특히 상담자로서 일하는 방식과 관련된 일반적인 목표에 대해서도 논의할 필요가 있다. 예를 들어, 당신은 아마도 내담자가 자신을 알기 위해 노력하고 자신이 원하는 삶을 선택하는 것이 바람직하다는 것에 동의할 것이다.

수많은 과정 중심 목표는 치료적 노력의 일부이며, 예를 들어 변화를 위해 내담자가 개인적으로 성찰, 자기 개방, 위험 감수, 상담 밖에서 노력하는 것들이 바로 그러한 것들이다. 이런 과정 목표를 상담 관계 초기에 명확히 설명하는 것이 유용하다.

상담자와 내담자 모두가 상담하는 목표와 원하는 결과를 명확하게 이해해야 한다. 내담자와 협력하여 구체적이며 측정이 가능하고 관리 가능한 목표를 설정한다. 치료 목표를 정의할 때 문화적 결정요소와 내담자의 심리적 건강에 대한 문화적 정의를 고려해야 한다. 상담과정의 적절한 목표를 개발할 때, 인간관계와 문화적 맥락은 필수적으로 고려되어야 한다(Corey, Corey, & Corey, 2019).

다양한 이론적 관점에서 본 상담 목표 개관

상담의 목표는 이론적인 접근만큼이나 다양하다. 상담 목표는 성격의 재구성, 무의식 밝혀내기, 삶의 의미 찾기, 정서장애 치료, 왜곡된 신념을 건강한 신념으로 대체하기, 자신감 증진, 사회적 관심 증대, 자아실현, 불안감 감소, 역기능적인 행동을 적응적 행동으로 변환하기, 자신의 삶을 보다 효과적으로 통제하기, 삶의 도전에 대한 창조적인 해결책을 설계하기, 자신의 이야기를 다시 작성하기, 문제에 대한 예외를 찾기, 내면 자원 찾기, 감정 능력 획득하기, 변화에 대한 양면성을 줄이기, 성역할을 인지하고 영향을 줄이기, 개인적 역량을 증진하기, 가족체계 내에서 새로운 패턴의 관계를 창조하는 것 등을 포함한다. 이러한 광범위한 목표를 고려할 때, 목표에 대한 내담자와 상담자의 관점은 선택한 치료 개입에 영향을 미칠 것이다. 누가 상담의 목표를 설정하느냐는 당신이 사용하는 이론, 당신이 제공하는 상담의 종류, 당신이 상담하는 환경, 내담자의 문제, 그리고 내담자의 특성에 비추어 가장 잘 이해된다.

각각의 상담이론의 목표

상담 실제에 있어 통합적 접근 방식을 개발하기 위해 이용될 수 있는 다양한 이론적 관점에서 제시하는 몇 가지 주요 상담 목표는 다음과 같다.

정신분석치료

주된 목표는 무의식을 의식화시키는 것이다. 다른 접근법들도 내담자가 인식하지 못했던 것에 대해서 인식하도록 도와주는 것에 대해 이야기하지만, 정신분석 모델은 매우 오랜 시간 동안 개인의 일부였던 무의식적인 과정에 집중한다. 정신분석 치료에서 성공적인 결과는 개인의 성격과 성격 구조를 근본적으로 바꾸는 것을 의미한다. 이 목표는 분석의 틀 유지, 자유연상, 해석, 꿈 분석, 저항 분석, 전이 분석 등의 개입을 통해 달성된다.

실존주의 치료

주된 목표는 내담자가 자신의 삶을 직접 쓰는 작가, 삶의 주인이 될 수 있는 자유가 있다는 것을 인지하고 인정하도록 도와주고 도전 의식을 주는 것이다. 상담자는 내담자가 자유와 그에 수반되는 책임을 회피하는 방식에 대해 생각해 보도록 격려한다. 상담자는 내담자가 완전한 기능하는 삶을 살 수 있도록 실존적 삶의 문제에 집중한다. 존재의 의미, 삶과 죽음, 실존적 불안, 사랑과 의지, 용기와 창조, 그리고 삶의 현장에서 생생하게 존재하는 경험의 발현 등이 그것이다. 실존주의에서는 인간을 희망과 두려움이 있고 의미 있는 삶을 창조하기 위해 애쓰고, 느끼고, 생각하는 존재로 여긴다(Yalom & Joselson, 2019).

인간 중심 치료법

주된 목표는 치료 장면에서 안전감과 신뢰감이 있는 분위기를 조성하는 것이다. 이를 통해 내담자의 자기 탐색을 위한 치료 관계를 형성하여 내담자가 자신의 성장을 방해하는 요소를 인식하게 하는 것이다. 이 접근 방식은 내담자-상담자 관계가 변화를 위한 필요충분조건이라고 강조하기 때문에 지시적 기법, 해석, 질문, 조사, 진단 및 이력수집 등의 방법은 거의 사용하지 않는다. 인간중심 상담자는 전문가의 역할을 하면서 자신을 숨기지 않는다. 오히려 내자기를 개방하며 내담자와 자연스러운 관계를 맺는다(Cain, 2010).

게스탈트 치료법

게스탈트 치료의 주된 목표는 알아차림, 자각을 증진시키는 것이다. 게스탈트 치료는 행동의 변화와 문제 증상을 치유하기 위해 직접적인 시도를 하기보다는 탐색을 활용한다(Yontef et al., 2019). 상담 목표는 알아차림을 증진시켜 내담자가 자신의 선택의 폭을 넓히는 것이다. 알아차림이란 환경과 자신을 알고 자신을 수용하고 적절한 접촉을 하는 것을 의미한다. Miriam Polster는 알아차림을 경험의 알파와 오메가라고 표현하였다(Polster & Polster, 2000). 내담자가 자신의 알아차림 과정에 집중하여 자신, 타인, 그리고 환경과 완전하게 접촉할 수 있게 도와주는 것이 상담자의 역할이다. 경험 중에 알아차리는 것은 첫 번째 단계이고, 경험 후에 알아차림의 과정은 의미를 찾는 과정이다. 게스탈트 치료자는 내담자가 안전하게 자신을 드러낼 수 있는 상담 분위기를 조성하여 내담자들이 삶의 변화를 실현시키기 위해 상담 장면 밖에서 할 수 있는 행동을 상담 회기 내에서 실험할 수 있도록 도와준다. 이러한 안전한 관계 형성을 통해 내담자는 책임감을 느끼고, 선택적이며 차별적으로 좋은 결정을 내릴 수 있게 된다.

행동치료

행동치료의 경우, 치료과정의 시작부터 구체적인 치료의 목표를 세운다는 점에서 다른 치료법과 구별된다. 행동치료의 일반적 목표는 개인의 선택을 증진하고 새로운 학습조건을 만드는 것이다. 이러한 과정을 통해 부적응적인 행동을 제거하고 보다 바람직한 행동으로 대체한다. 내담자와 치료자는 협력하여 명확하고 측정 가능하고 객관적인 용어로 치료의 목표를 구체적으로 세운다.

마음챙김

행동치료의 제3의 물결 중 하나인 마음챙김은 알아차림을 강조하는 또 다른 방식의 기법이며 일상생활을 풍부하게 영위하는 기법이다. 마음챙김은 자기자비의 마음을 증진시키며 난관에 직면할 때 자기돌봄을 할 수 있게 돕는다. 마음챙김 수련은 순간순간 경험하는 것에 초점을 두면서 내담자가 자기 비판적 사고를 하기보다는 있는 그대로의 것들을 마음을 열고 인식하며 수용하려는 태도를 보이도록 내담자를 돕는다. 비판적 판단 없이 자신의 단점을 인정할 때 우리는 비로소 자신을 자비를 가지고 바라볼 수 있게 된다.

분노, 불안, 우울을 경험할 때 의도적으로 자신과 타인의 선한 면을 활성화시키는 것이다. 몇몇 신경과학 연구들은 마음챙김 중심 개입법이 정서 조절, 집중력, 인지, 자각의 향상과 관계가 있음을 지지하고 있다(Miller & Dillman Taylor, 2016).

인지행동치료

인지행동치료(CBT)는 내담자가 인지적, 행동적, 정서적 조절 기술을 획득할 수 있게 하는 교육적 치료 접근법이다. 인지행동치료의 목표는 내담자의 자동적 사고를 확인하고 인지적 재구성화를 통해 내담자의 사고하는 방식을 수정하는 것이다. 이를 통해 내담자는 자신에게 도움이 되지 않는 신념과 사고를 인식하고, 도전하고, 수정하게 되며, 궁극적으로 오랜 기간 습관적으로 했던 행동을 평가하고 변화하는 방법을 학습한다. 내담자와 상담자가 함께 내담자의 사고와 신념의 타당성을 검증하는데 이러한 과정을 협력적 경험주의(collaborative empiricism)라고 부른다(Naar & Safren, 2017). 신념과 사고 과정의 변화는 정서와 행동의 변화를 이끈다. 내담자들은 자신의 내면의 왜곡된 신념을 확인하고 이 신념들을 비판적으로 평가하며, 이러한 신념을 보다 건설적인 신념으로 대체하는 실질적인 방법들을 배운다.

현실치료

이 치료의 전반적인 목표는 내담자의 생존, 애정과 소속, 힘, 자유, 즐거움의 욕구가 잘 충족되는 바람직한 방법을 발견하도록 돕는 것이다. 내담자는 그들의 행동과 사고를 검증할 수 있도록 도움을 받아 자신이 원하는 것을 얻을 수 있는지 평가하게 된다. 행동 변화를 통해 기본적 욕구가 만족된다. 지금으로부터 1년 후 미래의 삶에서 어디에 있고 싶은지 물어봄으로써 내담자 삶의 장기 목표를 확인한다(Wubbolding, Casstevens & Fulkerson, 2017).

동기강화 상담

상담을 받고자 하는 사람들은 종종 행동 변화에 있어 양가적인 태도를 보인다. 치료과정 동안 변화에 대한 동기는 밀물과 썰물처럼 있다가도 없다가도 한다. 동기강화 상담의 주요 목표는 내담자의 개별 목표와 가치관에 기초하여 내담자의 변화에 대한 내적 동기를 높이는 것이다. 상담자는 내담자가 변화에 대한 양가감정을 탐색하도록 함으로써 구체적인 상담 목표를 세울 수 있게 도와준다.

이야기 치료

이야기 치료 상담자들은 내담자에게 새로운 언어로 자신의 경험을 기술하도록 하여 미래에 대해 새로운 관점을 갖도록 한다. 사회적 기준과 기대가 내담자의 삶의 방식을 협소하게 제한하는 방식으로 내면화되었음을 인식하게 하는 것이 치료과정의 핵심이다. 독특한 사건과 기대하는 결과를 새롭게 구축하는 것에 대한 대안 관점을 가짐으로써 내담자는 자신의 이야기를 다시 작성할 수 있는 작가가 되는 경험을 한다. 이 치료법의 주요 목표는 내담자가 자기 삶의 주인 역할을 하는 주체라는 것을 느끼고 경험하게 하는 것이다.

해결중심 단기치료

내담자는 상호존중, 대화, 질문, 확인을 하는 분위기를 통해 상담 목표와 원하는 것을 정립해나간다. 많은 치료과정은 내담자가 자신의 미래와 그의 삶에서 변화하고 싶은 것이 무엇인지 생각해보는 것이 포함된다. 해결중심 치료와 이야기 치료 모두 내담자 자신이 선호하는 이야기와 결과에 초점을 맞추고 있다. 이러한 내담자 자신이 선호하는 결과를 확인하는 과정이 이들 치료과정의 핵심이다.

여성주의 치료

형평등성, 가부장적 방식과 성역할에 대한 도전, 독립성과 상담의존의 균형, 자기양육, 지지, 사회 변화, 다양성의 가치추구 등이 여성주의 치료의 주요 목적이다. 여성주의 치료자는 치료 장면에서 사회적인 성별(gender)의 중요성을 강조하며 내담자의 문제는 사회문화적 관점에서 보아야 제대로 이해할 수 있다고 믿는다. 사회적 정의 실현이 내담자와 작업을 할 때 주로 적용되는 것이 명백히 이 치료법만의 특징이다.

통합적 관점에서 본 상담목표

각각의 상담이론마다 치료 목표가 다르고 이러한 목표를 달성하는 방법에 대한 가정이 다소 차이가 있지만 모든 상담이론은 몇 가지 공통적인 요소를 공유한다. 정도의 차이는 있지만, 모든 상담이론은 내담자가 상담에서 무엇을 원하는지를 확인하며 내담자가 자신의 사고와 감정, 그리고 행동의 어떤 측면을 변화하도록 돕는다. 사람들은 삶의 변화를 추구하는 것의 많은 이점을 있다는 것을 알고 있지만, 그와 동시에 그러한 변화에 대한 두려움과 걱정도 지닌다. 변화에 대한 저항은 지극히 자연스러운 현상이며 치료과정에서 매번 보게 된다. 모든 상담이론은 변화에 있어서 내담자의 양가감정에 대한 이해의 중요성에 대해서 언급하고 있다. 동기강화 상담은 이러한 변화에 대한 내담자의 양가적 태도를 탐색하는 것이 치료의 중요한 요소라고 하였다. 양가감정에 대한 탐색을 통해 이 양가성에 대해 받아들이고 안타깝게 여기는 마음이 증진되기 때문이다(Naar & Safren, 2017).

다양한 상담이론을 개관하면 알 수 있는 것처럼 각각의 이론은 성격의 어떤 특정 영역을 변화하고자 하는 것과 같이 사람들이 경험하는 어떤 특정 영역에 초점을 맞춘다. 나의 통합적 접근법은 이러한 특정 영역에 초점을 맞춘 각각의 상담이론 간의 목표를 통합할 수 있는 여지를 마련해 놓았다. 나는 상담자의 구조화를 위해 내담자들이 상담의 단계별로 자신만의 특정 목표를 확인하도록 도움을 줄 것이다. 치료 단계에 따라 추구하는 우선 목표가 다를 수 있다. 내담자가 추구하는 상담 목표가 현재 치료의 방향성에 영향을 미칠 수 있지만, 내담자가 추구하는 모든 상담 목표가 상담과정 내내 계속적으로 중요한 것은 아니다.

대부분의 상담이론에 추구하는 치료의 주요 목표는 내면의 변화가 일어나도록 내담자를 돕는 것이다. 그러나 이러한 변화는 내담자가 한 부분으로 역할을 하는 체계에 영향을 주기도 한다. 가족체계 접근법은 단순히 개인 내면의 변화를 일으키는 것을 넘어서서 보다 확장된 상담목표를 추구한다. 가족치료는 여성주의 치료와 같이 체계 내의 변화를 가져오는 것이 상담의 주요 목표이다. 성공적인 치료란 가족들이 세대 간 이어져 온 패턴을 자각하게 되고 이렇게 부적응적으로 형성된 관계 패턴 속에서 내담자가 지닌 문제를 찾아 어떻게 해결할지 그 방법을 학습하는 것이다. 체계 모델의 개념을 통합적 접근에 연계하면 상담은 개인과 체계 모두의 변화를 다루는 것으로 더 확장될 것이다.

목표지향 행동과 목표설정에 대한 아들러 치료의 관점

나는 치료 목표를 설정할 때 아들러식 접근에서 매우 대단한 가치를 발견하곤 한다. 아들러 상담자들은 모든 행동은 목표지향적이고 미래지향적이라고 믿는다. 아들러의 목표지향적 행동에 대한 관점은 행동의 신경과학적 개념과 유사하다(Miller & Dillman Taylor, 2016). 이 상담접근법의 주요 목적은 잘못된 목표와 개인의 논리모형, 목적의 이해와 부정적 증상에 대한 스트레스 감소, 내담자의 사회적 관심 역량 증진이다. 이러한 목표는 내담자의 변화를 이끌고, 행복을 찾게 하며, 외부세계에 소속되었다는 소속감을 가져다준다. 인지, 정서, 행동의 세 가지 영역에서 초점을 두고 변화를 추구한다. 아들러 치료는 내담자의 잘못된 사고과 왜곡된 가정을 논박하는 것을 매우 중요시한다. 증상의 완화보다는 역기능적인 삶의 패턴을 보다 건강한 방식으로 변환시키는 데 초점을 두고 있다. 아들러 치료사들은 상담자와 내담자 관계가 수평하고 동등한 상태에서 합의된 상담 목표를 세우는 것을 강조한다. 어떤 한 쪽에서 강요해서 상담 목표를 세웠다면 그건 치료의 실패라고 간주한다(Maniacci & Sackett-Maniacci, 2019).

아들러 치료법에서 다루고 있는 개념이라 할 수 있는 행동의 목표지향성, 열등감과 우월해지려는 노력, 사회적 관심 등의 개념은 치료 장면뿐만 아니라 일상생활에서 목표를 설정할 때도 적절하게 활용될 수 있다. 알프레드 아들러의 체제이론은 행동의 사회적 결정성을 강조한다. 이러한 "사회목적론적" 접근법은 우리는 사회적 영향력에 의해 동기화가 되고 특정 목표를 달성하려고 노력한다는 것을 전제로 하고 있다. 아들러의 관점에서는 우리는 자신의 행동을 동기화하고 성격 발달에 영향을 주는 단기 목표와 장기 목표 모두를 각각 설정한다고 가정하고 있다. 특히 이 중에 장기 목표는 우리가 완전하고 완벽하다고 생각하는 방향으로 움직이게 우리의 행동을 동기화시킨다.

아들러 접근법에서 목표 형성과정과 직접적으로 관계가 있는 또 다른 주요 개념은 사회적 관심이다. 사회적 관심은 인류에 대한 내담자의 긍정적 태도로 타인에 대한 동질감과 공감을 의미한다. 사회적 고립이나 자기몰입에 대한 해결책으로서 사회적 관심은 용기와 낙관성 그리고 과거, 현재, 미래를 포함한 온 인류에 대한 진솔한 소속감을 유발한다. 우리의 행복과 성공은 대개는 사회적 관계에 달려있다. 사회적 존재로서 우리는 다른 사람에게 유용한 사람이기를 바라며, 지역공동체에서 의미 있는 관계를 형성하고자 하는 욕구를 지니고 있다. 사회적 맥락에서 떨어진 상태로 각 개인은 이해될 수 없다. 인간은 소속감의 욕구에 의해 주로 동기화되고 집단 내에서만이 우리는 잠재력을 발휘할 수 있다.

삶의 스트레스와 고통 역기능적인 패턴을 보다 효과적이고 의미 있는 것으로 대체하는 것이 궁극적인 상담 목표이다. 증상의 완화가 중요하긴 하지만 증상 완화보다는 내담자가 원하는 삶, 내담자가 잘 기능하는 삶을 추구하는 노력이 더 중요하다. 아들러 치료의 대가이며 내 동료이자 친구인 Jim Bitter는 다음의 좋은 삶의 특징을 기술하였다(Bitter & Carlso, 2017에서 발췌함):

- 당신이 의지하고 소속되어 있다는 감정이 혼자 있고, 고립되고, 쓸모없다는 감정보다 좋은 것이다; 궁극적으로 삶의 의미는 전 인류를 위해 타인과의 함께 일을 하며 관계를 맺는 것으로 공헌을 하는 것이다.
- 사랑을 하고 사람을 받는 경험은 좋은 삶의 필수적 요소이다; 우리는 모두 적어도 한 사람에게 사랑을 주고받을 필요가 있다.
- 각 개인을 둘러싸고 있는 제약이 사라질 때 우리는 삶을 더욱 충분히 경험할 수 있다.
- 닫혀있고, 방어적이고, 순종적인 대화가 아닌 개방적이고 명확하며, 진솔하고, 반응적인 대화를 하는 것이 최선이다.
- 침묵 속에서 숨죽이고 있는 것보다는 자기 생각과 느낌을 자유롭게 표현하는 것이 좋지만, 요령과 타이밍은 고려해야 할 중요한 요소다.
- 현실은 존재한다. 그러한 현실을 불평하고, 현실이 다르기를 소망하기만 하거나 현실을 무시하는 것은 상황을 더 악화시킬 뿐이다.
- 대다수의 사람은 매일 80%를 자신이 하고 싶지 않은 일들을 하면서 보낸다. 삶에 즐거움을 가져다주는 20%를 놓치지 않는 것이 중

요하다.

- 무지보다는 아는 것이 더 낫고, 회피보다는 문제에 직면하는 것이 낫다. 아무리 어려운 상황이라 할지라도 책임감을 느끼고 행동하는 것이 최고의 선택이다.
- 아무것도 느끼지 않은 것보다는 슬픔과 상처라 할지라도 무언가를 느끼는 것이 낫다. 실제로 대다수의 경우 부정적인 감정을 경험하지 않고는 긍정적인 감정을 가질 수 없다.
- 행동하고 기회를 잡는 것이 자신을 올가미에 가두고 아무것도 하지 않는 것보다는 낫다.
- 목표, 선택권, 희망을 품는 것은 낙심하는 것의 해독제이다. 이는 불안과 우울의 치료제이기도 하다.
- 자신의 성별, 성적 지향성, 문화, 인종에 대해서 잘 이해하고 수용하는 것이 그것을 거부하고, 숨기고, 멀어지려고 하는 것보다 낫다.
- 모든 것에는 차이가 존재한다. 자신을 꼼짝 못 하게 괴롭히는 것에 대해 반대가 되는 시나리오를 가지고 자신과 가족에 대한 새로운 이야기를 작성해보라.
- 두려움에 숨어 살기보다는 낙관성, 신념, 용기를 내어 위험을 감수하는 것이 더 낫다.

내담자가 되어 보기: 상담 목표 설정하기

이 절에서는 의미 있는 상담 목표를 설정할 때 가장 기본적으로 고려해야 할 점에 관해서 설명할 것이다. 당신이 다시 내담자의 입장이 되어보기를 바란다. 상담 목표는 내담자와 상담자가 협력하여 세워야 함을 명심해야 한다. 당신과 함께 상담 목표를 명확하게 설정하고 개별 목표를 가지고 상담회기를 진행하려면 상담자인 나는 어떻게 해야 하는가? 이러한 목표 설정에 어떤 점이 방해 요소가 될 것인가? 그리고 이런 방해 요소를 어떻게 다루는 것이 최선일까?

상담을 시작할 때는 기본적인 상담 철학에 입각한 몇 가지 일반적인 상담 목표를 가지고 있어야 한다. 나에게 있어 가장 중요한 목표는 치료의 기반이 되는 협력적 치료 관계를 형성하는 것이다. 또 다른 목표는 나의 기본 상담 철학에 근거하여 내담자인 당신이 가장 중요하다고 여기는 개인적인 삶의 목표를 체계적으로 탐색하도록 돕는 것이다. 나는 내담자에게 현재 당면한 문제를 잘 대처할 방법을 알려줄 것이며 미래의 문제를 성공적으로 다룰 수 있게 돕고자 한다. 상담과정에서 내담자인 당신이 자신의 주요 상담 목표를 스스로 식별할 수 있는가?

상담회기에 다루고자 하는 개별 목표를 내담자가 스스로 알아가는 과정은 중요하다. 아마도 내담자는 어떤 삶을 살아가고 싶은지에 대해 이미 스스로 많이 생각해 왔을 것이다. 상담자인 나와 함께 그 목표를 어떻게 달성할지에 대해 좋은 방법을 찾아내고 명료화하는 과정은 많은 도움이 된다. 내담자인 당신이 상담과정을 통해 얻고자 하는 것에 대해서 대략적으로 생각하고 있는 게 있을 것이다. 예를 들어, "나는 자존감을 높이고 싶은데 그렇게 못해요. 나는 내 모습이 그닥 좋아보이지 않아요"라고 나에게 말할 수 있다. 이에 대해 내가 바로 해결책을 제안하는 것은 당신에게 도움이 되지 않을 수도 있다. 다음의 자기성찰을 유도하는 질문을 통해 당신은 자신이 원하는 것이 무엇인지 명확히 알게 될 수 있을 것이다.

- 만일 당신이 자존감이 높다고(자신을 좋아한다고) 느낀다면 무엇 때문이라고 생각하는가?
- 당신의 자존감이 높은 상태를 상상해보자. 당신은 누구이고 현재 당신의 인생은 어떤 상태인지 나에게 이야기해보자?
- 어느 때 자신이 형편없다고 느껴지는지 생각나는 대로 말해보자.
- 현재의 행동이 자존감을 높여주는가? 아니면 오히려 상처를 주는가?
- 자존감이 좋았던 시절이 언제였는지 말해보자. 좀 더 달랐으면 하는 특정 시점이 있는가?

당신이 행복했던 시절이나 특별히 힘들었던 상황을 부드럽게 질문함으로써 내담자인 당신이 진짜 원하는 모습을 좀 더 명확하게 그려볼 수 있다.

만약 당신이 그것을 분명히 정의 내릴 수 있다면 당신의 상담 목표는 좀 더 분명한 의미를 갖게 될 것이다. 나는 당신의 이야기를 경청하면서 당신이 원하는 목표를 말하게 하여 당신이 무엇을 원하고 그것을 어느 정도 달성할 수 있는지를 판단하기 위한 자신만의 내적 참조의 기준을 가지게 하는 것을 상담 개입의 목표로 둘 것이다.

행동지향적 치료(행동치료, 인지행동치료, REBT, 현실치료, 해결중심 단기치료, 동기강화 상담)에서는 치료과정이 시작될 때 특정 목표를 확인하기 위한 매우 유용한 개념을 설명하고 있다. 당신이 상담 목표를 달성할 수 있도록 나는 능동적이고 지시적인 역할을 한다. 내담자인 당신은 특정 행동의 변화가 일어나기를 원한다고 말하고 상담자인 나는 이 행동을 수정하는 방법을 제안한다. 치료 계획을 세울 때 나는 다양한 상담이론으로부터 기법을 가져와서 당신이 처한 특정 상황에 적용할 것이다. 치료적 융통성과 다변성이 있어야지만 다양한 범위의 치료 목표를 효과적으로 성취할 수 있다.

행동주의적 접근, 현실치료, 그리고 해결중심 단기치료에 기초하여 우리는 상담 목표를 측정 가능하고 평가할 수 있게 세울 수 있다. 현실치료의 목표는 행동 변화, 더 나은 의사결정, 의미 있는 관계의 개선, 삶의 질 향상, 의미 있는 삶 만들기, 효과적인 심리적 욕구 충족이 포함된다. 이러한 행동지향적 치료는 직접적인 변화를 초점을 두기 때문에 치료 효과도 상담자가 내담자와 함께 더 구체적으로 평가할 수 있다. 당신은 이러한 범주에 적합한 개별화된 상담 목표를 세울 수 있는가?

또한 나는 내담자에게 장기 목표를 생각하도록 돕는다. 지금부터 1년 뒤 당신과 당신의 상황은 어떻게 달라졌는가? 5년 뒤는 어떠할까? 목표를 세울 때는 장기적인 목표를 염두에 두고 단기 목표를 세분화하여 설정하면서 내담자에게 행동의 방향성을 제시해준다. 이러한 세부 목표를 설정할 때 당신이 정말 변하고 싶어 하는 영역을 중심으로 사고, 감정, 행동 등의 모든 영역을 포함하여 논의를 할 수 있다. 우리는 상담 장면과 상담 밖의 장면에서 이 세부 목표를 계속해서 세워갈 것이다. 이렇게 목표를 단계별로 나누는 작업을 계속하면서 당신이 삶에서 원하는 것을 얻을 수 있도록 도울 것이다. 실제 상담이 진행됨에 따라 상담 목표는 변하는 경우가 많이 발생한다. 상담 회기를 어떻게 활용할 것인지를 배우다 보면 생각지 않았던 다른 문제들이 나타나는 경우 역시 빈번하게 보게 된다.

다양한 형태의 치료목표

상담은 협력적인 동반자 관계로 형성되기 때문에, 상담자가 상담에서 어떤 것에 집중해야 하는지를 혼자 결정하고 책임지지 않는다. 내담자가 자신의 인생을 어떻게 살아야 할지 결정해주는 것은 상담자의 역할이 아니다. 상담자인 나의 역할은 내담자가 실행 가능한 목표를 수립하고 목표를 달성하는 데 필요한 도구를 제공하는 것이다. 목표는 크게 인지, 정서, 행동 이렇게 세 가지 범주로 나눌 수 있다.

인지적 목표

먼저, 내담자가 상담시간에 인지 영역에서 탐색하고자 하는 실행 가능한 몇 가지 목표를 살펴볼 필요가 있다. 상담자인 나는 당신의 사고가 당신의 감정과 행동에 영향을 미친다고 가정하고 상담을 진행한다. 만약 당신이 자신의 감정과 행동을 특정한 방식으로 바꾸고 싶다면, 먼저 문제를 일으키는 사고가 무엇인지 인식하고 그것을 바꾸려고 노력하는 것이 한 가지 방법이다. 나의 상담 목표는 당신의 기저에 있는 신념, 특히 당신에게 어려움을 주는 사고 패턴에 집중하는 것이다. 나는 당신의 잘못된 신념들을 당신에게 직접적으로 알려주지 않을 것이다. 오히려, 나는 당신 스스로 당신에게 도움이 되지 않거나 문제가 있는 행동을 초래하는 잘못된 신념들을 깨닫게 도와줄 것이다. 당신이 상담자가 되기 위해 준비 중이거나 이미 어떤 종류의 상담 실습을 하고 있다면, 수련 중인 상담교육생으로서 당신이 다음의 진술들과 비슷한 신념을 가졌는지 스스로 점검해 봐야 한다.

- 항상 능숙하고 완벽하게 기능해야 한다. 실수해서는 안 된다.
- 전문가로서 보람을 느끼려면 내담자가 지속적으로 나를 인정해주어야 한다.

- 내담자가 제시하는 모든 문제 상황에 적합한 기술을 갖추는 것이 필수적이다. 그렇지 않으면 무능해 보일 것이다.
- 내담자가 좋아지고 나빠지는 것은 전적으로 내가 책임을 져야 한다.
- 내담자가 두 번째 회기에 나타나지 않는 경우, 첫 회기에서 내가 내담자와 잘 교류하지 못했기 때문이다.

당신이 이런 식으로 자신에게 말한다면, 나는 당신에게 정서적, 행동적 문제를 일으켰을 가능성이 있는 당신의 핵심 신념에 초점을 맞춘다. 예를 들어, 내담자의 치료 결과에 대해 전적으로 책임이 있다고 확신하는가? 이러한 당신의 핵심 신념은 많은 결과에 영향을 준다. 당신은 내담자에 대해 지나치게 걱정하고 당신의 직업에서 스트레스를 많이 경험할 수 있다. 당신이 전적으로 내담자의 결과에 책임이 있다는 믿음은 당신에게 걱정거리를 안겨줄 뿐만 아니라 내담자가 당신에게 지나치게 의존하는 결과를 초래할 수도 있다. 상담자는 상담을 시행할 때 필요한 구체적인 인지적 목표를 내담자와 함께 설정하는 것은 중요하다. 예를 들어, 상담자가 내담자에 대해 전적으로 책임져야 한다는 당신의 신념을 변화하는 것을 목표로 삼을 수 있다.

정서적 목표

나는 당신이 정서적으로 느끼는 걱정에 대해 최대한 구체적으로 말해주길 바란다. 내담자인 당신은 친밀감이 두렵다고 말할지도 모른다. 우선, 나는 당신에게 친밀감이 어떤 의미인지 알고 싶다고 한다. 그리고 그것이 당신이 진짜 바꾸고 싶은 상황인지도 알고 싶다. 당신은 여러 가지 두려움 때문에 사람들과 지나치게 가까워지는 것을 꺼릴 수 있고 오히려 가깝지 않은 관계를 선호할 수도 있다. 당신이 진정으로 변화하고 싶지 않다고 한다면 나는 변화로 인해 야기될 부담이나 위험을 굳이 강요할 수 없다. 하지만, 만약 당신이 사람들과 친밀한 것이 좋고 친해지는 것을 피하지 않고 싶다면, 이것은 상담의 목표가 될 수 있다.

나는 당신이 경험하고 있는 감정들의 영역, 특히 당신이 문제라고 생각하는 감정에 관해 물어본다. 나는 현재의 감정을 잘 나타내는 어떤 신체적인 변화를 알아차리려고 노력할 것이다. 나는 당신이 느끼는 것을 해석하기보다는, 당신에게 지금 겪고 있는 그 감정이 무엇인지 물어보는 것이다. 방금 말을 하면서 무엇을 깨달았는가? 당신은 방금 눈물을 흘렸는데 이 눈물이 어디에서 발생한 것인지 말해줄 수 있는가? 당신은 지금 어떤 감정을 경험하고 있는가? 나는 정서적 영역에서 작업을 시작한 다음 인지와 행동에 대한 탐색으로 이동하는 것이 가장 유용하다고 생각한다. 그러나 때때로 몇몇 상담자들은 초기 단계에서 신뢰하는 치료 동맹을 발전시키는 동안 인지 영역부터 시작하는 것이 더 안전하다고 느낀다. 그런 다음 그 토대를 바탕으로 더 취약한 감정에 대해 말할 수 있다고 믿는다. 통합 접근 방식을 활용하는 것은 상담자에게 융통성을 가져다주고 내담자의 특유의 요구에 맞출 수 있기에 가장 효과적인 방법이다.

나는 당신이 매 순간의 경험을 더 잘 느낄 수 있도록 정서에 집중한 치료법을 많이 사용한다. 나는 당신이 당신의 감정을 확인하고 경험하기를 제안한다. 현재 당신이 인식하고 있는 것이 무엇인지 스스로 검토함으로써, 당신은 사고와 신체상태, 또는 감정에 대한 알아차림과 같이 당신에게 가장 중요한 영역에 좀 더 잘 집중할 수 있다. 당신은 변화를 위한 길을 찾기 위해 당신의 감정을 인식하고 그 감정과 접촉하여 이를 증폭시킬 필요가 있다. 당신은 단순히 당신의 감정에 관해 이야기하거나, 문제가 있는 정서들의 원인을 이해하려고 노력하거나, 당신이 사고하는 방식을 바꾸는 것만으로는 직접적인 변화가 발생하지 않을 것이다. 당신에게 중요한 정서적 목표를 확인하고 다루기 위해 다양한 경험적 기술을 시기적절한 사용할 수 있다.

행동적 목표

인지와 정서적인 목표를 설정하는 것 외에도, 구체적인 행동 목표를 확인하는 것이 필요하다. 당신이 자신을 더 잘 관리하고 싶다는 것을 나에게 알려줬다고 가정해보자. 당신은 빈번히 자신이 결정한 것이 아니라 외부의 힘에 의해 수동적으로 행동한다고 느낀다는 것을 깨닫는다. 당신은 자신을 돌볼 시간이 없다고 말하면서 스스로 끊임없는 압박감을 느낀다고 하였다. 나는 행동치료, 현실치료, REBT의 기법을 사용하여, 당신이 자신의 신체와 전반적인 건강을 위해 어떤 선택을 하고 있는지 검토하도록 한다. 나는 당신에게 현재의 신체적, 심리적 행복 수준을 점검해 보라고 한다. 당신은 휴식,

운동, 식단, 그리고 시간을 보내는 방법 같은 부분에서 어떻게 균형을 이루고 싶은가? 다음 중 당신에게 적합한 행동 목표는 무엇인가?

- 어떤 행동 패턴을 변화하고 싶은지 결정하기 위해 내가 일할 때 하는 행동에 목록을 작성할 용의가 있다.
- 나는 기꺼이 휴식과 수면을 위해 더 많은 시간을 할애할 것이다.
- 일과 여가 사이에 더 나은 균형을 잡고 싶다.
- 힘들 때 기꺼이 도움을 청한다.
- 나는 나에게 맞고 즐길 수 있는 운동 프로그램을 찾고자 한다.
- 식단을 바꾸고 싶다. 나는 무엇을, 얼마나 많이 먹고 마시는지 관찰하여 내가 바꾸고 싶은 부분이 무엇인지 결정할 용의가 있다.

상담 목표를 구체화하는 것은 간단한 것처럼 보일 수 있지만, 상담은 하나의 문제만을 해결하는 직선적인 과정이 아니다. 당신은 복잡하고 통합된 존재이며, 당신이 가지고 있는 한 부분의 문제는 당신 전체를 이해했을 때 더 잘 보인다. 상담은 단순히 문제를 해결하는 것보다 더 복잡하고 흥미로운 과정이다.

Joleen과의 상담 목표를 명확히 하는 것

Joleen은 그녀의 관계와 자기 자신을 좋게 생각하는 데 방해가 되는 자신감 부족 때문에 상담을 받으러 왔다. 일반적으로, 그녀는 자신의 외모에 대해 불만이 있고 자신의 에너지 수준에 대해서도 만족하지 못한다고 말했다. 초기 단계 동안, 나는 Joleen이 상담을 통해 가장 달성하고 싶은 것이 무엇인지를 명확히 할 수 있도록 도와주고 그 목표를 달성하기 위해 해야 할 몇 가지 사항들을 설정할 수 있도록 도와주었다. Joleen이 상담 목표에 대해 말할 때, 그녀의 설명은 매우 광범위했다. 그래서 나는 Joleen과 함께 목표를 구체화하였다. 거울을 볼 때, 그녀는 거울에 비추고 있는 자기 자신이 보기 싫다고 말했다. 그녀는 더 나은 자아상을 형성하고 싶어하고 더 자신감 있게 행동하고 싶어하였다. 나는 그녀가 무엇을 좋아하지 않는지, 현재 어떻게 자신감이 부족한지, 그녀가 자신을 스스로 보는 기분이 어떤지, 그리고 나에게 이 주제에 관해 이야기하는 것을 어떻게 생각하는지 등에 대해 보다 구체적으로 알고자 하였다. 그녀가 개선하고 싶어하는 또 다른 부분은 친구들과의 관계였다. 그녀는 사람들이 그녀에게 먼저 말을 걸어주기를 기다리는 경향이 있고, 이것은 종종 그녀가 다른 사람들과의 관계에서 만족하지 못하는 결과를 낳았다.

나는 Joleen이 자신의 목표대로 잘 하고 있는지 스스로 관찰하기 위해 일기를 쓰라고 제안했다. 일기를 쓰는 것은 상담에서 그녀가 해야 할 것을 명확하게 해주고, 상담이 그녀의 일상생활에 영향을 줄 수 있도록 도와준다. 만약 Joleen이 상담에서 배우고 있는 것을 일상생활에 적용하는 데 어려움을 겪고 있다면, 이 어려움을 일기에 적는 것이 대안을 찾는 데 도움이 될 것이다. 상담에서 그녀는 일기에 쓴 핵심 이야기를 논의할 수 있다.

Joleen은 상담에서도 일상생활에서도 자신이 할 것 같은 행동을 바꾸는 데 능동적으로 참여하려고 했기 때문에 스스로 정한 목표를 향해 나아갈 수 있었다. 예를 들어, Joleen은 상담시간에 그녀가 추구하는 많은 목표를 설정했다. 그녀는 자신의 현재 모습을 마음에 들어 하지 않고, 친구들과 더 좋은 관계를 맺고 싶어했다.

상담회기를 시작할 때마다 Joleen과 나는 최소한 이번 상담 회기에서 그녀가 원하는 것이 무엇인지에 대해 간략하게 논의하였다. 나는 다음과 같은 질문을 한다.

- 이번 상담회기에 와서 당신이 알아차린 것은 무엇인가?
- 오늘 상담에서 무엇을 하며 시간을 보내고 싶은가? 무엇을 이야기하고 싶은가?
- 당신이 중요하다고 생각하여 이야기해야 한다고 생각하지만, 탐색하기를 주저하는 것이 있는가?

이러한 핵심 질문들과 함께, 장기적인 목표를 포함하여 상담회기마다 치료 목표를 설정하는 것에는 Joleen 역시 책임이 있다. Joleen의 장기적인 목표의 몇 가지 구체적인 예는 다음과 같다.

- 자신을 수용하는 것과 지금보다 건강한 자아상을 만드는 것
- 자신감 있는 사람이 되기
- 다른 사람들과 의미 있고 만족스러운 관계를 형성하기

이러한 장기적 상담 목표는 더 작고 명확하게 정의된 세부 목표로 나뉘며, 이러한 세부 목표를 성공시키기 위해서는 그에 맞는 상담 기법과 개입을 사용해야 한다. 예를 들어, 자기주장을 더 할 수 있도록 노력하는 것은 다른 사람들과 의미 있는 관계를 만드는 데 도움이 된다. 이때 상담 개입에는 의사소통 방식에 대한 심리교육과 다른 사람들과 잘 의사소통할 수 있도록 미리 연습하는 것 등이 포함될 수 있다. Joleen의 상담 목표는 서로 연관되어 있다. 그녀가 어떤 분야에서 발전을 거듭함에 따라, 그녀는 다른 분야에서도 긍정적인 효과를 경험하게 될 것이다. 자기주장을 더 할 수 있도록 노력하는 것은 위의 세 가지 장기 목표 모두에 도움이 될 것이다.

목표 설정은 상담하는 동안 내내 내담자와 함께 잘 합의하는 과정이다. 그녀에게 장단기 목표를 선택하는 방법을 알려주고 상담시간을 어떻게 사용하고 싶은지를 함께 결정할 때 상담자와 내담자는 파트너가 된다.

성찰 질문

Joleen이 상담 목표를 세우는 것을 돕기 위해 당신이 Joleen에게 어떻게 개입할 수 있는지 생각해보자. 다음 질문을 고려해보시오.

- 당신이 Joleen에게 상담을 통해 얻고자 하는 게 무엇인지 물었을 때, 그녀는 자신의 목표 중 하나는 "자신을 수용하는 것과 더 건강한 자아상을 만드는 것"이라고 말한다. 이 목표에 대해 Joleen에게 어떻게 반응할 것인가?

- Joleen이 폭넓고 일반적인 관점에서 자신의 목표를 이야기할 때 목표를 구체화하기 위해서 어떻게 해야 하는가?
- Joleen이 상담에서 어떤 목표를 가져야 하는지를 물어본다면, 당신은 어떻게 대답할 것인가?

Aaron과의 상담 목표를 명확히 하는 것

Aaron은 여러모로 자기 자신을 돌보고 있지 않고 이로 인해 자신의 삶에 대해 불만이 쌓이고 있다는 것을 깨닫고 상담을 시작했다. 그는 평상시보다 자기관리를 훨씬 더 잘하고 싶어 했다. 그는 많은 시간 동안 스트레스를 받고 이러한 스트레스 요인을 잘 관리하지 못한다. 그는 운동을 게을리하고 이것이 자신에게 도움이 되지 않는다는 것을 알고 있다. 그는 자기관리를 하고 싶지만, 당장 현재 패턴을 바꾸기 위한 어떤 조치를 취할 의욕은 없어 보였다. 그는 스트레스를 더 잘 통제하기 위해 자신이 취할 수 있는 방법들이 있다는 것을 알고 있지만, 이런 삶을 변화시키기 위해 에너지를 쓰는 것에 대해서는 양가적 태도를 지니고 있다.

나는 Aaron에게 목표를 설정하는 것은 함께 노력해야 하는 공동 프로젝트라는 것을 알려주었다. 나는 그를 위해 우리가 탐색할 것에 관해 내가 결정을 내려주지 않을 것이다. 나는 아들러 치료 중 목표 정렬(goal alignment)이라는 개념을 좋아한다. 이 개념은 목표 설정이 상호 협력적인 과정을 수반한다는 것을 의미한다. 또한, 나는 목표를 결정할 때 상담자와 내담자 간의 협력을 강조하는 인지행동 접근 방식을 중요시한다. 상담에서 우리가 탐색해야 할 목표 정하는 것은 Aaron의 책임이며, 우리가 어떻게 나아가야 하는지를 알기 위해 그의 목표를 세분화시키도록 그를 지도하는 것은 상담자인 나의 책임이다. 목표를 설정하고 다듬는 데는 시간과 노력, 그리고 Aaron의 역할에 대한 사려 깊은 성찰이 필요하다. 그가 탐색하고 싶어 하는 목표는 그가 가장 관심이 많은 분야의 변화를 강조하고 상담과정의 방향을 제시한다.

나는 현실치료에서 사용하는 질문을 사용하여 그에게 삶의 방향을 들어다 보기를 부탁한다. 지금 그의 삶은 어떤가? 무엇이 그에게 도움이 되는 것 같은가? 어떤 정서, 사고, 행동이 그가 변화하고 싶은 방향으로 못 가도록 방해하는가? 나는 Aaron에게 1년 뒤의 미래를 생각해보고 그때 어떤 것을 이루었고 어떤 사람이 되어 있을지에 대해 물어볼 수도 있다. 이런 질문을 하는 이유는 그가 현재 자신이 원하는 미래를 만들기 위해 잘 행동하고 있는지를 스스로 평가하도록 하기 위함이다. 그가 무엇을 원하는지 정확히 알 수 있도록 나는 그에게 다음과 같은 질문을 한다.

- 만약 당신이 이미 원하는 모습이라면, 어떤 모습일까?
- 만약 당신이 삶을 더 충만하게 살고 있다면 무엇을 하고 있었을까?
- 지금 당신이 하는 일은 당신의 목표를 위해 도움이 되고 있는가? 아니면 방해가 되고 있는가?

이 질문들은 Aaron에게 자신이 현재 어디에 있고, 가까운 미래에 어디로 가고 싶은지에 대해 비판적으로 성찰할 수 있게 할 것이다. 자기평가는 현실치료 상담에서 가장 중요한 요소이다.

Aaron이 지속해서 자기평가 과정을 하기를 기대하면서 나는 Aaron이 자신의 내면에 있는 행동, 인지, 정서를 바탕으로 상담에서 다루고자 하는 목록들을 만들 수 있도록 도와준다. 그가 자신의 현재 행동이 통하지 않는다고 스스로 알았을 때, 그는 자신의 욕구를 충족시킬 목표를 설계하는 데 훨씬 더 협력적으로 참여할 것이다. 협력적 방식으로 명확한 목표가 수립되면, 상담 진행 상황에 대한 의미 있는 평가를 수치화시킬 수 있다. 상담 회기마다 짧게라도 상담이 그의 목표를 달성하는 데 얼마나 도움이 되었는지 평가하는 것은 매우 중요하다. 만약 그가 목표에 대한 의욕을 잃는다면, 우리는 상담에서 가장 탐색하고 싶은 것이 무엇이었는지를 다시 살펴볼 필요가 있다.

성찰 질문

Aaron이 상담 목표를 세우는 데 도움을 주기 위해 Aaron에게 어떻게 개입할 수 있는지 생각해보자. 다음의 질문을 고려해보시오.

- Aaron은 자신이 여러 가지 면에서 자신을 돌보지 않고 있다는 것을 깨닫고, 이로 인해 그의 삶에 많은 불만이 생기게 된 것을 알게 되었다. 그는 자기관리 방법을 개선하고 싶지만, 그는 그것을 위해 노력할 의욕이 없다고 말한다. 이런 Aaron에게 당신은 어떻게 반응할 것인가?
- 어떤 이론이 Aaron이 보다 명확하고 의미 있는 개인적인 목표를 세우는 데 도움을 줄 것으로 생각하는가?
- 공동 프로젝트로서 목표를 결정하는 것에 대해 Aaron에게 어떻게 설명할 것인가?

결론적 논평

내담자와 함께 상담 방향을 맞는 의미 있는 목표를 융통성 있게 설정하는 것이 중요하다. 내담자가 상담에서 원하는 목적을 신중하게 고려한 후, 상담과정을 어떻게 끌고 나갈지 결정하기 위해 구체적이고 명확하며 현실적인 목표를 내담자와 함께 설계해야 한다. 당신의 일은 내담자가 상담에서 무엇을 성취하고 싶은지를 더 잘 이해할 수 있도록 돕는 것이다. 내담자를 위한 목표를 정하는 것은 상담자의 역할이 아니다. 만약 내담자가 주어진 목표를 향해 나아가지 않는 것처럼 보인다면, 아마도 그 목표들은 내담자 개인에게 의미 있는 목표가 아닌 다른 사람들에 의해 만들어진 목표일 것이다. 내담자가 자신의 목표를 정의하는 데 어려움을 겪을 때 협업 파트너십을 만들어나가는 것이 가장 중요하다.

당신의 통합적 접근 방식의 구성요소에 대해 성찰하면서, 상담의 출발점으로 인지, 정서, 행동 목표를 통합하는 체계적인 방법을 개발할 필요가 있다. 치료 목표 설정에 대해 다룬 이 장을 읽은 후, 내담자와 함께 설정하려고 하는 목표의 종류를 명확히 하기 위해 다음의 질문을 고려할 수 있다.

- 상담자로서, 당신은 상담 목표를 세울 때, 어떻게 협력적인 과정을 만들어 가는가?
- 당신의 이론적 방향성은 상담 목표에 대한 당신의 견해에 어떤 영향을 미치는가?
- 상담과정에서 당신의 목표는 무엇인가?
- 당신의 상담 목표와 내담자의 상담 목표가 상충한다면 어떻게 할 것인가?
- 당신과 내담자 간의 가치 충돌은 어떻게 관리할 것인가?
- 상담과정에서 구체적인 목표를 설정하기 위해서 내담자를 도와줄 때 어떤 문제에 직면할 것이라고 예상하는가?
- 내담자의 상담 목표는 상담 결과를 평가하는 데 어떻게 사용될 수 있는가?
- 내담자가 단기 및 장기 목표를 설정할 때 어떤 것이 가장 중요하다고 생각하는가?
- 목표가 분명하지 않은 내담자에게 더욱 의미 있고 명확한 목표를 수립하도록 도움을 주는 방법은 무엇인가?

Chapter 04 | 다양성 이해하고 다루기

이번 장은 통합적 상담 모형에서 다양성이 가지는 역할에 대해서 살펴본다. 고려해야 하는 다양성 특성은 능력이나 장애, 애정 지향, 나이, 성, 인종, 문화, 언어, 영성/종교, 출생 국가, 그리고 사회경제적 지위를 포함한다. 읽으면서 당신의 상담 실무와 관련하여 당신이 얼마나 다양성에 대해 배우는 것에 대해 열려있는지에 대해 한 번 생각해보길 바란다. 다양성 역량이 높은 상담자가 되기 위해서 당신에게 요구되는 것들이 무엇이 있을지 생각해보자.

여러 이론적 모델로부터 상담 기법을 가져와 활용할 수 있는 능력은 다양한 내담자들과 작업을 할 때에 특히 필요한 능력이다. 내담자가 어떤 하나의 특정 이론에서 나오는 모든 세부 특성에 들어맞을 거라고 기대하는 것은 그 내담자에게 해로울 수 있다. 그 이론이 가지고 있는 가치들이 내담자의 가치와 부합하더라도 말이다. 당신의 내담자를 하나의 이론이 가지고 있는 여러 차원들에 맞추려고 하는 것보다 당신의 이론과 실무를 개별 내담자의 독특한 요구에 맞추려고 하는 것이 가장 좋다. 각 내담자에 맞게 당신의 치료를 맞추어 나갈 수 있다는 점은 당신이 내담자를 깊이 있게 이해했다는 것을 시사한다. Norcross와 Beutler(2019)는 각 사람에게 맞는 심리치료를 제공하고, 각 내담자를 위해 내담자의 맥락적 요인들을 포함한 내담자 특성을 고려하는 새롭고 반응적 심리치료를 만들 것을 주장하였다. 이러한 노력이 결국 더욱 효율적이고 효과적인 치료를 만들어내는 것이다. Norcross와

Beutler는 모든 사람과 문화는 서로 다르며 그렇게 다루어져야 한다는 원리를 지지한다. "통합이 심리치료에 다양성과 유연성을 불어넣음에 따라 증거 기반의 다원주의가 지배하게 된다."(p. 549). 당신의 이론적 지향이 어떠하든지 간에 당신은 문화적 역량을 습득해야 한다. 이를 위해서 당신은 다양한 문화에 대한 지식을 가지고 있어야 하고, 당신의 문화적 유산에 대한 인식이 있어야 하며, 내담자가 자신의 문화라는 현실 속에서 당신의 필요를 충족할 수 있도록 도울 수 있는 기술을 가지고 있어야 한다. 내담자와 효과적으로 작업하기 위해서 상담자는 내담자의 자율권(empowerment)과 사회적 정의를 촉진함으로써 변화를 수용해야 한다.

다문화와 다양성 관점에 대한 나의 소개

나의 책 "(제럴드 코리에게서 배우는) 성장하는 상담전문가의 길"에서 나는 내가 어떻게 다문화 및 다양성 관점들을 접하게 되었는지 설명한 바 있다. 내가 상담학을 박사과정을 하고 있었던 1960년대에는 문화가 어떻게 평가와 치료 과정에 영향을 미치는지에 대한 논의가 거의 이루어지지 않았고, 다문화 관련 교과목은 전혀 제공되지 않았다. 상담실무와 강의를 하기 시작했을 때만 해도 나는 개인주의적 관점으로 상담을 접근하는 것에 초점을 두고 있었고, 치료적 과정의 문화적 맥락에 대해 거의 신경을 쓰지 않았다. 문화가 우리에게 어떤 영향을 주는지에 대한 이해에 나의 가족 경험이 어떤 역할을 했는지에 대해 조금 나누고자 한다.

나는 1세대 이탈리아계 미국인이고, 나의 출신 가정으로부터 문화적 다양성에 대해 배웠다. 나의 부모님은 이탈리아 출신이었으나 두 분 다 내가 집에서 이탈리아어를 사용해야 한다고 강요하지 않았다. 나는 부모님과 문화적 이슈에 대해 대화를 나눈 기억이 없는 것을 보아 부모님은 자신들의 문화적 전통을 내게 전수하는 일에 전혀 관심이 없었던 것 같다.

나는 이탈리아계 이민자들이었던 친지들과 가까이 지내면서 어렸을 때부터 사람들이 각자 다른 관점으로 세상을 보고 여러 다른 방식으로 자신을 표현한다는 것을 알았다. 차이점을 판단하기보다는 좋게 인정하게 되었다. 내 이탈리아인 친척들은 차별받는 경험을 하기도 했지만 그들 또한 자신만의 편견들을 품고 있기도 했다. 나는 몇몇 친척들이 다른 특정 집단을 폄하하는 말들을 하는 것을 보면서, 인종차별이 미세하면서도 노골적일 수 있다는 것을 깨달았다. 왜 그런지 모르겠지만 나는 어느 형태의 차별이든 차별의 대상이 되는 사람들에 대해서 연민을 느끼게 되었다. 아마도 나 스스로도 어린 시절 밖에서 겉도는 느낌을 가졌던 경험이 부분적인 영향을 주었을 것이다. 어떻게 내가 다른 사람들에게 연민을 가지게 되고 비판단적인 존재방식을 가지게 되었는지 잘 모르겠지만, 어찌됐든 그 방향으로 나아가는 것이 옳다고 느껴졌다.

또 나는 19살 때 독일에서 미국으로 이민을 온 나의 아내 Marianne에게서 문화적 다양성에 대해 크게 배웠다. 우리는 내 나이 27살에 독일에서 결혼을 했지만, 둘 다 결혼을 할지 말지에 대해서 상당한 혼란을 경험했었고, Marianne은 특히나 그랬다. 우리는 서로 다른 두 문화권에서 온 사람들이었다. 그녀는 시골의 농장에서 자랐고 나는 로스엔젤레스라는 큰 도시에서 자랐다. 그녀는 개신교 신자였고 나는 가톨릭 신자였다. 결혼을 한다는 것은 Marianne이 독일에 있는 가족을 떠나 캘리포니아에서 새로운 가정을 꾸리는 것을 의미했다. 그 당시에는 사회에서 문화적, 종교적 차이가 지금보다 더 중요하게 여겨졌었다. 우리 삶에 있었던 몇몇 중요한 사람들의 도움 덕분에 우리는 우리를 거의 헤어지게 만들 뻔한 차이점들을 극복할 수 있었다. 우리는 우리가 여러 핵심적인 가치를 공유하고 있다는 것을 깨달았고, 비로소 우리의 차이점을 균형 잡힌 시각으로 볼 수 있게 되었다. 우리는 양쪽 가족 모두의 축복을 받으며 독일의 Worms 성당에서 결혼식을 올렸다.

매년 여름, 우리는 Rheinpfalz에 있는 Marianne의 고향에서 시간을 보냈는데, 그 시간은 나에게 다른 나라의 작은 시골 마을에서 사는 것과 관련된 가치를 경험할 수 있는 기회를 주었다. 두 문화권에서 사는 경험은 문화의 복잡성과 세상을 인식하는 다양한 방식들을 이해할 수 있도록 도왔다. 의심할 여지 없이 Marianne은 문화에 대해 가르쳐 준 나의 주요 멘토였다. 그녀는 내가 다양성을 이해하는 방식과 그러한 이해를 상담 실무에 적용하는 방법에 대해 고민할 수 있도록 도전해주었다.

일찍이 있었던 이러한 경험들은 나의 대학원 과정이 가르쳐주지 못한 값진 배움을 제공해주었다. 삶이 우리에게 가르쳐줄 수 있는 것들에 대해 열린 마음을 갖는 것, 상반되는 관점들을 모두 존중하는 것, 내가 만날 내담자들의 다양한 세계관을 이해하려고 노력하는 것, 억압받거나 차별을 받아온 사람들을 이해하는 것의 중요성을 배웠다. 비록 당신이 제한된 환경에서 자랐더라도 당신은 당신 자신과 다른 세계관을 가진 사람들에 대해 배울 수 있다. 우리가 내담자들과 다른 세계관을 가지고 있을 때 우리는 종종 내담자들과 의사소통 문제를 경험하거나, 오진 또는 조기종결을 경험하기도 한다 (Comas–Diaz, 2019). 당신의 문화적 배경이 당신이 누구인지에 어떻게 기여했는지를 이해한다면, 당신은 다른 관점들을 이해할 수 있는 기반을 가진 것이다. 당신은 혼신의 노력으로 당신의 현재 태도와 관점을 확장시킬 수 있다.

다문화적 고려사항에 대한 관점들

최근 들어서야 상담분야는 인종과 문화적 사회화가 내담자에게 미치는 영향을 고려하기 시작했다. 불평등한 치료 역사 때문에 많은 내담자들은 사회 기득권층 또는 사회복지 기관과 연관된 정신건강 전문가들을 불신하게 되었다. 억압을 받아온 집단에 속한 내담자들은 주류 문화권에 속한 상담자와 신뢰 관계를 형성하는 데 오랜 시간이 걸릴 수 있다. 정신건강 전문가들은 이런 불신 이면에 있는 역사를 이해하지 못한다면 내담자들을 공감해주는 데에 어려움을 겪을 수 있다. 어느 문화집단에 속해 있든 모든 정신건강 실무자들은 치료적 과정에 대한 자신의 가정, 기대, 태도를 솔직하게 점검해봐야 한다.

공통점과 차이점 고려하기

효과적으로 상담을 하기 위해서는 다양성 관점을 무시해서는 안 되지만, 그렇다고 어느 특정 내담자 집단을 일반화하지 않도록 유의해야 한다.

특정 집단에 속한 개인들이 여러 집단으로부터 온 개인들보다 서로 더 다를 수 있다. 나는 다문화 상담 분야의 선구자 중 한 명인 Clement Vontress (2013)의 관점을 좋아한다. 그는 상담의 초점이 개인의 인종이 아닌 개인에게 맞춰져야 한다는 상담에 대한 개념적인 접근을 제안하였다. 그는 사람들이 서로 다르기보다 비슷한 점이 더 많다는 것을 우리 모두 인식해야 한다고 주장한다. 그는 상담 수련생들에게 먼저 내담자들의 보편적인 공통점에 관심을 가지고, 차이가 있는 영역들은 그 이후에 다룰 것을 권장한다.

문화적 차이점을 가지고 있는 사람들 중 다양한 능력, 장애, 또는 심각한 의학적 문제를 가지고 있는 내담자들이 있다. 시각장애나 지체장애를 가지고 있는 모든 내담자가 장애와 관련된 적응 문제를 다루기 위해 치료를 받고자 한다고 가정하는 것은 모욕적일 수 있다. 특히 내담자의 장애가 그에게 새로운 게 아니라면 말이다. 그들은 아마도 그런 장애가 없는 사람들과 유사하게 관계 문제, 불안, 또는 자기실현을 위한 노력을 위해 상담을 받고자 할 것이다. 모든 사람과 작업을 할 때 기본적으로 가지고 있으면 좋은 지침은 '사람 먼저'라는 사고방식이다. 차이점을 보기 전에 사람을 먼저 보자는 이야기다. 자폐스펙트럼장애를 가지고 있는 내담자, 경계선 성격장애 때문에 힘들어 하는 사람, 또는 치매를 가지고 있는 사람 등에 대해 이야기할 때 의식적으로 당신의 언어 패턴과 관점을 바꾸는 것부터 시작하는 것이 도움이 될 수 있다. 이것은 문화에 대한 고려, 진단, 행동적 관심사 등과도 관련된다. 게슈탈트 치료는 특히 언어 패턴에 주의를 기울이는데, 이러한 인식은 다문화적 민감성과 존중을 촉진하기 위해 다른 치료접근들과 자연스럽게 통합될 수 있다.

개인에게 집중하기

Vontress(2013)은 살아가고, 사랑하고, 죽는 것에 대한 실존적인 관심사와 같은 기본적인 인간의 상태들은 문화를 뛰어넘는 것이라고 강조하였다. 인간 대 인간 만남은 문화적 배경이 어떻든 간에 모든 내담자에게 유익하다. 하지만 이 만남이 어떻게 이루어지는지는 문화에 따라 좌우된다. 보편적인 실존적 관심사라고 할지라도 문화마다 그것들에 다양한 의미와 정의를 부여한다는 것을 기억하자. 정신건강 문제는 주어진 문화적 맥락 안에서 가장 잘 이해된다고 해도, 각 내담자가 고유한 개인이라는 것을 기억하는 것은 중요하다. 우리와 다른 내담자와 함께 일할 때 맞닥뜨리게 되는 핵심 과제는 그들에게 무엇이 중요한지 관심을 기울이고 그들의 세계를 이해하는 법을 찾는 것이다. 우리는 내담자가 표현하는 것을 듣고, 우리가 듣게 되는 것들을 존중함으로써 이 목표를 달성할 수 있다.

하지만 개인에게 관심을 기울이는 것 말고도 상담자에게는 중요한 책임이 있다. 상담자는 주류 문화의 너무나도 많은 측면들이 특정 집단들을 차별하는 다양한 방식과 그러한 억압으로 인한 실제적인 심리적 영향들에 대해서 공부해야 한다. McGoldrick, Giordano, Garcia-Preto(2005)는 주류 문화 또한 여러 하위문화들로 이루어져 있다고 말하면서, 사람들은 자신이 태어난 문화의 역사와 가치를 아는 것 외에는 그들 자신을 완전히 알 수 없다고 제안하였다.

상담과정에서 다양성의 중요성

상담을 윤리적으로, 능숙하게, 그리고 효과적으로 하려면 우리는 상담 상호작용에서 다양성이 어떻게 작용하는지 알아야 한다. 미국상담학회의 윤리강령(2014)은 문서 전체에 걸쳐 다양성과 다문화적 고려사항을 다루고 있다. Paul Pedersen(2008)에 따르면, 다문화적 관점은 다원적 사회의 복잡한 다양성을 인정하면서, 서로 다름에도 불구하고 모든 사람들을 연결시켜주는 공통 관심사라는 연결고리를 제안하는 개념적인 틀이다. 이 관점은 개인이 가지고 있는 고유한 차원들뿐만 아니라 개인이 다른 사람들과도 공통 주제를 가지고 있다는 점 또한 살펴본다. 특정 문화 집단에 대한 단순한 지식만으로는 충분하지 않다. 집단 내에 존재하는 가변성을 이해하는 것이 중요하다. 각 개인은 어떤 문화 집단에 속해 있는지, 어느 정도로 주류 문화에 적응하였는지, 인종 정체성의 발달 수준은 어떠한지 등에 비추어 이해될 필요가 있다. Pedersen은 문화를 인종/민족성, 성, 연령, 사회경제적 지위, 종교,

성적 지향, 장애와 같은 변인들을 포함하여 폭넓게 정의하였다. 이 틀에서는 우리는 모두 각각 독특한 문화와 정체성의 조합을 가지고 있기 때문에 모든 상담은 다문화 상담으로 간주될 수 있다. Pedersen이 폭넓게 정의한 문화는, 우리가 어디를 가든 따라다니며 우리가 내리는 모든 의사결정에 영향을 미치는, 다양한 출처로부터 수집한 "천명의 사람들"로 이해해볼 수 있다. 문화적 자기이해를 갖기 위해서는 그러한 내면의 목소리들에 접근하여 이야기를 나눌 수 있어야 한다.

Pedersen(2008)은 상담자가 자신의 문화적 맥락이나 내담자의 문화적 맥락을 무시하는 것은 더 이상 불가능하다고 말한다. 상담자가 문화적 변인들에 주의를 기울이든 무시하든, 문화는 내담자와 상담자의 행동과 상담과정에 계속해서 영향을 미칠 것이다. 문화를 무시하는 상담자는 덜 효과적인 서비스를 제공하게 될 것이다. 치료 과정에서 다양성의 역할을 이해하는 것은 상담 성과에 매우 중요하다. 문화적 요소들은 상담과정에 필수적이며, 우리가 내담자에게 하는 개입에 영향을 준다. Pedersen은 다문화 인식이 우리 삶의 질을 향상시켜주고, 우리가 하는 일 또한 더 수월하게 만들어준다고 믿는다. 문화적 차이가 관계에 도움이 되는 긍정적인 속성이라는 관점을 채택하면 우리는 더욱 다양한 내담자들과 작업할 수 있게 된다. 모든 상담 관계에 깔려있는 문화 요소를 타개해야 하는 장벽으로 보지 않고 오히려 내담자가 의미를 찾으려고 할 때 편안함을 제공해주는 요소로 봐야 한다.

효과적인 상담자는 자신의 문화가 상담 실무에서 자신과 자신의 개입들에 어떤 영향을 미치는지를 살펴본다. 이를 통해 얻게 되는 깨달음은 우리에게 도움을 받으러 오는 내담자의 문화적 배경에 보다 민감해질 수 있도록 하는 데 중요한 역할을 한다. 다양성을 이해하고 다루는 것은 세 가지 주요 작업을 통해 이루어진다. 첫째, 상담자는 인간 행동에 대한 자신의 가정, 편견 및 가치관과 더불어 자신의 세계관을 인식하고 있어야 한다. 둘째, 상담자는 우리 사회의 다양한 집단들의 문화적 가치, 편견, 가정들에 대해서도 계속해서 알아가야 하며, 자신과 문화적으로 다른 내담자의 세계관을 판단하지 말고 있는 그대로 이해할 필요가 있다. 셋째, 상담자는 개인과 시스템에 개입하기 위해 문화적으로 적절하고 의미 있는 세심한 전략들을 개발해야 한다(Sue & Sue, 2016). Comas-Diaz(2019)는 상담자가 문화적 역량을 갖추기 위해서 자신의 세계관을 인식하고, 문화적 차이점에 대한 태도를 점검하고, 상이한 세계관에 대해 배우려는 열린 자세를 가지며, 다문화적 기술을 개발해야 한다고 하였다. 문화적으로 유능해지는 것은 지속적인 과정이지, 우리가 완전히 도달할 수 있는 목적지가 아니다. 우리는 편견을 가지고 있으면서도 그것이 치료적 과정에 대한 우리의 관점에 어떤 영향을 미치는 지 완전히 인식하지 못할 수 있다. 우리의 편견과 가치관이 내담자와 효과적인 작업관계를 형성하고 유지하는 데 방해되지 않도록 거듭 노력하고 솔직해져야 하며, 깨어 있어야 한다.

문화적인 차이는 실제로 존재하며 인간의 모든 상호작용에 영향을 미친다. 상담자는 자신과 다른 성, 인종, 민족성, 연령, 능력/장애, 사회계층, 또는 애정 지향을 가진 내담자를 오해할 가능성이 있다. 만약 상담자가 이러한 다양성 요소들을 상담 실무에 통합하지 못한다면, 내담자의 문화적 자율성과 기본적인 인권을 침해하는 결과를 낳을 수 있고, 이것은 결국 효과적인 치료 관계를 만들어나갈 가능성을 낮춘다. 다양성의 하나의 차원에 초점을 맞추기보다는 다양성의 여러 측면들의 교차성을 이해하는 것이 중요하다. 어떤 내담자에게는 종교적 또는 영적 가치가 중요할 수 있다. 반면, 다른 내담자는 성이나 연령에 대한 차별에 초점을 맞출 수 있다. 상담자는 내담자가 말하는 내용에 주의를 기울임으로써 현재 이 사람에게 있어서 자신의 정체성 중 어떤 측면이 가장 중요한지를 알아낼 수 있다.

상담자가 효과적으로 상담하기 위해서 반드시 내담자의 경험들을 공유할 필요는 없다. 우리는 내담자와 모든 면에서 비슷할 수는 없지만, 우리는 우리와 중요한 면에서 다른 내담자들과 효과적으로 작업할 수 있는 역량을 개발해야 할 윤리적 책임이 있다. 우리는 내담자와 동일한 삶의 경험과 문제를 가져야 할 필요는 없어도 내담자의 세계를 이해하고 존중할 수 있어야 한다. 숙련된 상담자는 자신이 내담자들과 여러 방식으로 다르더라도 효과적인 상담을 제공할 능력이 있으며, 특히 이러한 다른 점들을 내담자와 탐색하는 경우 더욱 그러하다.

이 시점에서 나는 당신이 다음 질문들을 통해 다문화 상황에서 효과적으로 기능할 수 있는 능력과 관련된 자신의 현재 인식, 지식 및 기술들을 점검해보기를 권장한다.

- 당신은 당신의 문화가 당신이 생각하고 느끼고 행동하는 방식에 미치고 있는 영향에 대해 얼마큼 인식하고 있는가?
- 당신의 문화 및 다른 문화들에 대한 이해를 확장시키기 위해 당신은 어떤 노력을 할 수 있는가?
- 문화, 인종/민족성, 성, 사회 계층, 종교, 능력/장애, 언어 및 애정적 지향의 다양성과 관련한 당신의 기본적인 가정들(basic assumptions)을 얼마큼 식별할 수 있는가?
- 상담 실무에서 당신의 철학 혹은 가치관은 당신과 현저하게 다른 내담자들과 함께 일하는 방식에 어떤 영향을 미칠 것 같은가?
- 당신이 사용하는 상담 기술들을 내담자의 특정 요구에 얼마나 유연하게 적용할 수 있는가?
- 다양한 문화적 배경을 가진 사람들을 이해하고 함께 일할 준비가 얼마나 되어 있는가? 다양한 성 또는 애정 지향을 가진 사람들은 어떤가?
- 당신과 다른 세계관을 가진 사람들을 이해하고 교류하는 데 도움이 되는 인생 경험은 어떤 것들이 있었는가?
- 자신과 다른 사람들과 효과적으로 일하는 데 방해가 될 수 있는 편견을 가지고 있는가? 그렇다면, 당신은 당신의 편견을 깨기 위해 어떤 작업을 할 수 있는가?

상담에서 다문화와 다양성 관점들을 처리하는 일은 이 짧은 소개에서 전부 다뤄지기에는 너무나도 복잡한 주제이다. 이 주제에 대한 심도 있는 공부를 해보려면 '*Counseling for Social Justice*(Lee, 2018),' '*Multicultural Issues in Counseling: New Approaches to Diversity*(Lee, 2019),' *Multicultural and Social Justice Counseling Competencies: A Blueprint for the Profession*(Ratts & Butler, in press)과 같은 책이 유용하다.

LGBTQI[2] 사람들 상담하기

다양성 역량에 대해 생각할 때 아마도 가장 먼저 떠오르는 것은 다양한 문화권에서 온 내담자들에게 서비스를 제공하는 능력일 것이다. 하지만 인간의 다양성이라는 개념은 문화적 요인들을 넘어서서 더 많은 것들을 포함한다. 즉, 이 개념은 나이, 성, 능력, 소속된 종교, 애정 지향 등을 향한 모든 형태의 억압, 차별, 편견을 포괄한다. LGBTQI 사람들을 만날 때 상담자들은 이들에 대한 상담 효과를 향상시키거나 방해할 수 있는 자신의 태도와 신념들에 대해 알고 있어야 한다. LGBTQI 사람들과 함께 일하는 상담자는 이들의 고유한 이슈들을 이해할 책임이 있고 그들에게 능숙하게 상담 서비스를 제공하기 위한 지식과 기술을 개발할 윤리적인 의무가 있다. 하지만 관습적인 가치관을 가지고 있는 상담자들이 LGBTQI 사람들과 작업하는 것은 상당히 도전적인 일일 수 있다. 정신건강 분야는 최근에서야 LGBTQI 사람들 자체를 문제로 취급하는 것을 멈추고 그들이 가지고 있는 이슈들을 다루기 시작했다.

우리 사회에는 이성애주의가 여전히 팽배해 있다. 이성애주의는 LGBTQI 사람들의 애정 지향, 성 정체성, 그리고 행동들의 건강한 기능을 훼손할 수 있는 세계관이자 가치체계다. 상담자들은 이성애주의가 많은 기관의 사회문화적 토대 위에 퍼져 있으며, 종종 이성애자가 아니거나 정형화된 성 역할과 행동이라는 사회적으로 용인되는 기준을 충족하지 못하는 사람들에 대한 부정적인 태도와 차별을 낳는다는 것을 이해할 필요가 있다. LGBTQI 내담자들과 만날 때 상담자는 상담 관계에 부정적인 영향을 미칠 수 있는 자신의 특권, 소외시키는 행동(marginalization), 잠재적 편견들을 인식하는 것이 가장 중요하다(Ginicola, Filmore & Smith, 2017). LGBTQI 사람들에 대한 차별과 여러 형태의 억압이 사회에서 표출되는 방식을 이해하기 위해, 상담자는 우선 성적 지향에 대한 자신의 선입견, 편견, 두려움, 태도, 가정, 고정관념에 도전하는 것부터 시작할 수 있다. Gregory Moffatt(2018)은 '윤리, 종교, 다양성(Ethics, Religion, and Diversity)'이라는 사려 깊은 글에서 고통 받고 있는 사람

2) Lesbian, Gay, Bisexual, Transgender, Queer, and Intersex

들을 돕는 일을 하는 상담자들이 문화, 나이, 종교, 성적 지향 등에 기반하여 누가 자신의 전문적인 도움을 받을 가치가 있는지를 평가해서는 안 된다는 메시지를 전개하였다. Moffatt은 LGBTQI 내담자들에 대한 형평성이 여전히 논쟁의 화두로 남아있다는 것을 믿을 수 없다고 하였다. 나는 상담자들이 윤리적으로 누구를 도울지 선택할 수 없음을 강조하며 다양한 내담자들과 일할 때 상담자 자신의 가치관을 강요하지 않을 것을 촉구한 Moffatt에게 고마움을 느꼈다.

LGBTQI 내담자들과 함께 일할 때 기억해야 할 더 복잡한 요소는 그들이 부정적인 사회적 견해를 어느 정도 내면화했을 수도 있다는 점이다. 이런 종류의 내면화된 수치심은 몇몇 이론들을 통합적인 방식으로 활용하면서 효과적으로 다룰 수 있다. 정신분석적 방법은 무의식적인 자기관을 의식적인 수준으로 끌어올림으로써 도움이 될 수 있다. 합리적 정서행동치료는 비합리적인 신념에 도전하여 보다 건강하고 자기수용적인 신념으로 대체하는 데 유용할 수 있다. 게슈탈트 개입은 개인의 내면화된 메시지들을 처리하고, 갈등하는 부분들이 서로 대화를 시작하도록 하는 데 사용될 수 있다. 상담자는 자신이 가지고 있는 이론적 기반 외에도 LGBTQI 내담자에 가장 적합한 기술과 기법은 무엇인지, 그것이 어디에 사용되어야 하는지, 그리고 각 내담자에 맞게 어떻게 조정되어야 하는지 이해해야 한다(Ginicola, Filmore & Smith, 2017). 상담자가 할 수 있는 중요한 개입은 내담자가 자신에게 가장 중요한 것에 대해 말할 수 있는 환경을 제공하는 것이다. Goodrich와 Ginicola(2017)는 치료적인 환경의 본질을 다음과 같은 표현으로 담아냈다. "안전하고 판단을 중지하며 지지적인 공간을 제공할 때 모든 내담자는 진정성과 자기 수용을 발달시킬 수 있다. LGBTQI+내담자에게 이러한 공간은 거부와 소외의 사막에서 찾기 힘든 오아시스가 될 수 있다."(p. 104).

이 주제에 대해 보다 포괄적인 논의를 살펴보길 원한다면 "*Affirmative Counseling With LGBTQ I+ People*(Ginicola, Smith & Filmore, 2017)"을 추천한다.

영적 영역 인식하기

효과적인 상담은 몸, 마음, 정신(spirit)을 모두 다룬다. 최근 평가와 치료 과정에서 영성의 역할에 대해 관심이 많아졌다. 미국상담협회(ACA)와 미국심리협회(APA)를 비롯하여 곳곳에서 출판된 많은 책들과 글들이 상담에서 정신적, 종교적 가치를 통합시키는 것에 대해 논하고 있는 것을 보면 알 수 있다. 상담자의 문화적 유능성은 내담자의 영적, 종교적 관심사를 효과적이고 윤리적으로 다룰 수 있는 능력을 포함한다. 문화적으로 다양한 내담자를 만날 때 당신은 내담자의 영적 이슈를 다룰 준비가 되어 있어야 한다.

겸손, 미덕, 용서, 감사, 이타주의, 희망과 같은 주제를 다루는 긍정 심리학에 대한 관심 또한 높아지고 있는데, 이 모든 것은 영성의 차원들로 간주될 수 있다. 심리학자들은 긍정적인 감정보다 부정적인 감정에 더 많은 관심을 기울였고, 역사적으로 병리학, 약점, 고통에 대한 연구에 집중해왔다. 긍정 심리학을 옹호하는 사람들은 우리가 긍정 정서, 건강, 희망, 용기, 만족, 행복, 웰빙, 인내, 회복력, 인내력 및 인간의 강점에 대해 더 큰 관심을 쏟고 연구해야 한다고 촉구한다(Weiten, Dunn & Hammer, 2018). 인본주의 심리학과 긍정적 심리학은 공통적인 원리에 기초한다. 인본주의 심리학은 무엇이 삶을 의미 있게 만드는가에 대한 일련의 철학적인 가정에 초점을 맞춘다. 긍정 심리학자들은 인간의 강점과 더불어 어떻게 하면 사람들이 일상생활에서 더욱 번성할 수 있는지에 초점을 맞추어 사람들을 행복하게 만드는 요소들을 탐구한다. 긍정 심리학은 긍정 정서, 참여, 관계, 의미 및 성취와 같이 웰빙과 개인이 가진 강점을 강조한다. 강점을 평가하는 것은 균형 잡힌 전체론적 임상 실제에 매우 중요하다. 심리치료는 고통을 완화시키는 것과 못지않게 웰빙 향상에도 초점을 맞춘다(Rashid & Seligman, 2019).

긍정 심리학과 인본주의 심리학에서 강조하는 여러 주제들은 영적 가치에 기반을 두고 있다. 영성이 통합적 접근의 중심에 있다고 해도 과언이 아닐 것이다. 영성과 종교는 많은 내담자들에게 힘의 원천과 삶의 의미를 찾는 기반이 되어 치유와 웰빙을 증진시키는 중요한 역할을 할 수 있다. 영성은 정신건강의 중요한 요소이기 때문에, 영성을 상담에 통합하는 것은 많은 내담자들에게 중요할 수 있다. Currier, Pearce, Carroll과 Koenig(2018)은 군 참전용사들을 대상으로 상담에 영성을 접목하는 것에 대한 선호를 조사한 결과 15~20%의 참전용사가 영적 통합 치료에 큰 관심을 갖고 있었다고 보고하였다. 참전용사들은 대체로 심리치료에 있어서 영성 통합이 자신에게 '다소 중요하다'며 이를 지지했다. 이러한 연구 결과들은 종교적인 믿음이나 영성이 상담을 찾아오는 군 참전용사들의 정신건강상의 어려움을 극복하는 데 도움을 주거나 방해할 수 있음을 시사한다. 즉, 참전용사들을 만나는 상담자는 종교적/영적 관심사에 대해 무지하지 않으면서도 반드시 모든 사례에서 영성 영역을 다뤄야 한다고는 가정하지 않는 내담자 중심 접근법을 활용해야 할 것이다.

내담자는 때때로 자신이 가지고 있는 가치들을 재점검할 필요를 느낄 수도 있다. 이때 당신은 개방적이고 판단하지 않는 자세를 유지하며 정신적 필요를 충족시키는 여러 가지 길이 있다는 것을 인식하는 것이 중요하다. 어떤 특정한 경로를 규정하는 것은 상담자로서 당신의 역할이 아니다. 내담자에게 특정 종교나 영적인 가치들을 강요하는 시도는 비윤리적이다. 그렇지만 당신은 내담자가 자신의 가치들을 탐색하는 것을 도와 현재 자신이 어느 정도로 그 가치체계의 틀 안에서 살고 있는지 파악할 수 있게 할 수 있다. 당신은 내담자가 특정 영적 관점을 가지도록 또는 버리도록 하려는 등 내담자에게 특정 가치를 미묘하게 강요하려는 경향은 없는지 자신을 점검해볼 필요가 있다. 어떤 특정 가치들을 가지고 갈지 또는 수정할지를 결정하는 것은 내담자의 역할임을 명심해야 한다.

상담자 자신의 영성 평가하기

당신의 가치체계는 당신의 상담 실무의 여러 측면에 영향을 미칠 수 있다. 상담자는 자신의 태도, 신념 및 가치들이 상담 과정에 어떤 영향을 미치는지를 알고 내담자에게 지나친 영향을 미치지 않도록 해야 할 윤리적 책임이 있다. 만약 당신이 내담자의 영적 문제를 돕고 싶다면 먼저 당신 자신의 영적, 종교적 신념들을 편안하게 인정해야 한다. 다음 질문들에 대해 잠시 생각해보자.

- 당신의 삶에서 영성 또는 종교는 어떤 역할을 하는가?
- 종교나 영성은 어느 정도까지 당신에게 의미의 원천을 제공해주는가?
- 종교가 당신의 삶에서 긍정적, 부정적 또는 중립적 힘이 되어주었는가? 이 질문에 대한 당신의 답은 영적 또는 종교적 관심사를 탐색하길 원하는 내담자들과 효과적으로 작업하는 데 있어 어떤 영향을 미치는가?

영적이고 종교적인 문제가 내담자의 주된 관심이 아닐지라도, 이러한 가치들은 당신의 내담자가 도덕적인 갈등이나 삶의 의미에 대한 질문들과 씨름할 때 상담 회기 중 넌지시 등장할 수 있다. 상담 회기 중 영적 및 종교적 가치들이 탐색될 때 당신은 객관성을 유지할 수 있는가? 당신의 가치관은 당신의 상담 방식에 어떤 영향을 미치는가? 내담자가 당신의 종교적/영적 신념에 대해서 직접적으로 묻는다면 당신은 어떻게 대답할 것인가? 당신의 세계관과 내담자의 세계관 사이에 존재하는 공통점과 차이점에 대해서 건강한 인식을 유지할 수 있는가? 만약 당신이 영적인 것에 대한 믿음이나 기성 종교에 대한 존경심이 거의 없거나, 자신을 세속적인 인본주의자라고 생각한다면, 스스로를 대단히 영적인 존재로 생각하거나 특정 종교의 가르침에 헌신하는 내담자를 공감할 수 있는가? 만약 당신이 인생에서 의미를 갖기 위해 특정한 종교적 신념을 가져야만 한다고 확신한다면, 당신의 확신을 공유하지 않는 내담자에게 도움이 될 수 있는가?

비종교적인 내담자 상담하기

많은 내담자들의 삶에서 영성과 종교가 어떠한 역할을 하는지 이해하는 것도 중요하지만, 스스로를 비종교적이라고 생각하는 사람들이 가지고 있는 신념과 관심사를 존중하는 것 또한 동등하게 중요하다. Sahker(2016)는 비종교인을 대상으로 한 치료를 할 때 유의해야 할 윤리적, 임상적 고려사항을 조명하였다. 그는 미국 성인 16~23%와 39세 미만 성인의 33%가 비종교적이라고 추정한다. 영적인 어려움을 경험한 사람들은 원가족의 종교를 떠나기로 결정할 때 치료를 받으러 올지 모른다. 이런 내담자들은 불신앙과 관련된 내적 갈등, 의심 및 괴로움을 토로할 안전한 장소를 찾고 있을지도 모른다. 원가족의 종교를 떠난 사람들 중 일부는 자신의 가족들에게 거절당하는 경험을 하는데, 이러한 내담자들은 자신이 선택의 결과로 경험하게 되는 고통을 표현하고 탐색하기를 원하는 경우가 많다. 실제로 종교와 아무런 관련이 없는 사람들도 있고 영성이나 종교가 자신에게 중요하지 않다고 주장하는 사람들도 있으며 무신론자인 이들도 있다. 내담자에게 영적 또는 종교적인 삶을 사는 것의 중요성을 납득시키려고 노력하는 상담자는 곧 자신의 가치를 내담자에게 강요하는 것이고, 이것은 윤리적이지 않다. 비종교적인 사람들은 가치가 없거나 부도덕한 사람들이 아니다. 다른 사람들이 영성에서 의미를 추구할 때 비종교적인 사람들은 철학이나 심지어 심리학에서 의미를 찾을 수 있다. 비종교적인 내담자의 심리 및 가치 평가는 외부 실체에 의해 형성되기보다는 대부분 내적이기 때문에 상담 자체도 덜 복잡할 수 있다. 평가 과정은 긍정적이든 부정적이든 내담자가 가지고 있는 종교적 또는 영적 관심사와 도덕성과 가치에 대한 관점을 발견하고, 이러한 과거 또는 현재의 신념들이 내담자에게 의미를 주는지 고통을 주는지 등을 살펴보는 데 매우 중요하다. 상담자는 내담자가 종교적이거나 비종교적인 문제에 대해 이야기하고 싶다고 할 때 반드시 상담에서 해당 문제를 다뤄주어야 한다.

이 주제에 대해 더 알고 싶다면 "*Integrating Spirituality and Religion Into Counseling: A Guide to Competent Practice*(Cashwell & Young, 2011)"와 "*Spirituality in Counseling and Psychotherapy: An Integrative Approach That Empowers Clients*(Johnson, 2013)"을 추천한다.

내담자 되기: 다양성 다루는 방법 이해하기

이 부분에서는 내가 당신의 상담자라고 생각하고 나의 내담자 역할을 해보면서 우리 사이에 존재하는 차이점들이 우리 관계에 어떤 영향을 주는지 상상해보길 바란다. 당신은 당신과 내가 다르다는 점을 제기한다. 나는 우리가 어떻게 다른지, 그리고 그것이 당신에게 어떤 의미인지 물어본다. 여기에 당신이 어떻게 대답할지에 대해 몇 분 동안 생각해보길 바란다. 우리의 차이점들이 우리의 작업에 어떤 영향을 미칠 것 같은가? 내담자와 상담자 사이에 존재하는 차이점들 중에는 등한히 할 수 없는 것들이 있다. 하지만 당신과 내가 구체적으로 어떻게 다른가보다 더 중요한 것은 어떤 차이점이 당신에게 중요하게 생각되는가 하는 문제이다. 나는 우리의 차이점들이 가지는 의미가 아무리 명백하다고 느껴지더라도 그 의미에 대해 확신을 해서는 안 된다. 당신에게 어떤 차이점이 특별히 크게 느껴지고, 또 그 차이점이 당신에게 어떤 의미를 갖는지를 물어봄으로써 나는 이 토론이 내가 당신에게 맞는 상담자인지 결정하는 데 도움이 될 거라고 기대한다.

현실에서 치료관계에 존재하는 차이점들과 관련하여 학생들은 종종 다음과 같은 질문을 던진다. 이러한 차이점들은 구체적으로 다뤄져야 할까? 만약 그렇다면 이 주제에 대한 논의를 시작하는 사람은 상담자여야 할까, 내담자여야 할까? 만약 당신이 나의 내담자라면, 우리 사이에 존재하는 차이점들에 대해서 쉽게 지적할 수 있을까? 특히 이 차이점이 치료가 진행되는데 방해가 된다고 생각한다면 말이다. 아니면 내가 그러한 특정 차이점들을 먼저 찾아내서 당신에게 그 차이점들이 우리의 치료관계에 어떤 영향을 미칠 것 같은지 물어봐주기를 바랄까? 나에게 중요한 작업은 당신에게 어떤 차이점이 가장 중요하다고 느껴지는지, 그리고 당신이 그러한 차이에 어떤 의미를 부여하는지를 이해하는 것이다. 당신의 상담자로서 나는 당신이 우리의 차이점에 대해 걱정되는 부분을 표현할 수 있을 만한 안전한 환경을 만들어야 한다. 그래서 우리는 이러한 차이점들이 치료 작업에 어떤 영향을 미칠지 함께 탐색할 수 있어야 한다. 예를 들어, 나는 80세의 백인 남성으로 여러 특권을 누려왔다. 나는 박사학위와 많은 학문적, 전문적 자격을 갖추고 있다. 나는 56년 이상 가르치고 글을 쓰면서 이 전문직에 종사해 왔다. 이 중 어떤 부분이 내가 당신을 잘 이해하고 상담할 수 있을지에 대한 의심을 품게 만들까? 만약 내가 우리의 나이 차이, 인종 차이, 교육 차이, 또는 성 차이 중 하나만을 지목한다면 틀린 답일 수 있다. 이러한 여러 다양성 요소들이 서로 교차하면서 문제가 생길 수 있기 때문이다. 만약 단순히 내 나이 때문에 당신이 힘들 거라고 생각한다면 큰 오산일 수 있다. 따라서 초기 회기가 끝날 때 "오늘 저와 상담하면서 어떠셨어요?"라고 묻는 것이 더 생산적일 것이라 생각된다. 다시 한 번 강조하지만, 당신이 나와 함께 상담하면서 염려되는 점을 제기할 수 있을 만큼 충분히 안전하다고 느끼도록 하는 것이 중요하다.

간단한 활동 하나를 해보자. 당신이 백인 상담자를 만나러 온 흑인 내담자라고 생각해보아라. 어떤 것이 염려될까? 자, 이제는 당신이 흑인 상담자를 만나러 온 백인 남자라고 상상해보자. 우려되는 것은 어떤 것들이 있을까? 중국에서 태어나 자랐지만 미국에서 상담자 교육을 받은 아시아인 상담자를 만나러 온 백인 내담자라고 상상해보자. 어떤 것들이 신경 쓰일까? 한 번만 더 해보자. 당신은 LGBTQI 공동체의 일원인데 이성애자인 상담자를 만나러 왔다. 무엇이 걱정이 되는가? 이제 당신과 당신의 이성애자 파트너가 트랜스젠더(남성에서 여성으로)이면서 20년 동안 이성애자로 확인된 여성과 결혼하여 10대 자녀들을 둔 상담자에게 커플 상담을 받으러 온다고 가정해보자. 어떤 것이 염려될까? 당신이 주류 문화의 일원이라면 어쩌면 무엇이 문제가 되고 걱정되는지 상상하기 어려울 수 있지만, 자신에게 솔직해진다면 몇 가지 우려되는 점들이 떠오를 것이다. 소수 문화나 집단의 구성원은 매일같이 주류 문화 속에서의 자신의 삶을 마주하기 때문에 대부분 무엇이 문제가 될지 알고 있다.

다양성 관점의 이해를 돕는 이론들

현대 치료 모델들을 활용하는 모든 실무자들은 자신의 이론적 지향의 근본적인 가치들을 치료에 잘 반영하는 것이 좋다. 전통적인 상담 이론들은 문화적으로 다양한 내담자들과 일하는 일부 실무자들로부터 적용의 한계를 가지고 있다는 비판을 받아왔다. 일부 다문화 상담 연구자들은 대부분의 현대 치료 이론들과 치료 관행이 주로 미국 주류 문화의 가치들과 연관지어지는 개인주의적 가정에 기초하고 있다고 주장한다(Sue & Sue, 2016). 이러한 가치들은 자율성, 독립성, 자기 결정력, 그리고 나다운 나 되기(becoming your own person) 등을 포함한다. 여성주의 및 다문화 학자들은 개인의 통제나 개인의 권리와 책임의 우위를 강조하는 '독립적 자아 모델(independent models of the self)'을 촉진하는 경향이 있는 이론들에 대해 비판적이다. 대신, 이러한 학자들은 상호 의존성, 다른 사람들과의 연결, 그리고 공동 책임이라는 가치에 중점을 둔다. 나는 현대 이론들이 다문화와 다양성 요소를 통합하기 위해 확장될 수 있다고 믿는다. 즉, 이론적인 지향과 상관없이 다문화 관점을 당신의 상담 실무에 접목시킬 수 있다고 주장하는 Comas-Diaz(2019)의 의견에 동의한다. 전통적인 이론들의 여러 핵심 개념들은 다양한 내담자 집단들에게 유의미한 문화적 틀(cultural framework)에 맞게 조정될 수 있다. 다문화 이론은 평가와 치료가 내담자의 정체성을 형성하는 문화적 경험과 맥락을 고려해야 한다는 전제에 기초한다. 다문화 상담은 다양한 치료적 접근들로부터 도출된 상담 기법들을 활용하지만, 이러한 방법들은 각 내담자의 문화적 가치와 기대에 맞게 조정되어야 한다.

상담자로서 당신은 각 내담자의 특수한 요구들을 평가할 수 있어야 한다. 개별 내담자의 민족성과 문화 및 호소 문제에 따라 다양한 치료전략들을 유연하게 구사할 수 있어야 한다. 어떤 내담자들은 주로 조언과 지도를 필요로 하고, 어떤 내담자들은 특히 상담 과정의 초기에 사적인 방식으로 자신에 대해 말하는 것을 매우 주저하는 모습을 보일 것이다. 그런 모습이 저항으로 보일 수도 있지만, 사실 그것은 수년간의 문화적 조건화와 특정 가치 및 전통에 대한 내담자의 반응일 가능성이 매우 높다. 상담자는 다양한 이론적 접근들에 익숙해져서 자신의 상담기법이나 관계하는 스타일을 내담자에 맞게 조정할 수 있는 능력을 갖출 필요가 있다. 통합적 관점으로 상담을 하게 되면 다양한 상황에 유연하게 적응할 수 있는 능력이 향상되기 때문에 다양한 내담자들과 작업하는 데 유용하다(Stricker, 2010).

이론 체계의 기여

이 절에서는 각 이론이 다양성을 이해하는 데 어떤 기여를 해주었는지에 대한 관점으로 여러 이론 체계들을 요약해보았다. 여기에는 내가 다문화 관점에서 내담자를 이해하고 내담자와 협력하는 데 가장 유용하다고 생각하는 핵심 개념들을 포함하였고, 나의 통합적 상담에 적용하는 몇 가지 주요사항들도 정리하였다.

정신역동치료의 기여

정신분석적 치료는 상담자가 자신의 실무 환경에 맞게 기법들을 수정한다면 문화적으로 다양한 내담자들에게 적절하게 사용될 수 있다. 우리는 모두 어린 시절의 경험들을 가지고 있고 살면서 발달적 위기들을 겪었다. 상담자는 내담자가 삶의 여러 중요한 전환점에서 자신의 환경적 상황을 검토하여 특정 사건들이 자신에게 미친 영향들을 살펴볼 수 있도록 도울 수 있다. 또한, 정신분석적 접근법 덕분에 집중 심리치료(intensive psychotherapy)가 상담자 양성 과정의 중요한 일부로 강조되고 있다. 이를 통해 상담자들은 역전이의 원천이 될 수 있는 자신의 편견, 선입견, 인종 또는 민족적 고정관념 등을 인식하는 데 도움을 받을 수 있다.

아들러 치료의 기여

아들러학파의 사회적 관심, 소속감, 공동체 정신에 대한 초점은 많은 내담자들이 가지고 있는 가치 체계와 잘 맞는다. 사회 집단의 복지와 가족의 역할을 강조하는 집단주의 문화에 익숙한 내담자들은 사회적 관심에 초점을 맞춘 아들러 치료가 자신들의 가치관과 일치한다고 느낄 것이다. 아들러식 치료를 하는 상담자들은 각 내담자의 독특한 삶의 상황들에 맞게 상담 개입을 유연하게 조정한다. 아들러 치료는 심리교육에 중점을 두고 현재와 미래를 지향하는 시간 제한적 단기 접근법이다. 이러한 특성들 덕분에 아들러식 접근방식은 내담자들이 가져오는 다양한 문제들을 해결하는 데 적절하게 활용될 수 있다.

문화가 나이, 역할, 능력/장애, 애정 지향, 성 차이 등으로 폭넓게 정의된다면 한 가족 내에서도 문화적 차이가 존재할 것이다. 아들러식 접근은 각 개인의 고유한 세계를 주관적으로 이해하는 것이 유용하다고 강조한다. 문화는 개인의 주관적이고 경험적인 관점을 이해하기 위한 하나의 중요한 차원이다. 아들러 상담자들은 자신이 상담하고 있는 개인을 더 이해하기 위해 생활방식 평가(lifestyle assessment)를 사용한다. Maniacci와 Sackett-Maniacci(2019)는 생활방식 과정이 내담자들이 상담자들에게 자신의 세계에 대해 가르치는 데 도움이 된다고 주장한다. "다양한 문화에서 온 내담자들과 함께 일하는 것은 각각의 새로운 내담자에게 다문화에 대한 과외를 받는 것과 같다." (p. 89).

실존치료의 기여

Vontress(2013)는 실존주의적 접근이 보편적인 주제, 즉 우리 모두가 공유하는 공통점에 초점을 맞추고 있기 때문에 문화적으로 다양한 내담자들과 작업하는 데 가장 적용 가능성이 높은 접근이라고 주장한다. 우리는 여러 문화의 산물이라는 점에서 모두 다문화적이다. 우리는 모두 문화적 배경과 상관없이 실존적 딜레마 속에서 자유, 고립, 무의미, 죽음과 같은 근본적인 문제들과 씨름해야 한다(Yalom & Joselson, 2019).

실재함(presence), '나-너' 관계, 용기를 강조하는 실존적 접근은 내담자에 대한 상당한 존중을 갖고 내담자의 세계를 깊이 이해하는 것에 관심을 두는 접근이다. 이 접근은 여러 특정 문제와 환경을 가진 다양한 내담자들에게 효과적으로 적용될 수 있다(Schneider & Krug, 2017). 실존적 상담자는 내담자가 자신이 속한 문화와 가족의 가치들을 무비판적으로 받아들이는 것이 아니라 자신의 가치들의 근원을 비판적으로 평가한 후 스스로 선택할 수 있도록 도움을 준다. 실존치료의 내담자들은 자신의 현재 존재가 사회 문화적 요인들로부터 어떤 영향을 받고 있는지를 탐색하도록 격려 받는다.

인간중심치료의 기여

인간중심 접근에서 강조하는 핵심 조건들은 다양한 세계관을 이해하기 위한 틀이 된다. 공감하기, 현재 순간에서 함께하기(being present), 내담자의 가치관 존중하기는 문화적으로 다양한 내담자들을 상담하는 데 필수적인 태도와 기술이다. 인간중심 상담자들은 내담자의 주관적인 세계를 수용적이고 개방적인 방식으로 이해하는 것을 중요하게 생각하고, 모든 다양성의 모든 모습들을 깊이 존중한다. 공감, 일치성, 수용, 긍정적인 존중이라는 상담자의 핵심 조건들은 거의 보편적이며 문화적 차이와 관계없이 내담자에게 유익한 영향을 미칠 가능성이 높다. 이 이론은 각 개인의 고유한 특성을 이해하는 것을 우선시하기 때문에 다양한 내담자들을 대상으로 한 상담에 아주 적합하다(Cain, 2010).

게슈탈트 치료의 기여

게슈탈트 실험(experiment)은 다양한 내담자들에게 창의적인 방법으로 적용될 수 있다. 게슈탈트 실험은 개인이 자신의 문화를 인식하고 해석하는 독특한 방식에 맞춰질 수 있다. 실험은 내담자의 문화의 배경을 이해하려는 시도로 내담자와의 협업을 통해 이루어진다. 게슈탈트 상담자는 각 내담자를 선입견 없이 열린 마음으로 만나려고 노력한다. 상담자는 내담자와 대화하면서 자신이 내담자에 대해서 잘 이해했는지를 확인한다. 진정한 통합적 접근을 시도하는 게슈탈트 상담자는 자신의 방법을 각 내담자에 맞게 조정함으로써 유연한 방식으로 기술을 적용할 수 있다. 그는 내담자의 배경의 어떠한 측면이 어떤 식으로 중심 또는 전경이 되는지 그리고 내담자가 이러한 전경에 어떤 의미를 부여하는지에 관심을 갖는다.

행동치료의 기여

행동적 접근은 문화특수적 절차가 개발된다면 문화적으로 다양한 내담자들과의 상담에 적절하게 통합될 수 있다. 이 접근은 내담자에게 치료 과정에 대해 가르치고 특정 행동을 변화시키는 것을 강조한다. 다양한 문화 배경을 가진 내담자들을 위한 변화 프로그램을 효과적으로 설계하기 위해서 상담자는 먼저 문제 상황에 대한 기능적 분석을 수행하게 된다.

이 평가에는 문제 행동이 발생하는 문화적 맥락, 내담자와 내담자의 사회문화적 환경 모두에 대한 결과, 변화를 촉진할 수 있는 환경 내의 자원, 그리고 변화가 내담자 주변에 있는 다른 사람들에게 미칠 수 있는 영향 등이 포함된다. 내담자는 문제 해결 기술을 개발함으로써 자신의 문화적 틀 내에서 실질적인 문제를 해결하기 위한 구체적인 방법을 배우게 된다. 행동 치료사들은 자신의 편견을 더 잘 인식하고 내담자가 문화적 경험에 의해 어떻게 영향을 받는지에 대해 더 많이 배우는 등 다양한 내담자들을 만날 때 더욱 문화적으로 반응하는 접근 방식을 채택하는 것의 유용성을 점점 더 깨닫고 있다(Antony, 2019).

인지행동치료의 기여

인지치료는 내담자의 신념을 제멋대로 바꾸지 않으며, 치료사의 신념을 내담자에게 강요하지도 않는다. 내담자는 자신의 신념들이 안녕감에 보탬이 되고 있는지를 점검하는 과정에서 도움을 받는다. 내담자는 자신이 가지고 있었던 특정 신념이 틀렸다는 것을 알게 되면 대안적인 신념들을 고려해보도록 권장을 받는다(Beck & Weishaar, 2019). 인지행동 접근에서 상담자는 내담자가 삶의 문제를 다루기 위한 기술들을 배우도록 장려하는 교사 역할을 한다. 감정 표현보다는 특정 행동을 바꾸고 문제 해결 능력을 키우는 데 중점을 둔다. 상담 관계의 교육적인 측면을 좋아하고 행동에 변화를 주기 위한 행동 계획을 수립하는 데 관심이 있는 내담자는 자신의 문제를 다루기 위한 구체적인 방법을 제공하는 이 치료법을 선뜻 받아들일 것이다.

Pamela Hays(2009, 2016)는 다양한 문화 배경의 내담자들의 요구에 더 잘 반응하는 서비스를 제공하기 위해 문화적으로 반응적인 CBT(culturally responsive CBT; CR-CBT)를 개발했다. 이 접근은 내담자의 문화적 맥락, 문화 정체성 및 선호도에 맞게 CBT 기법들을 조정한다. CR-CBT는 강점 지향적이고 문화적으로 반응적인 평가 및 치료 과정을 위한 유용한 틀을 제공한다. Hays(2009)는 인지행동 치료와 다문화 치료가 통합적인 틀을 위한 다음 몇 가지 중요한 가정들을 공유하기 때문에 이 두 관점은 "거의 완벽한 적합성"을 보인다고 주장하였다.

- 상담 개입은 개인의 고유한 요구와 강점에 따라 조정된다.
- 내담자는 일상생활에서 적용할 수 있는 특정 기술들을 학습(CBT)하고 개인의 고유성에 기여하는 문화적 영향을 인정(다문화 치료)함으로써 힘을 갖게 된다.
- 내담자는 스트레스 요인을 최소화하고, 개인의 강점과 자원을 증가시키며, 자신의 물리적, 사회적(문화적) 환경에 보다 효과적으로 대처할 수 있는 기술을 확립하기 위한 변화들을 꾀한다.

문화적 평가는 내담자의 문제 및 웰빙과 관련된 심리적·문화적 요인들을 고려하지만, Hayes(2016)는 내담자가 명확하게 개방되지 않는 한 내담자의 핵심 문화적 신념에 도전하는 것은 피하라고 제안한다. 대립보다 협력을 강조하는 상담자는, 내담자의 문화와 관련된 강점들에 초점을 맞추어 내담자에게 도움이 되지 않는 생각들을 대체할 유용한 사고방식을 개발할 수 있다.

내가 인지행동 치료에 대해 특히 감사하게 생각하는 부분은 이 접근이 내담자들에게 생각에 대해 생각할 수 있는 틀을 제공한다는 것이다. 내담자는 자신의 문화적 가치와 세계관의 틀 안에서 자신의 신념들을 탐색하고 삶의 중요한 사건들에 대한 재해석을 스스로 할 수 있게 된다. 이를 통해 상담자는 내담자의 근본적인 가치들을 존중하는 방식으로 내담자를 안내할 수 있게 된다. 이 차원은 상담자가 내담자와 같은 세계관과 문화적 배경을 공유하지 않을 때 특히 중요하다.

현실치료의 기여

현실치료는 다양한 내담자들과 작업할 때 적용 가능한 여러 핵심 개념들을 가지고 있다. 나는 특히 내담자에게 자신의 행동을 살펴보고 그 행동이 스스로에게 어느 정도로 만족스러운지를 판단해볼 것을 요구하는 직선적인 접근방식을 좋게 생각한다. 일단 내담자가 변화를 위해 어떤 생각, 감정, 행동을 목표로 삼고 싶은지 결정하면, 현실치료는 이러한 변화를 가져올 행동계획을 설계하기 위한 실질적인 절차를 제공해준다.

Wubbolding(2000, 2011, 2017)은 서구 내담자들에게 사용되는 대립 방식을 북미인이 아닌 다른 사람들의 문화적 맥락에 맞게 수정해야 한다고 주장한다. 예컨대, 일본 문화에서는 확신에 찬 언어가 부적절하게 여겨지기 때문에 덜 직접적인 의사소통이 사용된다. 따라서 상담자는 직접적인 질문을 좀 더 부드럽게, 의문을 제기할 때에도 좀 더 정교하고 간접적으로 해야 할 필요가 있을 수 있다. 예를 들어, 특정 행동이 내담자의 요구를 충족시키는지를 묻는 개인주의적인 질문을 하는 것은 실례가 될 수 있다. 일본인 내담자에게 "당신은 무엇을 원하십니까?"라고 직접 묻는 것은 상당히 거슬리게 들릴 수 있다. 대신 "무엇을 찾고 있나요?"와 같은 대안 질문을 사용하는 것이 좋을지도 모른다. 기법을 유연하게 사용하는 것은 문화적으로 다양한 내담자들과 일하는 데 있어 가장 중요한 요건이며, 핵심 개념과 절차들 또한 각 개인에 맞게 조정되어야 한다.

해결중심단기치료의 기여

해결중심 단기치료자는 내담자의 세계관에 대한 선입견을 가지고 접근하기보다는 내담자로부터 그들의 경험적 세계에 대해 배우려고 한다. 치료자는 전문가의 자리를 내담자에게 내어주는데, 특히 내담자가 삶과 치료에 있어 무엇을 원하는지에 대한 전문가로 인정해준다. 이러한 비병리적인(nonpathologizing) 입장은 사람의 잘못된 점에 대한 머물러 있지 않고 창의적인 가능성을 강조한다. 이 접근 방식은 내담자가 자신의 문제를 해결하는 데 적극적으로 참여하게 하여 결과적으로 내담자에게 큰 힘을 실어주게 된다. 치료자는 다양한 문화권에서 온 개인들이 자신이 가지고 있는 자원들을 활용하여 건설적인 변화를 만들어낼 수 있도록 이해와 수용의 분위기를 조성하기 위해 노력한다.

동기강화상담의 기여

동기강화상담을 하는 치료자는 판단이나 비판 없이 내담자의 관점에서 세상을 경험하기 위해 노력한다. 동기강화상담은 반영적 경청(reflective listening)을 강조하는데, 이는 실무자가 내담자의 주관적 세계를 더 잘 이해할 수 있는 방법이다. 공감을 표현하는 것은 내담자가 변화에 대한 자신의 양가감정을 탐색할 수 있는 안전한 환경을 조성하는 기반이 된다. 내담자의 변화 속도가 더디다면, 아마도 내담자의 문화적 배경과 문화적 가치와 관련된 강력한 이유로 인해 현상을 유지하는 것일 것이다. 이렇게 내담자의 세계를 이해하는 자세는 다문화 상황에서 동기강화상담를 적용할 때 필수적이다.

이야기 치료의 기여

사실로 인식되는 것들이 사회적 구성의 산물이라는 가정을 가지고 있으면서 다중 현실을 강조하는 이야기 치료는 다양한 세계관을 가진 개인에게 잘 맞는 치료법이다. 이야기 치료자는 문제가 개인 내적으로 존재하는 것이 아니라 사회, 문화, 정치, 관계 맥락에서 확인된다는 전제를 가지고 있기 때문에 이 접근은 문화적으로 다양한 내담자들을 상담할 때 특히 적합하다. 이렇게 문제를 사회정치적으로 개념화하는 것은 지배적이고 억압적인 이야기들을 만들어내는 문화적 관념들과 관행들에 초점을 두게 한다. 상담자는 내담자의 문제 상황의 일부가 되는 문화적 가정들을 해체 또는 분해한다. 내담자는 억압적인 사회 관습이 자신에게 어떤 영향을 미치는지 이해할 수 있고, 이로써 대안적인 이야기를 만들 수 있는 가능성을 얻게 된다.

여성주의 치료의 기여

여성주의 치료는 의도적으로 다문화적이기 때문에 이 접근법은 다양한 개인들의 요구에 대응하는 데 아주 적절하다. 여성주의 치료는 개별 내담자를 위한 맞춤 치료를 강조하면서 치료 목표에 대한 협업, 사회적 옹호, 그리고 강력한 작업동맹에 초점을 맞춘다. 이는 모두 다양성 맥락에서 치료를 할 때 중요한 요인들로써 실증적으로 긍정적인 치료 성과와도 관련이 있다 (Brown, 2018).

성 고정관념은 사회적 관행, 차별 및 개인의 신념에 영향을 미친다. 예를 들어, 여성들이 직업적인 성취보다 관계에 더 관심이 있다는 것은 고정관념이다. 실제로 많은 여성들이 이 신념을 위태롭게 만들고 있다. 그들은 좋은 관계를 중시하지만, 동시에 자신이 스스로 설정한 직업적인 목표들 또한 성취하기를 원한다. 성 고정관념은 강력한 사회적 통제 역할을 하지만, 여성의 성취를 제한하는 억압적인 역할 기대(role expectations)는 도전받을 수 있다. 현상을 교란하고 변화를 옹호하는 것은 벅찬 일이지만, 전통적인 성 역할을 고수하는 것은 개인, 부부, 사회에 해가 될 수 있다(Polanchek & Shaw, 2015). 우리는 특정한 성역할을 채택하게 만들려는 강한 문화적 압력 속에 살고 있지만, 다행히 우리는 경직된 존재방식으로 완전히 굳어지지는 않는다. 상담은 내담자가 자신을 제한하는 역할 기대에 도전하고 특정 역할을 채택하는 비용이 잠재적인 이득에 비해 가치가 있는지를 판단할 수 있도록 도울 수 있다.

억압받는 집단에 대한 관심을 일깨우는 여러 사회적 행위와 정치적 전략들은 여성과 소수 민족에게 모두 중요하다. 여성주의 치료의 근본적인 가정들에 동의하는 상담자는 상담이 개인을 자유롭게 하고 선택의 폭을 넓혀줘야 한다는 신념을 가지고 있다. 개인 차원에서, 여성주의나 다른 사회정의 상담자들은 내담자가 자신의 개인적 힘을 인식하고, 주장하고, 포용하도록 돕는다. 개인들이 함께 모여 연대 능력을 강화할 수 있도록 돕는 것도 관련된 목표다. 힘을 얻은 내담자는 성역할 사회화와 기타 내면화된 한계들로부터 벗어나 지속적인 제도적 억압에 맞설 수 있게 된다.

최근 여성주의 치료자들뿐만 아니라 수많은 사람들이 지지하고 있는 '#Me Too' 운동은 개인과 기관의 억압과 차별에 대한 도전이다.

비주류 상담이론들의 기여

다문화 상담을 다루는 새로운 비주류 상담 이론들 또한 등장하고 있다. 어떻게 보면 다문화 상담에서 처음 정의된 과제들은 효과적인 상담에서 일반적으로 진행되는 과정으로 자리 잡았다고도 할 수 있다. 가 된 측면도 있다. 그러나 주류 상담 모델들은 소외된 공동체들의 요구를 충족하기에는 충분히 구체적이지 않다. 따라서 특정 집단을 위해 특별히 개발된 새로운 모델들이 정기적으로 등장하고 있다.

Frederick Phillips(1990)는 인간 행동과 기능에 대한 아프리카적(Afrocentric) 개념화를 갖추고 특히 흑인 남성들에게 문화적 정체성에 대한 명확성을 제공해주는 전체주의적 철학과 생활양식인 NTU('인투'라고 발음함) 심리치료를 개발했다. 영적 기반을 두고 있는 이 치료법은 내담자가 자연적 질서에 맞추어 정신적으로 균형을 이루도록 돕는다. 이 모델에서 강조되는 가치들은 상호연결성과 상호의존성, 현재에서의 문화적 인식 및 문화적 뿌리에 대한 이해, 균형, 화합, 진정성 등이다. 이 치료는 가족 중심적이고 능력 중심적이며, 내담자와 협력하여 다음 5단계를 거치면서 진행된다.

1. **화합**(Harmony): 상담 관계는 내담자의 말을 경청하고 내담자의 세계관을 이해하는데 초점을 맞춘 협업과 상호 존중을 통해 수립된다.
2. **인식**(Awareness): 상담자(또는 치료자)와 내담자는 내담자의 호소문제를 정의하기 위해 협력한다. 내담자가 원하는 것이 아닌 것은 상담에서 다루어지지 않는다.
3. **조정**(Alignment): 내담자는 자신과 자신의 가족 간의 상호 이해와 존중을 위해 노력한다.
4. **실현**(Actualization): 내담자는 이전 단계에서 꾀한 변화들을 실천한다.
5. **통합**(Synthesis): 상담자와 내담자는 상담 과정을 돌아보고 종결을 준비한다.

이 단계들 중 어느 것도 선형적이지 않다. 단계들은 필요에 따라 들락날락하는 공동순환 여정(영적 여정)을 반영한다고 볼 수 있다. NTU와 유사한 모델은 모든 문화, 심지어 문화 속의 하위문화를 위해서도 개발될 수 있다.

다양성 관점으로 Win-May 사례 이해하기

Win–May는 Idaho 주의 Boise라는 도시에서 태어난 24세의 아시아계 미국인 여성으로, 부모는 한국 출신이었다. 그녀는 현재 간호학을 공부하고 있는 학부생이며, 졸업 후에는 인근 병원에서 근무할 계획을 갖고 있었다. Win–May는 "내가 내 자신이 아닌 것 같다… 내 삶이 내 삶이 아닌 것 같다."며 상담을 받으러 왔다. Win–May의 호소문제 이면에 담긴 의미를 탐색해보니, 그녀의 부모님은 재정적인 안정 등 삶에서 안정성을 보장해주는 분야에서 교육을 받고 성공하는 것을 중시하는 문화로부터 온 분들이었다. 그녀가 대학에 지원할 당시 그녀의 부모님은 그녀에게 공학, 정치학/로스쿨 준비과정(pre–law), 생물학/의대 준비과정(pre–med), 또는 간호학을 전공할 수 있는 선택권을 주었다. 그녀는 "사람을 돕고 싶은 마음은 있었지만 변호사나 의사가 되고 싶지는 않아 간호학을 선택했다"고 보고하였다. 그녀는 부모님으로부터 모든 일에 성공하고, 좋은 성적을 받고, 성공한 남편을 만나 나중에 부모님을 부양해야 한다는 압박감을 받아왔고 그 결과로 현재 불안과 우울에 시달리고 있다고 덧붙였다.

우리의 상담에서의 주된 초점은 '진짜 나'의 모습으로 관계를 맺는 것에 대한 그녀의 두려움이었다. Win–May는 부모님과 친척들로부터 평가를 받는 것에 대한 두려움 때문에 '진짜 나'의 모습으로 있는 것이 어려웠다고 하였다. 그녀는 나에게 자신의 문화에서는 어른들의 조언을 존중하고 따르는 것이 가치 있게 여겨진다고 알려주었다. 만약 그녀가 부모님이 그녀를 위해 설정해 놓은 계획에서 조금이라도 벗어난 행동을 한다면 그것은 무례하고 이기적인 행동으로 생각될 것이라고 하였다. 그러나 그녀는 부모님으로부터 인정을 받고 싶기도 하고 자신이 원하는 진로를 추구하고 싶기도 하였다.

Win-May는 이러한 가치 간의 갈등을 해결할 방법을 찾지 못하고 있었다.

Win-May가 더 이상 간호사가 되고 싶지 않다는 결정을 내리면서 상담은 중대한 시점에 이르렀다. 대신 그녀는 상담학 전공으로 대학원에 진학하길 원했다. 그녀는 자신이 간호직종에 맞지 않는다고 생각했고, 과제를 엉망으로 했으며, 수업에도 종종 불참했다. 그녀는 "제가 관심도 없는 수업에 참여하기 위해 집을 나서고 강의실에 앉아 있는 데 에너지를 쏟는 것은 육체적으로 고통스러운 일이에요"라고 말했다. Win-May는 상담 대학원에 가겠다는 원대한 목표를 세우고 학부 전공을 심리학으로 변경하였다. 그녀는 부모님과 갈등을 만들고 싶지 않았기 때문에 계속해서 간호학과를 다니는 것처럼 지냈다. 그녀는 때가 되면 부모님께 자신의 결정에 대해 알리고 싶지만, 관계를 망치는 위험을 감수하고 싶지는 않았다. 그녀는 부모님이 상담학이 어떤 분야인지 이해하지 못할 것이고, 분명히 의학이나 법학보다 수준이 낮은 분야로 생각할 것이라고 확신하였다.

Win-May는 자신이 대학원에서 성공할 수 있을지에 대해 반신반의하며 두렵다고 하였다. 그녀는 "제가 대학원에서 공부할 만큼 똑똑한지 모르겠어요. 부모님의 뜻을 거스르고 부모님이 인정해주지 않는 전공분야로 대학원에 진학한 다음에 제대로 하지 못한다면… 그 수치심을 견디며 살 수는 없을 거 같아요."라고 하였다. 그녀의 가장 큰 두려움 중 하나는 대학원에서 요구하는 것들과 상담자가 되기 위해 필요한 것들을 해낼 수 있을 만큼 자신이 "똑똑하지 않다"는 것이었다.

나는 Win-May를 상담하면서 여러 상담 이론들을 활용하였다. 인간중심치료에서처럼 우리는 내면을 들여다보면서 내적 통제성을 믿어보는 작업을 하였다. 실존치료에서처럼 우리는 스스로 선택을 하는 것과 관련된 불안에 대해 이야기를 나누었다. 다문화적 관점으로 우리는 그녀의 문화/가족의 가치들을 존중하되 그것들을 수정할 수 있는 가능성을 고려하였다. 인지치료에서처럼 나는 Win-May가 자신이 꿈을 추구할 만큼 똑똑하지 않다는 결론이 정말 타당한지를 평가해볼 수 있도록 소크라테스식 질문법을 사용하였다. 나는 그녀가 이러한 신념을 어디로부터 습득했는지, 그리고 만약 이 신념을 좀 더 자기향상적 신념으로 대체할 수 있다면 그녀의 행동이나 자기인식이 어떻게 긍정적으로 바뀔 수 있을지 생각해보라고 하였다.

한 회기에서 나는 해결중심치료의 인기 있는 기법을 사용했다. “Win – May, 만약 오늘 밤 잠을 자고 일어났더니 부모님과의 갈등이 해결되어 있다면 어떨 것 같나요?” Win – May는 숨을 깊게 들이마시더니 울기 시작했다. 그녀는 그렇게 되면 자신의 가족이 “드디어 나의 가족”으로 느껴질 것이라고 말했다. 그녀는 자신이 인정과 사랑을 받는 느낌과 함께 자유롭다고 느낄 것이라고 표현했다. 자고 일어났더니 모든 갈등이 해결되어 있다면, 그녀의 부모님은 완전히 다른 사람을 보고 경험할 것이었다. 이렇게 함께 작업을 하면서 Win – May는 부모님께 자신의 진짜 모습을 보여주는 것이 상담에서 다루고 싶은 최우선 과제라고 판단하게 되었다.

아들러식 접근을 활용하여, 나는 Win – May에게 딱 일주일 동안만 그녀의 내적 가치관에 따라 진짜 자신의 모습대로 살아볼 것을 요청하였다. 나는 진짜 그녀의 모습으로 여러 다른 사람들과 상호작용하는 것을 매일 여러 번 그저 상상만 해보라고 부탁하였다. 다음 상담 회기에서 우리는 그녀에게 그 경험이 어땠는지, 그 연습을 통해 배운 것을 바탕으로 어떤 것들을 더 해볼 수 있을지에 대해 이야기하였다. 우리는 그녀가 부모님과 언젠가 시도해볼 만한 대화들을 리허설해보기도 하였다. 이때 Win – May는 부모님 역할을 하고 나는 주로 듣는 역할을 하였다. 그런 다음, 부모님께 다양한 방식으로 자신을 표현하는 것이 그녀에게 어떤 경험이었는지에 대해 함께 이야기를 나누었다. 또 나는 “Win – May가 되어” 이야기를 하였고, 그녀는 자신의 부모 역할을 하면서 부모님이 반응해주었으면 했던 방식으로 반응을 하였다. 나는 Win – May에게 부모님과 실제로 대화를 가지는 것은 차차 해도 된다고 말해주었다. 부모님과 대화를 나누는 것에 대한 결정은 전적으로 그녀 스스로의 결정이지 나를 위한 결정이 아니라는 것을 Win – May가 명확하게 아는 것이 중요했다. 진정한 자아가 되는 것은 실존적 선택을 하는 것, 자유의 책임에 대한 불안감을 안고 사는 것, 그리고 자신이 선택한 모든 것의 결과에 대처하는 것을 포함한다. 그녀는 결국 부모님에게 다가가 자신의 어려움에 대해서 몇 번의 대화를 나눌 수 있었다. 그녀는 자신이 부모님의 딸로 받아들여지기를 원하면서도 가족과 문화의 가치, 특히 교육과 직업 목표와 관련된 가치에 대해 의문을 갖고 있다는 것을 깨달았다고 이야기하였다.

학기 말, Win-May는 추수회기를 위해 다시 상담을 찾았다. 그녀는 자신이 부모님에게 어떻게 다가갔는지, 그 결과로 관계에 어떤 변화가 있었는지 자세히 말해주었다. Win-May는 부모님과의 대화를 통해 궁극적으로 부모님은 자신이 행복하고 만족스러운 삶을 살기를 원한다는 것을 알게 되었다고 했다. 그녀의 부모님은 딸에 대한 이러한 마음으로 딸에게 가장 좋을 것 같은 직업을 선택하도록 압력을 가했던 것이었다. Win-May는 상담 분야가 자신에게 가장 맞는 직업이고 삶에서 만족감을 줄 수 있을 거라 생각한다는 점을 부모님께 잘 설명하였다고 했다. 몇 차례의 생산적인 대화를 통해 Win-May는 부모님의 축복하에 자신이 원하는 직업을 추구해도 좋다는 허락을 받았고, 이 갈등을 해결하는 과정을 통해 온 가족이 더 가까워졌다고 표현하였다. 부모님의 지지를 받은 후로 Win-May는 삶에서 의사결정을 내릴 때마다 부담감과 불안감을 덜 느끼게 되었고, "드디어 나도 나 자신을 받아들일 수 있을 것 같다"고 하였다.

성찰 질문

다음 질문들을 고려하면서 다양성 관점에서 당신이 Win-May와 협력할 수 있는 방법에 대해 생각해보자.

- Win-May는 자신의 교육적 및 직업적 목표와 관련하여 부모와 자신 사이의 가치 충돌을 해결할 방법이 없다고 말한다. 불안을 일으키는 그녀의 문제를 어떻게 다룰 수 있는가?
- Win-May가 두려워하는 것 중 하나는 자신이 대학원에서 성공할 만큼 똑똑하지 않다고 생각하는 것이다. 그녀가 이 두려움을 탐색할 수 있도록 어떤 인지적 개입을 할 수 있는가?
- 나는 Win-May에게 여러 가지 개입을 시도하였다. 그 중 어떤 개입이 당신에게 가장 흥미로웠고 그 이유는 무엇인가?

다양성 관점에서 Gabriel 사례 이해하기

나는 엘살바도르에서 온 22세의 이민자 Gabriel과 이미 두 회기의 상담을 진행한 상태였다. 세 번째 회기를 가진 날, 그는 우리가 서로 다르다며 내가 그를 정말 도울 수 있을지 고민된다고 말하였다. Gabriel은 몇 년 동안 청소년 패거리에 속해 있으면서 자신의 생명이 끊임없이 위협당하는 위험한 환경으로부터 살아남는 법을 배웠다. 우리가 어떻게 다르다고 생각하는지, 또 그것이 그에게 어떤 의미를 가지는지에 대해 물었을 때, 그는 우리가 서로 다른 세상에 살고 있고, 자신의 자라온 환경 때문에 남자로서 감정을 표현하고 연약한 모습을 보이는 것이 얼마나 힘든지를 내가 과연 이해할 수 있지 의문이라고 하였다. 그와 내가 구체적으로 어떤 다른 점들을 가지고 있는지보다 더 중요한 것은, Gabriel에게 그 중 어떤 점이 가장 두드러지는가 하는 문제이다. 아무리 명백해보일지라도 나는 우리 사이에 존재하는 차이점들이 가지는 의미에 대해서 저절로 안다고 가정해서는 안 된다. 나는 우리가 가지고 있는 다른 점들 중 어떤 점이 특히 그에게 두드러지는지, 그래서 그것이 그에게 어떤 의미를 가지는지, 그리고 그러한 차이점들이 우리의 상담 작업에 어떤 영향을 미칠지 물어보았다.

Gabriel은 내가 중앙아메리카라는 문화적 배경 속에서 자라온 그의 경험에 공감할 수 있을지 확신이 서지 않는다고 하였다. 그는 우리의 나이 차이, 인생 경험의 차이, 그리고 우리가 두 개의 서로 다른 문화에 속해 있다는 사실에 대해 걱정하고 있었다. 그는 자신이 억압당하는 사람이라고 말하지는 않았지만, 분명 그는 어떤 면에서 억압받고 있는 것처럼 보였다. 성 역할 사회화에 대한 우리의 경험 차이 때문에, Gabriel은 남자는 "어떠해야 한다."라는 것과 싸우고 있는 자신에 대해 이야기하기를 꺼려하고 있었다. 나는 내가 그의 삶의 일부 측면들을 이해하는 것이 어려울 수도 있지만, 만약 그렇게 그의 주관적인 관점을 이해하기 어려워진다면 그에게 사실대로 말해 줄 것이라고 알려주었다. 나는 그가 지금껏 해왔던 특정 역할에 대해 이의를 제기하고 변화하는 것이 얼마나 어려웠을지에 대해 더 잘 이해하고 싶다는 점을 확실하게 전달하였다. 만약 그가 나와 계속해서 상담을 하게 된다면,

우리의 차이점이 방해가 된다고 느껴질 때마다 언제든 나에게 이야기를 해 달라고 요청하였다. Gabriel은 자신의 고민을 털어놓아서 다행이라고 말하며, 나의 반응이 마음에 들었고, 나와 조금 더 상담을 해보고 싶다고 하였다.

Gabriel과 작업을 하면서 나는 여성주의 치료의 핵심 개념들 몇 개를 빌려왔다. 여성주의 치료는 여성과 남성 모두에게 유익할 수 있는데, 특히 성역할 사회화가 현재 우리 삶에 어떤 영향을 미치는지를 파악하는 데 도움이 된다. 여성주의 상담자는 사회적, 정치적 불평등이 모든 사람들에게 부정적인 영향을 미치는 것을 인정한다. 여성주의 치료사들은 개인들의 삶에 변화를 가져오는 일도 하지만, 그와 더불어 사회의 모든 구성원들을 고정관념, 소외, 억압으로부터 해방시킬 수 있는 사회적 변화를 일으키고자 헌신한다. 내담자의 호소 문제를 이해하는 기반으로서 단순히 성뿐만 아니라 다양한 억압의 원천을 발견하고 대화를 통해 깊이 있게 탐색한다.

우리의 주요 작업 중 하나는 그가 자신의 문화에서 남자로 사는 것에 대해 배운 점들을 이야기하는 것이었다. Gabriel은 자신이 사회로부터 내면화해 온 '남자로 사는 것이 무엇을 의미하는지'에 대한 수많은 메시지들을 알게 되었다. 또, 그런 성 역할을 받아들임으로써 자신이 원했던 삶을 제대로 누리지 못하게 되었다는 것을 깨달았다. 패거리 문화는 싸우면서 결코 물러서거나 약점을 보이지 않아야 한다는 생각을 그에게 심어주었다. 그는 범죄행위로 감옥살이를 한 적이 있었는데, 거기에서 그는 남자는 철인이 되어야 한다는 것을 배웠다.

그의 가족도 진정한 남자에 대한 그의 이상에 영향을 주었다. 그는 아버지로부터 감정을 드러내는 것은 나약함의 표시라는 메시지를 받았다. Gabriel은 자신이 한 번도 아버지와 형의 기대에 부응해본 적이 없다고 느꼈는데, 아버지와 형은 삶이 주는 스트레스에 절대 휘청거리지 않는 듯 했다. Gabriel은 형과 아버지를 자신감 넘치고 특출하게 강한 사람들로 묘사하였다. 내가 Gabriel에게 그들처럼 되고 싶은지 물었을 때, 그는 잠시 고민을 하더니 자신의 가족과 문화로부터 남자는 어떠해야 하는지에 대해 습득한 가치들을 되돌아보는 시간을 가졌다.

우리는 그가 속했던 다양한 문화들로부터 습득된 성 역할과 관련된 메시지들을 살펴보고, 그가 남자로 산다는 것이 무엇을 의미하는지와 관련하여 내린 결정들에 대해서도 탐색을 하면서 상당한 시간을 보냈다. 사람들은 여성과 남성을 명확하게 구별하는 경향이 있고, 세상을 남성과 여성이라는 두 개의 범주로 나눈다. 전통적으로 여성과 남성이 생물학적으로나 심리적으로 서로 다르기 때문에 사람들이 여성과 남성에 대해 다르게 반응한다는 가설이 존재한다. 단지 성역할 메시지에 대해 이야기한다고 Gabriel의 오래된 행동 패턴이 변화되지는 않겠지만, 이러한 논의는 Gabriel이 지금껏 저항 없이 받아들여 온 자기제한적인 역할에 대한 생각에 변화를 가져올 수도 있고, 그것이 점차 Gabriel이 세상에서 다른 모습으로 살 수 있도록 만들 수 있다. Gabriel은 이러한 메시지들이 그의 부모님과 패거리에서 만난 친구들의 기대에 의해 강화되어 왔다는 것을 점점 깨닫기 시작했다. 또, 그는 현재 자신이 가지고 있는 해로운 자기진술들이 한 번도 비판적으로 점검해보지 않았던 성 역할에 대한 초기 경험 및 메시지들과 관련되어 있음을 알게 되었다. 이러한 대화들은 결국 Gabriel이 남자로서 자신에 대해 느끼는 감정뿐만 아니라 여러 다른 사회적 상황에서의 그의 반응에 변화를 가져올 수 있다.

성찰 질문

다음 질문들을 고려하면서 다양성 관점에서 당신이 Gabriel과 협력할 수 있는 방법에 대해 생각해보자.

- 당신과 Gabriel 사이에는 어떤 주요 차이점들이 있는가? 그것은 좋은 작업관계를 만들어 나가는 데 도움이 되는가, 방해가 되는가? 당신은 당신이 생각하기에 가장 중요한 차이점에 대해 이야기 할 것인가, 아니면 Gabriel이 그에게 중요한 차이점에 대해 이야기해볼 것을 요청할 것인가?
- Gabriel이 당신과 자신의 삶의 경험들이 너무 다르기 때문에 당신이 그를 이해할 수 있을지 걱정된다고 말한다. 그에게 뭐라고 말할 것인가?
- Gabriel이 남성의 성 역할에 대해 배운 것에 대해 어떤 반응을 할 것인가?

결론적 논평

다양성은 통합적 상담에서 반드시 고려되어야 하는 현실이다. 상담의 이론적 지향이 어떻던, 내담자와 치료사가 가지고 있는 근본적인 가치들은 모두 고려되어야 한다. 현대 상담이론들은 개인주의, 자아의 분리된 존재, 독립성, 자기결정성, 나다운 나 되기, 개인화 등을 성숙의 토대로 강조하는 가치들을 내포하고 있다. 하지만 이러한 가치들이 모든 사람들에게 동등하게 의미 있는 것을 알고 있어야 한다. 상담자들은 현대 상담 이론들이 가치 중립적이지 않다는 것을 인식해야 한다.

윤리적인 상담자는 자신과 다른 가치관을 가지고 있는 내담자와 만날 때 자신의 가치관이 상담에 방해되지 않도록 개인적 가치들을 인식하고 옆으로 밀어둔다. 일부 상담자들은 LGBTQI 내담자들에게 상담 서비스를 제공하는 것은 자신의 개인적 가치에 반하는 일이며, 내담자와의 가치충돌을 해결하기 위해 내담자를 다른 전문가에게 의뢰하는 것이 적절한 해결책이라고 주장한다. ACA 윤리강령(2014)은 상담자가 내담자에게 해를 끼치거나 자신의 가치를 강요해서는 안 된다고 분명히 명시하고 있다(Sections A.4.a. 및 A.4.b). 내담자와의 가치관 충돌로 의뢰를 하는 것은 차별적인 관행으로 간주된다. 윤리강령은 "상담자는 연령, 문화, 민족성, 장애, 성, 성 정체성, 성적 지향, 종교/영성 또는 법률에 의해 금지된 어떠한 근거로도 차별해서는 안 된다"(Section C.5)고 규정하고 있다. 상담은 상담자의 요구가 아니라 내담자의 요구에 관한 것임을 이해해야 한다.

영적 또는 종교적 가치 또한 내담자의 문화의 한 차원으로 간주될 수 있다. 영성이 정신 건강의 핵심 요소인 것은 연구들을 통해 밝혀졌고, 따라서 영성을 치료과정에 접목시키는 것은 일부 내담자들에게 적절하다. 상담자는 내담자가 가져오는 영적, 종교적 관심사들을 다룰 준비가 되어 있어야 한다. 핵심은 이러한 요인들이 개인의 치료에 어떤 역할을 할 수 있는지를 결정하기 위해 내담자의 영적, 종교적 배경에 대한 충분한 고려를 하는 것이다. 철저한 평가를 통해 상담자의 가치를 강요하지 않고도 내담자의 영적, 종교적 가치들을 탐색할 수 있다(Young & Cashwell, 2011).

정신분석적, 행동적, 인지행동적 및 실존주의적 접근들은 유럽－미국

문화에서 비롯되었고 핵심 가치들에 기초하고 있다. 예컨대, 인간중심 이론, 실존치료, 게슈탈트 치료와 같은 관계지향적 치료들은 선택의 자유와 자기 실현을 강조한다. 이러한 이론적 지향을 가지고 실무를 한다면, 당신은 문제에 대처하기 위한 내적 변화를 만들어낼 때 내담자 개인의 책임에 초점을 맞추게 될 것이고, 개인화를 건강한 기능의 토대라고 볼 것이다.

하지만 이러한 가치들이 모든 내담자들에게 보편적으로 적용될 수 있다고 생각하는 것은 위험하다. 실제로 바로 이러한 이유 때문에 NTU 심리치료는 아프리카적 집단 가치와 영성에 초점을 맞춘다. 내담자에게 경청하면서 왜 상담을 찾아왔는지 알아내고, 내담자의 고유한 맥락에서 내담자에게 적합한 도움을 제공하는 가장 최선의 방법을 결정하라.

다양성을 이해하고 다루는 것에 대한 이 장을 읽은 후, 상담 실무에 존재하는 이러한 이슈들에 대한 당신의 생각을 명료화하기 위해서 다음 질문들에 대해 성찰해보는 시간을 가져보자.

- 현대 상담 이론들이 다문화적 관점을 어느 정도까지 접목시킬 수 있다고 생각하는가?
- 다양한 능력 수준을 가진 개인들, 특히 재활 중이거나 청각장애인과 같은 문화 공동체의 구성원들과 작업을 할 때, 어떤 문제와 관심사를 다뤄야 하는가?
- 현대 이론들은 LGBTQI 내담자나 다른 억압받는 내담자가 상담에 가져오는 이슈들을 다룰 때 유용하게 적용될 수 있는가?
- 다양성은 어떤 식으로 상담과정의 중요한 부분이 될 수 있는가?
- 다양성 역량이 있는 상담자가 되기 위해서 당신은 어떤 노력이 필요한가?
- 영적, 종교적 이슈들이 상담에 어느 정도까지 다뤄져야 한다고 생각하는가? 이러한 주제들에 대해 내담자와 편하게 대화할 수 있는가?
- 내담자의 영적 또는 종교적 신념에 대한 이야기를 주로 당신이 시작하는가? 아니면 내담자가 이 주제를 꺼낼 때까지 기다리는 편인가?
- 당신보다 훨씬 어리거나 나이가 많은 내담자와 협력할 때 어떤 어려

움이 있을 수 있을까?

- 성이 어떻게 다양성의 핵심 측면일 수 있을까? 성역할 사회화가 여성이나 남성으로 사는 것에 대한 내담자의 관점에 미친 영향에 대해 탐색하는 일을 얼마나 중요하게 생각하는가?

Chapter 05 | 저항을 이해하고 다루기

저항하거나 꺼리는 행동을 보이는 내담자를 다룰 때, 초보 상담자들은 이런 사인들을 “내가 유능한 상담자였으면 누가 오든 도와줄 수 있었을 텐데”라고 생각할지도 모른다. 내담자가 교착상태에 있거나, 비협조적이거나, 다음 회기에 오지 않으면, 상담자들은 “내가 무언가 잘못하고 있다는 사인이구나”라고 결론을 내기도 한다.

이 정도는 아니더라도 어려운 내담자를 마주하면 당신이 했던 행동이나 실패한 것에 대해 자신을 비난하기가 쉽다. 어쨌든, 저항을 치료작업의 생산적인 과정 중 하나의 자원이라고 인식하기는 쉽지 않다. 여기서 잠시 저항의 의미에 대해 생각해볼 필요가 있다. 내담자의 저항이 의도적이며, 고의로 당신의 최선의 노력을 방해하려고 하는가? 아니면 내담자의 동기나 상담자의 능숙함과 관계없이 나타나는 모든 상담 과정의 일부인가?

대다수의 내담자는 당신과의 관계가 정말로 안전한지 알아보기 위해 당신을 시험할 것이다. 이때 내담자가 자신의 주저함이나 걱정을 표현할 수 있도록 개방을 독려하는 것이 중요하다. 내담자들은 안전지대에 머물 것인지, 아니면 당신한테 개방하는 위험을 감수할 것인지 양가적인 감정을 가지고 있다. 당신과 당신의 내담자 모두 저항의 의미를 이해해야 할 필요가 있으며, 저항 자체를 굴복시켜야 할 것이 아닌 상담 과정에서 탐색하고 살펴보아야 할 요인으로 바라보아야 한다.

저항의 역동에 대한 이해

나의 몇몇 동료 상담자들은 "저항"이란 단어를 내담자가 무언가 잘못하고 있는 것처럼 여기는 단어라고 생각한다. 저항은 종종 치료를 위한 협력을 강하게 거부하는 것으로 나타나기에 내담자가 무언가 잘못하고 있는 것처럼 보인다. 또한 상담자의 입장에서는 스스로가 서툴러서 나타나는 현상으로 인식하기도 한다. 저항은 일반적으로 내담자에 의한 현상이라고 보며, 전통적인 치료적 접근법으로는 무언가에 "갇힌" 내담자가 변화하기를 거부하는 것으로 바라본다. 치료과정 중에서 교착 상태에 달하게 되면, 상담자들은 흔히 내담자들의 탓으로 돌리고 동기가 부족하다고 판단하며, 내담자들도 종종 자신을 스스로 그렇게 여기고 탓하게 된다. 이런 방식으로 저항을 바라보는 것은 굉장히 제한적인 방법이며 치료과정을 용이하게 하지 않는다.

저항은 종종 치료과정의 장애물로 보이기도 하지만, 실상에서는 생산적인 작업의 핵심이 될 수 있다. 내 관점으로는 저항이란 정상적인 과정이며 상담 과정에 기초가 되는 부분이라고 생각한다. 저항은 확실히 인식하고, 받아들이고, 탐색되어야 한다. 저항이 확인되면, 인지적으로, 효과적으로, 행동적으로 등 저항은 통합적으로 다뤄져야 한다. 당신만의 저항의 패턴을 다루고 이해함을 통해, 당신의 행동을 교정하고 내담자의 저항을 관리하는 기술을 개발할 수 있다.

저항의 역동을 이해하기 위해서는, 저항에 상담자와 내담자가 모두 어떤 원인을 제공했는지 알아보아야 한다. 내담자가 저항을 경험하면서 자신을 탓하게 되거나 무언가 선천적으로 문제가 있다고 느끼게 하지 않는 것이 중요하다. 상담자들도 역시 내담자의 저항이 꼭 상담자의 민감성 부족이나 타이밍의 문제가 아니라는 것을 알아야 한다. 만약 당신이 내담자와 심각한 작업을 하고 있었다면, 내담자는 겁을 먹거나 치료과정을 멈추려고 할 것이다. 이는 불안으로부터 자기를 보호하기 위한 형태일 뿐이다. 당신의 내담자는 과거에 심리적으로나 물리적으로 상처를 받았을 것이며, 그런 견디기 힘든 상황들을 방어하며 회복해왔을 것이다. 당신의 내담자의 방어 행동은 다시 상처받지 않도록 방어하는 방법이었을 것이다. 과거의 부정적 경험들은 종종 중요한 사람들과 관련이 있을 것이며, 당신은 당신의 내담자가 당신을 신뢰하게 하기 위해서 이런 두려움들을 탐색해야 할 필요가 있다. 이를 위해 당신의 내담자와의 현재 관계에 관해 이야기하는 것이 중요하다. 당신이 내담자의 방어 행동들에 대해 이야기하고자 하는 의지들을 보여준다면, 당신의 내담자가 스스로 가지고 있는 다양한 형태의 저항 행동에 대해 살펴볼 가능성이 커진다. 당신이 존중과 흥미와 열정과 걱정을 갖고 저항의 모습에 대해 지속적으로 관심을 둔다면, 당신의 내담자가 이런 행동들을 상담 세션에서 탐색할 가능성이 더욱 높아질 것이다.

저항을 존중하고 재구성하기

다양한 관점에서 저항을 이해하기

행동주의 상담자들은 상담의 방향성 구성작업에 있어 명백하고 현실적인 목표를 세우는 것을 중요시 한다. 내가 확인한 "저항"은 상담자가 철저한 평가를 못 했거나 적합하지 않은 상담기술을 활용한 것에 대한 핑계가 될 수도 있다. 이 관점에서 나는 내가 내담자에게 개입하기 위해 어떤 행동을 하는지 지켜보아야 한다. 내담자가 지금쯤 진행되어야 한다고 생각하는 나의 관점을 내담자에게 강요한다면 저항이 일어날 것이다.

정신분석적 관점에서는 저항은 일반적으로 개인이 과거에 억압하고 부인했던 두려운 요인이 의식으로 떠오르지 않도록 반항하는 것으로 정의된다. 또한 저항은 한 개인이 무의식적인 요인을 다루지 않도록 막는 것이라고 볼 수도 있다. 조금 더 넓은 관점으로는, 저항은 우리가 어떤 개인적인 갈등이나 고통스러운 감정들을 탐색하지 못하도록 막는 행동이라고 볼 수도 있다. 나는 위와 같이 저항을 불안의 상황에서 우리의 심리를 지키고 보호하는 방어전략으로 바라보는 정신분석적 개념에 동의하는 바이다.

단기 역동적 심리치료(TLDP: Time－Limited Dynamic Psychotherapy)의 관점에서, Levenson(2017)은 저항이란 내담자와 상담자의 관계 역동 내에서 살펴보아야만 제대로 이해할 수 있다고 보았다. 내담자는 그들이 세상을 바라보는 관점에서 최선을 다하고 있으며, 상담자는 내담자가 내담자의 저항을 자기방어의 한 형태로 개념화하도록 돕는다. 이를 통해 내담자는 스스로를 인지하고, 개인적인 통합을 이루고, 대인관계적인 연결성을 높일 수 있게 된다. 상담자가 저항이라는 벽에 부딪혔음을 인지했다면, Levenson은 상담자가 한 발 물러서고, 그 벽의 중요성을 인지하고, 내담자로 하여금 그 벽의 이유들을 볼 수 있도록 도와줘야 한다고 제안한다. 이런 접근은 내담자와의 힘 겨루기를 줄이게 되며, 이해와 공감을 촉진시킬 수 있다.

실존-인본주의 치료의 관점에서 Schneider와 Krug(2017)는 저항을 내담자의 안전 이슈로 표현했다. 내담자의 저항을 존중해주는 것이 중요한데, 그 이유는 많은 내담자들에게 가장 익숙한 길에 해당하는 생명줄이기 때문이다. Schneider와 Krug는 상담자들이 "저항과 관련해서는 내담자들이 생명을 주기도 하지만 생명을 앗아갈 수도 있는 특성이 있음을 인정하며 주의해서 작업을 해야 한다(p. 61)"고 강력히 권고한다. 내담자의 방어적이고 보호적인 패턴을 마주하기에 앞서, 견고한 치료적 동맹이 먼저 세워져야 한다. 내담자가 안전함을 느끼지 못한다면, 상담자의 도전은 상황을 완화시키기보다는 오히려 악화시킬 수 있다.

대인 관계적 관점에서 Teyber와 Tayber(2017)는 상담자가 내담자의 저항이 비록 오래된 대처전략이기는 하지만, 한때는 자신을 스스로 보호하는 데에 기여하였고 적합한 기능을 했었다는 것을 존중해야 한다고 주장한다. 저항은 내담자와 상담자라는 요인이 포함된 대인 관계적 과정이라고 재정의될 수 있다. 내담자가 살아오는 동안 겪었던 어떤 어려운 상황에서는 특정 대처전략이 최선의 반응이었다는 것을 내담자가 인정할 수 있을 때 상담자와 내담자는 어느 저항이 정상적이고 의미 있는 반응인지 인식할 수 있다. 현재의 대처전략들이 더 이상 어떤 의미 있는 목적을 달성하는 데에 도움이 되지 않는다는 사실을 내담자가 알게 된다면, 상담자는 내담자의 저항을 재구성하도록 도와줄 수 있다. 내담자는 자주 자신의 저항에 비판적인 태도를 취한다. 내담자는 상담자의 비판적인 판단을 두려워하기 때문에 그 주제에 관해서 이야기하지 않으려고 한다.

저항은 "빨리 피하거나" 지나쳐야 할 것이 아니다. 이런 방어들이 제공하고 있는 기능들을 시간을 가지고 이해해야 한다. 내담자는 다양한 방법으로 저항을 표현할 것이다. 이러한 방어를 이해하고 치료적으로 탐구해보아야 한다. 어떤 위험한 상황에서 살아남기 위해 방어를 해야 할 때가 있다. 이때 당신은 내담자가 방어를 포기하도록 설득하는 것이 아니라 오히려 지지해야 한다.

치료를 찾는 사람들은 보통 변화에 대한 양가감정을 갖는다. 그들의 동기는 상담이 진행되면서 사그라지고 약해질 것이다. 내담자는 삶에 변화를 주는 데에 이점들도 보긴 하겠지만, 동시에 변화에 대한 두려움과 걱정도 많다. 내담자가 각 회기에서 어떤 것을 경험하고 느끼는지 첫 만남의 시작 때 확인해 보라. 상담 과정에서의 경험에 대해 내담자가 불만족을 표하거나 의문을 제기한다면, 상담자는 내담자의 그런 걱정들을 기꺼이 받아들이고 솔직하게 논의할 수 있도록 해야 한다. 만약 상담자가 내담자들이 상담 과정에서 겪고 있는 잠재적 문제들에 관해 묻지 않는다면, 내담자의 문제는 계속 남아 있을 것이다(Teyber & Teyber, 2017).

많은 치료적 관점들이 저항을 효과적으로 다루는 방법들을 제공하고 있다. 게슈탈트 치료(Gestalt therapy), 해결중심 치료, 이야기 치료, 동기강화상담, 현실치료, 인지행동 치료의 실무자 모두 저항을 바라보는 관점의 유용성과 타당성에 질문을 가지고 있다. 위의 치료적 모델들 각각 저항이라는 현상을 재개념화하고 있으며, 상담자들이 치료적 관계 내에서 어떤 일이 일어나고 있는지 집중할 수 있도록 돕고 있다.

변화의 단계

Prochaska와 DiClemente(2005)는 내담자가 개인의 문제를 인식하지 않으려 하는 것은 상담자에 대한 저항이 아니라 변화에 대한 저항이라고 보았다. 저항은 상담자와 내담자가 다른 목표를 가지고 있을 때 발생한다는 아들러의 생각과 유사하게, 많은 내담자에게 변화가 얼마나 두려운 것인지 인정하는 것이 상담자에게 매우 중요하다고 그들은 강조했다. 상담자는 내담자가 원하는 변화를 이루기 위해 행동하도록 내담자를 도전시킬 책임이 있지만, 내담자를 책망하거나 죄책감이 들지 않도록 해야 한다. Prochaska와 DiClemente는 상담자는 변화를 강요하는 사람이 아니라 협력자가 되어야 한다고 주장한다.

심리치료를 찾는 모든 개인이 같은 동기, 준비성, 행동 변화에 대한 수용력을 가지고 상담자의 사무실을 가지 않는다. Krebs와 Nicholson과 Prochaska(2018)는 내담자의 변화에 대한 준비성을 평가하는 범이론적 변화 모델을 제안한다. 이 모델에 따르면 상담 과정에서 내담자는 다섯 단계를 통해 진전을 이룬다.

숙고 전 단계: 내담자가 가까운 미래에 행동 패턴을 바꾸려는 의향이 없음
숙고 단계: 내담자가 문제를 인지하고 극복하려 고려하지만, 행동을 취하려는 전념은 아직 없음
준비 단계: 내담자가 가까운 미래에 행동을 취하려는 의도가 생기며 몇몇 작은 행동 변화가 보고됨
행위 단계: 내담자는 행동이나 경험, 환경을 수정하여 문제를 해결하기 위해 발걸음을 내딛음
유지 단계: 내담자가 터득한 행동을 강화하고 재발을 방지하도록 노력함

이런 다섯 단계를 내담자가 깔끔하게 직선적으로 통과하는 것은 아니다. 만약 변화가 성공적이지 못하면 이전 단계로 돌아갈 수도 있다. 효과적인 치료는 내담자가 경험하고 있는 변화 단계에 적합한 개입 방법을 짝 맞추는 것이다. 만약 과정과 단계의 짝이 잘못 맺어지면, 단계를 나아가는 과정이 어려워지고 저항 행동이 일어날 것이다(Krebs et al., 2018).

변화 단계의 모델의 틀 안에서 작업한다는 것은 각각 상담자가 취해야 할 역할이 있다는 것을 의미한다. Krebs, Norcross, Nicholson, 그리고 Prochaska(2018)는 상담자가 각각의 다른 단계마다 취해야 할 관계적 역할을 규명한다. 숙고 전 단계에서는 **양육하는 부모**의 역할을 취해야 한다. 숙고 단계에서는 내담자가 통찰력을 가질 수 있도록 격려하는 **소크라테스와 같은 교사 역할**을 취해야 한다. 준비 단계에서는 **숙련된 코치**와 같은 입장을 취해야 한

다. 행위 및 유지 단계에서 상담자는 내담자의 행동이 부드럽게 진행되지 않을 때 전문가적 조언과 지지를 제공해 줄 **컨설턴트**의 역할을 취해야 할 것이다. 종결이 가까워지면 상담자는 내담자의 자율성을 촉진하도록 자문의 빈도를 줄여야 한다. Krebs와 그의 동료들은 변화 단계의 평가는 빠르고 간단하기 때문에 최초 회기의 몇 분 내에 이루어져야 한다고 주장한다. 그들은 치료과정을 이끌고 치료 결과를 증진하기 위한 아래와 같은 연구 기반의 전략들을 소개한다.

- 내담자의 변화 단계를 평가하기 위한 시간을 가져라.
- 모든 내담자가 행위 단계에 있고 변화하려는 동기가 있다고 가정하지 마라.
- 내담자의 변화의 준비성을 유지하기 위한 현실적인 목표를 세워라.
- 숙고 전 단계에 있는 내담자를 존중하는 태도로 대하라.
- 내담자의 단계에 적합한 치료 개입을 하라: 초기 단계에서는 통찰과 자각을 위한 개입이 유용하다. 후기 단계에서는 행위 중심의 전략들이 적합하다.
- 내담자가 다음 변화단계로 나아가기 위해 가장 도움이 될 수 있는 단계 맞춤형 관계방식(혹은 역할)을 사용하라.
- 장기적인 유지 단계에 이르기 전에는 여러 번 단계를 오르내리게 될 것이다.
- 변화에 대한 준비성을 치료적 자원으로 통합하라.

변화 단계의 모델은 많은 다양한 치료적 접근과 관련이 있다. 내담자의 변화에 대한 준비성은 모든 이론에서 시사점을 가지고 있으며, 이 평가는 상담자가 내담자를 더 잘 이해할 수 있도록 도와준다. 다양한 연령, 문화, 장애상태, 민족성, 성별, 인종, 종교, 성적 지향성의 내담자를 다루는 데에 있어, 수많은 연구가 변화 단계 모델의 유용성을 지지하고 있다.

저항행동이 상담자인 당신에게 끼칠 영향 이해하기

내담자의 다양한 방어 행동을 이해하기 위한 핵심은 저항에 대한 당신의 반응에 주의를 기울이는 것이다. 많은 내담자는 어렸을 때 소중한 사람들과 있었던 행동을 현재 당신과의 관계에서 재연할 것이다. 내담자와 작업하면서 당신이 느꼈던 감정에 집중하라. 당신이 내담자의 방어 행동을 개인적으로 반응한다면, 그들의 역동을 다루기 더 어려울 것이다. 당신이 공격적으로 반응한다면, 상황은 더욱 악화될 것이다. 당신의 역할은 내담자와 협력적으로 작업해서 내담자가 새롭고 더 효과적인 대처방식을 배우게 하는 것이다.

당신이 내담자를 힘들거나 저항적이라고 판단해 버리면 당신은 자신을 스스로 의심하고 무능력하고 부적절하고 인내심이 부족하다고 생각하게 될 수 있다. 어려운 행동들을 다룰 때는 당신의 반응과 잠재적인 역전이에 주목하라. 내담자가 저항적이라고 보일 때 바로 화가 난다면, 당신은 내담자에게 다가갈 통로를 차단해 버리는 것이다. 내담자를 단정짓지 말고 당신이 관찰한 행동들을 기술해 보라. 내담자의 행동들이 원하는 목표를 얻기 위해 도움이 되는지 방해가 되는지 물어보라. 당신이 "저항하는"이란 말을 겁을 먹었거나 슬픔에 압도되었거나 조심스럽거나 상처를 입은 것 같다는 등의 조금 더 서술적이고 비판적이지 않은 말로 바꾼다면, 내담자를 향한 당신의 태도는 변할 것이며 존중하고 이해하는 태도를 취하기도 더욱더 편해질 것이다. 이런 태도는 당신의 내담자가 저항이라는 의미를 탐색하게 하는 데 도움이 될 것이다. 존중과 흥미와 이해의 태도로 저항에 접근한다면, 저항 행동은 감소할 것이다.

Stricker(2010)는 치료자는 치료과정에서의 문제를 내담자의 단점으로 귀인 하지 않아야 한다고 경고했다. 왜냐하면 내담자와 치료자 간의 상호적인 역할이 치료에서 장벽을 만들기도 하기 때문이다. 저항적이거나 불순종적인 내담자의 행동을 초래하거나 기여한 당신의 행동을 잘 이해하기 위해서 내담자와 상호작용하는 당신만의 방식을 살펴보라. 저항을 내담자와 상담자 간의 상호작용으로부터 나타나는 것으로 바라봄으로써 저항의 기능을 분명히 할 수 있다. "저항은 치료의 적이 아니라 오히려 친구로 볼 수 있다. 왜냐하면 저항은 내담자 기능의 전형적인 수단이 무엇인지 단서를 제공하기 때문이다." (Stricker, 2010, p. 41)

내담자가 되어보기: 저항을 직접 경험하기

나는 당신에게 내담자의 역할을 해서 당신과 내가 치료적 관계에 있다고 상상해 보기를 권한다. 나는 이런 방식으로 저항을 경험하는 것에 대한 핵심 요인들을 제안한다. 왜냐하면 당신이 불안할 때 저항하는 방법을 스스로 고민해본다면 치료과정에서 저항이 피할 수 없는 위치에 있다는 것을 인지할 수 있기 때문이다.

당신이 전문 상담자가 될 계획이라면 나는 당신이 개인적인 상담에서 자기분석을 받아보기를 권한다. 내담자로서의 경험을 토대로 당신은 도움이 되는 개입과 비생산적인 개입에 대해 많은 것을 배울 것이다. 만약 당신과 당신의 치료자가 서로 잘 협력한다면, 당신이 자신을 스스로 드러내는 방법에 대해서도 배울 수 있을 것이다. 당신이 경험하는 고통에 비해 얻는 것이 가치가 있을지 의심이 되고 두려워함에도 불구하고 앞으로 나아가려는 용기에 당신은 존중하는 마음이 생길 것이다. 전이와 역전이라는 주제를 다룰 10장에서, 개인 상담이나 집단 상담, 가족 상담, 혹은 영적 접근과 같이 자기 이해나 자기 탐색을 위한 방법에서 자기개방이 얼마나 중요한지 상세하게 설명할 것이다. 그러나 이 장에서는, 나는 당신이 당신만의 저항 방법을 다루면서 나와의 상담에서 내담자로서의 당신을 상상하며 최대한 개방적인 태도를 취하라고 격려하고자 한다.

나는 이 회기에서 다양한 양상의 저항 행동들을 제시하고 내가 어떻게 개입하는지 보여줄 것이다. 당신도 다양한 방어 행동들을 실제로 경험하는 역할에 충실해 보라. 어떤 시나리오는 당신에게 맞지 않고, 내가 설명하지 않은 다른 창의적인 방법의 저항이 당신에게 있을 수도 있다. 당신을 저항의 중심에 두고 스스로에 대해 무엇을 배울 수 있는지 보라.

우리의 내담자-치료자 관계에서 나는 당신이 상당한 위험을 감수할 수 있을 치료 관계를 형성하고 유지하려 노력할 것이다. 이러한 관계는 내가 당신과 내 안에 있는 저항의 신호들을 인지해야 한다는 것을 의미한다. 만약 당신과 내가 저항을 잘 다루고 있지 못하다면, 이는 우리의 관계가 더욱 강화되어야 한다는 신호일 것이다(이 주제에 대해 더 알고 싶다면 효과적인 상담의 기초로서 치료 관계를 다룬 2장을 참고하라).

당신이 저항할 수 있는 방법들은 많다. 명백하게 드러낼 수도 있고 미묘하게 드러낼 수도 있을 것이다. 당신은 아래와 같은 저항행동 혹은 방어행동 중 어떤 방법을 택하는지 확인해보라.

- 상담 약속을 잊어버림
- 자주 약속된 상담시간보다 늦게 나타남
- 준비나 고민 없이 상담에 들어옴
- 상담이 별로 도움이 안 된다고 불평함
- 침묵하며 치료자가 말을 이끌어내기만을 기대함
- 피드백을 받을 때 방어적이 됨
- 스토리에 대해서만 장황하게 이야기하며 당신이 어떻게 느꼈는지는 제외함
- 왜 당신이 그렇게 느꼈는지에 대해서 지적으로 설명하고자 노력함
- 감정적 표현을 자제함
- 치료자를 기쁘게 하려고 지나치게 노력함
- 포괄적이고 추상적으로 이야기함
- 치료자를 과도하게 의지함

이러한 행동들은 어쩌면 현실에 기반을 둔 행동들이며 현실적이고 적절한 반응일 수 있다. 예를 들어, 당신의 치료자로부터 받는 피드백을 방어하는 것이 어쩌면 치료자가 당신에게 피드백을 주는 방식일 수도 있다. 저항으로 보이는 모든 것이 사실 저항이 아닐 수도 있다. 그렇기 때문에 저항은 탐색되어지고 그 의미를 민감하게 논의되어야 한다. 이 외에 당신은 어떤 방식으로 저항하는가?

당신이 나와의 초기 상담을 받고 있다고 생각해보자. 거리끼는 점이 있는가? 당신은 현재를 유지하고 싶은 마음과 변화하고자 하는 마음 간에 양가감정을 느끼고 있는가? 당신이 경험하고 있는 불안을 당신은 어떻게 다루어야 한다고 생각하는가? 첫 회기에 당신은 무엇에 대해 이야기를 할 것인가? 만약 당신이 상담과 같이 누군가를 도와주는 일을 하고 있다면, 당신 스스로를 위해 도움을 청하는 데 어려움이 있을 것이다. 당신이 훌륭한 상담자가 되려면 어떤 문제도 없어야 한다고 생각하는가? 당신은 어떤 부담스러운 문제가 있어도 타인의 도움 없이 스스로 해결할 수 있어야 한다고 생각하는가?

당신은 얼마나 스스로를 개방하는가? 상담에서 얼마나 도움받기를 원하는가? 상담 전공을 하는 학생들은 종종 상담을 받는데, 이는 전공과정에서 필수적으로 받아야 하거나 교수님 혹은 책의 저자가 권유했기 때문이다. 그들이 경험하는 불편함은 다음과 같이 요약될 수 있을 것이다.

> 글쎄, 난 내가 상담이 필요한지 잘 모르겠어. 하지만 여기에 오면 무언가 나에 대해 더 많이 배울 수 있을 것 같아. 솔직히 말해서 다른 사람에게 도움을 청하는 건 나한테는 조금 어려운 일이야. 아무리 생각해봐도 내 문제는 내 스스로 해결할 수 있어야 하는 것 같아. 결국 문제가 없는 사람은 없잖아. 그러니 나도 상담을 받지 않아도 괜찮을 거야. 게다가 내 인생에서는 이미 많은 것들이 진행되고 있어. 만약 내가 이런 것들을 의심하기 시작한다면, 내가 이보다 나은 결과를 찾을 수 있을지 누가 알겠어? 좋은 게 좋은 거지하고 그냥 두는 편이 나을지도 몰라.

당신이나 어떤 내담자도 이 정도까지 이야기하지는 않겠지만, 상담전공 학생들이 개인 상담을 받을 때 스스로를 표현하는 어느 정도의 양가감정을 설명해주기는 한다. 만일 당신이 상담에 온 주된 이유가 지도교수님의 권유 혹은 전공의 필수요건을 채우기 위한 것이라면 당신이 경험할지도 모르는 이런 양가감정을 시간을 갖고 생각해 보아라. 만약 당신이 개인 상담을 받는 것에 양가감정이나 부정적인 반응이 있다면, 전반적인 상담에 대한 당신의 관점과 관계가 있는 것은 아닌가?

스스로를 위해 상담을 받는 것에 대해 당신은 어떻게 생각하는지 시간을 갖고 생각해보아야 할 필요가 있다. 상담을 받기 시작한다는 것을 당신 인생에 대한 통제권을 잃었다고 생각하는가? 상담을 받으러 간다는 것은 당신이 무언가 문제가 있다고 인정하는 것인가? 이러한 신념이 상담관계에서의 당신의 개방성을 어떻게 방해하는지, 그리고 이러한 신념이 상담자로서의 당신을 어떻게 방해하는지 알아볼 것이다. 당신이 오늘 이 회기에 오면서 어떤 경험을 하는지 말해보자. 기대가 되는가? 불안한가? 희망적이라고 느끼는가? 두려운가? 조심스러운가? 열정적인가? 당신이 주저하고 있다면, 나는 당신의 저항의 의미를 더 깊게 이해하기 위해 지속적으로 당신의 감정을 중심으로 질문할 것이다.

우리의 상담 장면을 생각해보자. 우리는 좋은 관계를 맺고 있으며, 당신은 당신 인생에서 특정 부분에 있어 무언가 막혀있다고 느껴 더 잘 이해하고 싶어 한다. 이번이 다섯 번째 회기이며, 당신은 당신과 아버지 사이의 골에 대해 이야기하고자 한다.

> 우리 아빠와 저는 감정적인 교류를 한 적이 없어요. 저는 아직도 그런 것을 하고 싶거든요. 선생님은 아마 이쯤 되면 제가 아빠의 애정이나 인정을 더 이상 갈구하지 말아야 한다고 생각할지도 모르겠어요. 사실 저도 제가 아빠로부터 받고 싶었던 것을 다른 사람들한테 찾는 제 모습을 느끼기도 해요. 제가 어렸을 때에 아빠가 저를 인정해주고 저를 특별히 대해주기를 바랐던 기억이 아직도 나요. 하지만 아빠는 저를 잘 알지 못했던 것 같고, 저와 시간을 같이 보낼 정도로 제게 관심이 있지는 않았던 것 같아요.

위의 말에서 탐색해야 할 것은 아주 많다. 하지만 여기서 나의 질문에 대해 당신이 대답을 하지 않는다고 가정해보자. 당신은 말이 거의 없고, 정서적인 반응도 별로 없다. 긴 침묵이 흐르고, 당신은 더욱 조용해진다. 내 질문에 대해 당신은 아주 간결한 반응만 할 뿐이다. 이런 일이 일어날 거라고 상상할 수 있겠는가?

당신이 주저하며 상담할 준비가 되어있지 않은 데에는 여러 가지 이유가 있을 수 있다. 나도 이러한 이유들에 대해 알고 싶지만, 그보다 나는 당신이 이러한 거리낌에 대해 먼저 이해하기를 원하고, 당신이 이런 거리낌에 대해 이야기하도록 독려할 것이다. 당신이 지속적으로 판단하지 않으며 양가감정을 수용할 수 있다면, 당신은 이러한 감정들을 탐색하며 당신 스스로에 대해 많은 것을 배울 수 있을 것이다. 저항은 전형적으로 한 개인이 고통스럽거나 위협적인 요인에 접근했을 때, 혹은 어떤 사실이 밝혀진다면 취약했던 감정이 상처받을 수 있을 때 발생한다. 이는 당신이 수치심, 취약한 약점, 불확실성을 경험하고 싶지 않다는 것을 의미한다. 동시에 나는 당신이 방어해왔던 패턴을 당신 스스로 보도록 지속적으로 격려할 것이다. 고통스러운 경험에 접근하려 하거나 두려워질 때, 당신은 화제를 돌리면서 이러한 감정을 회피하려 하는가? 나는 불편한 상태를 회피하려는 당신의 경향에 도전해보도록 격려하며, 당신이 회피하려 했던 감정과 행동에 더 깊숙이 들어가도록 할 것이다. 감정을 경험하거나 마주하는 데에는 용기가 필요하다. 당신이 막혔다고 느꼈던 것을 뚫고 새로운 성장을 위해서는 고통과 불안을 견뎌내야 하며, 이는 용기가 필요하다는 것을 의미한다.

이 시점에서 나는 당신에게 게슈탈트 실험에 참여하도록 권유했다고 하자. 나는 당신에게 지금 이 방으로 당신이 아버지와 경험했던 그 장면을 가져오라고 요청한다.

> 여기 빈 의자가 있습니다. 아버지가 인정해주고 알아봐주기를 원했던 그 어린아이의 모습으로 되어볼 수 있을까요? 이제 아버지에게 말해봅시다. 아버지가 저 의자에 앉아서 당신이 하는 말을 들을 준비가 되어 있어요.

아마 당신은 바로 거절할 것이다. 나도 당신이 이 특정기법에 참여하도록 강요하지는 않겠지만, 이 실험이 진행되면서 당신이 보일 저항을 탐색하는 데에 나는 관심이 있다. 무엇이 당신을 방해하고 있는지 이야기하는 것이 매우 중요하다. 당신은 아래의 방법 중 하나로 내 질문에 답을 한다.

- 빈 의자를 두고 이야기하라니, 바보 같아요.
- 그걸 생각하는 것만으로도 너무 두렵고 울 것만 같아요.
- 그냥 선생님께 제 아버지에 대해 말씀 드리는 것이 나을 것 같아요. 아버지가 없는데 아버지한테 말하듯이 하라는 것이 이상해요.

이러한 당신의 조심스러운 행동이 무엇을 의미하는지 이야기함으로써 당신은 이 상담 장면을 더 안전하게 느낄 수 있다. 당신이 바보 같다고 느꼈다면, 나는 무엇이 바보 같다고 느꼈는지 물어본다. 이는 유용한 요인을 여는 열쇠가 될 수 있다. 당신이 아버지가 이 빈 의자에 앉아있다고 생각하고 얘기하는 것만으로도 울 것 같다고 한다면, 나는 더 깊숙이 들어가 볼 것이다. 무엇 때문에 당신은 우는가? 지금 이 순간에 슬픈 감정을 느끼는 것이 당신에게는 어떠한가? 내가 당신의 저항의 목적을 이해할 수 있고 당신의 주저하는 마음을 존중한다면, 당신은 스스로 했던 방어에 대해서 새로운 이해를 하게 될 것이다. 나는 당신이 가고자 하는 만큼만 따라갈 것이며, 당신이 하고 싶지 않은 것을 하도록 강요하지 않을 것이다. 나는 당신이 설정한 한계선을 존중할 것이며, 당신에게 적합한 페이스로 함께 진행해갈 것이다. 결국, 당신이 추구하는 주제는 당신이 정할 것이며, 어디까지 갈 것인지도 당신이 결정할 것이다. 저항 속에 감춰져 있는 불안을 탐색함으로써 당신은 더 깊숙이 자기탐색을 진행할 수 있다.

다른 상담회기에서 당신이 아래와 같은 이야기를 통해 우리의 시작점을 제안했다고 가정해보자.

> 오늘 저는 관계에서 거부당했던 경험에 대해서 이야기하고 싶어요. 이것을 극복하는 데 계속 어려움이 있어요. 어떤 날은 괜찮다고 생각하기도 하는데, 다른 날에는 매우 우울해지고 나의 모든 안 좋은 점에 대해서 생각하게 돼요.

이 주제를 다룰 수 있는 방법들은 많이 있다. 당신이 설명한 맥락에 기반하여 인지적인 방법으로 진행할 수도 있다. 혹은 당신이 경험한 감정과 더 접촉하기를 권해볼 수도 있으며, 또는 무언가 다른 행동을 취하려 했던 상황에 대해 이야기해볼 수도 있다. 한 회기 내에서 가능한 것은 당신이 스스로에게 생각이나 혼잣말 등의 방식으로 이 관계 단절에 대해 뭐라고 말하는지 이야기하고, 당신이 말하면서 느끼는 감정에 머무르며, 다른 방향으로 나아가볼 만한 행동적인 단계를 제안해보는 것이다.

하지만 만약 당신이 대화에 찬반 반응을 모두 가지고 있다면 어떻게 할 것인가? 만약 당신의 방어가 당신에게 가장 최선의 방법이며, 인지적, 정서적, 행동적으로 발전되지 않을 것 같다고 느끼면 어떻게 할 것인가? 당신을 아래의 시나리오에 대입해서 당신이 저항할 방법을 한번 상상해보자.

당신은 이 관계 단절에 크게 실망해있다. 이는 당신이 사랑스럽지 않다는 증거이다. 나는 당신에게 이런 판단이 과연 타당한지 검토해보라고 제안했다. 당신은 지금쯤이면 이제 극복했었어야 한다고 대답했다. 당신이 이 결별에 있어 당신 스스로에 대한 이야기를 조금씩 할수록, 나는 당신이 울고 있지만 동시에 옅은 미소를 짓기도 한다는 것을 발견했다. 내가 느낀 것을 당신에게 말했고, 당신은 부인했다. 나는 당신에 거절당했던 느낌에 대해 더 자세히 말해보기를 권했다. 그러자 당신은 대인관계의 가변성에 대해서 지식적인 대화로 이끌면서, "인생은 원래 힘들어요.", "인생은 그냥 견디면 되는 거에요."와 같이 뻔한 말들만 했다. 나는 당신이 스스로를 방어하고 있음을 알아차리고, 당신이 더 말하도록 권유했다. 당신이 현재 관계에서의 상실감에 대해 어떻게 느끼는지 웃음이나 사실적인 설명들을 빼고 감정적으로 조금 더 느껴본다면 어떨까? 부드러우면서도 지속적인 태도로 당신의 저항을 따라간다면, 당신이 현재 경험하고 있는 막힌 장애물로부터 조금은 자유로워질 수 있을 것이다. 나는 당신이 회피하고 있는 것에 머물러서 어떤 탐색을 할지 전혀 알 수 없지만, 이렇게 하는 것이 당신에게 생산적일 것이라는 직감이 든다. 당신에게 몇몇 불필요한 방어를 포기하라고 격려하겠지만, 당신의 모든 방어를 전부 포기하라고는 하지 않을 것이다. 이 과정은 굉장히 존중하는 태도로 조심스럽게, 하지만 지속적으로 진행되어야 한다.

상담회기 내에서 그리고 밖에서 저항에 접근하는 방법은 많이 있다. 당신이 불안해질 때 보이는 다양한 저항 행동들의 방법들을 생각해보고 일기에 적어보라. 당신이 심리적으로 위협을 느낄 때 사용하는 당신만의 방법들을 모두 상상해보아라. 당신은 주로 어떤 저항방법에 의지하고 있는가? 당신이 심리적으로 취약해졌다고 느낄 때 사용하는 방어의 예시는 무엇인가? 이는 당신에게 어떤 도움이 되었는가? 이야기를 통해 어느 정도까지 저항에 도전할 수 있다고 생각하는가? 당신이 용기를 아무 두려움이 없는 것이라고 생각하지 않았으면 한다. 용기란 두려움에도 불구하고 앞으로 나아가는 것을 의미한다. 치료 중에 두려움이 나타나기 때문에 당신이 주저할지도 모른다. 당신의 첫 반응이 회피하고 물러서는 거라면, 어떻게 그 순간에 오래 머물 수 있겠는가?

내담자의 역할을 하면서, 상담 과정이 얼마나 복잡해질 수 있는지 당신이 이해할 수 있기를 바란다. 당신의 내담자의 저항을 인식하고, 이해하고, 대처하는 것을 배울 수 있는 가장 가치 있는 수업은 당신의 개인 상담에서 직접 경험하는 것이라고 나는 생각한다.

Kelsey의 저항을 이해하기

Kelsey는 그녀의 결혼생활에서 문제를 겪고 있다. 그녀는 점점 독립적으로 변해갔는데, 그녀의 남편은 그 것을 위협적으로 느낀다. 그는 왜 그녀가 사회복지 전공의 대학원을 진학하고 싶어 하는지, 그저 가정주부의 엄마로서 집에 안착하지 못하는지 이해할 수가 없었다. 그는 Kelsey에게 집에서도 해야 할 많은 일이 있고, 집이 당신이 있어야 하는 곳이라고 말해왔다. Kelsey도 커리어적인 꿈을 좇지 않고 가만히 집에 있는 것이 편안했지만, 스스로를 위해 무언가를 더 하고자 하는 마음도 있었다.

Kelsey는 상담의 첫 5회기 동안 상당한 진전을 보였다. 그리고는 갑자기 치료 종결을 고민하기 시작했다. 그녀는 커리어적인 또는 교육적인 목표를 좇는 선택에 대한 결과들이 두려웠고, 특히 그녀가 더 독립적으로 되어

갈수록, 가정 내에서 긴장감이 더욱 커지는 것이 두려웠다. 그녀의 인생에 변화를 주는 것에 대해 그녀는 양가감정이 있었으며, 그렇게 하는 것이 그녀가 낼 비용만큼의 가치가 있는지도 걱정이 되었다.

나는 Kelsey의 앞으로 나아가는 것과 현재 상태에 남아있는 것 사이의 간극에 대한 솔직한 고민을 존중했다. 나 역시도 그녀가 가지려는 새로운 전문성과 그녀의 인생이 실패할지도 모른다는 두려움이 있는지 궁금했으며, 이 전공으로 변화를 하는 것에 대해 어떤 두려움과 양가감정이 있는지 궁금했다. 그녀가 가지고 있는 초기의 저항, 주저함, 양가감정과 싸우려 하기보다는, 그녀가 가지고 있는 강한 힘의 긍정적인 신호로 나는 보았다. 애초부터, Kelsey의 방어는 그녀가 인생의 어려운 상황에 적응하도록 돕고 있는 것이었다. 이제는 그녀가 당면한 인생과제에 훨씬 더 창의적이고 건강한 반응을 할 수 있다는 것을 깨우치게 하는 것이 중요했다.

결국, Kelsey는 변화하려는 의지와 동기가 강했다. 그녀는 통찰력과 용기가 있었으며, 현재의 행동과 과거의 영향을 연결할 수 있는 능력이 있었다. 또한 그녀는 상담회기 내에서 혹은 일상에서 새로운 행동을 이끌어내며, 그녀의 편안하다고 느끼는 수준 이상으로 뛰어넘을 수 있는 의지가 있었다. 이런 순조롭고 거의 이상에 가까운 상황에서도, 변화에 대한 양가감정을 경험하고 상담의 가치에 대한 의구심을 갖고 있었다. 나는 그녀가 가진 양가감정이 자연스러운 것처럼 여기며 조심스럽게 진행하고자 했다. 이는 그녀의 예측할 수 없는 인생에 대한 불안과 변화의 위험성을 그녀가 잘 알고 있기 때문이었다. 하루는 Kelsey가 치료를 지속해야 하는지에 대해 이야기하였다. 그녀는 가족들 대부분 그녀의 변화를 달갑게 여기고 있지 않는다는 것을 알게 되었다. 그녀의 남편과 자녀들과의 관계가 점점 더 불편해지고 있었으며, 이는 그녀가 상담에서 하고 있는 행동에 대한 의구심을 유발하였다.

다른 양상으로 Kelsey의 저항을 다뤄보기

정신분석적 관점을 적용하기

Kelsey의 저항은 그녀가 그녀의 인생을 위해 선택하는 결정이 다른 사람들이 그녀에게 원하는 것과 상반되었을 때 발생하는 불안이라는 맥락에서 이해할 수 있다. 그녀의 불안을 유발하는 행동들에 대해서 함께 알아보자. 그녀가 위협적인 상황에 대처해온 방법에 대해 어떻게 해석했는지에 관심을 두고 이어서 나의 의견을 말할 것이다. 나는 그녀가 자신의 공포를 직면할 수 있도록 지지했다. 가끔은 그녀가 자신의 저항의 이유에 대해 잘 알 수 있도록 힌트를 제공하며 해석을 해나갔다. 예를 들면 아래와 같다, "내가 보아온 것에 대해 나누고 당신이 어떻게 생각하는지도 나누어 봅시다. 우리는 당신을 두렵게 하는 것들에 대해서 이야기 해왔습니다. 당신의 변화 때문에 당신의 가정을 불편하게 하는 것은 당연히 편안한 일이 아닙니다." Kelsey는 내가 제공한 피드백에 대해 고민해보고, 그녀에 대한 나의 의견이 얼마나 정확하고 유용한지 판단해볼 수 있을 것이다. 나는 저항의 신호를 협력적이고, 판단하지 않고, 위협적이지 않고, 존중하고, 솔직하고, 치료적인 태도로 다루는 데에 목표가 있다.

다른 접근법을 적용하기

나는 Kelsey에게 대부분의 내담자가 상담의 어느 시점에 오면 양가적이고 방어적이며 주저하기 시작한다고 설명했다. 그녀가 상담에 대한 두려움과 의구심을 말하지 않았다면, 이 관계는 조기종결 되어버릴 수 있었을 것이다. Kelsey는 그녀의 변화에 대한 남편의 불만과 자녀들의 부정적 반응에 집중하였지만, 그녀의 저항에 영향을 준 내적요인도 있었을 것이다. 그녀의 일부는 현상을 유지하고 싶었을 것이고, 다른 일부는 그녀가 되고자 하는 사람의 모습으로 변화하고자 하는 욕구가 있었을 것이다. 나는 치료의 가치에 대한 의구심을 그녀가 직접 말하도록 했다. 그녀가 양가적인 감정이 있고 결정을 내리기를 꺼려하는 것이 명백해 보였다. 치료에 적극 참여하는 데에 존재하는 거리낌에 대해 이야기함으로써, 그녀가 이 저항이 어떤 의미인지 통찰해볼 수 있게 한다.

회기 후반부에서 나는 변화하고픈 마음과 변화에 저항하고픈 마음에 대한 그녀의 양가감정에 대해 작업해보도록 권하였는데, 이는 동기강화상담의 핵심원리이기도 하다. 나는 그녀의 양가감정을 탐색하는 방법으로 역할극을 제안했다. 나는 Kelsey에게 현재에 머물고 싶은 측면을 연기하도록 요청했다. 왜냐하면 현재 가장 강하게 느끼고 있는 마음인 것 같았기 때문이다. 나는 Kelsey의 변하고 싶은 측면의 역할을 맡았다. 이 역할극에서 우리는 변화의 장점과 단점을 논의하였다. 나는 중요한 변화가 초래할 수 있는 위험을 감수함으로써 많은 장점을 얻을 수 있음을 강조하려고 최선을 다했다. 그녀는 '옛날 방식'의 인생에 고수하는 것에 대한 보장성에 대해 표현할 수 있는 기회를 가졌다. 역할극을 하고 나서 나는 그녀가 무엇을 느꼈는지 물었다. 그러고서는 그녀의 양가감정을 더 깊이 경험할 수 있도록 역할을 바꾸어서 역할극을 진행하였다. 역할을 바꿈으로써, 그녀는 가정에 불편감을 줄 수 있겠지만 지금 치료를 마무리하는 것은 좋지 않겠다고 깨달았다.

회기가 종결될 즈음에 Kelsey는 그녀가 얼마나 두려워했는지를 알지 못했었다고 인정하였고, 현상을 유지하는 것이 그녀에게 도움이 되지 않는다고 하였다. 그녀는 그녀의 인생에서 무언가를 더 원한다는 것을 확실히 알게 되었다. 물론 그녀가 조금 더 만족스러운 사람이 되기 위해서 앞으로 해야 할 것을 생각하면 두렵긴 하지만 말이다. 얼마나 변화를 이룰지 결정하는 것은 내담자의 몫이라는 실존주의적 관점을 나는 존중하기 때문에, 인생의 변화에 대한 저항을 마주할 수 있는 동기가 충분한지 결정하는 것은 Kelsey 자신이다.

여성주의적 접근에서도 Kelsey가 상담에서 적극적인 참여자가 되어 스스로 결정하도록 하는 것이 중요하다고 강조한다. 나는 우리의 치료관계가 그녀가 수동적으로 의존적인 역할을 하는 또 하나의 공간이 되지 않도록 노력했다. 첫 번째 회기에서 그녀는 내가 조언이나 해답을 제시해줄 것을 기대한 듯 보였다. 나는 지속적으로 그녀가 스스로 책임지도록 넘겼고, 내가 그녀의 인생에 전문가가 되지 않도록 노력했다. 그럼으로 그녀는 스스로의 힘을 믿는 것이 무엇인지 조금은 경험하게 된 것 같았다. 지속적으로 치료를 받으며 가지고 있었던 그녀 스스로에 대한 의심과 불안은 그녀가 억누르고 있었던, 하지만 이제는 그녀 안에서 나타나고 있는 감정의 주인이 되는 것과 관련이 있었다.

이때 나는 그녀에게 우리가 상담에서 이야기 했던 것 중 갈등을 일으키는 주제들에 대해 같이 나누면서 Kelsey에게 어떤 변화가 있으면 하는지에 대해 고민해보도록 권하였다. 그녀가 현재 열려있는 선택지들과 그녀가 무엇을 선택하고 싶은지 명확히 하기 위해 나는 숙제를 제안했다(나는 주로 행동치료, 현실치료, 합리적 정서행동치료에 기반을 둔다). 한 주 동안, 나는 Kelsey에게 현재와 같은 상태로 남아있을 모든 이유와 변화를 일으켜야 할 모든 이유에 대해 일기로 적어보도록 권하였다. 그 중 하루는 그녀가 만약 치료를 중단하면 어떻게 될지에 대해 고민해보고 그녀가 염원했던 삶을 살았을 때 어떤 인생을 살고 있을지 생각해보도록 권하였다. 또 다른 하루에, 나는 Kelsey에게 그녀가 치료를 계속하면서 그녀가 원했던 변화를 어느 정도 이루었을 시 그녀의 삶이 어떨지 상상해본 것을 일기에 적도록 권하였다. 그녀는 이 숙제를 따르기로 동의하였고, 이는 차후 회기에 상당히 진전된 상태에서 상담이 지속되는 데 큰 도움이 되었다.

성찰 질문

저항과 양가감정에 대한 당신의 관점에 대해 생각해보자. 다음의 질문을 고려해보시오.

- 당신은 어떤 방식으로 스스로의 저항을 경험하였는가? 당신의 저항에 도전하는 데 무엇이 도움이 되었는가?
- 만약 Kelsey가 당신의 내담자였다면, 당신이 그녀를 이해하고 상담하는 데에 있어 어떤 이론이 도움이 될 것 같은가?
- Kelsey는 삶의 변화를 줄 것인가에 대해 양가감정을 가지고 있다. 일부는 변화를 하고 싶지만, 또 다른 일부는 현재 상태에 머물고 싶어 한다. 당신은 이런 Kelsey의 양가감정을 어떻게 다루겠는가?
- Kelsey의 행동은 변화의 단계 중 어느 단계에 있는가? 어떤 단서로 그렇게 분류하였는가?

Rico의 저항을 이해하기

Rico는 45세 남자이며, 집을 떠나는 것에 대한 불안과 저항이 있어 상담을 찾았다. 그는 미혼이며 혼자 살고 있고 전일제로 근무하고 있는 대졸이다. 2년 전부터 그는 공황발작을 일으키는 높은 수준의 불안을 경험하기 시작했다. 그는 다시 편안해지고 일상을 되찾는 것을 상담의 목표로 잡았다.

초기 회기에는 평가와, 치료계획, 목표설정이 중점적으로 이루어졌다. Rico는 현재 삶을 지속하기 위해 노력을 하고 있다고 보고하며 상담에 대해서도 열정적으로 참여하는 것처럼 보였다. 그는 초기에는 증상에 대한 신체적 근거를 배제하려는 의학적 진단을 포함하여, 전문가가 추천해주는 행동치료를 따랐다. 그는 지속적인 일정량의 운동을 하며 건강한 수면과 영양적인 패턴을 위해 일정한 일상 업무를 진행했다. 그는 열심히 시간과 노력을 쏟았으며, 이러한 초기의 목적을 꽤 성공적으로 달성하였다. 그러나 일곱 번째 만남에서, 그는 지각을 하거나 회기시간을 변경하기 시작하면서 상담에 대한 노력을 거의 기울이지 않았다. 이러한 회기와 회기 사이에 주어진 행동과업을 따르지 않는 패턴은 저항으로 보일 수 있었다. 아마 Rico는 행동과업을 상담실 밖에서 열심히 그리고 지속적으로 해야 하는 것에 어려움을 겪고 있는 것일지도 모른다. 혹은, 우리의 상담회기 때 진행된 대인관계적인 상담의 강도가 강해서 이러한 반응을 보이는 것일 수도 있다. 나는 그의 저항에 대해서 세부적으로 주목하는 대신에 그가 원하는 것을 명확히 하도록 도와주고, 그의 목표를 성취하기 위해 필요한 단계들을 밟도록 돕기 위해 해결중심의 단기치료 상담기술들을 사용하였다. 나는 이렇게 제안했다. “향후 몇 개월 내에 당신이 되고자 하는 스스로의 모습에 대해 다시 한 번 얘기해봅시다. 당신의 인생이 어떻게 보이길 원하나요? 당신이 현재 하고 있지는 않지만 앞으로 당신이 무엇을 하고 있으면 좋겠습니까?” Rico의 경험이 두려움이나 회피나, 혹은 압도된 느낌에 기반되었든 상관없이, 나는 공감적 이해와 수용을 전달하였고 그가 치료과정에서 최대한 무언가를 얻을 수 있도록 열정을 다했다.

내가 발견한 Rico의 행동에 대해서 말했을 때, 그는 조심스럽고 방어적인 태도를 보였다. Rico는 자신이 상담에서 얼마만큼 스스로를 개방할 것인지 재고 있었다고 인정했고, 우리는 이러한 그의 주저함과 방어적인 행동이 무엇을 의미하는지에 대해서 이야기했다. 그는 그가 말할 때 “똑바로 이해”

시키고 싶어 하였고, 바보처럼 보이는 것이 싫었다고 했다. 스스로를 보호하기 위해 Rico는 무엇을 말하고 싶은지, 그리고 말을 시작하기 전에 어떻게 말해야 할지 조심스럽게 생각했던 것이었다.

나는 Rico에게 그가 표현하지 않고 긴 침묵, 내면에서의 연습과 단답형의 대답을 하면서 회피했던 진짜 내면의 소리를 말하도록 격려하였다. 나는 Rico가 말을 하지 않았던 사실에 흥미를 가졌고, 그 것이 스스로를 탐색하기 위해 필요한 길처럼 보였다. 나는 아마 Rico에게 아래와 같이 말할 것이다: "당신이 밖으로 크게 연습하면 좋을 것 같아요." "당신은 조용하지만, 머릿속에서는 많은 것들이 오고가고 있는 것 같아 보여요. 혹시 그 중 몇몇 단어만 말해보시겠어요?" "당신이 단답형으로만 대답하고 있는 것 같아요. 또 답변하는 데 생각하는 시간이 오래 걸리는 것 같아요. 그리고 굉장히 조심스러워 보여요. 지금 여기에 있다는 사실이 어떻게 느껴지는 것 같나요?

결국 그가 느끼는 감정과 생각을 나에게 공유해주지 않는 이상, 나는 무엇이 Rico를 조용하게 하는지 알 수 없다. 나는 관심과 걱정의 태도로 Rico가 우리의 상담을 어떻게 느끼는지 감춰진 감정들을 부드럽게 탐색하였다. 나는 내가 본 그에 대해서 나누었다. 그는 불안을 유발시킨 과거의 사건에 대해 감정적인 접촉은 회피하는 사실적인 관점으로 이야기하는 경향이 있는 것처럼 보였다. 나는 Rico가 양가감정을 조금 더 명확히 하도록 요구하였다. 그러나 동시에 감정적이고 행동적인 치료작업을 하는 것이 얼마나 어려운지 내가 이해하고, 아주 작은 단계라도 그가 변화를 향해가는 과정이라면 지지해야 한다는 사실을 알아차리는 것이 중요했다.

Rico는 현재의 행동이 전혀 자신에게 도움이 되지 않으며, 이래서는 그가 원하는 삶을 살 수 없다는 것을 깨달았다. 그는 자신이 문제가 있지만 그의 패턴을 변화시키기 위해 필요한 단계를 밟아가는 동기가 부족함을 알게 되었다. Rico에게 변화에 대한 양가감정을 명확히 하려는 의지가 생기는 것과 이를 우리의 상담에서 이야기하는 것은 중요한 일이었다. 동기강화상담 방법을 사용하며, 나는 Rico에게 변화하고 싶지만, 동시에 익숙한 패턴에 머무르고 싶은 양가적인 감정에 대해 탐색해보도록 격려했다. 나도 Rico가 저항하고 순종하지 않으려는 마음이 내가 만든 것은 아닌지 알기 위해, 내가

Rico와 상호작용하는 방식을 반영하고 이해하고자 하였다. 나는 내가 Rico의 변화에 대한 조심스러움과 거리낌으로 그를 판단하고 있지 않다는 것을 그가 알기 원했다. 나는 나만의 접근법을 사용하여 Rico에게 그가 변화에 대한 양가감정을 경험하는 것과 동기가 치료과정 중에서 점점 사그라지는 것은 자연스러운 일이라는 것을 알려주었다.

나는 계속해서 인본주의적이고 경험주의적인 개념을 사용하여 Rico가 더 깊은 수준의 감정을 경험하도록 돕기 위해 신뢰와 안전의 체계를 유지하였다. 그는 주어진 행동과업을 잘 해내려는 의지가 비교적 강하지 않았지만, 나는 Rico가 상담 내에서 역할극을 통해 행동연습을 할 수 있도록 권유하였다.

나는 이 과정들을 통해 우리의 목표를 조정할 수 있는 방법을 찾아내기 위해 현실치료의 개념들을 사용하였다. Rico가 시도해 볼 만한 다른 전략이나 대안을 한번 함께 찾아보자. 나는 아마 아래와 같이 말할 것이다.

> 그래서 당신은 무언가 압도된 기분을 느꼈기 때문에 지난주의 목표를 이루지 못했다는 것이군요. 잠깐 당신이 어떻게 자신을 억압하는지 그 순간에 한번 집중해봅시다. 그리고 앞으로 당신이 어떻게 대처할 수 있는지 고민해봅시다. 이번 주에는 당신이 실행할 수 있을 만한 세부계획들을 세워서 목표를 다르게 잡아보는 것은 어떨까요? 당신은 당신의 목표를 이루기 위해서 어떤 것들을 하고 싶으신가요?

나는 Rico가 행동과업을 잘 따르지 못한 것에 이의를 제기하였지만, 오래된 습관을 버리고 변화를 유발하는 것이 얼마나 힘든 일인지 나도 인지하고 있다는 것을 그에게 말해주었다. 나 또한 Rico가 목표를 세울 수 있는 능력과 스스로를 위해 행동으로 옮길 수 있는 역량이 있음을 존중하고자 하였다.

성찰 질문

치료자가 어떻게 Rico의 저항을 다뤘는지 생각해보자. 다음의 질문을 고려해보시오.

- Rico의 사례에서 어떤 저항의 신호를 찾을 수 있었는가? 이러한 저항 행동에 대해 당신은 어떻게 개입하겠는가?
- Rico의 저항을 이해하기 위해 어떤 이론적 작업이 유용할 것 같은가?
- Rico가 당신의 내담자였다면, 당신은 무엇을 힘들고 어렵다고 느낄 것 같은가? 왜 그렇게 생각하는가?

내담자의 저항을 다루기 위한 지침

여기에 제시된 저항에 대한 다양한 관점은 당신이 상담 과정에서 저항의 역할에 대한 관점을 형성하는 데 기초자료가 될 것이다. 이를 통해 내담자가 경험하는 어려움을 존중할 수 있을 것이다. 주저하고 저항하며 방어하는 내담자를 만났을 때, 어떻게 치료작업을 할지 결정하는 데 도움이 될 만한 주요 요점들을 제안했다.

- 많은 내담자가 자기의 문제를 다루기 위해 당신과 만나야할 때 초기에는 방어적인 태도를 취할 수 있다. 도움을 요청하는 것은 약함을 의미한다고 생각하여 개방적인 태도로 말하기를 주저하게 한다.
- 개방적이 되라. 내담자가 치료과정이나 당신에게 하는 반응에 대해 어떤 고민이 있든지 털어놓을 수 있도록 하라.
- 내담자를 판단하고 낙인하지 말고, 그들이 보여주는 행동을 객관적으로 설명하라. 당신이 내담자의 특정 행동을 "저항"이라고 분류해버리면, 내담자는 평가받았다고 느끼고 저항을 부정적인 것으로 생각할 것이다.
- 그들이 저항을 포기하기를 기대하지 말고 저항의 어떤 형태든 내담

자가 탐색하도록 격려하라.

- 당신의 관찰, 직감, 해석을 잠정적으로 진술하고 독단적으로 선언해 버리지 마라. 당신의 내담자를 존중심으로 대하고 그들의 방어와 두려움을 치료적으로 작업하라.
- 내담자 내에서 발생하는 저항과 저항에 대한 당신의 반응을 잘 구분하라. 당신의 반응을 잘 살펴서 내담자의 저항이 증가되지 않도록 조심하라.
- 수용적이고 개방적으로 내담자를 경청하도록 노력하라. 당신이 내담자를 이해하며 수용하고 방어적으로 반응하지 않는다면, 내담자의 저항의 강도는 줄어들 것이다. 저항에 대해 저항하는 태도로 대한다면, 저항하는 패턴은 더욱 강화될 것이다. 동기강화상담의 실무자들은 이렇게 말한다. “저항과 함께 굴러라”
- 내담자가 이전 상담회기의 부정적인 경험에 대한 느낌을 자유롭게 표현하도록 하라. 어떻게 다르게 진행하면 좋을지 물어보라.
- 내담자가 보여주는 저항의 방식에 지속해서 주의를 기울여라. 이러한 패턴에 대해 슈퍼바이저와 자유롭게 이야기해서 내담자의 저항을 악화시키는 당신의 행동이 있다면 조정하도록 하라.

결론적 논평

저항은 치료의 악이나 두려워해야 할 적이 아니다. 이는 치료과정에 있어 중요한 측면이 될 수 있다. 내담자의 저항과 양가감정은 많은 자료가 될 수 있다. 이를 당신의 전문성 부족의 증거라고 해석하지 마라. 당신이 내담자의 다양한 저항과 방어를 마주했을 때 스스로를 방어하는 데 집중한다면, 당신은 내담자가 저항행동의 의미를 탐색할 수 있는 기회를 박탈하는 것이며 이는 내담자 자신에 대해 배울 수 있는 것을 제한하는 결과를 불러온다. 상담에 대한 내담자의 준비성 부족과 같은 저항과 양가감정을 일반적이고 자연스러운 과정이라고 생각하라.

변화에 대해서 내담자는 보통 양가감정이 있음을 이해하고 지속적으로 내담자가 그 양가감정에 대해 자유롭게 이야기할 수 있도록 격려하라. 내담자들은 편안한 패턴을 포기하는 것에 장점과 단점이 모두 존재한다는 것을 알고 있다. 내담자들은 특정 행동패턴을 변화시키고 싶지만, 동시에 변화를 일으킨다는 것에 대한 불안이 일어나기 마련이다. 그들은 변화를 통한 결과물이 과연 불안을 견뎌낼 가치가 있는지 궁금해 한다. 이러한 양가감정의 의미를 이해하고 내담자들에게 달라져야 한다고 요구하기보다는 함께 탐색하는 것이 중요하다.

저항이 하는 역할과 어떻게 다루어야 하는지 잘 이해하기 위해서는, 당신 내면의 저항적인 패턴을 알아볼 필요가 있다. 당신 내면에 있는 변화에 대한 양가감정을 잘 이해하여, 변화를 원하는 마음과 현재 상태에 남아있고 싶은 마음이 동시에 있을 수 있음을 알아야 한다. 당신의 성장하는 모습을 개방하는 것이 얼마나 어려운 일인지 잘 기억하고, 이를 당신의 내담자를 이해하는 데 사용하라. 당신이 당신 내면의 저항을 어떻게 다루었는지 잘 기억하고 있다면, 내담자의 저항을 개인적으로 국한시키지 않을 것이며, 이는 당신이 내담자의 저항을 치료적으로 더 잘 다룰 수 있도록 도와줄 것이다.

당신이 어떻게 당신의 저항을 다루는지 알아낼 수 있는 방법으로 아래 질문들을 고민하는 시간을 가져보자.

- 당신을 상담 내담자의 역할이라 생각한다면 무엇이 당신에게 저항을 느끼게 할 것 같은가? 당신은 주로 어떤 방법으로 저항할 것 같은가? 당신은 어떤 종류의 저항행동을 할 것 같은가?
- 당신이 저항을 경험해보았다면, 당신의 신체적 반응들을 기억해볼 수 있겠는가? 저항을 경험했을 때 당신 내면에서 어떤 혼잣말들이 오고 갔는가?
- 어떻게 하면 당신의 저항이나 방어수준이 낮아질 것 같은가? 당신이 저항적일 때 당신의 상담자에게 무엇을 기대하겠는가?
- 저항에 대한 당신의 생각을 통합하는 시간을 가져보자. 당신은 저항

을 어떻게 정의하는가? 상담자로서, 당신이 마주할 내담자의 저항을 잘 이해하고 대처하는 데에 무엇이 도움이 될 것 같은가?

- 당신의 상담실에 앉아서 저항적이고 어려운 행동을 하고 있는 내담자의 성격을 상상해보라. 이 내담자는 당신에게 어떻게 영향을 주고 있는가? 상담자로서 어떤 저항행동이 가장 당신을 곤란하게 할 것 같은가? 어떤 내담자가 당신의 저항반응을 일으킬 것 같은가? 가장 어려운 내담자에게 보여줄 당신의 반응을 생각할 때, 당신 자신에 대해 어떤 것을 배울 수 있었는가?

Chapter 06 | 인지에 초점을 둔 상담

인지행동치료(CBT: Cognitive Behavior Therapy)의 접근법은 다양하게 있지만, 모두 인지적 과정과, 감정, 그리고 행동의 연결성을 강조한다. 이에 대한 기본 가정은 사람들이 어떻게 **느끼는지**, 실제로 무엇을 **하는지**는 그들이 상황을 주관적으로 어떻게 해석하는지가 크게 영향을 미친다는 것이다. 가장 유명한 세 가지 형태는 Albert Ellis의 합리적 정서행동치료(REPT: Rational Emotive Behavior Therapy), Aaron Beck이 개발한 인지치료(CT: Cognitive Therapy), 그리고 Donald Meichenbaum이 개발한 인지행동수정(CBM: Cognitive Behavior Modification)이다. Meichenbaum의 인지행동수정 접근법(2007, 2008, 2017)은 행동치료와 인지치료의 가장 좋은 요인들을 혼합하였다. 이 접근법은 합리적 정서행동치료, 그리고 Beck의 인지치료와 공유하는 기본 가정이 있는데, 이는 고통스러운 감정은 전형적으로 부적응적인 사고의 결과라는 것과 행동을 변화시키는 가장 좋은 방법은 사고과정을 변화시키는 것이라는 가정이다. Meichenbaum은 치료적 관계의 질이 긍정적 결과를 만드는 데 중요하다고 생각하였으며, 치료목적을 달성하기 위해 필요한 기법들을 개발하기 위해서는 내담자와 협력적인 태도로 작업해야 한다고 주장했다. 그는 전문적인 치료자는 스스로를 전문가로 보지 말아야 하며, 내담자, 슈퍼바이저, 동료 상담자들에 지속적으로 피드백을 물어야 한다고 생각했다. Meichenbaum은 소크라테스식 질문법에 기반한 접근법을 사용해서 내담자가 목표를 이루도록 도왔다. 이를 통해 내담자는 심리적인 고통이란 인지와 감정과 행동, 그리고 결과의 영향이 서로 상호의존적인 기능이라는 것을 배우게 된다. 치료에 있어 내담자는 내면의 대화를 변화시키는 작업을 배우는데 이는 내담자를 새로운 행동으로 이끌어준다. Meichenbaum은 **행동방식**을 변화시켜 생각하는 방식을 바꾸는 것이, **생각하는 방식**을 변화시켜 행동방식을 바꾸는 것보다 더 효과적이라고 보았다. 인지행동수정에서는 행동변화의 전제조건에 내담자가 생각하고 느끼고 행동하는 방식을 알고자 하는 내담자의 의지, 그리고 내담자가 다른 사람들에게 미치는 영향에 대해 알고자 하는 의지가 포함된다고 말한다.

인지행동치료(CBT: Cognitive Behavior Therapy)에서는 치료자와 내담자가 협력하여 내담자의 결과를 확인 가능한 가설의 형태로 세우기를 강조한다. 인지행동치료 상담자들은 지속적인 적극성을 보이며 내담자와 신중하게 상호작용을 한다. 또한, 모든 치료단계에 거쳐 내담자의 적극적인 참여와 공동작업을 위해 관계를 맺으려 노력한다. 내담자는 경험주의적인 입장으로 자신의 경험을 평가하고 측정하기 위해 과학적인 방법을 적용한다. 내담자는 일상에서 주어진 과업을 해내면서 상담 과정 중에 학생의 역할을 맡으며 치료자의 파트너로서 상담이 진행된다(Kazantzis, Dattilio, & Dobson, 2017).

인지행동치료의 선구자인 Albert Ellis는 합리적 정서행동치료란 굉장히 상호작용적이기에 하나의 측면으로만 작업을 할 수 없다고 계속해서 주장한다. 인지치료의 아버지인 Aaron Beck은 사고와 감정과 행동의 통합을 강조한다. 현대 인지행동치료의 상징인 Donald Meichenbaum은 우리의 감정과 사고는 동전의 양면과 같다고 하였다. 왜냐하면 우리의 감정은 생각에 영향을 주고, 생각은 감정에 영향을 주기 때문이다. Meichenbaum의 접근법에 따르면, 내담자는 자기발견의 과정과 질문을 통해 인지와 감정이 스트레스 발생에 어떤 역할을 하는지 배울 수 있다고 하였다.

모든 인지행동 치료법들은 정서장애과 행동장애 치료에 있어 생각이 제일 중요하게 여기며, 사고의 변화가 감정과 행동에 영향을 미친다고 생각한다. 다만, 치료자가 어떤 스타일의 기법을 인용하냐에 따라 차이가 있다. 이 접근법에서 변화가 일어나려면 내담자는 매우 적극적이어야 한다. 인지행동 치료법들의 공통적인 목표는 증상을 완화하고, 내담자를 억압하는 문제점들을 해결하며, 내담자들이 일상에서 접목 가능하고 미래에 재발되지 않도록 상담기법을 교육하는 것에 있다.

이러한 모델은 생각이 감정을 일으키고, 감정이 행동을 일으키는 아들러의 순서를 모두 포함하고 있다. 생각은 자신과 다른 사람들을 위해 개인이 가지고 있는 의도와 개인이 내리는 결정을 반영하기 때문에, 생각은 목표 지향적이다. 생각은 상식을 만들거나, 사적인 생각, 대부분의 비합리적 사고, 그리고 자기보호적인 생각을 반영하기도 한다.

인지에 초점을 둔 상담의 이점과 한계점

CBT는 가장 널리 연구된 심리치료들 중 하나이다. 많은 해에 거쳐서, 굉장히 많은 CBT 기법들이 개발되고 표준화되었다. 각각의 기법들은 다양한 장애의 핵심인 개인의 부정확한 사고를 규명하고, 자극하고, 수정하는 데에 목표를 두고 있다(Rousmaniere, Goodyear, Miller, & Wampold, 2017). CBT가 대중적으로 유명하지만, Wampold와 Imel(2015)은 연구에서 다른 대부분의 치료법들보다 CBT가 효과적이라는 증거를 제공하지는 못했다고 보고했다. CBT를 다른 치료법들과 비교했을 때, 효과성에서는 유의미한 차이가 없었다. 그러나 CBT는 부분적으로 과학적인 면이 있어(Matu, 2018), 가장 경험적인 지지가 많은 치료법으로 간주한다. 또한, CBT의 효과성과 효율성을 지지하는 증거도 매우 많다(DiGiuseppe, Venezia, & Gotterbarn, 2018; Dobson & Dobson, 2017).

인지치료의 주요 개념과 주제

인지치료(CT)는 다양한 내담자 집단과 넓은 범위의 문제를 다루는 데에 많은 이점이 있다. 인지치료사들은 내담자가 무엇을 생각하고, 믿는지와 어떻게 세상을 인지하는지에 관심이 있다. 내담자는 상당한 고민과 질문을 통해 기본 신념이라는 결과를 얻거나, 비판적인 평가 없이 많은 신념을 받아들일 수 있다. 두 상황 모두, 내담자들이 어떻게 느끼고 특정 상황에서 어떻게 무엇을 하는지는 그들의 기본 신념이나 사고의 패턴과 깊은 관련이 있다. 우리의 생각은 우리의 감정적인 반응, 행동, 동기와 직접적으로 연결되어 있다. 우리가 어떤 사건에 대해 잘못되고 왜곡된 방법으로 생각한다면, 우리의 감정적인 반응과 행동적인 반응도 과장되거나 왜곡된다. 어떤 신념들은 내담자를 지켜주겠지만, 반대로 어떤 신념들은 문제를 일으킬 수 있다.

CT는 심리적인 문제란 흔한 일상의 인지왜곡으로 인해 발생하는 반응의 과장이라고 설명한다. Albert Ellis(1962)가 처음으로 비합리적 사고라고 명명하였는데, 이는 사람들의 양육방식이나 불안, 분노, 혹은 우울한 사람이 삶에 대해 생각하는 방식에서 흔히 발견되었다. 본래 그의 목록에는 11개의 흔한 비합리적 신념이 포함되어 있었다. Aaron Beck(1976)이 역기능적 사고의 질을 고려하였고, 이제는 정서장애에서 흔히 발견되는 10개의 인지왜곡으로 규명되어 있다(Dattilio, 2010). 이는 아래와 같다.

1. **임의적 추론**(Arbitrary Inference): 증거 없이 판단을 내림
2. **선택적 추출**(Selective Abstraction): 전체 맥락에 대한 고려 없이 일부의 정보만 기반으로 결과를 도출함
3. **과잉일반화**(Overgeneralization): 한두 개의 발생에만 근거하여 일반적 규칙을 만들어냄
4. **극대화와 극소화**(Magnification and Minimization): 한 사건이나 상황에 대해 실제 사실보다 의미를 과대해석하거나 축소해석 함
5. **개인화**(Personalization): 근거가 없음에도 외부사건을 개인 스스로에게 연결시키려는 경향
6. **이분법적 사고**(Dichotomous Thinking): 전부 혹은 아예 없음, 항상 혹은 한 번도 없음, 좋음 혹은 나쁨, 맞음 혹은 틀림 등 양자택일로 평가함
7. **명명과 잘못된 명명**(Labeling and Mislabeling): 개인의 결함이나 과거의 실수를 기반으로 그 사람의 정체성을 파악하여 이를 진정한 정체성이라고 정의함
8. **인지협착**(Tunnel Vision): 보고 싶은 것만 보거나 그 사람의 현재 마

음상태에 적합한 것만 보려고 함

9. **편향된 설명**(Biased Explanations): 상대의 행동이 긍정적일지라도 나의 부정적인 동기와 의도의 원인을 상대의 행동 탓으로 돌림
10. **마음읽기**(Mind Reading): 사실이나 근거 없이 당신이 다른 사람의 생각을 알 것이라는 믿음

이러한 인지왜곡은 CT의 주요 대상이다. 치료에서 대부분의 치료개입은 내담자가 이러한 왜곡들을 알아차리도록 도와주고 그들의 사고방식을 재구성하도록 돕기 위해 근거들을 모으는 과정을 포함한다. 물론 내담자의 중요한 타인들이 내담자의 현재 생활방식을 형성하는 데 기여했겠지만, 일상의 교류에 영향을 주는 자기파괴적인 신념과 태도를 유지하는 데에는 내담자의 책임이 있다. CT의 목표는 내담자가 자신의 사고와, 행동과, 감정의 변화를 일으키며 그 변화가 오랫동안 지속되도록 상담기법을 연습하게 도와주는 것이다. 인지치료자는 아래와 같은 질문들과 같이 내담자에게 질문을 하여 부정적인 사고를 수정하는 것을 가치 있게 생각한다.

- 이러한 생각에 찬성하는 근거와 반대되는 근거는 무엇인가?
- 이 상황에 대해 다르게 생각하는 방법은 무엇이 있는가?
- 이와 같이 생각하는 것에 대한 의의는 무엇이 있는가?

성찰적 질문과정을 통해 인지치료자는 내담자와 협력하여 내담자의 인지의 타당성을 검증하는데, 이를 **협동적 경험주의**(collaborative empiricism)라고 한다. 이 과정에서 치료자와 내담자는 내담자의 고민을 풀기 위해 확인하고 함께 작업한다(Sperry & Sperry, 2018). 그들은 공동연구자가 되어 인지를 지지하거나 수정할 증거들을 조사한다(Beck & Weishaar, 2019). 내담자의 인지를 확인되었으면, 인지 재구성 과정으로 열린 질문이 진행된다. 인지치료자는 자동적 사고를 변화시키기 위한 다양한 증거 기반의 방법들을 가지고 있다(Dobson & Dobson, 2017). 인지치료자는 **소크라테스 대화법**(Socratic dialog)을 종종 사용하곤 하는데, 이는 내담자의 자동적 사고의 타당성을 확인하기

위함이다. 치료자는 그들의 신념체계를 지지하거나 반대하는 근거를 확인하도록 지속적으로 물어본다. 질문은 치료자들이 내담자의 관점을 이해하도록 도와주고, 세심하게 질문함으로써 내담자가 그들의 생각을 객관적으로 바라볼 수 있게 한다. 소크라테스 질문법은 내담자가 자신의 생각을 더 잘 알도록, 인지왜곡을 검토하도록, 그리고 건설적인 사고체계를 개발할 수 있도록 도와준다. 인지치료 실무자는 내담자를 가르치는 것보다 내담자가 스스로 자신에 대한 오해를 알아차리는 것을 중요하다고 생각한다. 소크라테스 대화법을 능숙하게 사용한다면 내담자와 협력적 대화를 가능하게 할 것이며, 이는 치료자가 내담자의 사고를 수정하기 위해 다양한 치료개입을 사용할 수 있는 기반이 될 것이다(Beck & Weishaar, 2019; Kazantzis et al., 2017).

아들러식 치료법, 합리적 정서행동치료, 인지치료, 인지행동수정, 선택치료/현실치료, 이야기치료, 그리고 해결중심치료는 모두 같은 기본가정을 가지고 있는데, 이는 특정 상황의 사건에 대해 가지고 있는 내담자의 해석이 내담자를 이해하는 데 매우 중요하다는 사실이다. 인지 중심의 치료자는 어떤 사건에 대해 이야기하기보다는, 그 사건에 대해 내담자가 가지고 있는 개인적 의미를 탐색한다.

내담자의 문제에 대한 인지적 이해가 내담자에게 유익하더라도, 인지적 영역에 대해서만 지나치게 강조한다면 감정적 측면을 간과할 수 있다. 예를 들면, 내담자가 자신이 무엇을 느끼고 있는지 알아차리거나 경험하는 것이 어려워질 수 있다. 고통스러운 감정에 머무는 것이 불안하기 때문에, 내담자는 편향된 방식으로 지적인 방법에만 몰두할 수 있다. 내담자가 너무 빨리 그들이 느끼고 있는 감정을 알아차리려고 한다면, 아마 그 감정을 회피하고 있는 것일지도 모른다. 예를 들어 만약 내담자가 원하는 직업을 갖지 못했으면, 지금 여기에서의 자신의 감정을 경험하거나 적절하게 표현하려 하기보다 우선 그 직업을 원하지 않았던 이유에 대해 스스로를 기만하거나 합리화하는 데 집중할 것이다.

인지를 강조하는 접근법들은 전형적으로 과거 내담자의 감정적 이슈에 대해 많은 주의를 기울이지 않는다. 인지치료는 현재의 문제에 집중한다. 치료자가 인지 틀 내에서 작업하면서 특정 비합리적 신념이 언제 어떻게 기인했는지, 그리고 내담자의 어려움에 현재 어떻게 영향을 주고 있는지 이해하는 것이 중요하다고 판단될 때, 과거 내용을 다룰 수 있다. 인지치료자는 과거에 얽매이거나 초기의 트라우마적인 경험이 모든 것을 결정한다는 운명론적인 입장을 가정하지 않은 채 내담자의 과거에 주의를 기울인다. 과거에 해소되지 못한 어렸을 적 경험이 내담자의 현재 기능수준과 관련이 있다면 치료과정에서 생산적으로 탐색될 수 있다. 나는 개인적으로 내담자가 제한적으로 해석해서 스스로를 자유롭게 풀어주기 전에 내담자의 고통스러운 과거 경험은 치료과정에서 탐색하고 다뤄져야 한다고 생각한다. 내담자 자신과, 현재 가지고 있는 문제에 대한 지금의 신념은 보통 과거의 상처와 연관이 있다. 만약 내담자가 이러한 과거의 트라우마를 원만하게 매듭짓지 못한다면, 이 트라우마의 흔적은 더 오래 배경으로 남아있게 되고, 현재의 삶의 방식에도 영향을 끼칠 것이다.

내 개인적인 관점으로는, 내담자가 감정적인 이슈들을 알아차리고 잘 대처하고 있다면 인지행동치료가 가장 효과적이라고 본다. 실제로, 나는 오직 인지적인 방법, 혹은 감정적인 방법, 혹은 행동적인 방법만으로 상담을 하는 것이 어떻게 효과적인 것인지 모르겠다. 우리는 통합적인 존재로서, 이러한 모든 측면들을 고려해야 할 필요가 있다. 공평하게 말하자면, 현대의 인지행동치료는 인지와 감정과 행동적인 측면은 고도의 상호관계 속에 있다는 전제를 기반으로 한다. 이와 같은 사람의 경험에 대한 상호작용적 관점 때문에, CBT에서는 인지적 개입만 사용하지는 않는다. 인지치료의 모든 치료법들은 인지개입과 행동개입을 포함하고 있다. 또한, 행동에 관한 회기 내 활동과 회기 간 과제를 모두 포함하고 있다(DiGiuseppe, David, & Venezia, 2016; DiGiuseppe et al., 2018).

상담의 모든 통합적 접근은 인지적 영역을 다루고 있다. 우리는 모두 생각하는 존재이기 때문이다. 나 역시도 상담에 있어 생각을 중요한 요인으로 보고 굉장히 많은 주의를 기울이고 있다. 왜냐하면 사고과정의 내용물은 우리가 어떻게 느끼고 행동하는지에 큰 영향을 끼치기 때문이다. 통합적 접근에서는 내면의 소리, 잘못된 생각, 핵심신념, 자동적 사고, 개인의 세계관을 필수적으로 다룬다. 나는 상담회기에서나 다양한 일상에서 CBT의 많은 관점들이 상담에 굉장히 중요하다고 느낀다. 심리치료는 본질적으로 인지적인 방법과 행동적인 방법이 가장 관련이 깊은 심리교육적인 과정이다. 심리교육 중점의 CBT는 다양한 임상문제에 접목 가능하고 다양한 내담자에게 효과적으로 사용될 수 있다는 점에서 명백한 장점을 가지고 있다.

인지치료의 종합적 접근으로 통합에 대해 더 읽어보고 싶다면, J. Beck (2005, 2011), Dobson과 Dobson(2017), Ellis와 Ellis(2011), Kazantzis, Dattilio, Dobson(2017), Meichenbaum(2012, 2017), Sperry와 Sperry(2018), Vernon과 Doyle(2018)를 참고하라. 인지적 관점에 대한 일반적 치료에 대해 관심이 있다면, Beck과 Weishaar(2019, chap. 7) 그리고 Corey(2017, chap. 10)를 참고하라.

내담자가 되어보기: 인지행동치료 기법을 경험해보기

인지적인 전략과 행동적인 전략을 가장 창의적으로 적용하기 위해서는 내담자의 고유한 욕구와 상황에 맞춰져야 한다. 자신에게 개인적으로 인지행동치료법을 적용함으로, 이 기법의 실용적 가치를 가장 잘 이해할 수 있을 것이다. 다시 한 번, 당신을 나의 내담자라 가정하고 인지행동치료법에 어떻게 반응할지 생각해보자. 협력을 증진시키기 위해서는 치료에 대한 당신의 반응을 잘 알고 존중하는 것이 중요하다. 이 치료법들은 내담자인 당신을 위해 사용될 도구들이다. 나의 내담자인 당신에게 접목할 나의 통합적 접근에서의 인지행동치료들을 소개하도록 하겠다.

당신의 생각에 집중하기

행동 변화의 전제조건으로서, 당신이 먼저 당신은 어떻게 생각하고, 느끼고 행동하는지 알아야 하며, 당신이 다른 사람들에게 미치는 영향에 대해서도 알아야 한다. 변화가 일어나려면, 당신은 짜인 각본과 같은 당신 행동의 본성을 중단하여 다양한 상황에서의 당신의 행동을 평가할 수 있어야 한다. 종결을 향해 가면서 나는 당신의 사고를 비판적으로 평가할 질문들을 당신에게 물어볼 것이다. 당신은 파국적 사고에 사로잡히곤 합니까? 대부분의 상황에서 가장 최악의 시나리오를 염두에 두고 있습니까? 당신이 난관에 봉착했을 때 가능한 가장 최악의 결과물을 상상해보고 스스로에게 물어보라. "일어날 수 있는 가장 최악의 상황은 무엇인가? 만약 그런 일이 일어난다면, 무엇이 이 정도로 부정적인 결과물을 만들어낸 것인가?" 당신이 지속적으로 언제 파국적 사고에 사로잡히는지 알아차린다면, 조금 더 현실적인 생각에 몰두하는 법을 배울 수 있을 것이다.

나는 당신의 치료자로서, 당신의 핵심 신념을 지지하거나 반박할 증거들을 찾아볼 것이다. 문제를 유발하는 당신의 여러 자기패배적인 신념들을 밝혀낸다면, 이러한 신념들이 일상 상황에 침범하는 빈도를 관찰할 수 있을 것이다. 나는 당신이 당신의 신념과 태도들이 어떻게 당신의 감정과 행동에 영향을 주는지 이해하도록 도와주는 안내자로서의 역할을 할 것이다. 나는 상담을 진행하며 종종 이렇게 물을 것이다. "____에 대한 근거는 무엇인가요?" 이 질문을 당신 스스로에게 묻는 연습을 하라. 특히 당신이 역기능적 사고를 발견하는 것과 인지패턴에 주의를 기울이는 데에 능숙해질수록 말이다. 예를 들어, "나는 내 인생에서 중요한 모든 사람들로부터 인정받고 수용되어야 돼"라는 문장은 아래와 같은 문장으로 반박될 수 있을 것이다. "내가 꼭 인정을 받아야 된다는 말은 어디에서 나온 말인가?" "왜 나는 그들의 전적인 인정이 있어야만 가치 있는 사람인 것처럼 느끼는가?" 효과적이고 기능적인 신념은 아마 아래와 같은 말일 것이다. "물론 내가 존경하는 사람들로부터 인정받으면 좋겠지만, 내가 모든 사람들로부터 꼭 인정을 받아야 한다는 근거는 없어." 당신은 또 스스로에게 이렇게 말할 수도 있다. "나는 거절이 매우 싫어. 그래서 나 자신을 계속 지키고 고수하면, 더 이상 상처받지 않을 거야." 이러한 신념이 당신이 다른 사람들에게 대응하는 방법에 어떻게 영향을 주는가? 나는 당신에게 이렇게 물을 것이다. "거절은 물론 당신을 아프게 하겠지만, 만약 거절을 경험한다면 스스로를 보호하고 통제할 수 있을 것 같은가? 거절당한다는 두려움이 당신이 원하는 관계를 못 하도록 어떻게 막는가? 이때 당신에게 개입할 수 있는 문장의 리스트를 만들어 보라. 당신이 의문을 제기할 만한 기초적 판단들의 예시는 무엇이 있는가?

인지재구성

인지재구성은 당신의 인지를 확인하고 평가하며, 특성 생각이 부정적인 행동에 미치는 영향이 무엇인지 이해하고, 이러한 인지를 더 현실적이고, 더 적절하며, 더 적응적인 생각으로 바꾸는 일련의 과정이다. 나는 인지치료의 내담자인 당신이 자기패배적인 인지를 발견하도록 도울 것이며, 당신의 자기암시를 관찰할 것이다. 인지재구성은 생각은 행동과 감정의 원인으로 서로 연결되어 있다는 이론을 기반으로 하고 있다. 그렇기에 행동과 감정을 바꾸는 방법은 부정적이고 자기패배적인 인지를 바꾸는 것이다. 인지재구성은 생각의 방식을 바꾸는 중요한 방법이며, 모든 인지행동적 접근법에서 핵심적인 측면이다. Cormier, Nurius, 그리고 Osborn(2017)은 인지재구성 과정의 기본 요인들을 아래와 같이 설명했다.

- 내담자는 인지재구성 과정의 근거와 기본 개념에 대한 사전 교육을 받는다.
- 내담자는 문제 상황과 관련된 생각들을 확인하는 방법을 배운다.
- 대처사고(Coping thoughts)들을 접하고 연습한다.
- 자기패배적인 생각에서 대처사고로 변화를 이룬다.
- 내담자는 자기진술 강화를 연습하고 배운다.
- 과제를 수행하며, 후속작업도 있다.

과제 설계하기

인지행동치료는 새롭게 얻는 통찰을 행동으로 옮기는 것을 굉장히 중요하게 생각한다. 변화를 이끄는 과정에서 과제는 중요한 부분이다. 인지행동치료에서는 과제가 없으면 유의미한 변화가 일어나지 않기 때문에, 과제는 매우 필요한 요인이다(Dobson & Dobson, 2017). CBT에서는 회기 간에 연습을 촉진함으로써 당신이 회기 내에서 배운 것을 실제 상황에 일반화할 수 있도록 도와준다. 과제는 치료 결과와 지속적으로 관련이 있었지만, "과제"라는 단어는 종종 부정적인 의미를 갖는다(Kazantzis et al., 2017; Naar & Safren, 2017). 그래서 나는 "회기 간 연습"이나 "회기 간 치료개입" 아니면 "집에서 하는 활동"이라는 단어를 사용하도록 제안한다. 과제는 매 치료회기 이후에 설계되며, 회기 내에서 말했던 내용과 꼭 관련이 있어야 한다. 당신은 이러한 회기 간 활동을 설계하는 역할을 할 것이다. 또한 당신은 당신의 목표에 더 가까워지도록 상담실 밖에서 할 수 있는 단계에 대해 주도적으로 제안해 볼 것이다.

회기 간 활동은 당신이 일상 속에서 새로운 행동을 연습해보고, 당신의 신념을 시험해보며, 다른 행동들을 취해볼 수 있는 기회를 제공할 것이다. 상담 시간은 제한적이다. 하지만 당신이 일상 속에서 연습할 수 있는 활동들을 늘린다면, 상담 회기를 증가시키는 것과 같을 것이다. 회기 간 활동은 상담 회기 밖에서의 상담기법들의 연습을 포함하는데, 이를 통해 실제 세상에서 이러한 기법들을 숙달하거나 일반화할 수 있도록 도와주며, 종결 후에도 치료의 효과를 연장하는 역할을 할 수 있다(Naar & Safren, 2017). 최고의 활동은 당신이 제안하는 활동일 것이다. 특히 이전 회기에서 발달된 자조적인 활동이 제일 좋을 것이다. 또한, 당신의 특정 문제에 맞춰서 회기 간 개입을 하는 것이 중요하며, 당신이 참여해서 이러한 활동을 같이 설계하는 것이 중요하다. 다시 말하지만, 회기 간 활동은 당신의 치료자인 내가 당신이 원해야 하는 것이라고 판단한 것이나 내가 당신에게 바라는 것이 아니라, 당신이 당신 스스로에게 원하는 것에 맞춰야 한다. 당신은 당신의 일상에서 회기 간 활동을 수행하는 것에 대해 어떻게 반응할 것인지 한번 생각해보자. 당신은 일상 상황에서 연습하는 것을 호의적으로 하고 싶어 할 것 같은가? 회기 간 활동을 하는 데 당신을 가로막는 것은 무엇인가? 당신이 과제를 수행하도록 하려면 어떻게 도와줘야 하는가?

당신이 근거가 없는 판단이나 잘못된 신념들을 발견했다면, 회기 간의 시간동안 당신의 신념이 개인적인 문제들에 어떻게 영향을 주고 있는지 기록하고 생각해보라. 이런 방식을 통해 당신은 당신의 자기패배적인 생각을 비판적으로 진찰해볼 수 있을 것이다. 다음 회기에 올 때에는 당신이 잘 했던 상황이나 어려움을 겪었던 상황을 자세하게 설명할 수 있도록 준비해보

라. 당신이 마주하고 있는 상황의 실제 증거들을 지속적으로 질문해봄으로써, 당신 내면의 소리를 더욱 효과적으로 평가할 수 있을 것이다. 이 활동은 당신의 진술이 정확한 정보에서 나온 것인지, 아니면 잘못된 정보에서 나온 것인지 확인할 수 있도록 도움을 줄 것이다.

나는 나의 직접적인 개입 없이 크게 회기 간 활동을 통해 당신의 치료를 지속해 가는 방법을 보여줄 것이다. 이는 당신에게 공식적인 상담의 종결 이후에도 지속적으로 배울 수 있는 방법을 제공해줄 것이다. 우리는 당신을 교육하고, 당신에게 대처기술을 가르치고, 당신이 상담에서 배우는 것과 일상에서 배우는 것의 연결을 볼 수 있도록 하는 데 대부분의 시간을 사용할 것이다. 나는 CBT가 독서치료나 심리교육적인 과제를 강조하는 것을 높게 평가하는데, 예를 들면 오디오북을 듣거나, 팟캐스트를 듣거나, 어플을 사용하거나, 자기에게 도움이 되는 책을 읽거나, 당신이 무엇을 하는지 혹은 생각하는지 기록하거나, 워크숍에 참석하는 것이다. 이런 방식을 통해, 당신의 상담자인 나에게 과도하게 의존하지 않고 당신 스스로의 변화과정을 지속해 갈 수 있을 것이다.

아들러의 개념을 사용해보기

아들러의 심리학은 성격의 인지적인 관점에 많은 중점을 두고 있어, 많은 면에서 상담의 인지적 접근으로 여겨진다. 아들러 심리학자들에게 있어, 감정은 사고에 뒤따르는 것이며, 행동을 유발하는 연료이다. 아들러의 체계에서 당신은 생각한 다음에 느끼고, 그 이후에 행동한다. 감정과 생각은 당신 인생의 중심 목표를 향한 목적과 목표를 제공해주기 때문에, 우리는 당신의 행동이나 증상의 목적을 발견하고 이해하며 새롭게 바꿀 수 있는 유용한 방법을 찾아 사용하는 데 대부분의 상담시간을 사용할 것이다. 당신은 아들러가 "사적 논리(private logic)"라고 불렀던 것에 대해서 탐색하게 될 것인데, 이는 당신 자신과, 타인, 그리고 당신의 인생에 대한 개념을 포함한다. 우리의 상담은 당신의 행동이나 증상의 목적을 발견하고 당신의 대처방법의 기본 오류들을 발견하는 데에 중심을 둘 것이다.

우리가 상담에서 당신의 사적 논리의 구조를 아래와 같은 삼단논법을 통해 발견했다고 가정해보자.

- 나는 원래 사랑스럽지 않다.
- 세상은 사랑스럽지 않은 사람들을 단호히 거절하는 사람들로 가득 차 있다.
- 그러므로 내가 다른 사람들 눈에 띄어 거절당하지 않도록 꼭꼭 숨어야 한다.

우울과 절망감이 위와 같은 생각에서 어떻게 유래하는지 쉽게 발견할 수 있을 것이다. 이러한 잘못된 가정을 수정하는 방법을 배우는 것이 당신 치료의 핵심이 될 것이다. 이 치료과정을 통해 당신은 당신의 중요한 인생 문제와 과제를 해결할 수 있는 자원과 선택지가 당신에게 있음을 발견할 것이다.

인지행동적 관점으로 Marissa를 상담하기

Marissa는 30대 중반의 마케팅 이사이며, 현재는 인지행동치료를 받기 위해 장기휴가를 사용하였다. 그녀는 불안과 우울 때문에 여러 상담사들과 5년 이상 치료를 받았었다. 직전 상담의 마지막 즈음에는 정신과 의사의 관리하에 졸로프트(Zoloft: 우울증 치료제)를 복용했었다. 그녀의 이전 치료는 주로 심리분석 중심의 실무자들이었다. 그녀는 매주 상주 상담을 받았지만, 상담의 진전에 만족하지 못하였다. 가끔은 불안이 상승해 공황 발작을 일으키기도 했다. 그녀의 친구가 인지행동치료를 통해 성공적인 치료를 경험하고서 그녀에게 이 방법을 사용해보도록 권하였다.

Marissa에게 강한 수준의 우울과 불안과 공황이 일어난 한 최근의 이슈는 바로 그녀가 "그녀 인생의 사랑"으로 여겼던 남자와의 이별이었다. 다른 남자와 만나는 것은 성공적이지 못하였다. 그녀는 부끄럽고, 충분히 만족스럽지 못하고, 충분히 예쁘지 않다고 느꼈으며, 남의 시선을 많이 의식해서 절망이나 낙담에 빠지곤 했다. 또한 그녀는 아이를 너무 가지고 싶어 했다. 그래서 그녀는 잘 맞는 사람을 금방 만나지 못한다면 평생 아이를 가질 수 없을까 두려워했다. Marissa는 자신의 친구들처럼 이미 평생의 동반자를 만났어야 한다고 생각하고 있으며, 이제는 장기적인 가까운 관계를 갖지 못할까 걱정하고 있다. 이러한 걱정에 더불어, Marissa는 그녀에게 무엇을 해야 하고 무엇을 하지 말아야 하는지 정해주는 비판적이고 요구적인 가족들과 갈등을 겪고 있다. 또한 그녀는 회사에서나 집에서 완벽주의적인 경향이 있는데, 이러한 성향이 자신이 목적이 없고 삶에 흥미를 잃은 것처럼 느끼게 만든다고 보고하고 있다.

Marissa에게 인지적으로 개입하기

인지행동치료를 실행함에 있어 가장 중요한 것은 치료적인 관계이다. CBT는 협력을 강화하고 결과를 증진시키는 경험적 근거의 관계 요인들을 따라야 한다고 강조한다(Kazantzis et al., 2017). 나의 치료개입이 적극적이고 직접적이지만, 나는 치료적 동맹을 형성하고 유지하는 것을 굉장히 중요시 여기며, 이러한 치료적 관계 작업에 내담자를 동업자로서 참여하도록 노력한다. 치료적 관계는 팀의 노력이며 우리는 우리의 전문 지식을 함께 공유해야 한다. Marissa는 그녀 인생의 전문가며, 나는 그녀가 원하는 목표를 이루도록 돕기 위한 인지모델 적용의 전문가이다. Marissa를 상담하면서 우리는 그녀의 신념체계, 생각, 태도, 가치들을 탐색해볼 것이다.

물론 나는 인지행동기법을 중심으로 다루지만, Marissa의 상황에 대한 개념화를 통합적 관점에 기반하거나 다양한 치료적 모델의 개념들을 사용하기도 한다. 더 자세하게 말하자면, 가족체계치료에 있어서는 가족 내 규칙을 집중적으로 보며, 행동치료에 있어서는 그녀의 행동에 영향을 끼치는 신념과 가정에 주의를 기울일 것이다. 합리적 정서행동 치료에서는 자기패배적인 신념과 자기세뇌를 주목할 것이며, 아들러의 치료법에서는 그녀의 기본 오류들에 집중할 것이다. 현실치료에서는 Marissa의 가치와 그녀의 세상에서 그녀는 무엇을 원하고 있는지 주목할 것이며, 여성주의 치료에서는 성역할 메시지의 영향을 측정할 것이다. 이런 모든 양상이 있지만, 나는 Marissa의 인생에서 들리는 숨겨진 메시지에 주목할 것이다. 나는 그녀의 내면의 소리와 생각이 그녀의 행동과 관계가 있을 것이라고 생각한다.

나는 먼저 Marissa의 내적 대화와 사고과정이 그녀의 매일 매일의 행동에 어떻게 영향을 주는지 확인하였다. 나는 적극적이고 직접적인 상담방식을 사용하며, 근거가 기반된 CBT 기법들을 차용하였다(Dobson & Dobson, 2017). 이러한 기법들은 Marissa가 그녀의 문제를 극복하고 원하는 목표를 이루도록 도와줄 수 있을 것이다. 나는 시간 제한적이고 현재 중심적이며 해결중심적이고 구조화되어 있으며 심리교육적인 상담을 좋아한다. 나의 일은 Marissa가 그녀의 자기패배적인 생각과 부적응적인 신념들을 깨닫고 바꾸도록 돕는 것이다. 따라서 우리는 그녀의 신념을 재구성할 방법을 찾으면서 그녀의 사고과정과 내용에 집중해볼 것이다.

Marissa에게 그녀의 잘못된 신념에 대해 단순히 말해주는 것보다, 나는 그녀가 스스로 데이터를 수집하고 특정 핵심신념과 관련된 증거들을 따져보도록 권하였다. Marissa와 나는 소크라테스식 발견 위주의 접근법(Socratic discovery-oriented approach)과 질문을 활용하여 어떤 생각과 감정, 행동이 그녀에게 문제를 일으키는지 확인하도록 하였다. 나는 Marissa가 비구조적 사고를 발견하고, 그녀의 인지왜곡을 수정할 수 있는 방법을 배우고, 또한 더 효과적인 자기대화와 신념으로 바꿀 수 있도록 도왔다. 아래는 내가 Marissa에게 고민해보고 대답해보도록 권한 질문들이다. "만약 다른 사람들이 당신에게 정해준 기준에 미치지 못하면서 산다면 어떨 것 같나요?" "만약 현재 당신의 상태로 남아 있는다면, 1년 후에 당신의 삶은 어떻게 될 것 같나요?" "당신에게 부담이 덜해질 수 있다면 어떻게 다를 것 같나요?"

합리적 정서행동치료에서와 같이 내가 Marissa와 함께 사용한 주요 기법은 부정확한 신념에 논박하기였다. 그녀의 치료 대부분은 그녀가 비현실적인 신념에 도전하는 법과 그녀 자신의 내적 대화에 논쟁하는 법을 배우는 것에 중점을 두었다. 아래는 Marissa의 신념이 타당한지 그 근거들을 확인하기 위해 진행한 질문들이다. "이러한 신념을 가지는 것이 당신의 인생에 도움이 되나요? 아니면 방해가 되나요?" "이러한 당신의 신념의 근거는 무엇이죠?" "이 신념이 확실하다고 누가 말했죠?"

나는 논쟁하는 방법만 소개했을 뿐 아니라, Marissa가 일상에서도 그녀의 자기암시에 집중해보도록 권하였으며, 그녀에게 문제가 되는 생각의 패턴을 감지해보도록 권하였다. 이를 통해 그녀가 예전의 패턴으로 돌아가려는 것을 감지했을 때 자기암시와 논쟁해볼 수 있을 것이다. 나는 Marissa가 자신을 무기력하게 하는 자기암시에 굴복하려 할 때 주로 인지적 개입을 사용했다. 이러한 기법은 그녀가 미래에 대해 굉장히 부정적인 예측을 하는 상황이나, 그러한 판단이 그녀의 부정적 신념으로부터 기반되었을 때 사용되었다.

나의 치료개입은 Marissa가 현재 무엇을 생각하고 또 그 생각이 그녀의 감정에 어떻게 영향을 주는지 고민해보도록 하는 데 목표가 있다. 나는 그녀가 위와 같은 상황 속에서 사실만을 탐색하고 그녀가 내린 판단에 대해 다른 시각을 부여해 보며, 새로운 상황을 평가할 수 있는 개방적인 태도를 가지기를 원한다. 나는 그녀가 자신의 사고를 비판적으로 평가하고, 이러한 그녀의 사고가 현재 그녀의 일상에서 얼마나 다양한 방면으로 침투하는 영향력이 있는지 확인하도록 돕는 데 목표가 있다. 그녀의 사고를 아들러의 관점에서 다뤄보기 위해, 나는 Marissa가 어렸을 때 설립한 그녀만의 메시지와 가족 내에서 그녀가 만들어낸 판단에 집중하였다. 결과적으로 그녀는 그녀가 어렸을 때 했던 판단들의 이유에 대해서 생각해보기 시작했다. 나는 그녀가 내린 판단들 중 무엇이 인생과 관련이 있고, 무엇이 자신과 관련이 있으며, 무엇이 타인들과 관련이 있는지 보도록 독려하였다. 또한 그녀의 인생에 대한 새로운 판단을 형성해 줄 수 있도록 수정해보기를 권하였다. 여기가 심리교육이 두드러지는 순간이었다. 나는 Marissa에게 그녀의 사고와 감정, 행동을 연결해보도록 가르쳤으며, 우리 개인의 감정은 어떻게 만들어지는지(인생에서의 상황이나 사건이 감정을 만들어내는 것이 아님을) 설명하였다. 그렇기 때문에 우리가 건강하고 합리적인 방법으로 생각할 때 우리는 건강한 감정을 만들어내는 것임을 설명하였다.

인지행동치료 체계의 가정과 같이, 나는 실제로 문제적인 감정을 유발하는 것은 한 인생의 사건이나 상황이 아니라고 생각한다. 오히려, 문제가 되는 것은 그 사건에 대한 평가나 사람들이 가지고 있는 신념들이다. 합리적 정서행동치료에서와 같이 나는 Marissa에게 Albert Ellis(2001)가 개발한 A-B-C 모델을 설명하였다. 이 개념은 A(선행사건: the activating event)가 C(정서적 결과: the emotional consequences)를 유발하는 것이 아니라, 그녀의 문제의 주된 원인은 B(선행사건에 대한 그녀의 신념: belief)라는 사실을 전제로 한다. 대부분의 나의 교육은 그녀가 어떻게 B(신념체계)를 바꿀 수 있는지에 중심을 둘 것이며, 이를 통해 유의미한 정서적, 행동적인 변화를 이룰 수 있을 것이다.

다양한 인지적 기법은 Marissa가 그녀의 사고와 행동 간의 연결성을 알아내도록 도와줄 것이다. 나는 그녀가 자기암시를 통해 고통스런 감정을 유발하고 있는 방법을 확인하고자 했다. 인지 재구조 작업을 통해 Marissa는 그녀의 행동에 대한 새로운 방식의 사고와, 새로운 내용의 자기대화, 그리고 인생에 대한 새로운 전제를 배울 수 있었다. 우리가 함께 작업함으로써 직접적인 가르치는 나의 역할보다 스스로를 발견하고 있는 Marissa의 역할을 더욱 강조할 수 있었다. 이제는 그녀의 결단력과 이해심, 의식수준, 그리고 노력을 통해서 그녀의 사고와 행동의 변화가 지속될 수 있을 것이다.

Marissa는 그녀가 모든 면에서 완벽해야 한다는 비합리적 신념이 기저에 있었다. 그녀가 완벽하지 않으면 매우 부정적인 결과가 있을 거라고 생각하고 있었다. 그녀는 지속적으로 그녀의 성과를 평가하고 있었으며, 그녀의 비현실적인 높은 기준 때문에 자신을 저조하게 생각하고 있었다. 사실상 심사위원이 그녀의 어깨 위에 앉아있었던 것이다. 나는 그녀에게 자신을 평가하는 것은 결국 고통의 길로 안내할 것이라고 계속해서 상기시켰다. 물론 그녀는 자신의 행동의 일부를 아직 평가하고 있을지 모르지만, 그녀는 이제 자신의 행동을 자신의 인격체로부터 분리하여 생산적으로 고민해볼 수 있게 되었다. 나는 철저한 자기도전적인 방법을 통해서만 문제를 유발하던 자기패배적인 생각으로부터 그녀가 자유로워질 수 있다고 생각한다. Marissa와 함께한 인지치료의 목표는 그녀가 그녀의 사고, 행동, 감정들을 변화시키고 시간이 지나도 유지할 수 있는 실용적인 기술들을 배우도록 돕는 것이었다. 나는 그녀에게 자신의 내면적 비판에 반박할 수 있는 실용적인 방법을 가르치고, 새롭고 기능적인 자기대화를 배우며, 그녀의 행동이 변해가면서 경험에 대해서도 재평가하도록 돕기를 바랐다.

합리적 정서행동치료에서 나는 특히 합리적으로 생각하는 법을 배우는 것을 강조한다. REBT는 굉장히 교훈적인 치료방법으로서 비합리적이고 자기세뇌적인 생각들과 싸우는 법을 행하고 연습하도록 강조한다. 또한, REBT는 개인적인 문제의 근간으로 사고와 신념체계의 역할을 주목한다(Ellis & Ellis, 2019). 이러한 관점으로 나는 Marissa의 잘못된 신념이 자기세뇌 과정을 거쳐 부정적 감정에 영향을 주고 있다는 것을 발견했다. 나는 그녀가 예측한 부정적 결과가 얼마나 타당성이 있는지 시험해보도록 안내했다. 예를 들면, 그녀는 극단적으로 자기비판적이며, 완벽함을 요구했고, 모든 상황에서 다른 사람들이 자신에게 하는 기대에 부응해야 한다고 생각했으며, 그리고 자신을 성과위주의 기준으로 적용해서 탈진에 이르게 하였다. Marissa는 그녀의 어머니가 말한 내용에서 아래와 같은 숨겨진 메시지를 들었다고 했다. "일을 잘 할 수 없으면 아예 하지를 마" 이러한 메시지를 내면화하면서, 그녀는 자주 죄책감과 좌절감에 빠졌다. 그녀의 완벽주의에 대해 이야기하면서, 그녀는 자기 자신에게 조금 더 자비로워져서 자기도 실수를 할 수 있다고 믿고 또 느끼고 싶다고 했다. Marissa는 아래와 같이 말했다. "나 자신에게 덜 혹독하게 대했으면 좋겠어요." 나는 역할극을 제안했다. 그녀는 자신에게 자비로워지는 역할을 하였으며, 나는 자신을 비판적으로 대하고 채찍질하는 역할을 하였다. 그녀가 자신을 혹독하게 대하지 않고 일도 덜 하고 싶다고 말할 때마다, 나는 그렇게 해이해질 수는 없다고 하며, 그럴 경우 굉장히 부정적인 결과가 있을 것이라고 말했다. 내가 Marissa와 인지적 역할극을 진행한 이유는 그녀가 무엇을 믿고, 또 그런 신념은 어디에서 생긴 것인지 조사하기 위함이었다. 나는 Marissa가 무조건적으로 수용했던 메시지에 질문을 하고, 이를 통해 그녀의 신념이 현재 그녀의 인생에 있어 도움이 되는지 아닌지를 결정할 수 있기를 바랐다. 이와 같은 토론과 반박, 그리고 Marissa가 살아가면서 배웠던 메시지를 비판적으로 검토하는 과정을 통해, 그녀는 남들이 기대했던 삶에 부응하려 노력했던 많은 자신의 방법들에 대해 좀 더 명확히 알 수 있었다. 내가 그녀의 익숙한 부분을 연기하면서 논쟁을 진행한 후에야, 그녀는 그녀의 자기암시가 실제로 자기에게 문제를 일으키고 있었다는 것을 더 깊이 경험할 수 있었다. 또한 우리는 Marissa가 비판적으로 대하는 역할을 맡고, 나는 반대 메시지의 역할을 맡는 역할극도 진행하였다. 이 방법을 통해서만이 Marissa가 타당성이 전혀 없은 잘못된 신념을 기능적이고 현실적인 신념으로 교체하도록 도울 수 있었다. 이제 Marissa는 더 인생을 완전히 즐길 수 있는 새로운 신념을 찾아야만 했다. 나는 Marissa의 자기진술을 재편성하면 그에 합당한 행동의 재편성이 이루어질 것이라고 믿었다.

나는 그녀에게 현실적이고 적합한 신념을 제공해주지 않고, 그녀가 자신만의 구조적인 신념을 만들어나가도록 도왔다. 단순히 잘못된 논리를 알아내는 것은 성격의 변화를 유발하지는 않지만, 그녀의 사고를 비판적으로 평가하는 것은 치료의 필수적인 부분이다. 치료의 목표 중 하나는 Marissa가 무조건적인 자기수용을 이뤄내는 것이다. 나는 Marissa에게 당신의 가치는 남자를 만나는 것이나, 아이를 갖는 것이나, 회사에서 “완벽하게” 일하는 것이나, 당신이 하는 무슨 일에서든 완벽해지는 것과는 관련 없는 것이라고 매일 상기하도록 권하였다.

인지행동치료나 행동중심의 치료들은 변화를 지속하기 위해 상담회기 내에서 진행하는 것들에 대해서만 전적으로 의존해서는 안 된다고 강조한다. Marissa가 그녀의 사고와 감정과 행동을 변화시키고 싶어 한다면, 상담실 밖에서도 그녀의 행동을 그녀 스스로 발견해야 할 필요가 있다. 나는 그녀에게 지속적으로 일기를 써서 그녀의 일상에서의 사건들로부터 어떻게 영향을 받았는지 집중하도록 권하였으며, 도중에 멈추지 않고 일기를 작성할 수 있는 공간을 찾아보도록 하였다. 나 역시 행동과업을 설계하는 데 협력적으로 작업했으며, 이를 통해 그녀가 그녀의 자기패배적인 신념과 자기제한적인 행동들에 마주하여 도전하도록 하였다. 그녀는 새로운 기법들과 새로운 방식의 생각들을 일상 속에서 적용하려는 노력을 통해 그녀가 원하는 긍정적인 변화로 나아가고 있다는 것을 깨달았다. 그녀가 원하는 목표에 집중하도록 돕는 것은 매우 중요하기에, 나는 그녀가 이러한 목표를 좇아야 한다고 제안하는 것을 최대한 피하였다. 매 회기에서 우리는 그녀가 상담실을 떠나도 상담에서 얻은 것들을 최대한 활용할 수 있는 방법들을 같이 강구해 보았다. 물론, 나는 매 회기를 그녀의 과업을 얼마나 수행했는지 물어보며 시작하였다.

Marissa의 현재 상태

Marissa가 부지런히 CBT 과제활동을 해내도록 노력한지 6개월 만에, Marissa가 경험하고 있는 변화는 굉장히 긍정적이었다. 그녀는 더 이상 강한 절망, 우울, 불안을 느끼고 있지 않았다. 무언가 불행한 사건이 발생했을 때 그녀의 감정은 슬픔, 실망감, 걱정과 같은 건강한 부정적인 감정들이 될 뿐이었다.

Marissa는 "유일한 그 남자"를 만나는 것에 대한 기대를 떨쳐버렸다. 아이를 갖는 것에 대한 시급함도 같이 말이다. 그녀는 지금, 여기에 집중하고 있으며, 무조건적으로 자신을 받아들이는 것도 훨씬 나아지고 있었다. 그녀는 아직도 인생의 동반자와 가족들을 원했지만, 그들이 없더라도 만족할 만한 삶을 사는 법을 이제는 알고 있었다. 그녀는 이제 그녀의 감정을 일으키는 것이 상황이 아니라 대부분 자기의 생각 때문이라는 것을 깨달았다. 또한, 데이트가 불만족스러워도, 혹은 남자가 더 이상의 데이트를 요청하지 않아도 크게 화가 나지 않았으며, 이러한 사건들이 더 이상 그녀의 가치나 매력을 정의하지는 않았다. Marissa는 일기를 통한 스스로 성찰하는 작업을 즐기고 있다. 그녀의 완벽성을 향한 욕구는 아직 진행하고 있는 상담의 중점으로 남아있다. 그녀는 그래도 덜 강박적이 되었다고 하지만, 아직 더 진행되어야 할 필요가 있다. Marissa는 모든 것들이 그녀가 "그렇게 되어야 하는 방향"으로 가지 않더라도 즐기고 있다고 보고했다. 현재 Marissa는 현재 자신이 즐기고 있는 건강한 변화를 더 늘리고 유지하도록 노력해야 한다는 것을 깨닫고 있으며, 그렇게 하고 싶어 한다.

성찰 질문

인지행동치료의 주요 개념들을 생각해보자. Marissa의 적용을 떠올리면서 다음의 질문을 고려해보시오

- 인지적 관점에서 Marissa의 사례 중 어떤 면이 가장 당신에게 흥미로웠는가? 또 그 이

유는 무엇인가?

- 당신이 Marissa를 상담한다면 적용할 한 가지의 인지적 기법은 무엇인가? 이 기법을 선택한 근거는 무엇이며, 어떤 성과가 나타나기를 원하는가?
- 어떤 종류의 과제가 Marissa에게 유용하겠는가? 당신이라면 Marissa와 과제를 설계하면서 어떻게 협력적으로 작업하겠는가?

인지행동적 관점으로 Erv를 상담하기

Erv는 많은 상실을 경험하면서 인생의 의미에 대해 물었던 71살의 은퇴한 남성이었다. 그는 6년 전 아내를 여의고, 아들과 함께 살고 있었다. Erv는 우울과 외로움을 겪고 있었으며, 누군가에게 자신이 쓸모 있는 사람인가 걱정하고 있었다. 그는 미래에 대한 기대감은 거의 없었고, 과거의 실수나, 잃어버린 기회들이나, 후회에 집중하고 있었다. Erv는 은퇴하기 전에 한 전문대에서 철학을 가르쳤는데, 그것이 굉장히 의미 있었다고 했다. 그는 자원봉사로 가르칠 수 있는 방도를 찾고 있었다. 아내의 죽음과 자신의 은퇴 이후로 Erv는 아내와의 관계에서 잘못했던 부분과 자신에게 의미 있던 경력으로 대학 교육을 할 수 없음을 되뇌고 있었다. Erv에게 있어 은퇴란 누구에게도 쓸모없는 존재가 되는 것의 신호라고 생각했고, 그는 해고당한 기분이라고 말하기도 했다. 그는 항상 아내를 그리워할 것이고 새로운 관계도 그 공허함을 채울 수 없을 것을 알았지만, 그럼에도 새로운 의미 있는 관계를 찾고 있었다. 또한 그는 강사로 가르쳤던 것처럼 자신의 재능을 잘 활용할 수 있는 일자리를 찾기 원했다. 이렇게 새로운 관계를 만들고 새로운 형태의 일을 찾으려는 노력에도 불구하고, 그는 활력을 되찾고 일상에서 존재의 목적을 찾을 수 있을 것이란 희망을 별로 가지고 있지 않았다. 그는 지역 문화센터에서 하는 사교모임에도 참석하여 여성과의 만남을 시작하려고 시도하기도 했었으나, 자기가 모르는 사람과 대화하는 것이 어색했으며 그들은 자신과 관계를 맺고 싶어하지 않을 것이라고 생각했다. 그는 대화를 이어나가면서도,

다른 사람들은 자신이 지루하다고 생각하고 가능한 한 빨리 이 자리를 벗어나고 싶어 할 것이라고 생각했다.

나는 인지행동치료자로서 Erv와 상담을 진행하면서 직접적이고 구조적이며 행동중심적인 접근을 활용하였다. 다양한 측면에서 내담자-상담자 관계는 학생-교사의 관계와 비슷하다. 나는 치료를 Erv가 그의 생각과 감정과 행동을 바꿀 수 있는 방법을 탐색하는 기회로 보았다. 나는 Erv가 그의 많은 핵심신념들, 특히 대부분 그에게 도움이 되고 있지 않은 신념들을 알아차리도록 도왔다. 몇몇 주요 신념들을 밝혀내고, 나는 그가 자신, 타인, 그리고 자신의 세계를 위해 내린 결정들에 대해 생각해보도록 권하였다. 또한 나는 Erv의 현재 행동들이 자신을 어디로 이끌고 있는 것 같은지 고민해보도록 물었다. 그는 매우 불안해서 자신을 고립시키고 다른 사람에게 손을 뻗기를 주저하고 있는 것 같았다.

Erv가 구조적인 신념을 갖고 자기강화적인 신념체계를 얻도록 돕기 위해, 나는 그의 치료자로서 몇 가지의 과업을 수행했다. 먼저, 나는 Erv의 가치에 관해 가지고 있는 자기패배적인 신념을 비판적으로 평가해보도록 지지했다. 이러한 치료과정을 통해, 나는 Erv가 과거의 실수에 지나치게 집중되어 있고, 후회는 그의 정서적이고 행동적인 문제의 근원이 된다는 것을 가르치고자 했다.

내가 Erv와의 상담에서 중점적으로 주목한 부분은 그의 생각이다. 자기도전적인 방법을 통해 배우는 것만이 그를 자기패배적인 사고에서 자유롭게 할 수 있을 것이다. Erv와의 작업에서 나의 목표는 그가 자기파괴적인 사고패턴과 이로 인해 유발된 감정만 알아차리는 것에서 멈추는 것이 아니라, 이러한 문제적인 신념을 논박하는 단계를 밟아가고 이를 기능적인 신념으로 교체하는 것까지였다.

Erv와의 상담에서 그의 삶의 특정 상황에 대한 해석이나 자신의 가치에 대한 판단의 타당성을 확인해 볼 필요가 있었다. 나는 Aaron Beck의 인지치료의 개념을 착안해서 Erv가 그의 부저적 생각과 부적응적인 신념들을 확인하고 바꾸도록 많은 기법들을 사용하였다. Beck의 정서장애의 인지모델에 따르면, 정서적 문제의 본질을 이해하기 위해서는 어떤 분노를 유발하는 사건에 내담자의 반응이나 사고의 흐름에서 인지적 내용에 중점을 두는 것이 중요하다. 나는 인지적, 정서적, 행동적인 기법을 사용하여 Erv에게 그가 가지고 있는 잘못된 신념이 정서장애를 유발하고 있다는 것을 설명했다. 여러 회기에 거쳐 우리는 인지치료자들이 "인지왜곡"(Beck & Weishaar, 2019)이라 부르는 것을 탐색했는데, 이는 아래와 같다.

임의적 추론: Erv는 지지되거나 관련된 근거 없이 판단을 내렸다. 그는 종종 "파국화"하거나 주어진 상황에서 가능한 최악의 시나리오를 생각하곤 한다. 그는 한 여성과 성공적인 관계를 형성했다 하더라도, 그 관계는 오래 지속되지 않았을 것이며 그녀가 그를 점점 더 알아갈수록 그에게 흥미를 잃어갈 것이라고 믿었다.

과잉일반화: Erv는 한 특정 사건을 기반으로 지나치게 극단적인 신념을 가지고 있으며, 이를 부적절하게 완전히 다른 사건들에 적용하였다. 예를 들어, 그는 가르치는 직업을 대체할 다른 선택지를 찾지 못했기 때문에, 인생에 많은 면에서 실패했다고 믿었다.

명명과 잘못된 명명: Erv는 그의 결함과 실수들로 자신을 표현했다. 그는 한 문제적 상황을 가지고 자신의 전체적인 존재를 정의했다. 그는 은퇴 이후 의미 있는 일을 찾는 데 어려움을 겪고 있었다. 이후 그는 노인센터에서 자원봉사로 직업을 갖지 못한 것에 대해 자기 자신을 패배자라고 명명하였다. 그는 어떠한 일도 할 수 없음에 슬퍼하였으며, 그는 센터 사람들이 자신을 아무것도 도움이 되지 않는 사람으로 생각할 것이라고 확신했다.

이분법적 사고: Erv는 자주 양자택일의 용어로 해석하거나 생각하곤 한다. 그는 자원봉사로서 성공하거나 아니면 다른 사람에게 전혀 도움이 되지 않는 사람이 된다고 생각했다.

개인화: 많은 상황에서 Erv는 근거 없는 부정적 판단을 내린다. 그는 시간제 강사로서의 직업을 지원하면서 하나의 수업이라도 가르칠 수 있기를 원했다. 하지만 학과장은 Erv에게 등록자 수가 줄어서 이미 여러 개의 수업이 취소된 상황이기 때문에, 수업을 배정해 줄 수 없다고 말했

다. 이에 Erv는 학과장과 교직원들이 자신을 같은 학과의 일원으로 받아들이기 싫어해서, 자신을 내보내기 위해 수업이 취소됐다는 핑계를 댄 것이라고 굳게 믿고 있었다.

많은 회기에 거쳐 우리는 특정 신념들에 대해 작업하였다. 일부는 인지적 역할극을 하며 진행하기도 하였다. 그는 자신이 제공해 줄 수 있는 가치가 없기에 더 이상 가르치는 것이 불가능하다는 판단을 내렸고, 나는 이 판단에 반박을 제기했다. 그는 자신이 전일제 직업을 갖고 있지 않음에도 불구하고 내가 가치 있는 사람이라고 말해주는 것이 좋았다고 말했다. 나는 그가 새로운 신념체계를 표현할 수 있고 새롭고 더 효과적인 생각을 찾을 수 있음을 확신한다고 말하며 지속적인 노력을 기울였다. 우리의 목표는 Erv가 그의 판단을 내리는 근거들을 비판적으로 평가하고 그러한 근거 없는 판단을 현실적인 생각으로 바꾸는 것이었다. 나는 그에게 내가 정답을 가지고 있는 것은 아니라고 말했다. Erv는 그의 인생에서 의미 있는 상실들과 합의에 이르러야만 하며, 앞으로 나아가기 위해 새로운 의미를 만들어내는 작업을 해야 했다. 내가 할 수 있는 최선은 삶의 변화를 유발하기 위해 그가 일상에서 한 단계씩 밟아갈 수 있도록 독려하는 것이었다.

나의 역할은 Erv의 사고를 변화시키도록 경험을 바로잡는 것이라고 본다. 나는 그가 스스로 기능적인 신념과 잘못된 신념을 구분할 수 있는 법을 발견하도록 도왔다. 이는 그가 직접 그의 판단들을 시험해보면서 배울 수 있었다. 오직 철저한 자기도전적인 방법을 적용해서 배우는 것만이 그의 문제를 유발하는 자기패배적인 생각으로부터 그를 자유롭게 할 수 있을 것이다. 인지적 측면을 주로 강조하였지만, 이는 행동적 측면을 간과하고는 이루어질 수 없다. 나는 Donald Meichenbaum(2017)이 생각하는 성공적인 치료의 내용에 대한 관점을 특히 좋아한다. 그에 따르면, 내담자는 자신의 목소리를 기르고, 그들이 이루어낸 것에 자부심을 가지며, 그들이 일으킬 변화에 대해 주도성을 가져야 한다고 했다. Meichenbaum은 전문치료자는 내담자에게 치료자의 소리를 그들에게 적용할 방법을 가르치고, 그들은 자신의 치료자가 되는 법을 배워야 한다고 주장했다. Erv는 상담에서 배운 것을 지속하기 위해 노력하고 있으며, 자신의 내면의 소리에 귀를 기울이고 있다.

성찰 질문

Erv의 사례에서 사용된 인지행동치료의 주요 기법들을 생각해보자. 다음의 질문을 고려해보시오.

- Erv의 사례에서 명백히 잘못된 신념 하나를 찾아보라. 당신이 Erv가 자기패배적인 생각에 도전하도록 돕기 위해 사용할 인지치료 기법은 무엇인가?
- Erv와 인지적 역할극을 진행하면서 당신은 무엇을 배울 수 있었는가?
- Erv가 그의 신념과 그 신념이 행동에 미치는 영향을 탐색하도록 독려하기 위해, 당신은 Beck의 인지치료 개념 중 어떤 것이 유용하다고 생각하는가?

결론적 논평

사람들은 자신에 대한, 자신의 세계에 대한, 그리고 자신의 미래에 대한 핵심 신념들을 유지하려고 한다. 그렇기 때문에 인지치료의 주된 관심은 인지변화에 있다. 내담자는 상담을 통해 자신의 핵심 신념을 알아내고, 더 이상 기능적이지 않은 신념에 대해 재구성하는 과정을 시작할 수 있다. 재구성 과정은 내담자가 자신의 신념의 근거를 모으고 따져보도록 독려하면서 진행된다. 인지치료에 있어서 내담자는 적극적이어야 하고, 여러 정보를 들어야 하며, 치료의 방향성에 책임을 가져야 하고, 이 작업의 동반자이기도 하다. 효율성은 더 추구되어야 하며, 치료에서 배운 것을 일상에서의 새로운 문제에 적용하는 법은 계속 강조되어야 한다.

내가 인지적 접근에서 발견한 몇 개의 주요 내용을 고민해보고 스스로에게 적용해보라. 무엇이 당신의 기초신념이고, 핵심신념이며, 자기암시인가? 이러한 신념을 어디서 가지게 되었는지 그리고 오늘날 당신의 감정과 행동에 어떻게 영향을 주고 있는지 스스로에게 질문해보라.

인지적 관점에서 당신의 사고를 명확히 하기 위해 아래 질문들을 고민하는 시간을 가져보자.

- 당신이 스스로를 이해하는 데 가장 유용했던 인지행동 접근법의 주요개념과 기법들은 무엇이었는가?
- 당신이 인지행동치료의 내담자가 된다면 어떨 것 같은가?
- 당신의 개인적인 상담 철학에 잘 맞는 인지치료의 주요개념은 무엇인가?
- 인지치료 기법 중 당신의 내담자에게 사용하면 가장 좋을 것 같은 것은 무엇인가?
- 상담을 제공하면서 당신은 어떻게 회기 간 활동을 접목할 것인가? 당신은 내담자와 의미 있는 과제를 설계하기 위해 어떻게 협력할 것인가?
- 인지 중심치료의 주된 장점은 무엇인가?
- 인지 중심치료의 잠재적인 한계점은 무엇인가?

Chapter 07 | 정서에 초점을 둔 상담

(상담의) 관계적인 요소와 내담자의 감정에 주의를 집중하는 것은 내담자에 대한 우리의 이해를 높인다. 나는 섣불리 내담자의 인지나 행동을 수정하는 것에 초점을 맞추는 것보다는 경험적인 과정을 촉진하는 것이 매우 중요하다고 생각한다. 상담장면에서 유대감은 '함께 생각하기'나 행동적인 지침들에 의해서 형성되는 것이 아니기 때문이다. 내담자 중, 자신이 사고 장애가 있거나 자신의 부적응적인 행동이 바뀔 필요가 있다고 호소하며 상담실에 오는 사람은 거의 없다. 내담자들은 기분이 나빠서, 그리고 좋은 기분을 느끼고 싶어서 상담장면에 온다. 만약 좋은 기분을 느낄 수 없다면, 그들은 최소한 더 좋게 느끼고 싶어서 상담을 받으러 온다(Rasmussen, 2010).

내담자-상담자 관계의 기초인 공감이 효율적으로 되기 위해서는 반드시 감정들이 경험되어야 하고 소통되어야 한다. 상담자가 내담자의 경험을 확인시켜줄 수 있다면, 내담자들은 감정의 새로운 의미를 만들어 내기에 충분히 안전하다고 느낀다. 공감적으로 반응하고 상호 존중하는 관계는 내담자가 이러한 관계가 없다면 스스로 느끼는 것이 허락되지 못했을 감정의 범위를 경험하는 데 필요한 지지를 제공한다. 이것은 내담자가 그들의 사고 패턴과 행동을 수정하는 문을 열어준다.

인지적인 요소가 통합적인 상담의 필수요소인 것처럼, 감정적인 측면도 그러하다. 특히 단기상담에서는 문제와 관련한 해결책을 가능한 한 빠르고 효율적으로 찾는 것에 목표를 두기 때문에 내담자가 느끼고 있는 것은 자주 이차적인 것으로 강등된다. 그러나 단기상담에서도 감정을 탐색하는 것이 가능하다. 상담자가 내담자들의 사고과정이나 행동하는 양식을 직면하기 전에 내담자들은 그것에 대해 먼저 이야기할 기회를 가질 필요가 있다. 내담자의 인지를 탐색하기 위한 제일 나은 방법은 내담자에게 자신들이 느끼고 있는 것에 대해서 탐색하고 표현하고 말하게끔 격려하는 것이다. 그러나 감정을 표현하는 것은 그 자체로 목적이 아니다. 내담자가 감정의 정화를 경험했다면, 감정의 패턴의 기초와 관련된 통찰과 인지가 함께 다뤄지는 것이 필수적이다.

개인의 중요한 변화는 내담자들이 상담장면에서 배운 것을 매일의 상황에 어떻게 적용할지 알게 될 때 일어난다. 이러한 배움을 적용하는 것은 자동적인 과정이 아니다. 상담자는 내담자들에게 어떻게 이러한 긍정적인 감정과 행동적인 변화를 유지할지 가르쳐야 한다. 만약 상담사가 감정의 분출에만 초점을 둔다면, 상담결과는 단순히 감정적인 경험에만 그칠 가능성이 크다. 인지나 행동의 후속적 조치에 주의를 기울이지 않는다면, 내담자는 그들의 일상에서 마주하는 상황에 그들이 배운 것을 적용하는 방법을 습득하지 못할 가능성이 크다.

경험적인 접근과 상담에서의 감정의 역할

경험적이고 관계적인 요소에 집중하는 대다수의 상담 접근방법들은 변화의 관점에서 감정의 영향력을 강조하고 있다. 감정을 다루는 것은 상담 방향 전반에 걸쳐 성공적인 상담의 핵심요인으로 인식되어 왔다(Pascual-Leone, Paivio & Harrington, 2016). 이러한 상담방법들의 예시로는 정서중심상담, 실존치료, 인간중심상담, 그리고 게슈탈트 상담이 있다.

정서중심상담

Leslie Greenberg(2017)은 정서중심상담(EFT) 발달의 중요한 인물이며 이 장에서 논의되는 핵심 개념들은 그의 통합적 접근에 기반하고 있다. 정서중심상담은 상담 치료 변화에 있어서 알아차림, 수용, 감정의 이해 그리고 일차적 감정을 경험하는 것의 중요성을 강조하고 있다. 정서중심상담에서 내담자들은 그들의 감정을 해석하고, 경험하고 받아들이고, 탐색하고, 변환하고, 관리하도록 도움받는다. 정서중심상담의 기본 가정은 우리가 우리 스스로 있는 그대로를 받아들일 때만이 변화할 수 있다는 것이다. 더욱이, 정서적인 변화는 인지적이고 행동적인 변화를 유지하는 데 기본이 된다. 정서중심 상담자들은 치료 동맹이 형성된 이후 다양한 범위의 실험적인 기법들을 사용하여 내담자의 감정을 다룬다. 이러한 기법들을 통하여 부적응적인 과거의 감정 도식을 방해하는 새로운 이야기가 만들어지며 이것은 긍정적인 감정을 경험하는 기회를 제공한다. 정서중심치료의 대다수 전략은 자아를 강화하는 것과 감정을 조절하는 것 그리고 새로운 의미를 만들어 내는 것을 목표로 하고 있다.

정서중심상담은 인간중심상담, 게슈탈트상담, 그리고 실존치료들의 요소들을 통합하였기 때문에 통합적 상담접근법으로 여겨진다. 다른 상담접근들 또한 감정에 초점을 기울이고 있다. 예를 들어 정신분석과 인지행동치료도 감정의 역할에 더욱 관심을 기울이고 있으며 빠르게 정서중심치료의 요소들을 동화시키고 있다. Greenberg는 정서중심치료의 강점은 경험적으로 증명된 치료에 대한 강조이며, 이 개념은 대학원 프로그램에서 점점 강조되고 있다고 언급하였다.

실존적 심리치료

실존적 심리치료 접근은 대부분의 다른 이론들의 통합을 위한 기초를 제공한다. 실존주의 상담자들은 상담 과정에 있어서 감정의 역할을 중요시한다. 실존적 심리치료에서는 내담자의 즉각적이고 지속적인 경험, 특히 상담자와 내담자 간의 상호작용에서 일어나는 일에 주의를 기울인다. 상담자와 내담자 간의 관계 질이 변화를 위한 장을 제공한다는 점에서 상담자와 내담자의 관계는 매우 중요하다. 내담자의 감정적인 상처를 치료하는 것은 상담자가 사용하는 기술보다는 상담자–내담자 간의 관계의 질이고 따라서 더 중요하다고 볼 수 있다. 상담목표와 전문적인 거리감을 중요시하기보다,

실존주의 치료자들은 현재에 충실한 것과 내담자와 치료적인 관계를 형성하는 것을 더욱 중요시한다. 실존주의 치료자들은 내담자의 "**실존적 존재의 파악**(grasp the being)"을 위하여 노력한다. 이것을 가능하게 하기 위해서는 상담자는 반드시 온전히 그리고 진실하게 내담자와 함께 존재해야 한다. 치료적인 존재(presence)는 내담자와 상담자 둘 다의 알아차림, 수용, 가용성 그리고 표현의 측면을 포함한다. 존재는 증거기반 치료법이 중심으로 다루는 허브이다(Schneider & Krug, 2017). 실존주의 치료자들은 자신을 드러내는 동반자(fellow traveler)이며 동반자란 우리는 모두 함께 존재한다는 것을 의미한다. 내담자와 같은 길에 서 있는 동반자로서, 상담자는 진실하게 진정하게 존재하려고 노력한다. 상담자들이 가장 가치 있게 여기는 도구는 상담 관계의 필수적인 측면으로서의 자기 자신이다. 실존적 심리치료의 관점에서 치유하는 것은 관계 그 자체이다(Yalom & Josselson, 2019).

인간중심상담

실존주의 치료처럼, 인간중심상담은 상담자와 내담자의 관계와 인간으로서의 상담자를 강조하며 상담기술은 상담자의 태도 다음의 이차적인 것으로 본다. 이 접근은 독자적인 상담기술, 해석, 질문, 조사 그리고 진단을 최소화한다. 인간중심 상담에서는 능동적인 경청과 듣기, 공감적 이해, 머무르기, 감정반영 그리고 명료화를 최대로 한다. 인간중심적 접근은 감정의 역할에 초점을 맞추며 감정을 표현하는 것을 촉진하고 내담자의 방향을 따라간다. 인간중심상담은 내담자가 상담자의 전문적인 지도나 해석 없이도 삶의 문제들을 효과적으로 해결할 수 있다는 가정에 기반한다. 인간중심적 접근은 현재의 순간을 온전히 경험하는 것과 자기 자신을 받아들이는 법을 배우는 것 그리고 변화의 방법을 결정하는 것을 강조한다. 상담자나 상담기술보다 치료가 이뤄지게 하는 것은 내담자이다. 인간 중심상담은 내담자를 받아들이고 이해하는 것에 강조를 두며, 이것은 감정, 생각, 행동 그리고 경험을 탐색하는 데 안전한 환경을 만든다.

게슈탈트 심리치료

게슈탈트 심리치료는 감정에 초점을 맞추는 또 다른 실존주의적 접근이다. 게슈탈트 상담에서 기술적인 전문성도 중요하지만 상담 치료적인 관여가 핵심적이다. 초점은 상담자가 구사하는 상담기술에 있는 것이 아니라 인간으로서의 상담자와 상담자가 진행하고 있는 것에 있다. 상담자는 **지금 여기**(here–and–now)의 체험에 초점을 맞춘 나와 너의(I/Thou) 대화 위에서 실험(experiment)들을 만들어 낸다. 이러한 실험들은 실험적인 배움의 초석이다. 게슈탈트 상담자들은 활동적인 방법들을 사용하고 내담자에게 관여하며 내담자의 알아차림, 자유, 자기 방향성을 증진한다. 상담자는 내담자들이 그들의 감정을 더욱 온전히 경험할 수 있게 도우며 내담자들이 자기 자신의 주관적인 해석을 만들 수 있도록 초대한다. 상담자는 내담자들을 위한 해석을 하지 않으며 내담자의 행동이 "무엇"인지, "어떠한지"에 초점을 맞춘다. 내담자들은 마치 지금 일어나고 있는 것처럼 과거의 상황을 재경험함으로써 자신의 현재 기능을 방해하는 과거의 미해결과제들을 파악한다. 비록 상담자들이 실험을 제안하기는 하나 이것은 내담자의 온전한 참여가 있어야 하는 협력적인 과정이다. 게슈탈트 실험은 많은 형태로 이뤄진다. 예를 들어 내담자와 내담자의 인생에 있어서 중요한 인물과의 대화설정, 고통스러운 사건의 재경험, 개인 내의 충돌하는 자아 간의 대화 진행 등이 있다. 내담자들은 종종 자기인식(self–awareness)을 높이는 역할연기에 참여한다.

내담자 되어보기: 정서중심상담 경험하기

내가 계속해서 주장한 것처럼, 정서중심상담의 힘을 알기 위해서 자기 자신을 내담자로 상상해보아라. 나는 당신이 감정적으로 무엇을 경험하는지 초점을 기울이는 것부터 상담을 시작하는 것을 선호한다. 나는 감정이 당신의 몸에서 어떻게 발현되고 있는지에 주의를 기울인다. 나는 당신의 어려움과 관련된 많은 진실이 당신이 지금 느끼고 있는 것과 당신의 몸이 말하고 있는 것에서 찾을 수 있다고 생각한다. 나는 당신에게 이러한 질문을 던진다. "지금 당신은 무엇을 알고 있으며 그것으로 무엇을 하기를 원합니까?" 당신의 감정과 신체적인 상태를 알아차리는 것은 당신이 지금 경험하고 있고 하는 것에 대해 알아차림을 얻는 중요한 방법이다. 알아차림 없이는 변화도 없다.

게슈탈트 상담의 실험은 당신의 알아차림을 확대하기 위하여 고안되었으며 당신이 새로운 행동 방법에 도전하는 것을 돕는다. 나는 상담장면의 상호작용에서 드러난 주제의 탐색을 촉진하기 위하여 개입방법들이나 실험을 만들고 사용한다. 실험은 당신이 이전에는 알아차리지 못했던 경험의 새로운 측면들을 알게끔 해준다. 안전한 치료환경에서 당신은 새로운 환경을 "시험해볼" 기회를 얻게 된다. 내가 사용하는 개입은 당신의 감정, 행동에 맞춰져 있으며 자아 탐색을 도모하는 방법이다. 이러한 방법들은 당신의 자기 이해를 촉진하기 위한 것으로 상담자로서의 개인 목적 달성이나 내 욕구충족을 위한 것이 아니다. 나는 감정의 정화를 위하여 미리 계획된 상담기술이나 활동들을 피하는 경향이 있다. 실험은 상담의 현상학적 맥락에서 벗어나 특정 상담장면에 맞게 선택될 때 더욱 강력하다.

경험과 감정에 초점을 맞춘 접근을 증명하려는 방법으로, 당신에게 나의 내담자로서 받아들일 몇몇 문제들을 제시하겠다. 당신은 지금, 이 순간 슬픈 감정들을 느끼고 있다고 말한다. 나는 당신이 이 슬픔을 어떻게 경험하고 있는지에 대해서 더 말하고 묘사하도록 요구한다. 당신은 응답한다. "나는 내가 모두에게서 인정받기 위해 얼마나 열심히 노력하는지를 생각하면 슬프다. 나는 당신이 나를 좋아하도록 하기 위한 것에 너무 몰두하여 나 자신을 위해서 내가 원하는 것이 무엇인지 잊어버렸다. 지금 나는 나의 부모님에게 많이 느꼈던 것을 느끼고 있다. 부모님이 나를 좋게 생각하도록 그들이 원하는 것을 하기 위해서 항상 노력했지만 내가 정말로 원하는 것을 할 수 있다고 느낀 적은 한 번도 없었다." 당신은 많은 것을 이야기하고 있고 나는 계속 이야기하도록 한다. 당신이 말하고 있을 때, 나는 당신의 관심을 당신의 신체에서 경험하고 있는 것으로 돌린다. 당신은 당신의 심장이 매우 무겁고 이것이 부서진 것처럼 느껴진다고 보고한다. 나는 당신에게 이러한 신체적인 느낌에 가능한 한 계속 머무를 것과 이것이 지금 어떻게 느껴지는지를 말로 표현할 것을 제안한다. 나는 심지어 당신에게 당신의 심장에 목소리를 부여하고 "무겁고 깨진 심장"에 대해서 표현하라고 시킬 수도 있다. 우리가 다음에 갈 방향은 당신이 순간순간 알아차리는 것이 무엇인지에 달려있다. 정서중심치료와 게슈탈트 상담에 영향을 받아 나는 당신이 제공하는 리드를 따르고 표면에 나타나고 있는 이미지, 느낌, 생각 및 감각에 집중하는 당신의 노력을 지지한다. 나는 당신에게 가능한 한 온전히 그것에 머무르는 것을 권한다.

게슈탈트 접근의 틀 안에서 상담하며 나는 당신에게 과거나 미래의 걱정을 현재에 가져와서 직접 그 걱정들을 경험하도록 요구한다. 현재에 머무르는 것은 당신의 과거로부터 미래로의 전환기를 포함한다. 감정에 초점을 맞춘 우리의 상담을 유지하기 위하여, 나는 당신의 현재 상황에 맞춰진 즉흥적으로 만들어진 실험들을 사용한다. 정서중심상담의 관점에서 의미 있는 대화는 당신의 현실 중심적인 알아차림의 변화 흐름과 함께 머무를 때 발생한다. 당신이 지금 경험하고 있는 것을 따라가며 당신에게 어떻게 자신의 에너지를 따르는지를 보여줌으로써, 당신은 점진적으로 당신의 알아차림을 증가시키게 된다.

당신이 현재와 접촉하는 것을 돕기 위해 게슈탈트 상담의 자세로 상담하면서, 나는 "무엇"과 "어떻게"를 묻고 "왜"라는 질문은 거의 사용하지 않는다. "현재"의 알아차림을 증진하기 위해 나는 다음과 같은 질문을 하며 현재 시점에서 이야기할 것을 권유한다. "지금 무엇이 이뤄지고 있죠? 지금 어떤 것이 벌어지고 있나요?" "지금 당신의 어려움을 저와 나누는 것에 대해 무엇을 경험하고 있나요? 당신의 현재 이 순간의 알아차림은 무엇인가요?" "지금 슬픔에 대해서 어떻게 느끼나요?" "당신이 당신 심장이 무겁다고 말했을 때, 당신에게는 이것이 어떻게 느껴졌나요? 당신 심장이 자신을 표현한다면 그것이 당신에게는 어떻게 느껴질 것 같나요?"

이제 자신을 다음의 시나리오 속에 있다고 상상해보라. 당신은 때때로 자신이 완전히 부족하다고 느껴지며 당신 자신을 좋아하기 어렵다고 말하고 있다. 나는 당신에게 이렇게 느껴지는 것이 어떤 것인지 더 이야기해보라고 요구한다. 나는 당신에게 당신이 부족하다고 느껴질 때 당신의 몸에서 무엇을 경험하고 있는지 물어볼 수도 있다.

나는 당신에게 당신은 사람들이 좋아할 만한 적합한 사람이라는 것을 말해주거나 확인시켜주지 않는다. 비록 확인시켜주는 피드백이 당신을 잠깐은 기분 좋게 할 수 있을지 몰라도 이러한 느낌이 오래 가지 않을 것이다. 내가 당신을 너무 빨리 안심시키려고 시도한다면 당신의 내부 비평가는 내가 당신에게 제공하는 어떠한 긍정적인 피드백도 믿지 않을 것이다. 나는 당신이 당신의 느낌을 탐색하는 것을 돕는 데 더 관심이 있다. 또한, 나는 당신에게 당신이 종종 말하지 않는 것을 표현할 기회를 주고 싶다. 당신의 부족함과 당신 자신을 좋아하는 것이 어렵다고 하는 것에 대해서 충분히 말할 수 있다면, 당신은 당신이 마주하는 문제들을 풀기 위한 자신의 해결책에 도달할 더 좋은 기회를 얻게 되는 것이다. 나는 당신이 더 좋은 결정과 변화를 이끄는 생각과 감정들을 분류할 수 있게 만드는 치료환경을 조성하기 위해 노력한다. 단순한 재확인과 충고는 자기 탐색을 촉진하지 못한다. 그러나 당신 스스로에 대해서 더 듣고자 하는 의지는 당신이 현재 무엇을 느끼고 있는지 공유하게끔 하며 당신이 자기 개방과 당신의 어려움을 탐색하는 것에 참여할 수 있게 한다.

비록 당신이 몇몇 강렬한 감정에 머무르고 당신의 몸에서 느끼고 있는 감정의 힘을 경험했을지라도, 당신은 불편감을 느낄 수 있고 나와 이야기하며 느껴지는 몇몇 감정들과 당신 자신을 거리 두고 싶어 할 수도 있다. 당신은 나와 관련하여 두려움을 표현할 수도 있고 더 깊은 개인적인 고민을 밝혀내는 데에 주저함을 보일 수도 있다. 당신은 내게 말한다. “만약 내가 나의 감정에 깊게 들어간다면 나는 거기서 막혀서 벗어나지 못할까 봐 두려워요. 만약 내가 나 자신을 그렇게 느끼도록 내버려 둔다면 나는 통제력을 잃을 것 같아요. 내 안에 나의 감정을 경험하기를 원하는 나도 있지만 내 머릿속에 묻어두고 통제하기를 원하는 또 다른 내가 있어요.” 당신의 두려움들이 표현되든 안 되든, 이러한 두려움은 당신 스스로에 대해서 드러내고 싶은 욕망이 당신을 노출하기를 꺼리는 저항에 의해 균형이 잡혀있던 상태에 불균형을 유발한다. 당신의 불균형을 다루기 위해서 나는 당신 안에 있는 두 개의 면을 당신과 내가 하나씩 맡아서 진행하는 역할연기를 제안한다.

당신이 자신의 감정을 느끼도록 스스로를 허락하지 않는 이상 당신의 감정은 변하지 않는다. 만약 당신이 자신의 무가치함, 불안정함, 부끄러움, 절망감을 다루는 것을 피한다면, 당신은 이러한 불편감을 줄일 수 없으며 그들을 바꿀 수 없다. Greenberg(2017)는 내담자들이 감정을 관리하는 효율적인 방법은 자신이 무엇을 느끼고 있는지 알게 하는 것과 감정을 표현하고 감정이 올라올 때 무엇을 할지 결정하는 것을 돕는 것이라고 주장하였다.

게슈탈트 상담과 심리극(psychodrama)은 종종 빈 의자기법이나 두 개의 의자기법을 사용한다. 이것은 상담장면에서 당신의 현재 감정을 표현하게 하는 또 다른 방법이다. 당신 내부에 있는 다양한 측면들과 대화를 나누는 것 또는 당신 자신과 다른 개인과 이야기를 나누는 것은 당신이 추구하는 방향에 대해서 양가감정을 느낄 때나 충돌하는 몇몇 상황 속에 있을 때 특히 유용하다. 상황에 관해 기술하는 것보다, 나는 당신이 경험하고 있는 충돌을 실제 삶으로 가져옴으로써 그것을 현재로 만들 것을 제안한다. 당신은 나에게 당신이 자신의 성취를 어머니와 연관시키려고 노력할 때 당신이 매우 어리게 느껴지고 이상하다고 이야기한다. 나는 당신에게 이렇게 이야기한다. "당신이 앉아있는 의자에서 어리고 이상한 사람이 되어보고 당신의 어머니인 빈 의자에 이야기해보세요. 당신의 어머니가 당신의 성취에 대해서 알게 되면 어떨 것 같나요? 이 장면에서 당신의 어머니께 무슨 말을 할 것 같나요?" 다음으로 나는 의자들을 바꿔서 당신에게 당신의 어머니가 되어서 당신이 그녀에게 기대하는 대로 응답하거나 그녀에게 희망하는 방식대로 대답해 볼 것을 요구한다. 감정이 가득한 주제나 충돌을 빈 의자기법을 통해 현실에 가져옴으로써, 당신과 나는 당신이 이 관계나 어리고 바보같이 느껴지는 감정을 당신이 그동안 어떻게 다뤄왔는지에 대해 더 잘 이해할 수 있다. 게슈탈트 상담과 심리극을 적용한 정서중심상담은 당신이 사용하는 단어와 관련된 더 큰 감정적 연결뿐만 아니라 더 깊은 통찰과 이해를 촉진한다.

대안적인 방법으로 나는 당신 어머니와 관련한 감정을 다루기 위하여 당신에게 또 다른 심리극 기법의 하나인 독백(soliloquy)에 참여할 것을 제안한다. 당신이 생각나는 대로 말할 수 있고 당신이 생각하고 느끼는 것을 말할 수 있는 장소에 있다고 상상해보라. 이것은 당신과 당신 어머니 사이의 대화인 빈 의자기법 이후 후속 활동으로 유용할 수 있다. 이 개입방법은 당신이 내적으로는 경험하고 있지만, 말로는 표현하지 않는 것을 공개적으로 표현하고 명확히 할 수 있도록 촉진한다.

미래투영(Future projection)은 또 다른 심리극 기법 중 하나로 당신의 미래에 대한 걱정들을 명확히 하고 표현하는 것을 돕기 위한 것이다. 예상되는 사건이 현재로 불려와 실연된다. 이 경우 당신은 당신과 어머니 사이에서 이상적인 상황이라고 생각하는 상황을 연기한다. 당연히 당신은 미래의 가장 피하고 싶은 상황이 유발하는 강한 두려움을 연기할 수도 있다. 예를 들어 당신의 어머니가 당신에게 가치가 있는 어떤 것도 성취하지 못할 것이라고 이야기하는 상황이다. 한 번 당신이 특정한 결과에 대한 희망을 명확히 한 후에는 원하는 미래를 달성할 수 있는 구체적인 행동을 할 수 있는 더 나은 위치에 있게 된다.

당신은 변화를 불러일으키기 위한 우리의 노력에서 감정의 역할에 관심을 두는 것이 왜 필요한 것인지 궁금해 할 수 있다. 왜 감정을 분출하는 것이 그렇게 중요한가? 나의 대답은 신체적인 건강과 감정적인 건강 사이의 연관성과 관련이 있다. 표현되지 않은 감정은 만성적인 두통, 복통, 근육 긴장 그리고 고혈압과 같은 신체적인 증상으로 나타난다. 만약 우리가 화를 억제한다면, 우리는 이것에 대한 대가를 치를 것이다. 만약 우리가 만성적으로 강한 스트레스를 겪는다면, 우리의 몸은 여러 질병에 취약해질 수 있다. 만약 우리가 감정적인 고통을 내버려 둔다면, 우리는 매우 큰 에너지를 사용하게 되고 이것은 우리의 신체에 손해를 끼친다. 억압된 감정과 두통, 복통, 천식, 요통, 관절염 그리고 근육 긴장과 같은 신체적 증상은 명확히 관련이 있다. 감정적인 고통을 부인하는 데에는 큰 에너지가 소모되며 부정된 감정은 종종 신체적으로 표현된다. 예를 들어 우리가 사랑하는 사람의 죽음이나 중요한 사람의 죽음을 경험하고 난 뒤의 큰 슬픔을 충분히 느끼지 않고 차단한다면 이후 만성적인 고통을 겪을 수 있다. 이러한 표현되지 않은 고통은 우리가 다른 관계의 충만함을 경험하는 데 정서적으로 개방되는 것을 방해할 수 있다. 빈 의자기법, 독백, 미래투영, 역할전환, 그리고 역할연기와 같은 심리극으로부터 차용된 경험주의 기법들은 감정적인 상처를 치료하는 것에 도움을 줄 수 있다. 내담자들이 그들이 묵혀온 고통과 다른 표현되지 않은 감정들을 표현할 때 그들은 카타르시스(Catharsis)라고 알려진 매우 큰 신체적이고 감정적인 분출을 경험한다고 표현한다. 억눌린 감정의 감정적인 해방을 통해, 치유 과정이 촉진된다. 비록 카타르시스는 경험적 또는 감정에 초점을 맞춘 상담방법(정서중심상담, 실존주의상담, 인간중심상담, 게슈탈트 상담, 심리극)의 자연스러운 부분이지만, 감정의 분출은 그 자체로 목표는 아니다. 그보다는 감정의 확장과 통합의 지표라고 할 수 있다.

실존주의 상담은 카타르시스의 몇몇 형태를 자주 포함한다. 비록 카타르시스는 가치가 있지만, 나는 나의 상담그룹을 통해 내담자들이 자신의 분출된 감정이 어떻게 그들 자신과 그들의 관계에 영향을 끼쳐왔는지 이해하는 장을 마련해주는 것이 매우 중요하다는 것을 알게 되었다. 분출된 감정과 새로운 수준의 인지적, 감정적 알아차림 간의 관계를 알아보는 것은 매우 중요하다. 감정의 분출 다음으로 통찰과 문제가 있는 상황에 대한 더 깊은 수준의 알아차림이 나타난다. 통찰은 다양한 감정적 경험에 대해 의미 있는 서술이나 더 깊은 수준의 이해를 통한 알아차림과 관련된 인지적인 변화이다. 상담을 통해 얻은 통찰은 카타르시스에 대한 더 깊은 수준의 이해를 할 수 있게 해주고 우리가 감정을 관리하고 표현하는 다양한 방법에 대해 통제권을 갖는 매우 필수적인 과정을 시작할 수 있게 한다. 게다가 통찰은 우리가 이전처럼 계속 살 필요가 없다는 알아차림으로 이어질 수 있다. 통찰과 발달을 통합시키는 것과 더 효과적인 행동을 연습하는 것은 변화과정에 매우 필수적인 부분이다. 상담 세션의 종결을 향한 협력적으로 고안된 과제는 통찰을 행동으로 변환시켜주는 효과적인 방법이며 이것은 우리가 바라는 변화로 이끌 수 있다.

내가 당신에게 사용한 감정에 초점을 둔 상담기술들에 대해서 더 자세히 알고 싶다면 Corey(2017, 8장)를 참고하라. 이 장에서 다룬 주제들과 관련한 유용한 정보들이 Greenberg(2017)에 제시되어 있다.

Elaine의 감정 파악과 탐색

Elaine은 77세의 미망인으로 두 명의 자녀와 다섯 명의 손자, 손녀들이 있으며 그녀 인생에 있어서 처음으로 상담실을 찾아왔다. 그녀는 가족 내에서 그녀 자신을 항상 "바위"라고 생각하며 자랑스러워했지만, 최근에 유방암을 진단받고 힘든 시간을 보내고 있었다. 그녀의 가족들은 위기를 겪을 때마다 그녀의 도움을 필요로 해왔기 때문에 그녀가 암이라는 사실이 밝혀진다면 그녀의 가족들은 감정적으로 무너질 것이라고 Elaine은 믿고 있었다. 그러나 그녀는 이 비밀이 계속 유지되기 힘들 것을 알고 있었는데, 그녀가 항암치료를 받고 방사선 치료를 받는 동안 가족의 도움이 필요하기 때문이었다. 최근에 Elaine은 불안발작을 겪었었는데, 이것은 그녀가 상담을 받을 것을 권유한 암 전문의의 충고를 따르도록 했다.

상담은 Elaine에게 편안하지 않은 완전히 새로운 경험이다. 그녀는 자신의 감정에 대해서 깊이 생각해보는 것은 비생산적이며 일을 더 악화시킨다고 믿고 있었다. 그녀는 남이 자신에게 의지할 때 안정감을 느꼈고 그녀가 남의 지원에 의존해야 하는 새로운 현실을 받아들이는 데에 어려움을 겪고 있었다. 그녀는 자신의 필요를 남들에게 말하는 것에 익숙하지 않기 때문에 자신의 감정에 관해서 이야기하는 것에 어려움을 겪고 있으며 자신의 감정에 대해 아주 사소한 것이라도 이야기를 할 때 죄책감을 느끼는 경향이 있었다.

인간중심 상담과 다른 경험주의적 상담, 관계 중심적인 상담기법들은 상담 과정의 첫 번째 단계로 감정을 알아보고, 감정을 명확히 하며 감정을 어떻게 표현하는지 배우는 것을 포함해야 한다고 강조한다. 나는 Elaine에게 그녀가 알고 있는 어떠한 감정이라도 이야기를 해볼 것을 권유하였고 특히 그녀의 불편감의 원인인 것 같은 감정을 이야기해보라고 하였다. 이러한 감정들은 처음에는 모호하고 알아내기 어려울 수 있다. Elaine의 감정 경험 과정을 촉진하기 위하여 나는 반드시 상담환경을 그녀가 안전하게 느끼도록 조성해야 했다. 만약 내가 비판단적이고 수용적인 환경을 만들어낸다면, 그녀가 자기 자신과 자신의 감정을 받아들일 수 있기를 기대하였다. 초기상담 세션 동안 나는 이해의 자세로 듣는 것에 집중하였다. 나는 그녀가 암의 진단을 받아들이는 데에 있어서 무엇이 가장 어려운지 말하도록 권유하였고 그녀 마음속에 있는 또 다른 걱정거리에 대해서 말할 수 있도록 했다.

만일 내가 그녀 스스로에게도 명확하지 않은 그녀의 몇몇 깊은 메시지를 들을 수 있다면, 나는 그녀의 세상이 어떤 것인지에 대한 약간의 인정을 표현하며 반응할 수 있다(내담자의 주관적이고 경험적인 세계에 대해서 파악하는 것은 실존주의 상담, 인간중심상담, 게슈탈트 상담 그리고 아들러상담을 포함하는 많은 상담이론에서 핵심적인 개념이다). 나는 단지 그녀가 무엇을 이야기하는지를 반영하는 것 이상으로 그녀의 말을 들으며 나의 반응과 상담 세션에서 내가 그녀에게 어떻게 영향을 받았는지를 공유하였다. 내가 그녀가 가진 감정들을 받아들이고 이해하는 방식으로 소통할수록, 그녀가 자신의 감정을 부인하거나 피할 필요가 더 적어진다. 그 결과, 그녀가 지금, 이 순간에 무엇을 느끼고 있는지 알아차리는 그녀의 능력이 점진적으로 증가할 것이다.

Elaine이 자신의 이야기를 자신이 선택한 방식대로 이야기하도록 하는 것에는 큰 가치가 있다. 그녀가 상담실에 걸어오는 방식, 그녀의 제스처, 그녀가 말하는 방식, 그녀가 이야기하는 세부사항, 그녀가 이야기하기로 한 것과 그녀가 이야기하지 않는 것들은 나에게 그녀 세계에 대한 힌트를 제공한다. 그녀가 현재 무엇을 하고 있는지 관심을 기울이고 따라가다 보면 나는 그녀의 세계에 대한 더 큰 그림을 얻게 된다. 확실히 나는 그녀의 이야기 전체를 알지는 못하지만, 그녀의 이야기 중 중요한 부분들을 아는 것은 가능하다. 그녀가 그녀 인생이야기의 "짧은 버전"을 들려준다면, 나는 그녀의 생각에 대한 개인적인 의미와 그녀의 삶을 관통하고 있는 감정에 대해서 이해하기 위하여 그녀가 이야기 한 것에 대해서 질문할 것이다. 나의 개입은 내가 그녀를 정확히 이해하고 있는지를 확인하기 위함이고 그녀의 상황에 대한 나의 이해를 그녀에게 전달하기 위해서이다. 이는 경청하기, 머무르기, Elaine의 주관적인 경험에 집중하기와 같은 인간중심 상담의 개념에서 영향을 받은 것이다.

만약 내가 너무 많이 구조화를 하거나 지나치게 지시적이라면, 나는 그녀가 자기 자신을 표현하는 방식을 방해할 것이다. 그래서 나는 상담의 초기 과정에서 경청하고 주의를 기울이며 침묵을 생산적으로 사용할 것을 강조하는 인간중심 상담자들의 입장을 따르기로 하였다. 비록 나는 상담의 초기 세션에서 긴 침묵을 선호하지 않는 편이지만, 침묵이 발생하였을 때 너무 빨리 개입하지 않는 것이 좋다. 침묵에서 구출하는 것보다 침묵의 의미를 탐색하는 것이 더욱 바람직하다.

Elaine이 그녀의 감정을 탐색하고 표현하게 하려고 나는 게슈탈트의 실험기법들을 많이 사용하였다. 나는 그녀에게 자신의 알아차림 속에서 무엇이 일어나고 있는지 집중하는 것을 가르쳤다. 나는 그녀의 알아차림 속에서의 변화에 따라갔으며 우리는 함께 그녀의 현실 중심적인 알아차림을 증가시키기 위한 실험들을 만들었다. 상담 세션에서 우리의 대화와 우리가 만들 수 있는 접촉의 질에 강조를 두었다. 그녀가 암을 진단받은 것과 관련한 그녀의 감정과 그녀의 자녀들과 손자 손녀들이 이것을 알게 되었을 때 얼마나 무너질지에 대한 그녀의 두려움이 아직 탐색되지 않았기 때문에 그녀와의 상담에서 이러한 걱정들이 표현되었다.

나는 Elaine에게 외부의 사건들이나 그녀의 인생에서 오랫동안 지속된 주제에 대해서 단순히 보고하는 것보다 그녀가 그녀의 감정을 온전히 경험하고 그녀가 느끼는 어떠한 기분이라도 다시 그 사건을 체험함으로써 현재로 가져올 것을 권유하였다. 예를 들어, 만약 그녀가 이러한 나쁜 소식을 가족들이 들었을 때 그들이 어떻게 반응할지를 생각하면 걱정이 된다고 이야기하면, 나는 그녀에게 그 걱정에 머무를 것을 요구한다. 만약 그녀가 그렇게 할 수 있다면, 나는 그녀에게 지금, 이 순간 자신의 걱정을 경험하는 것이 어떠한지 자신의 몸에서 느껴지는 것을 표현하며 말해달라고 한다. 그녀가 그녀 감정을 바꿀 수 있기 전에 그녀는 반드시 이러한 기분들을 온전히 체험하여야 한다. 경험주의 상담은 그녀가 자신의 감정을 표현하도록 하는 가치 있는 도구들을 제공한다.

상담장면에서 나는 다양한 개입방법들을 사용하였다. 그중 하나는 Elaine에게 내가 마치 그녀의 손자인 것처럼 말하도록 하는 것이었다. 나는 그녀에게 그녀가 지금 느끼는 어떤 감정이든지 그것에 머무르며 그녀의 몸과 그녀 안에서 올라오고 있는 감정에 집중하고 올라오는 이러한 감정들을 표현하는 것에 최선을 다해달라고 요구하였다. Elaine의 가족을 연기한 역할연기를 통해서 나는 그녀가 어떻게 그녀 자신을 그들에게 표현하는지 관찰하게 되었고 어떻게 그녀의 가족들이 그녀의 언어적 비언어적 메시지를 받아들이는지 알게 되었다. Elaine의 역할연기 실험은 그녀의 자녀 또는 손자 손녀와 함께 하는 상황에서 느껴지는 감정을 유발했고 이것은 그녀가 단순히 상황을 보고하던 것보다 더 깊은 수준의 작업을 할 수 있게 하였다.

실험을 만드는 게슈탈트 치료 과정은 Elaine과 그녀의 감정을 연결하는 효율적인 방법이다. 게슈탈트 치료는 Elaine의 정서적 경험에 대한 풍부한 경로를 제공하지만, 이 접근방식은 현재 그녀가 인식하는 모든 것을 활용하게 한다는 점에서 진정으로 통합적이라고 할 수 있다.

성찰 질문

Elaine의 케이스 중에 당신이 특히 흥미롭다고 생각하는 부분을 상기해보며 다음의 질문에 대해 고려해보시오.

- 어떠한 상담이론이 Elaine이 그녀의 감정을 탐색하는 데 도움을 줄 수 있을 거라고 생각하는가?
- Elaine이 그동안 남들에게 말하지 않았던 삶의 측면들에 대해 말하는 것이 가능하게 하는 안전한 환경을 당신은 어떻게 조성할 것인가?
- 내가 Elaine과 함께 상담하면서 나는 게슈탈트 상담 실험기법을 사용하였다. 당신은 이것에 대해 어떻게 생각하는가?

Andrew의 감정 파악과 탐색

Andrew는 19살의 라틴계 게이이다. 그는 최근 올림픽 대표 선발대회를 마친 엘리트 운동선수이다. 그는 올림픽팀 안에 드는 것에 실패하였고 우울감과 무기력함을 느낀다고 호소하며 상담실을 방문하였다. Andrew는 그가 그의 가족, 코치들 또는 다른 운동선수들을 만나기 위해 외출하지 않는다고 보고하였다. 더욱이, 그는 성공적인 운동선수가 되는 것만이 그의 인생에 있어서 성취감을 주는 유일한 것이라고 보고하였다. 첫 상담에서 Andrew의 감정은 무미건조하였고 그의 최근의 운동 수행에 있어서 어려움을 묘사하였으며 자신에 대해서 말하는 것보다 마치 다른 사람에 대해 말하는 것처럼 그의 정체성을 숨기고 있었다.

우리의 두 번째 상담에서 Andrew는 그의 훈련법과 그에게 아버지 같은 인물이 된 코치와의 관계에 초점을 맞추었다. 내가 Andrew의 가족에 관해서 물어보았을 때 그의 목소리는 무미건조했으며 그가 어렸을 때 아버지가 투옥되어 아버지가 부재했던 그의 역사를 묘사하였다. 그의 어머니는 어린 Andrew가 그의 아버지를 방문하는 것을 허락하지 않았었다. 어머니가 예상치 못하게 세상을 떠나자 Andrew와 그의 누나는 위탁가정에 맡겨졌다. 그는 무미건조하게 그와 누나의 위탁가정이 달라서 누나와 떨어져 있었다는 것을 말했다. 나는 Andrew가 굉장히 끔찍하고 두려운 시련이었던 일을 묘사할 때 무미건조한 목소리로 말하는 것에 주의를 돌렸다. Andrew는 건조하게 응답하였다. “우리는 각자의 짐을 가지고 있잖아요.” Andrew는 그가 중학교 때 어떻게 그의 코치를 만났는지 그리고 그의 코치가 결국 그를 입양했다는 것을 계속 말하였다. 코치가 자신을 “구원” 해준 것에 얼마나 감사한지를 이야기할 때와 그가 올림픽팀에 선발됨으로써 코치를 자랑스럽게 하기를 얼마나 원했는지 이야기할 때 그의 감정이 더 표현되었다. Andrew는 그가 올림픽 선발전에서 진 것을 코치가 보았을 때 그의 얼굴에 떠올랐던 실망감에 관해서 이야기할 때 눈물을 힘들게 참았다. Andrew는 “그가 나를 위해 해준 것을 갚는 유일한 방법은 올림픽팀에 선발되어 메달을 가져오는 것”이라고 말하였다.

첫 번째 단계로 나는 Andrew에게 그가 그동안 오랫동안 부정해왔던 몇몇 감정들을 경험하기를 경험하는 것을 도왔다. 우리는 Andrew가 어렸을 때부터 거절과 위탁가정으로 다시 돌려보내지는 것에 대한 두려움으로 그의 진정한 자기를 억제했던 것에 대해서 집중적으로 탐색하였다. 특히 그의 성 정체성과 관련한 사례에 대해서 탐색하였다. 남성 우월주의적인 엘리트 운동선수들 사이에서 Andrew가 그의 코치에 대한 감사와 사랑을 표현하는 유일한 방식은 경쟁에서 이기는 것이었다. 유일한 수용과 칭찬의 메시지는 그가 운동에서 뛰어났을 때만 받을 수 있었다. 많은 방면에서 Andrew는 그의 가족 없이 살아남기 위해서 그의 감정들을 억압하고 숨겨왔었다. 이것이 그를 강한 운동선수로 만들었을지는 모르나 그가 운동에서 도전했던 것 중 가장 중요한 도전에 실패하였을 때 대처하는 것에는 도움이 되지 못하였다.

Andrew가 감정을 파악하고 경험하기 위한 방법으로 편지쓰기 기법과 긍정적인 결과를 가지고 Andrew와 역할연기를 하였다. Andrew와 했던 이러한 작업은 감정을 바꾸기 위하여 감정을 느끼는 것이 필요하다는 정서중심상담의 중요한 요소들을 설명하고 있다. 단순히 감정과 문제에 관해서 이야기하는 것은 감정적인 변화를 가져오지 못한다. 나는 Andrew가 어려워하는 감정에 대해서 다루는 작업에 자기 자신을 오픈할 수 있도록 인간중심상담의 핵심 치료조건들을 사용하였다.

상담과제로 Andrew는 그의 코치에게 편지 쓰는 것을 하기로 하였고 그는 다음 상담에 이 편지를 가져오기로 하였다. 나는 그에게 편지를 쓰는 것이 어떻게 느껴졌는지 물었고 그가 편지를 쓰면서 겪은 어려움에 관해서 이야기하며 그가 이 편지를 끝냈다는 것에 기쁘다고 하였다. 나는 그에게 감정이 가득 감긴 이 편지를 나에게 읽어달라고 하였다. 그가 그의 편지를 읽고 그동안 상담에서 경험했던 그의 감정에 대해서 말하고 난 뒤, 나를 코치인 것처럼 생각하며 그가 나에게 이야기를 하는 역할연기를 하자고 제안하였다. Andrew가 어디서부터 시작할지 모르겠다고 말할 때 나는 무엇을 말할지 어렵다고 말하는 것부터 말해보자고 제안하였다. 그는 그렇게 시작하면서 그가 그의 코치를 실망하게 해왔던 많은 방법과 훌륭한 선수가 되지 못해왔던 것에 대해서 말하는 것을 계속하였다.

Andrew는 나를 그의 코치인 것처럼 생각하며 말을 할 때 과거형을 사용하였다. 내가 현재로 바꿔서 이야기할 것을 제안하자 많은 극적인 감정들이 올라왔다. Andrew는 통제력을 잃으며 그가 그의 코치를 실망하게 해서 자신 스스로 얼마나 실망했는지를 표현하였다. 이 상징적인 역할연기가 끝나고 우리는 이 과정이 그에게 어떠하였는지, 아직도 그가 코치에게 원하는 것은 무엇인지, 코치의 인정과 수용을 받기 위하여 그렇게 힘들게 노력했을 때 어떠한 감정이었는지를 다루었다. 그러고 나서 나는 뒤바뀐 역할연기를 제안하였다. 이번에는 Andrew가 그의 코치가 되었고 내가 Andrew가 되어서 그의 두려움과 그의 코치로부터 바라는 반응들을 연기하였다. 이러한 게슈탈트 실험을 수행하면서 그는 자기의 감정을 더 깊게 경험하였다. 그는 그가 코치에게서 듣기를 희망하는 것에 대해서 더 깊은 통찰을 얻었다. 이 실험에 참여하는 것이 그에게 어떻게 느껴졌는지를 물어보자. 그는 자기의 신체에서 일어나는 반응들을 묘사하였다. 예를 들어 눈물이 차오르고 상기되는 것이 느껴졌으며 손이 약간 떨렸다고 이야기하였다. 그는 자기의 몸에서 느껴지고 있는 것에 대해서 말할 기회를 가진 것에 고마워했다.

Andrew를 위한 또 다른 과제로 나는 이 상담 세션에서 올라왔던 감정들을 코치에게 표현하는 두 번째 편지를 쓰는 것을 제안하였다. 나는 Andrew에게 적어도 지금은 이 편지를 코치님에게 줄 필요가 없다고 말하였다. 편지를 쓰는 것은 기억을 상기시키며 더 깊은 감정적인 분출을 경험하게 할 수 있다. 편지를 쓰면서 Andrew는 그가 실제 삶에서 그의 코치에게 원했던 것들에 대하여 확실하게 알게 될 것이며 새로운 시각을 얻을 것이다. 이것은 그가 이전에는 부인했던 감정들을 분출하게 한다는 점에서 치료적인 활동이 될 수 있다.

다음 상담에서 나는 Andrew에게 두 번째 편지를 썼는지 물어볼 것이고 만약 그가 그렇다고 한다면 그렇게 하는 것이 어땠는지 물어볼 것이다. 그가 그의 코치에게 편지를 쓰면서 무엇이 느껴졌고 어떤 생각이 들었는지, Andrew가 그 편지를 나중에 읽으면서 어떻게 영향을 받았는지, 나와 나누고 싶은 것은 없는지 물어볼 것이다. 우리의 상담 방향은 그의 반응에 달려있으며, 그의 반응은 우리가 다음에 가야 할 방향에 대한 힌트를 제공한다.

성찰 질문

Andrew와의 상담에서 감정과 관련된 부분을 다시 상기하며 이 질문에 대하여 생각해보자.

- Andrew를 내담자로 받아들이는 것이 내키는가? 왜 그러한가? 그렇지 않은 이유는 무엇인가?
- Andrew와 상담하면서 나는 편지쓰기를 포함한 몇 가지 과제를 제안하였다. 이 개입에 대하여 어떻게 생각하는가?
- 나는 Andrew에게 몇 가지 역할연기 실험을 제안하였다. Andrew에게 역할연기에 참여할 것을 요청하는 것이 당신은 편안하게 느껴지는가? 당신이 역할연기를 제시했지만, 그가 무미건조하게 거절한다면 당신은 어떻게 반응할 것인가?

결론적 논평

나는 이 장에서 감정을 확인하고 표현하는 것의 역할에 대해서 강조했다. 당신이 당신 내담자와 경험적이고 감정에 초점을 맞춘 상담을 하기 위한 몇 가지 지침을 제시하자면, 당신은 자신의 감정을 경험할 수 있고 그것을 건강하게 표현할 줄 알아야 한다. 내담자의 감정을 다루기 위한 능력은 당신이 스스로 그러한 근거가 있고 당신 감정에 얼마나 접근할 수 있는지에 달려있다. 만약 당신이 당신의 감정에 의해 겁을 먹는다면 내담자들이 그들의 감정을 표현하게끔 하는 것과 그들의 감정에 대해서 상담하는 것이 불가능할 것이다. 만약 당신이 당신 자신의 화나 당신을 향한 화에 겁을 먹는다면, 내담자들이 그들의 화를 건설적으로 다루도록 돕는 것이 매우 어려울 것이다. 당신이 중요한 인물의 상실에 대한 고통을 부정하고 있다면, 상담에서 내담자들의 고통스러운 주제에 오픈될 때 당신이 그곳에 머무르는 것이 불가능할 것이다. 당신이 갈등에 대해서 극도로 불편감을 느낀다면, 내담자들이 상황을 해결할 수 있는 만큼 충분한 시간 동안 갈등 속에 머무르도록 돕는 것이 불가능할 것이다. 당신이 우는 것과 통제력을 잃어버리는 것에 대해서 두려움이 있다면, 통제력을 잃을까 봐 눈물을 감추는 내담자를 어떻게 다룰 수 있는가? 만약 당신의 감정이 당신을 불편하게 만든다면, 내담자들이 극적인 감정을 느끼려 할 때 그들의 주의를 다른 방향으로 돌릴 방법들을 찾게 될 수도 있다. 만약 내담자들이 우울한 감정에 휩싸이는 것을 두려워하고 당신도 우울감을 두려워한다면 어떻게 당신이 이 내담자에게 치료적으로 접근할 수 있겠는가?

만약 당신이 내담자들을 위해 감정에 공감하며 존재(emotionally present)할 수 있다면 그들의 이야기는 틀림없이 당신에게 개인적으로 영향을 끼칠 것이다. 당신 주변에 명확한 경계선을 설정하여 내담자들이 표현하는 고통이 당신을 마음대로 하지 못하게 해야 한다. 내담자들이 상담장면에 가져오는 트라우마적인 다양한 이야기들이 상담자의 개인적인 어려움을 면밀하게 비춘다면 공감 피로(empathy fatigue)가 발생할 수 있다(Stebnicki, 2008). 공감 피로는 다른 피로 증후군인 정신적 외상, 소진, 이차적 트라우마 스트레스, 대리 외상과 공통점이 있다. 공감 피로는 극적이고 트라우마적인 사건에서 살아남은 사람을 대하는 전문가와 기분장애, 불안장애, 스트레스 관련한 장애를 다루는 사람, 정신이나 신체에 장애가 있는 사람들과 일하는 환경에 있는 사람에게서 흔하게 나타난다. Stebnicki는 우리의 공감 피로 버튼에 집중하는 것이 우리의 신체적, 감정적, 정신적인 건강에 매우 중요하다고 하였다. 소진을 치료하기 위해 노력하지 않거나 스트레스를 관리하는 방식을 바꾸지 않는 상담사들은 정신적 손상을 겪을 가능성이 크다. 자기 돌봄은 상담직업을 가진 사람들에게 윤리적인 의무이다. 왜냐하면, 이것이 우리가 감정 피로, 소진, 정신적 손상 그리고 효과적인 상담자가 되는 것을 방해하는 다른 것들로부터 우리를 보호해주기 때문이다(Corey, Muratori, Austin, & Austin, 2018).

당신의 내담자를 도와주기 위해서 당신은 당신의 감정을 확인하고 표현하고 관리할 수 있어야 한다. 내담자들이 사건과 관련한 고통스러운 기억을 다시 체험할 때, 당신은 그들이 감정적인 고통 안에서 길을 잃지 않도록 그들을 돌볼 필요가 있다. 만약 당신이 내담자들의 감정적인 이야기에 쉽게 영향을 받는다면, 고통스러운 시나리오 속에서 그들을 돕기 위해 해야 하는 것들을 하지 못할 수도 있다. 당신의 내담자가 감정적으로 당신에게 영향을 끼칠 때, 당신은 느껴지고 있는 감정들에 대해서 알고 있어야 한다. 당신의 감정적인 반응에 대해서 인식하고 그것을 당신의 슈퍼비전이나 개인 상담에서 탐색해라. 시간이 지나면 숙련된 상담자들은 그들의 감정적인 반응을 내담자와 치료 과정 및 자신에 대한 유용한 정보로 사용하는 방법을 배우게 된다.

나는 내담자가 자신의 감정을 확인하고 경험하고 탐색할 수 있게끔 해야 한다는 것을 매우 강조해왔다. 이것은 당신의 내담자들이 그들의 감정을 다루는 것을 항상 도와야 한다는 것을 의미하는 것은 아니다. 당신의 내담자들이 있는 곳부터 시작하고 그들의 특정 타이밍에 무엇이 그들을 위해 가장 유용할지 결정하라. 만약 당신이 너무 감정적인 표현을 강요한다면 당신의 내담자들은 불편감을 느낄 수 있고 방어적으로 될 수 있다. 감정적인 작업은 내담자가 생각하고 하는 것과 연관되어야 한다는 것을 명심하여라. 내담자로부터 감정을 끌어내는 것이 단지 극적인 효과를 위해 사용되는 경우에는 치료목적이 거의 없을 수 있다.

감정에 초점을 둔 상담에 대한 이 장을 읽고 난 뒤, 감정에 초점을 맞추는 것에 대한 당신의 생각을 명확히 하는 방법으로 다음의 질문들을 생각해보는 시간을 가져보기를 바란다.

- 감정에 초점을 맞춘 상담의 주요한 장점과 한계점은 무엇인가?
- 내담자가 정서적인 경험을 하는 것을 돕기 위해 인지 및 행동 치료를 통합하는 방법은 무엇이 있는가?
- 당신이 내담자라면 감정을 표현하고 탐구하는 데에 어떠한 가치를 둘 것인가?
- "종종 내담자들이 그들의 인지를 검증하는 가장 좋은 방법은 내담자에게 그들이 느끼는 것을 확인하고 표현하고 말하게 하는 것이다"라는 문구에 대해서 어떻게 생각하는가?

Chapter 08 | 행동에 초점을 둔 상담

한 개의 이론이 단독으로 현재의 행동 치료를 뒷받침하지 않는 것처럼 상담에서 행동 치료는 한 가지의 형태만으로 실행되지 않는다. 행동 치료는 전통적인 행동 치료, 인지행동치료(6장 참조), 그리고 제3의 물결인 마음챙김과 수용에 초점을 둔 행동 치료를 포함한다. 심리치료전문가들은 다음 10년 동안 마음챙김, 인지행동, 그리고 다문화 상담 접근과 같은 통합치료의 인기가 증가할 것을 예상하였다(Norcross et al.,2013).

나의 통합된 행동에 초점을 맞춘 상담은 행동 지향적 접근 상담과 함께 다음의 다양한 상담이론들을 포함한다. 중다양식치료(multi-modal therapy), 합리적 정서행동치료, 인지치료, 현실치료, 해결중심단기상담 그리고 마음챙김과 수용 접근 상담이다. 통합적인 관점에서 나는 이러한 이론들이 대부분 공유하고 있는 몇 가지의 기본 개념을 다루고 행동 지향모델들과 관련된 다양한 행동기술을 설명하였다.

행동적 접근은 관계지향과 경험주의 상담과 반대로 서 있는 것처럼 이전 장에서는 묘사되었다. 경험주의적 접근은 내담자들이 변화를 위해 필요한 자신들의 문제에 대한 통찰에 도달하는 것에 큰 강조를 두었다. 행동주의자들은 자신 스스로에 대한 이해에 앞선 행동에서의 변화가 가능하다고 전제하였고 이러한 행동의 변화는 자기 이해를 증진할 수 있다고 가정하였다. 나는 사회학습 이론으로부터 발전된 다양한 행동기법들을 사용하였다. 내가 사용한 행동기법들은 강화, 모델링, 인지적 재구조화, 둔감화기법, 이완훈련,

자기제어기법, 코칭, 행동 시연, 재발 방지, 마음챙김 수련, 수용기반 기법들이다. 사실 행동적인 개입들은 다양한 관계중심치료에 통합될 수 있고 그렇게 함으로써 내담자들은 자신들이 상담을 통해 얻은 것을 통합할 수 있고 새로운 문제를 더욱 효과적으로 해결할 수 있다.

행동접근치료 상담자들은 내담자들이 과거와 현재의 생각과 감정, 그리고 그들이 그동안 해 왔었던 행동이나 문제였던 행동들을 탐색하는 것을 돕는다. 행동접근치료 상담자들은 현실적이고 측정 가능하며 구체적으로 계획된 방법들을 제시한다. 행동 치료의 가장 중요한 목적은 내담자들이 실현 가능한 기본적인 기술들을 배워서 그들 스스로 상담자가 되는 것이다. 내담자들은 상담 과정에서 능동적인 파트너십 관계에 있으며 이들은 상담자와 함께 상담목표를 수립하고 상담 환경설정을 한다(Antony, 2019).

행동적인 변화를 상담에서 강조할 때에는 어떠한 요소들이 긍정적인 변화에 포함될 수 있을지에 대한 안내가 반드시 있어야 한다. 몇몇 긍정적인 변화는 증상의 감소로 이어지며 평안함이 불안보다 더 좋은 것이며, 분노보다 더 좋은 상태로 정의되는 것처럼 명확하다. 몇몇 사람의 행복이 똑같이 정의되지는 않지만, 우울감보다는 더 좋다. 몇몇 행동주의적인 목표는 영양, 운동, 건강관리 그리고 정신건강과 관련한 학문으로부터 뒷받침된다. 더 좋은 삶을 위한 안내는 3장에서 논의되었으며 이것은 행동에 있어서 긍정적인 변화를 구체화하는 개념으로 사용될 수 있을 것이다. 몇 가지 예를 들면, 친구들 간의 좋은 관계를 맺는 법, 직장에서 효율적으로 되는 것, 책임감 있게 행동하는 것, 사랑하는 것과 사랑받는 법, 다음 세대를 양육하는 법들과 관련한 기본적인 기술들은 윤리적이고 실현 가능한 행동적인 용어들로 구체화할 수 있다. 이러한 기술들을 배우고 실현하는 것은 평가되고 측정될 수 있다. 우리가 지지하는 긍정적인 변화들은 우리 자신을 위한 것뿐만 아니라 우리와 접촉하는 모든 사람을 위한 것이다. 긍정적인 변화는 우리가 소속감을 높이고 다른 사람들이 인정하는 방식으로 우리를 다른 사람들과 연결하는 행동을 할 때 나타난다.

행동에 초점을 두는 것의 이점과 한계점

행동주의 접근 모형들은 구체성과 상담기법의 시스템적인 접근의 필요성을 강조한다. 내담자들은 "나는 사랑받지 못해서 삶은 나에게 의미가 없어요."와 같은 일반적인 서술을 종종 하는데, 행동주의 이론들은 더욱 구체적인 것을 목표로 초점화된 상담이 진행될 수 있도록 한다. 행동주의 상담자들은 평가 및 치료 과정에서 적극적이고 지시적인 역할을 맡으면서 일반적인 서술에 다음과 같이 질문을 이어갈 수 있다. "구체적으로 누가 당신을 사랑하지 않나요?, 당신 삶에서 어떠한 일들이 일어날 때 무의미하다고 느껴지나요?, 당신의 지금, 이 상태에 영향을 끼친 구체적인 것들은 어떤 것들이 있을까요?, 당신이 가장 바꾸고 싶은 생각, 행동 또는 감정들은 어떤 것인가요?"

행동에 초점을 둔 상담의 주요한 장점은 다양한 배경을 지닌 내담자들과의 상담에서 적용이 가능한 다양하고 구체적인 기술들이 있다는 것이며, 이러한 기술들은 경험적인 연구들 통해 그 효과성이 검증되었다. 예를 들어 제3의 물결의 바탕을 이루는 마음챙김은 상당히 많은 연구의 주제가 되고 있으며 심리적 안녕과 긍정적 기능을 증진하고 부정적인 기능을 감소시키는 것으로 나타났다.

행동주의적 접근은 심리적 역동에 대한 통찰 없이도 변화가 일어날 수 있다고 가정한다. 행동주의의 강조는 행위(doing) 자체에 있고 이것은 단순히 문제에 관해 이야기하거나 통찰을 수집하는 것과 반대에 위치한다. 그리고 내담자들은 행동 변화를 위한 실천계획을 수립한다. 행동주의 상담자들은 내담자들이 만드는 행동의 변화에서 증가된 자기 이해와 통찰이 올 수 있다고 믿는다. 행동주의적 계획은 사람들이 운동계획, 스트레스 관리, 우울 관리, 불안, 그리고 고혈압 관리계획을 지키는 것을 효과적으로 도울 수 있다. 내 관점에서 행동 치료는 통합적인 방법으로 사용될 때 최선으로 보인다. 실천계획과 행동적인 변화를 추구하는 내담자들은 행동주의적 접근방법들을 잘 따를 가능성이 큰데 그 이유는 행동주의적 접근이 삶의 문제를 해결할 수 있는 구체적인 방법들을 포함하고 있기 때문이다. 행동주의의 초점은 분명한 장점이 있는 단기상담과 잘 맞는다.

행동주의 상담자들은 개념과 실행과정에 대해서 분명하게 정의하며 경험적으로 시험하고 계속해서 수정한다. 행동주의적 접근은 과학적 증거기반의 실행방법들이며 가장 연구가 활발히 되고 경험적으로 증명이 잘 된 상담이론이다(Antony, 2019). 평가와 치료는 동시에 일어난다. 행동 치료의 구체적인 특징은 다음과 같다. (a) 행동 사정의 진행, (b) 명확하게 구체화된 협력적인 치료목표, (c) 특정 문제에 대한 구체적인 치료 과정, (d) 객관적으로 평가 가능한 치료의 결과. 이러한 특징들은 다른 상담이론에 통합될 수 있으며 이것이 행동 치료가 통합적인 관점을 갖게 되는 방식이다.

행동주의 상담자들은 문제를 구체화하고 핵심영역에 초점을 맞추며 구체적인 인지 행동 기술들을 가르친다. 행동주의적 접근을 사용할 때 치료계획을 수립하기 전 내담자에게 그들의 감정과 고민을 표현하고 탐색할 기회를 주고 그것들을 주의 깊게 듣는 것은 매우 중요하다. 오늘날 행동주의 상담자들은 내담자와 협력적인 상담 관계를 맺는 것의 중요성을 강조하고 있다. 협력적인 상담 관계는 적극적인 경청과 존중, 따듯한 태도, 정확한 공감, 긍정적인 관심, 진실성, 즉시성, 열린 자세, 허용적 태도 그리고 수용이 필요하다. 그러나 협력적인 상담 관계만이 내담자의 행동 변화를 위한 전부는 아니다(Beck & Weishaar, 2019; Fishman, 2016; Kazantzis et al.,2017; Matu, 2018). 내담자와 상담자의 관계는 내담자들이 원하는 변화를 만들 수 있도록 그들을 돕기 위한 행동주의적 전략들의 기초가 된다. 만약 당신이 문제를 푸는 것에만 너무 집중한다면 당신은 내담자의 감정을 탐색하는 데 관심을 기울이지 못할 수도 있다. 내담자의 호소문제에만 너무 주의집중을 하는 것은 위험성이 있고 더 깊은 메시지를 놓칠 수도 있다. 만약에 당신이 내담자에게 면접에서 사용할 수 있는 자기주장 기술을 가르치고 있다면 그들이 면접과 관련한 그들의 자기암시(self-talk)와 감정적인 반응(anxiety)을 표현할 수 있도록 열린 자세를 유지해야 한다.

중다양식치료: 평가와 치료목적

중다양식치료(MMT)는 임상적 행동 치료의 핵심 선구자인 Arnold Lazarus (1997a, 1997b, 2005, 2006, 2008)에 의하여 최근에 제시되고 발전된 종합적, 체계적, 단기적, 경험주의적, 전체론적 행동 치료이다. 중다양식치료는 사회 인지학습이론에 뿌리를 둔 행동 치료이다. 평가과정은 다각적이지만 인지행동치료는 경험적으로 증명된 방법을 사용하고 있다. 중다양식치료는 오픈시스템으로 넓은 범위의 문제를 해결하기 위한 다양한 행동기법들의 적용인 기술적 절충주의를 권고한다. 이 접근은 행동주의적 접근과 인지행동 접근과의 관계에서 중요한 연결을 제공하며 전통적 행동주의를 크게 대체하고 있다. MMT의 가장 중요한 목표는 내담자의 호소문제에 기반한 종합적인 평가를 바탕으로 각 내담자를 위한 구체적인 치료계획을 수립하는 것이다. MMT는 다양한 이론적 배경으로부터 차용된 넓은 범위의 다양한 기술들을 사용하며 이러한 기술들은 차용된 이론적 배경에 고정되어있지 않다(Kelly, 2018). 상담자들은 내담자에게 어떠한 맥락에서, 어떤 환경에서 어떤 것이 가장 효과적일 수 있을지 평가한다. 평가는 단계적으로 이루어지며 치료적 변화를 위한 행동주의적 접근을 사용한다. MMT는 7가지 인간의 기능 양식에 대한 구체적이고 포괄적인 평가를 포함하며 이것들은 모두 치료 과정에서 다뤄진다. BASIC I.D는 인간 기능의 각 측면에 대한 체계적인 주의를 기울이는 인지적인 지도이다. BASIC I.D에 대하여 각각의 양식들을 면밀하게 살펴보자(Lazarus, 2005).

1. 행동: 이 양식은 주로 명시적인 행동을 의미하며 행위, 습관 그리고 측정 가능하고 관찰가능한 반응들을 포함한다. 다음의 질문들이 행해진다. “당신이 바꾸고 싶은 것은 무엇입니까?”, “당신이 시작하고 싶은 것은 무엇입니까?”, “당신이 멈추고 싶은 것은 무엇입니까?”
2. 감정: 이 차원은 감정과 기분 그리고 강렬한 감정을 의미하며 다음의 질문들이 행해진다. “당신이 가장 자주 경험하는 감정은 무엇입니까?”, “당신에게 문제가 있는 감정들은 무엇입니까?”

3. **감각**: 이 영역은 다섯 가지 기본 감각인 촉각, 미각, 후각, 시각 그리고 청각을 뜻한다. 전형적인 질문은 다음과 같다. “당신은 아픔, 고통, 어지러움 등과 같은 불쾌한 감각으로 인하여 고통받습니까?”
4. **심상**: 이 영역은 우리가 우리 자신을 상상하는 방식들을 의미하며 이것에는 기억, 꿈 그리고 판타지 등이 포함된다. 다음과 같은 질문들이 행해진다. “지금 당신 스스로가 어떻게 보이나요?”, “미래의 자신을 어떻게 보고 싶습니까?”
5. **인지**: 이 양식은 우리의 통찰, 생각, 의견, 자기암시 그리고 판단을 뜻하며 이것은 우리의 가치, 태도, 믿음의 근원을 이룬다. 다음의 질문들이 행해진다. “당신이 가장 소중히 여기는 가치나 믿음은 무엇입니까?”, “당신이 당신 자신에게 말하는 부정적인 것은 무엇입니까?” “당신이 ‘해야 하는’, ‘할 의무가 있는’, ‘반드시 해야만 하는’ 것들은 무엇입니까?”, “이것들이 당신의 삶을 어떻게 방해합니까?”
6. **대인관계**: 이 영역은 다른 사람들과의 상호작용을 뜻한다. 다음과 같은 질문이 행해진다. “당시 삶에 있는 중요한 인물들로부터 무엇을 기대하나요?”, “그들은 당신에게 무엇을 기대하나요?”, “당신이 바뀌기를 바라는 다른 사람들 간의 관계가 있을까요?”
7. **약물/생물학적 기능**: 이 양식은 약물 이상의 것을 포함하며 당신의 운동패턴이나 영양학적 습관들을 모두 고려한다. 전형적인 질문은 다음과 같다. “당신의 건강에 대해서 어떠한 고민이 있습니까?”, “당신은 처방된 약을 먹고 있습니까?”, “당신의 식습관, 운동, 그리고 신체적인 건강과 관련한 습관들은 무엇이 있습니까?”

이러한 초기사정이 끝난 뒤 문제 영역을 밝혀내는 데에 초점을 둔다. 이것은 치료계획에 있어서 첫 번째 단계인 치료목표를 설정하게 한다. 중다양식치료는 치료관점에서 유용할 뿐만 아니라 치료정보를 제공할 수 있는 포괄적인 평가를 수행하기 위한 훌륭한 장을 제공한다. 중다양식치료는 자기 패배적인 믿음에 상담자가 도전할 수 있게 해주며, 건설적인 피드백을 제공할 수 있고 긍정적인 강화를 제공할 수 있게 해준다. 중다양식치료 상담자는 정보와 지침을 제공하며 적극적이고 직접적인 방법으로 기능한다. 그들은 상담에서의 내담자의 목표를 달성하기 위하여 계속해서 그들의 기술을 수정한다. 그들은 특정한 상황에 있는 각각의 내담자에게 최선을 제공하기 위하여 어떠한 관계나 어떠한 치료전략이 좋을지 신중하게 결정하고 시도한다. 개개인은 다양한 특정 상황 속에 처해있기 때문에 다양한 치료기법이나 전략들이 변화를 가져오는 데에 사용된다. MMT에서 자주 사용되는 치료기법은 Kelly(2018)에 의하여 일곱 가지 양식으로 정의되었다.

1. **행동:** 행동 시연, 모델링, 자기관찰, 마치 ~인 것처럼 행동하기, 역할극
2. **감정:** 화 다스리기 훈련, 글쓰기, 독서요법, 이완훈련, 심상
3. **감각:** 명상, 마음챙김 훈련, 이완훈련, 요가, 마사지요법, 불안관리 훈련
4. **심상:** 미래 심상 시연, 긍정적인 심상, 유도된 심상, 시간 투영
5. **인지:** 자기 교수법, 긍정적 자기암시, 재구성, 인지적 재구성, 기술훈련, 상담에서의 과제
6. **대인관계:** 커뮤니케이션 훈련, 사회적 기술훈련, 역할전환기법, 독서요법, 갈등 해결전략
7. **약물/생물학적 기능:** 건강한 식습관, 체중 관리, 수면습관

MMT는 다양한 내담자 집단의 다양한 문제에 적용됐으며 증거기반의 개입방법들에 초점을 맞추고 있다. 중다양식치료에 대하여 더 자세히 알고 싶다면 Corey(2013, chap 7), Kelly(2018), Lazarus(2005, 2006), Sharf(2016, chap. 16)을 참고하라.

행동 치료의 제3의 물결

마음챙김과 심리치료에서의 수용

행동 치료의 제3의 물결은 마음챙김과 수용기반 접근법을 포함하여 최

근까지 행동 치료 상담사들의 한계로 고려된 부분들을 강조한다.

마음챙김(mindfulness)은 "순간순간 일어나는 경험에 대하여 의도적·비판단적으로 주의를 기울임으로써 나타나는 인식"을 의미한다(Kabat-Zinn, 2003: 145). 마음챙김 수련에서 내담자들은 그들 자신을 '수용에 대한 현재 경험'(Siegel, 2010: 27)에 의도적으로 초점을 맞추도록 훈련하고 현재 경험에 대하여 호기심의 태도와 연민의 태도를 발전시킨다. 마음챙김의 핵심은 순간순간의 우리의 마음에 대하여 부드러운 수용의 태도로 알아차리는 것이다. 많은 상담 치료접근들은 마음챙김과 명상을 상담 과정에 포함하고 있고 이러한 흐름은 계속될 것으로 보인다.

수용은 판단이나 선호 없이 호기심과 친절의 자세로 자신의 현재 경험을 받아들이고 이러한 경험을 변경하거나 피하려는 노력 없이 현재 순간을 완전히 인식하기 위해 노력하는 것을 의미한다(Germer, 2013). 수용은 우리의 내적 경험에 대한 대안적인 반응이다. 이것은 문제를 해결하기 위한 전략으로 보이기보다는 세계 속에 존재하는 하나의 방법으로 여겨진다(Follette & Hazlett-Stevens, 2016). 마음챙김과 수용은 상담에서 영성을 포함하기 위한 좋은 방법이다.

최근의 전통적인 인지행동치료의 발전은 다음의 네 개의 주요한 접근을 포함한다. (a) 경계선 성격장애 치료법에 사용되어온 변증법적 행동 치료(DBT: diarectical behavior therapy)(Linehan, 1993a, 1993b, 2015), (b) 8-10주의 집단 프로그램으로 스트레스 관리와 신체적 정신적 건강을 증진하기 위한 마음챙김을 적용한 마음챙김 기반 스트레스 감소 프로그램(MBSR: mindfulness-based stress deduction)(Kabat-Zinn, 1990, 2003), (C) 우울증을 치료하기 위한 마음챙김기반인지치료(MBCT: mindfulness-based cognitive therapy)(Williams & Teasdale, 2013), (d) 내담자에게 부정적인 감각을 바꾸거나 통제하려 하기보다는 받아들일 것을 권유하는 수용전념치료(ACT: acceptance and commitment therapy)(Hayes & Lillis, 2012; Hayes, Strosahl, & Wilson, 2011). 네 개의 접근법은 모두 행동주의의 특징인 경험적으로 증명된 전략들을 사용한다. 마음챙김기반 접근법들은 긍정적인 결과를 보인 연구결과들이 풍부하다(Pantaleno & Sisti, 2018).

변증법적 행동 치료(DBT)

변증법적 행동 치료는 경계선 성격장애를 진단받아 만성적으로 자살 경향성이 있는 개인을 치료하기 위하여 발전하였고 지금은 "주로 심한 감정조절 장애를 특징으로 하는 경계선 인격장애를 진단받은 성인을 위한 매우 뛰어난 치료법"으로 여겨지고 있다(Kelly & Robinson, 2018: 237). 자살을 생각하는 사람들의 감정적인 고통을 줄여주기를 원한 Marsha Linehan(1993a, 1993b, 2015)에 의하여 발전되었으며 DBT는 불안장애, 우울증, 물질사용 장애, 외상후스트레스장애, 섭식장애, 비자살적 자해를 포함하는 다양한 범위의 장애를 치료하는 데 효과적인 것으로 밝혀졌다(Linehan, 2015).

변증법적 행동 치료는 치료적인 상담 관계의 중요성, 내담자에 대한 검증 및 수용, 어렸을 때 "**비수용적 환경**"을 경험한 내담자의 병인학적 중요성, 저항의 직면을 강조한다. DBT는 정서조절과 관련한 문제를 겪는 내담자에게 공통으로 존재하면서 반대되는 힘의 존재를 알아차리고 받아들이도록 가르친다. 이러한 근본적인 변증법적인 관계인 특정 행동에 참여하고 싶지 않지만 원하는 목표에 달성하려면 행동에 관여해야 한다는 것을 알고 인정함으로써 내담자들은 수용과 변화의 반대되는 개념을 통합하는 것을 배우고 상담자들은 내담자에게 어떻게 그들의 감정과 행동을 통제할지 가르칠 수 있다.

DBT는 내담자들이 자기 파괴적인 행동 없이 고통스러운 감정을 견디는 것을 가르치는 노출 치료기법을 포함하여 경험적으로 증명된 행동 치료와 인지행동치료의 기법들을 사용한다. DBT는 마음챙김과 수용기반 기법들을 치료 과정에 통합시키기 위하여 **선불교** 가르침(Zen teaching)을 이용하고 있다(Kuo & Fitzpatrick, 2015). 몇몇 선불교 원리들과 수련기법은 현재의 순간에 대하여 알아차림, 왜곡 없이 현실 바라보기, 판단 없이 현실을 받아들이기, 고통으로 오는 애착을 내려놓기, 자신과 타인에 대한 더 큰 수용을 발전시키기, 현재의 벌어지고 있는 일들과 상호작용에 자신을 분리하지 않고 온전히 존재하는 것들을 포함한다(Robins & Rosenthal, 2011).

변증법적 행동 치료자들은 구조화되고 예측 가능한 치료환경을 조성한다. 강한 치료적 동맹을 만드는 것이 중요하며 상담자와 내담자 간의 관계는 내담자와 함께 작업하는 수단이자 치료 자체이다(Linehan, 1993a). DBT의 일반적인 목표는 비효과적인 대처 행동을 줄이고 기술 훈련과 이러한 기술들을 매일의 삶에 적용하는 훈련들을 통한 효과적인 행동들의 증가이다. 내담자들이 DBT 치료법을 시작하면, 그들은 그들의 삶을 가치 있게 만드는 몇몇 구체적인 목표를 정할 것을 요구받는다(Kelly & Robinson, 2018). 상담자는 내담자가 가지고 있는 기술을 사용하여 위기 상황을 보다 효과적으로 탐색하고 문제행동을 해결하도록 돕는다. 마음챙김은 DBT의 근본적인 기술로 세계를 있는 그대로 받아들이고 알아차리게 하며 판단하고 평가하는 것은 피하게 한다. 마음챙김을 통해 내담자들은 그들이 고통스러운 상황을 마주할 때 그들이 경험하는 강렬한 감정을 견디고 받아들이는 것을 배우게 된다. 내담자들은 감정을 바꾸려고 시도하기보다는 있는 그대로 받아들이도록 격려된다. 수용은 내담자가 과거에 갇히거나 미래에 대해 걱정하는 것과 반대로 현재 상황에 있는 그대로 머물게 함으로써 진전을 촉발한다(Kelly & Robinson, 2018). DBT는 자기 자신을 받아들이는 급진적인 수용(radical acceptance)을 중요시한다.

마음챙김 기반 스트레스 감소 프로그램(MBSR)

메사추세츠 대학의 Jon Kabot-Zinn은 1979년 MBSR을 개발하였고 의료 환자들의 스트레스, 고통, 병 그리고 다른 종류의 고통을 경감시키는 것이 가능한지 알아보았다. 8주간의 구조화된 집단 프로그램을 통해 마음챙김 명상을 훈련한다. MBSR의 핵심은 우리의 고통과 괴로움 대부분이 있는 그대로가 아닌 달라지기를 계속해서 바라는 것에서 비롯된다는 것을 깨닫는 것이다. MBSR은 사람들이 과거를 반추하거나 미래에 대해 지나치게 걱정하는 것보다 현재를 온전히 살아갈 수 있도록 돕는다. 마음챙김 명상은 마음을 정화하고 신체를 진정시키며 비판단적인 자세로 지금 여기에서의 알아차림에 집중할 수 있도록 한다. 초점은 '만약 ~하면(what if)'보다 '무엇(what is)'에 있다. MBSR 프로그램에서 채택한 접근방식은 형식적 및 비형식적 명상 연습을 통해 지속적인 주의 집중능력을 개발하는 것이다. 형식적인 수련에서 좌식 명상이나 마인드풀 요가와 같이 마음챙김을 증진하는 것을 목적으로 한 기술들이 가르쳐진다. 바디스캔 명상을 포함한 프로그램은 내담자들이 그들 신체의 모든 감각을 관찰하는 것을 돕는다. 내담자들에게 그들의 일상적인 활동에 마음챙김의 자세로 임하는 것이 권유되며 이러한 비공식적인 수련은 서 있거나 걷거나 먹거나 잡다한 일을 할 때도 마음챙김의 자세를 지니는 것을 포함한다. 이 프로그램에 참여한 사람들은 하루에 45분 동안 매일 형식적인 마음챙김 수련을 할 것이 권유된다(Kabat-Zinn, 1990, 2003).

MBSR 프로그램은 참가자들에게 건설적인 방법으로 내부와 외부 스트레스와 연결되도록 가르치며 매 순간 요구되는 마음챙김의 원리들을 수련하고 증진시킬 수 있도록 전념하게끔 한다. 마음챙김의 자세에 도달하는 것은 단순한 행동적인 기술이 아니라 훈련된 수련 활동을 통하여 그들의 초점을 더욱 깊게 하는 것을 계속 발전시키는 것이다. Walsh와 Vaughan(2019)는 마음챙김을 발전시키기 위한 실용적인 수련들을 다음과 같이 설명하였다. "하루에 한 가지만 하라. 이때는 여러 가지 일을 동시에 하려고 하지 말고 당신의 모든 주의집중을 각각 개별 활동에 둬라" 이것은 하기 쉽게 들릴 수 있으나 당신은 이것이 매우 어렵다는 것을 알게 될 것이다. 마음챙김 수련은 당신이 하루하루에 어떻게 접근하는지에 큰 영향을 끼친다.

내담자들의 마음챙김 경험을 촉진하려는 상담자들에게 Pantaleno와 Sisti (2018)은 상담자들이 그들 자신을 위한 마음챙김 수련을 발전시키는 것에 전념할 것을 제안하였다. 상담자들은 매우 짧은 시간 동안에 집중하거나 조용한 숙고 시간을 가지는 것만으로도 많은 것을 얻을 수 있다. 마음챙김이 상담실을 넘어서 보편화되기 위하여 마음챙김 수련은 매일의 삶에 통합되어야 한다.

마음챙김 기반 인지 치료(MBCT)

MBCT는 우울증의 치료에 적용되는 마음챙김의 기술들과 원리의 종합적인 통합이다(Segal et al., 2013). MBCT는 Kabat-Zinn(1990, 2003)의 마음챙김 기반 스트레스 감소 프로그램을 적용한 8주간의 2시간씩 매주 이뤄지는 그룹 치료프로그램이다. MBCT는 탄력성을 증진하고 우울 삽화의 재발을 예방하기 위하여 수용의 기술들을 사용한다. 이 프로그램은 MBSR의 기술들과 내담자에게 인지 행동적인 기술을 가르치는 것을 통합시켰다. 가장 주요한 목적은 내담자의 부정적인 생각들의 관련된 알아차림을 변화시키는 데에 있다.

Morgan, Morgan과 Germer(2013)은 마음챙김 명상은 집중적이고 지속적인 방식으로 주의집중 능력을 향상시킨다는 풍부한 증거를 제시하였다. 현재의 경험에 참여하는 상태가 되는 것은 자기 자신을 위한 연민과 다른 사람을 향한 연민을 표현 하게끔 한다. 마음챙김은 배우는 것보다는 깨닫게 되는 것이다. 우리가 마음챙김의 기술들을 발전시키고 우리의 생각이 명확해지면 우리는 우리를 둘러싼 세계에 관한 알아차림이 더욱 증가할 수 있다. 마음챙김은 형식적인 수련을 넘어서 삶의 방식을 의미한다. 내담자들이 있는 그대로를 받아들이고 자기 비판적이고 판단적인 습관을 버릴 수 있도록 돕는 MBCT 상담가들의 태도와 행동은 매우 중요하다. MBCT의 간결성은 이 접근법을 효과적이고 비용대비 효율적인 치료로 만들었다.

수용전념치료(ACT)

ACT는 심리적인 유연성을 증진하기 위하여 수용과 마음챙김 전략을 **전념**(Commitment)과 행동변화 전략과 함께 사용하는 경험적으로 증명된 치료개입방법이다. ACT는 기술이 아니라 심리적 유연성 모델의 전략들을 적용하고 발전시키는 접근법이다. ACT는 내담자들이 삶의 어려움을 받아들이는 것을 돕고 전념하는 자세로 발전하는 것을 돕는다. ACT의 주요한 목적은 내담자가 현재의 순간에 적절히 대응하고 바람직한 결과를 불러오는 가치 동질적인 행동 변화를 추구하는 것을 돕는다. 현재에 집중하며 자발적이고 유연한 자세로 참석하면서, 내담자들은 현재의 실제 내용을 변화시키지 않고도 믿음의 기능을 바꾸는 법에 대해서 배우게 된다. ACT는 내담자들에게 알아차리는 법, 수용하는 법 그리고 그들의 생각과 감정을 포용하는 법을 가르친다. ACT는 또한 내담자들에게 바람직하지 않은 생각과 감정이 함께 존재하는 삶을 어떻게 의미 있게 살아갈지도 알려준다(Antony, 2019; Hayes & Lillis, 2012; Podina & David, 2018).

비합리적인 생각을 탐색하고 논박하는 인지행동 접근들과는 반대로

ACT는 내담자의 생각 내용을 바꾸는 것을 강조하고 있지 않다. 대신에 인지한 내용을 **수용하는 것(비판단적인 알아차림)**에 강조를 두고 있다. 목표는 개개인들이 그들의 생각을 알아차리고 검토하는 것이다. 내담자들은 그들이 생각을 있는 그대로 받아들이고 그들의 사고과정과 그들 간의 관계 방향을 바꾸는 것을 목적으로 한다. 내담자들이 자신의 생각을 검토할 때, 자기 생각에 대한 반응과 자신과 자신의 생각 간의 관계를 생각의 내용을 재구성하는 것의 대안으로 간주한다. Pantaleno와 Sisti(2018)은 인지적 재구조화에 대한 대안으로서의 마음챙김적인 수용, 서술적 관찰, 경험에 대한 비판단적인 열림에 대한 타당성 연구가 축적되고 있다고 보고하였다.

ACT 치료자의 주된 역할은 내담자가 있는 그대로의 자신이 되어 자신의 가치와 일치하며 활력이 넘치는 삶을 사는 것을 시작할 수 있게 돕는 것이다(Hayes & Lillis, 2012). 가치는 의미 있게 사는 것뿐만 아니라 인생의 목표를 설정하고 반영하는 것을 포함한다(Podina & David, 2018). 그 목표를 향해서 ACT 상담자들은 내담자에게 다음과 같은 질문을 할 수 있다. “당신은 당신의 삶이 무엇을 상징하기를 원하나요?”, “당신이 진심으로 깊게 신경 쓰는 것은 무엇인가요?”, “당신이 살고 싶어 하는 삶은 어떤 것인가요?” 내담자가 자신의 가치에 대해서 알게 되고 자신이 살기 원하는 가치를 고르고 그 가치와 맞게 자신의 행동을 일치시킴으로써 상담사와 내담자는 협력적으로 상담목표를 형성한다(Antony, 2019). 내담자는 가치 있고 의미 있는 삶을 살기 위해서 무엇을 할지에 대한 신중한 결정을 내리도록 요구된다. ACT는 다음과 같은 단어의 앞 글자를 딴 것이다. A=Accept(수용), C=Choose(선택), T=Take action(행동하기). ACT는 내담자들이 그들의 삶의 어려움을 수용할 수 있도록 돕고 그들이 선택한 가치를 따르기 위하여 전념하는 자세로 나아가는 것을 돕는다(Podina & David, 2018). 상담자들은 내담자들이 지금 현재 무엇이 중요한지를 탐색하도록 하고 그것을 매일 추구하도록 한다(Hayes & Lillis, 2012). 그들의 삶을 의미 있게 만들어줄 가치를 결정하는 것은 내담자의 역할이며 상담자는 내담자를 위하여 가치를 선택하지 않는다.

ACT가 행동의학과 신체 건강뿐만 아니라 범불안장애, 공황장애, 경계선 성격장애, 섭식장애 그리고 강박 장애와 같은 정신건강 영역에서 적용하는 행동 치료에 지속적인 영향을 주는 효과적인 치료법이라는 것이 경험적인 연구를 통해서 밝혀지고 있다(Hayes & Lillis, 2012). 또한, ACT는 물질사용 장애, 우울증, 불안, 공포증, 외상후 스트레스 장애, 만성적인 고통에도 효과적인 치료법이라는 것이 경험적인 연구를 통해 밝혀졌다(Batten & Cairrochi, 2015; Podina & David, 2018).

마음챙김과 수용의 통합적 사용

나는 전통적인 의학적 진단모형에 대한 균형으로서 심리치료의 제3의 물결에 대한 강조를 환영한다. 심리적인 장애에 대한 진단모형으로부터의 벗어나는 움직임은 마음챙김과 수용기반 상담의 핵심적인 특징이다(Follette & Hazlett-Stevens, 2016). 나는 나의 통합모형에 마음챙김과 수용의 중요개념들과 주제들을 상당 부분 차용하였다. 이 접근들은 치료 동맹을 유지하고 발전시키는 것에 가치를 두었고 나는 어떠한 종류의 효과적인 상담 치료 접근방법 일지라도 상담 관계가 그 기초가 된다는 개념에 동의한다. 나는 마음챙김과 수용기반 상담이 작업동맹을 설립하고 유지하는 것뿐만 아니라 상담과정 전반에서 작업동맹을 모니터링해야 한다고 강조한 것에 동의한다.

제3의 물결인 상담 접근방법들은 내담자가 그들이 살기를 원하는 가치를 고르고, 구체적인 목표를 설정하고 그들의 목표에 도달하기 위한 행동을 하는 것을 돕는 것에 대하여 공통된 관점을 공유하고 있다. 행동 치료자들과 마음챙김과 수용기반 치료사들은 상담목표에 도달하기 위하여 경험적으로 증명된 치료방법들을 사용하는 행동주의적 기초 개념과 핵심 상담 전략들에 기초하고 있다. 마음챙김 상담은 스트레스 관련 장애의 치료에 효과적이며 운동, 자연에서 보내는 시간, 식이요법과 영양, 여가활동, 봉사활동, 대인관계, 휴식, 그리고 영적인 관여와 같은 치유적인 삶의 방식과 결합할 때 더욱 효과적이다(Walsh & Vaughan, 2019). 마음챙김 기반 개입방법들은 대부분의 상담 접근방법에 통합될 수 있다. 마음챙김기반 상담의 목표는 증가된 집중력, 더욱 증가된 실행기능에 대한 통제, 가치 있는 선택에 대한 알아차림, 부정적인 생각과 감정의 감소 그리고 전반적인 감정 탄력성을 포함한다(Pantaleno & Sisti, 2018). 이러한 새로운 접근은 경험적인 배움, 상담 세션 안에서의 수련, 피드백으로부터의 배움, 상담 세션에서의 과제 수행, 그리고 상담 프로그램에서 배운 것을 상담실 밖에서 마주하는 상황에 적용하기 등을 강조한다. 제3의 물결은 전통적인 인지행동 모형과 인본주의적이고 관계 지향적인 상담 간의 간격을 연결하는 교량 역할을 한다.

내담자 되어보기: 행동 지향적 상담 경험하기

이 장에서는 나는 당신에게 행동 지향적 상담의 장점을 경험하기 위하여 내담자가 되어보는 것을 권유한다. 이 장에서 설명하는 행동주의적 기법은 당신의 통찰을 구체적인 행동계획으로 전환하는데 매우 효율적일 것이다.

상담사로서 나는 당신에게 다양한 행동주의적 전략을 제공하겠지만 당신의 생각과 감정을 여전히 다루기를 바란다. 우리는 당신의 자기암시와 생각들이 당신의 감정에 어떠한 영향을 끼치는지 탐색할 것이다. 그리고 우리는 당신의 생각과 감정의 패턴이 당신의 행동에 어떻게 영향을 끼치는지 알아볼 것이다. 당신이 하는 행동들에 초점을 맞춤으로써 당신은 당신의 현재 행동들이 당신이 원하는 것인지에 대한 평가가 가능하다.

우리는 BASIC I.D 모형을 사용하여 패턴들을 확인하는 평가를 시작할 것이다. 이러한 초기사정이 끝나면 우리는 당신을 더 잘 이해하기 위하여 당신의 문제 영역을 함께 탐색할 것이다. 그리고 나면 우리는 당신의 상담을 위한 적절하고 우리 둘 모두가 동의하는 상담목표를 설립할 수 있는 준비가 된다. 다음 중 당신이 자기 자신을 위해 세울 행동 목표는 무엇인가?

- 당신이 원하는 것에 대하여 직접적이고 분명하게 요구하는 것을 배우는 것
- 폭력적이지 않고 자기주장을 하는 법을 배우는 것
- 신체적 및 심리적으로 안정될 수 있는 습관을 얻는 것
- 건강한 삶을 위한 구체적인 습관들을 발전시키는 것(정기적인 운동, 식습관 관리, 스트레스 감소)

- 변화를 위한 수단으로서 행동과 인지를 모니터링하기
- 문제행동을 불러일으키는 비판적인 자기 자신에 대한 말들과 자기 파괴적인 생각들을 알아차리고 직면해보는 것
- 의사소통법과 사회적인 기술들을 배우는 것
- 일상에서 마주하는 다양한 상황에 대처할 수 있는 문제 해결 전략을 발전시키는 것

당신의 목표를 수립하고 나면 우리는 이 일반적인 목표를 당신이 체계적인 방식으로 추구할 수 있는 구체적이고 사실적이고 측정 가능한 행동들로 나누어볼 것이다. 예를 들어 당신이 "나는 사회적인 상황에서 더 적절하다고 느끼고 싶다"라고 이야기하면 나는 다음과 같은 질문을 한다. "당신의 부적절한 느낌과 관련하여 당신이 하는 행동과 하고 있지 않은 행동들은 무엇입니까? 당신이 부적절함을 느끼는 조건들은 무엇입니까? 당신이 부적절하다고 느껴지는 구체적인 상황의 예시를 말해주겠습니까? 당신의 행동을 구체적으로 어떻게 바꾸고 싶습니까?"

현실치료에서 개념을 차용하여 나는 Wubbolding의 WDEP공식(2000, 2011, 2013, 2016, 2017)이 당신과의 작업에서 유용하게 쓰이리라 생각한다.

- W는 당신이 원하는 것, 욕구 그리고 인식에 관한 탐구를 의미하며 나는 당신에게 무엇을 바꿔야 하는지를 말해주지 않지만, 당신이 무엇을 원하는지 알아보도록 권유한다.
- D는 당신의 현재 행동의 방향과 당신이 하는 것에 대한 만족감을 탐색하는 것을 의미한다.
- E는 당신이 실제로 하는 것에 대한 당신 자신의 평가를 의미한다. 당신의 현재 행동이 당신을 위하여 어떻게 작용하는지를 결정하는 것은 당신의 몫이다.
- P는 변화를 위한 계획을 수립하는 것을 의미한다.

당신이 원하는 것에 대하여 알아보는 것이 첫 번째 단계이다. 자신의

평가를 통하여 당신은 그동안 당신이 해왔던 것이 효과가 없는지 판단하게 된다. 자기 평가에서 우리는 당신이 바꾸기 원하는 것과 분명하고 통제 가능한 선택들에 초점을 맞춘다. 이것은 다른 행동과 방향에 대하여 저항을 줄이고 당신을 열린 자세로 이끌어준다. 이러한 변화를 어떻게 가져올 것인지에 대한 계획을 세우는 것은 다음 단계이다. WDEP 모형의 각각의 단계에서, 당신은 지금 무엇을 하고 있는지에 대한 구체적인 질문들을 받을 것이며 당신의 삶을 정리하기 위한 다른 방법들을 탐색하게 될 것이다. 당신의 계획에 대하여 충분히 심사숙고하지 않는다면 당신의 목표에 도달하기 어려울 수 있다. 우리가 함께 행동전략들을 개발하고 평가해봄으로써, 우리는 당신이 그리는 현실에 한 발짝 더 다가갈 수 있다.

내가 행동 치료와 행동 관련한 치료에 있어서 특별히 좋게 생각하는 부분은 당신이 바라는 방향으로 갈 수 있도록 당신을 도와주는 다양한 범위의 행동기법들이다. 다음은 당신의 목적 달성을 위하여 사용할 수 있는 몇 가지 행동주의 전략들의 예시이다.

- 당신은 자신이 높은 수준에 불안을 경험하고 있다는 것을 암시하였다. 당신은 많은 일을 한 번에 처리하려고 스스로를 몰아붙이는 경향이 있다는 것을 발견하였다. 나는 기본적인 완화기술을 가르쳤으며 당신은 이것을 하루에 한 번씩 연습하기로 동의하였다.
- 당신의 많은 것을 한 번에 처리하려는 습관을 해결하기 위하여 나는 당신에게 지금 여기에 머물 것을 독려하며 만약의 상황보다 지금 하는 것에 집중하게끔 하는 마음챙김의 기본원리들을 가르쳤다. 이러한 초점들과 함께 당신은 당신의 순간순간 경험을 관찰할 수 있게 되었고 한 번에 하나씩에만 집중할 수 있게 되었다.
- 당신은 당신이 원하는 것을 요구할 때 사과하는 태도 없이 더 잘 요구하고 싶다고 하였다. 나는 코칭, 모델링, 그리고 사회적 기술훈련 전략을 사용하여 다른 사람에게 효과적으로 다가갈 수 있는 방법들을 알려주었다.
- 당신은 시간관리 기술을 발전시키고 싶다고 하였다. 당신은 지연 행

동이 많으며 그 후에는 일을 빠르게 처리하려고 하는 경향이 있다는 것을 발견하였다. 우리는 지연 행동을 다루기 위한 효과적인 방법들에 대해서 같이 생각해보았다. 학생으로서 더 효과적으로 시간을 관리할 수 있는 구체적인 다양한 방법들을 함께 생각해 냈다. 그 방법들은 오래 걸리는 과제에 먼저 초점을 맞추기, 읽기 과제에서 몇 장의 페이지를 읽어야 할지 목표 정하기, 보상체계를 만들기, 하지 않은 것에 대하여 죄책감을 느끼는 것을 피하기, 수행한 것에 대해서는 칭찬해주기, 중단하는 것을 멈추고 짧은 쉬는 시간을 주기 등이 있다.

- 당신은 시험받는다고 느낄 때 불안이 올라와서 취업면접에 가지 못하고 있는데 이러한 불안을 줄이고 싶다고 하였다. 나는 구체적인 상황에서 불안을 어떻게 경험하고 실제로 무엇을 하는지 물어봄으로써 당신의 불안의 성질을 구체적으로 분석하기 시작하였다. "언제 불안이 시작되나요? 당신이 가장 불안을 많이 느끼는 상황은 어떤 상황인가요? 당신은 불안이 느껴질 때 어떻게 하나요? 당신이 현재 느끼는 두려움이 당신이 원하는 것을 얻는 것을 어떻게 방해하나요? 위협을 느끼는 상황에서 당신 행동의 결과는 어떤 것인가요?" 이러한 질문을 한 이후에 나는 당신이 관리할 수 있는 수준으로 당신의 불안을 낮추는 전략들을 소개하였고 구체적인 행동 목표를 정하였다. 당신의 목표 중의 하나는 다음과 같다. "나는 이번 주 동안 취업면접 하나를 준비할 것이고 다음 상담에서 그것이 어땠는지 보고할 것이다." 나는 이 목표를 향해서 노력한다는 당신의 약속을 받았으며, 다음 상담에서 이 목표를 달성하기 위한 진행 상황들을 함께 평가할 것이다.
- 당신은 상담실 밖에서도 활발히 일할 수 있기를 기대하고 있다. 각 상담 회기마다 우리는 함께 당신이 상담실에서 배운 것을 일상생활에 적용할 수 있도록 하는 상담 회기 간 활동들을 만들었다. 이러한 과제들은 긍정적인 행동을 하도록 도우며 감정적이고 태도적인 변화를 유발할 수 있도록 신중하게 고안되었다. 이러한 연습은 상담회기 내의 짧은 시간의 가치를 확장하고 목표를 달성하는 데 있어 적극적인 입장을 가질 수 있도록 한다. 상담의 종결을 향해 가면서 나는 당

신의 성과들을 돌아보고 계획을 짜게 하고 잠재적이고 계속될 수 있는 문제 해결을 위한 전략들을 알아보도록 장려한다.

행동은 감정, 감각, 심상, 인지, 대인관계 그리고 건강을 모두 포함한다. 당신은 이러한 모든 양식을 통합적으로 수행하고 있으므로 상담에서의 행동적인 초점은 단순히 당신이 하는 일 이상에 주의를 기울여야 한다. 탐색 대상으로 삼은 특정 행동에 대해서 작업할 때에는 나는 당신이 당신의 행동 차원과 관련하여 경험하고 있는 생각과 감정에 주의를 기울여야 한다.

당신과 내가 함께 작업하면서 나는 당신이 새로운 행동을 우연에 맡기지 않고 적극적으로 새로운 행동을 시도하는 것이 더 가치 있다는 것을 확인하도록 한다. 적극적인 자세를 키우는 한 가지 방법은 행동계획을 작성하는 것을 포함하는 명확한 계약을 하는 것이다. 이러한 방법을 통하여 당신은 당신이 원하는 것과 당신이 하고자 하는 것을 계속해서 마주하게 된다.

행동 계약(Behavioral contact) 발전시키기

계약은 상담의 결실을 평가할 수 있는 유용한 준거 체계이지만 효과적인 계약을 발전시키는 것은 보이는 것만큼 쉽지 않다. 나는 저명한 현실치료사인 Robert Wubbolding(2000, 2011, 2017)의 계획을 수행하기 위한 구체적인 공식들을 사용하였다. 다음은 효과적인 계획을 세우기 위한 구체적인 방법들이다.

- 계획은 내담자의 개인적인 목표에 기반해야 한다. 내담자가 원하는 변화를 구체화하는 것부터 시작하라. 목표는 반드시 측정 가능하고 도달 가능하며 긍정적이고 내담자에게 중요한 것이어야만 한다.
- 목표는 반드시 목표 행동으로 서술되어야 한다. 내담자에게 증가시키거나 감소시키고 싶은 행동이 무엇인지 물어보라. 이 질문에 대한 답변을 기반으로 계획을 수립하라.

- 내담자가 원하는 행동적인 변화들이 평가되면, 변화를 불러일으키는 프로그램을 개발한다.
- 내담자가 변화하기 위하여 오늘, 내일 그리고 내일모레까지 실행할 명확한 계획을 생각하도록 내담자를 독려하고 이 계획을 방해할 만한 것은 무엇인지 예상해보게 하라.
- 계획을 가능한 한 빨리 시작하게 하는 것이 좋다. 내담자에게 "오늘 당신의 삶을 변화시키기 위해서 무엇을 할 것인가요?", "당신이 이야기한 목표를 달성하기 위해 지금 무엇을 할 것인가요?"라고 물어보라.
- 좋은 계획은 명확하고 이해하기 쉽다. 계획은 유연해야 하며 내담자가 자신이 바꾸고 싶어 하는 구체적인 행동에 대한 더 깊은 이해를 하면서 수정할 수 있도록 열려있어야 한다.
- 계획은 내담자의 동기나 능력의 한계 내에 있어야 한다. 목표처럼 계획은 현실적이고 달성 가능해야 하며 내담자의 욕구와 바람을 반영해야만 한다.
- 좋은 계획은 구체적이다. "무엇", "언제", "누구와 함께", "언제", 그리고 "얼마나 자주" 등과 같은 질문을 통하여 계획을 구체화하라.
- 계획은 하지 말아야 할 것보다 해야 하는 것들을 이야기하면서 긍정적인 어조로 명시되어야 한다.
- 내담자가 혼자 수행할 수 있는 것으로 계획을 짜는 것이 좋다. 다른 사람의 행동에 의존하는 계획은 제한적일 수 있으며 평가하기 어렵다.
- 행동 지향적인 단계에서는 자기의 내적이고 외적인 자원들과 한계점을 고려하는 것이 필수적이다.
- 효과적인 계획은 반복적이며 이상적으로는 매일 실행되는 것이다.
- 효과적인 계획은 과정 중심의 행동을 포함한다. 예를 들어, 일자리 구하기, 친구에게 편지쓰기, 요가 수업 듣기, 일주일에 2시간 동안 봉사활동 하기 또는 휴가를 떠나기 등등
- 때때로 계획을 수정하는 것이 필요하다. 내담자에게 "당신의 계획은 도움이 됩니까?"를 물어보라. 만약 계획이 도움이 되지 않는다면 다

시 평가될 수 있고 대안들이 고려되어야 한다.
- 계획이 제대로 수행되지 않는다면, 때때로 그것은 내담자의 목표와 내담자가 관리 가능한 현실적인 계획이 잘 맞지 않기 때문일 수 있다.

행동계획을 만들고 실행하는 것은 내담자가 그들의 삶을 효과적으로 통제할 수 있게 해준다. 이것은 상담의 교육적인 측면을 명확히 보여주며, 내담자에게 새로운 정보를 제공하고 내담자가 원하고 필요한 것을 얻는 보다 효과적인 방법을 찾는 데 도움을 주는 적합한 방법이다.

행동 치료와 다른 행동 지향적 상담 접근법에 대하여 알고 싶다면 Corey(2017, 9장), Wedding과 Corsini(2019, 6장, 7장), Neukrug(2018, 8장), Prochaska와 Norcross(2018, 9장, 10장, 11장), Sharf(2016, 8장), Wubbolding(2011, 2017)을 참고하라.

행동적인 초점에 맞추어 Shante와 작업하기

32세의 흑인 여성인 Shante는 최근에 좌절스러운 경험을 하였는데, 이것 때문에 스트레스도 크게 받고 있고 체중이 많이 증가하였다. 몇 달 전 Shante는 심각한 자동차 사고를 겪었다. 그녀와 그녀의 파트너인 Lydiya는 고속도로를 달리고 있었는데 갑자기 차 한 대가 다른 차선에서 방향을 확 틀어서 그들의 차를 세게 쳤고 그로 인하여 Shante의 차는 통제를 잃고 다른 차에 충돌했다. Shante와 Shante의 파트너는 다행히 사고에서 가벼운 부상을 입고 살아남았으나 그녀의 차를 친 차의 운전자는 더욱 심각한 부상을 입어 Shante가 죄책감과 불안감을 느끼고 있다. Shante는 그녀의 차와 부딪친 차의 운전자가 궁극적으로 이 사고의 원인인 것을 알고 있었으나 그녀는 부상을 입은 운전자에게 화가 나는 것과 걱정이 드는 것을 멈출 수 없었다. 이러한 감정들은 그녀가 폭식하고 운동을 하지 않게 만들었으며 체중증가로 이어지게 하여 그녀의 자존감에 부정적인 영향을 끼치고 있었다. 게다가 Shante는 통제력 상실에 대한 두려움으로 운전에 대하여 꼼짝할 수 없을 만큼의 두려움을 가지게 되었다.

나의 초기상담에서의 초점은 Shante의 현재 행동에 있었다. 나는 변화를 평가하기 위한 기준 데이터를 만들기 위하여 그녀가 무엇을 하고 있는지를 모니터링하도록 했다. 이후 우리는 그녀의 치료를 위한 구체적인 목표를 설정하였다. 그녀의 행동적인 목표는 체중감소와 식습관 개선, 신체활동 증가 그리고 운전을 다시 할 수 있게 되는 것이었다. 나는 Shante가 그녀의 목표를 이룰 수 있도록 다양한 인지 행동적인 기술을 사용하였다. 내가 사용한 기술들은 스트레스 감소 기술, 체계적 둔감화, 실제적 노출법, 자극의 홍수, 마음챙김 그리고 수용 기법들과 이완기술들이다. 나는 Shante가 매일 마주하는 상황에 사용할 수 있는 새로운 대처기술을 배우는 것을 강조하였다. 그녀는 이러한 행동들을 그녀의 상담시간과 상담실 밖에서 모두 연습하였다.

Shante는 부상을 입은 운전자에 대한 걱정과 죄책감에 사로잡혀 매일 해야 하는 과제에 집중하는 것에 어려움을 겪고 있었다. 그녀는 사고장면을 계속 상기하며 때때로 그녀의 신체에서 해리되고 생각을 잃는 모습을 보였다. 그녀는 안정감을 느끼기 위하여 건강하지 않은 음식과 간식들을 자주 먹었고 자신이 먹는 음식의 영양성분에 대해서는 신경을 쓰지 않고 있다는 것을 인정하였다. 그녀의 체육관에 가려는 동기는 극적으로 감소했으며 계속 감소한 채 유지되고 있었고 그녀는 이러한 패턴을 바꾸고 싶다고 표현하였다.

그녀의 관심을 그녀가 지금, 이 순간 하는 행동에 주의집중 시키기 위하여 나는 그녀에게 마음챙김 수련을 소개하였다. 순간에 머무르는 것이 단순하게 들릴지 몰라도, 대부분의 사람은 현재를 알아차리고 온전히 머무르는 것이 매우 어렵다는 것을 알게 된다. 나는 상담시간에 Shante에게 구체적인 마음챙김 기술들을 알려주었다. 나는 Shante에게 매일 그녀가 무엇을 먹었고 그녀의 신체가 어떻게 느껴지는지에 대한 그녀의 경험을 일기에 기록하면서 마음챙김 수련 활동을 모니터링하게 시켰다. 그런 다음 우리는 자신에게 집중하고 삶의 스트레스를 줄이는 방법으로 마음챙김 기술을 사용하는 것의 진전사항들에 대하여 논의하였다. 나는 그녀에게 Ronal Siegel(2010)의 책인 *The Mindfulness Solution: Everyday Practice for Everyday Problems*을 읽어볼 것을 권유하였다. Shante와 나는 우리가 우리 자신의 불필요한 고뇌들을 어떻게 만드는지에 대하여 관찰함으로써 마음챙김의 기술들이 고통스러운 태도를 풀어주고 유용한 정신습관으로 대체하는 방법을 가르쳐준다는 Siegel의 개념에 대하여 논의하였다.

마음챙김 수련에서 Shante는 그녀의 현재 경험에 그녀를 집중시키며 한편으로는 동시에 그것에 대해서 거리를 두는 것을 훈련할 것이다. 예를 들어, 그녀의 차 사고에 대해서 죄책감이 올라올 때, 그녀는 이러한 감정에 관한 판단 없이 그것을 알아차리는 것을 훈련할 것이다. 나의 바람은 Shante가 그녀의 매일의 삶의 모든 측면에서 마음챙김의 자세를 얻는 것이다. 매주 우리의 상담에서 나는 그녀에게 그녀의 수련이 어떻게 이뤄지고 있는지와 그녀가 매일의 삶에 마음챙김 원리들을 적용하는 것에 대한 진전이 있는지를 물어보았다.

Shante는 지난 몇 달 동안 직장의 출퇴근을 그녀의 파트너에게 의지하고 있었다. 그러나 그녀는 이것이 장기적인 해결책이 아니라는 것을 안다. 그녀는 리디아가 이것으로 인하여 지쳐서 그녀의 관계에 긴장을 유발할 것에 대해 두려워하고 있었다. Shante는 운전에 대한 두려움을 극복하는 것에 전념하고 싶다고 느꼈고 나는 그녀에게 체계적 둔감화 기법을 사용하였다. 이 기법은 매우 큰 노력을 요구하는데, Shante는 그 일을 하고 싶다고 말하였다. 체계적 둔감화 기법은 비정상적인 불안을 감소시키는 효율적이고 효과적인 방식이며 단계적인 노출 과정을 통하여 불안과 관련한 장애를 치료한다.

행동 치료의 기본적인 부분은 내담자가 상담시간 외에 하는 활동들로 구성된다. 내담자들이 배운 기술들을 잘 활용하고 있는지가 계속 확인된다. Shante의 행동이 보이는 실질적인 변화는 평가를 위한 중요한 정보를 제공한다. 그녀가 그녀의 진전을 스스로 어떻게 평가하고 상담결과에 얼마나 만족하는지는 상담결과를 평가하는 데 중요한 요소이다.

한 상담시간에 Shante는 그녀의 몸무게와 관련한 주제를 꺼냈다. Shante는 그녀가 충분한 에너지를 가지고 있지 않기 때문에 운동하지 않는다고 하였다. 그녀는 그녀가 규칙적으로 운동할 수 있는 프로그램을 만들고 싶다고 하였다. 만약 그녀의 운동 프로그램이 잘 돌아간다면 그녀는 어떠한 운동이 그녀에게 적합한지 알게 될 것이다. 우리는 걷기를 그녀의 운동 프로그램에 가장 중요한 부분으로 함께 결정하였다. 이 활동은 그녀가 지금도 하기를 꺼리는 체육관에 운전해서 갈 필요 없이 할 수 있는 활동이었다. 그녀의 운전에 대한 두려움이 끝나야 체육관에 가서 운동하는 것이 그녀의 운동 프로그램이 될 수 있다. 우리는 얼마나 자주 걸을 것인지, 얼마 동안 걸을 것인지에 대한 세부사항을 정하였다. 나는 그녀의 친구들을 그녀의 계획을 지킬 수 있도록 도와주는 지지 체계로 사용할 것을 권유했다. 더불어 나는 그녀가 자신의 진행 상황을 모니터링할 방법을 찾고 적절한 식습관과 운동습관과 관련한 계획을 따르는 데 책임감을 느껴야 한다고 강력하게 말하였다.

통합적인 관점에서 상담하면서 Shante가 그녀의 몸무게와 일반적인 그녀의 신체 이미지에 대하여 가진 생각과 감정에 주의를 기울이는 것은 필수적이다. 그녀의 자기암시는 이 영역에서 그녀에게 도움이 되지 않았다. 그녀는 좋게 보이지 않는 것과 비만이기 때문에 약해지는 것에 대해서 그녀 자신을 크게 책망하고 있었다. 더 안 좋은 것은 그녀가 교통사고에서 그 운전자를 다치게 했기 때문에 그녀 스스로에 대해서 나쁘게 느낄 만하다고 그녀 스스로 말하고 있다는 것이다. 그녀의 부정적인 자기암시는 실패감, 우울감 그리고 그녀 스스로에 대해서 화가 나게 했다. 그녀의 옷이 더는 맞지 않을 때 그녀는 그녀 자신에게 이제 더는 매력이 없다고 말하였고 화가 났으며 좌절했다. 운동과 다이어트를 통한 체중조절 행동 프로그램을 계획하는 것만으로는 충분하지 않고 우리는 그녀의 감정과 생각을 다뤄야만 한다. 우리의 초점은 그녀의 상담 기간 동안 때때로 한 양식에서 다른 양식으로 이동할 것이다.

성찰 질문

행동주의 관점에서 Shante의 사례를 상기하며 다음의 질문들에 대하여 생각해보자.

- 당신은 Shante의 몸무게와 그녀의 신체 이미지와 관련한 고민에 어떠한 행동주의적 개입들을 적용할 것인가?

- 그녀와 상담과제를 어떻게 협력적으로 구성할 것인가? 이러한 과제를 실행하기 위하여 그녀의 동기를 어떻게 고취할 것인가?
- Shante가 상담시간뿐 아니라 상담실 밖에서도 마음챙김 수련에 참여할 수 있도록 도울 방법들은 무엇이 있는가?

행동에 초점을 맞춘 Marlin과의 상담

20세인 Marlin은 나와 3회기 동안 상담을 진행하였다. Marlin은 직장에서 스스로를 고립시킨다고 말하며 직장에서 다른 사람들과 매우 자유롭게 대화를 나눌 수 있는 자신감을 느끼고 싶다고 호소하였다. 이전 상담 경험이 있었으며 자신이 왜 그런지에 대한 성찰을 하는 데에 많은 시간을 보냈지만, 인생에서 원하는 변화를 성공적으로 달성하지는 못했다. 그는 자기 핵심신념을 탐색하였고 현실적인 신념들을 갖게 되었으나 이러한 작업이 실질적인 성격 변화를 가져오지는 않았다. Marlin이 하는 것(doing)들을 다루면서 우리는 다양한 행동 프로그램을 통해 그의 감정과 생각을 실제 상황에 적용할 수 있을 것이다. 나는 변화를 위한 전제조건으로 실제 삶에서의 행동의 역할을 강조한 아들러 상담, 행동치료, 현실치료, 합리적 정서행동치료, 인지치료 그리고 해결중심단기상담의 역할을 매우 가치 있게 생각한다.

나는 초기상담에서 Marlin과 좋은 작업동맹을 맺으며 우리의 상담의 진전과 상담 관계의 질을 계속 모니터하고 싶었다. 나는 우리가 상담시간에 하는 것이 효과적인지를 확인하기 위하여 내담자의 체계적인 피드백을 사용하였다. Scott Miller와 그의 동료들은 국제 임상연구 센터에서 상담 관계의 질을 평가하고 내담자의 발전사항을 평가하는 4개의 문항으로 이루어진 두 개의 척도를 개발하였다. 나는 이 척도들을 Marlin과의 상담에서 사용할 것이다. 이 평가척도는 간결하고 잘 타당화되었으며 내담자가 평가하는 척도이다. **결과평가척도(Outcome Rating Scale)**는 내담자가 개인적, 대인 관계적 그리고 사회적인 기능에서의 자신이 경험하는 안녕감을 평가함으로써 내담자의 진전사항들을 측정한다. **상담평가척도(Session Rating Scale)**는 상담자와 내담자의 유대감, 상담에서의 과제에 대해 내담자와 상담자의 협동성에 대한 인식, 합의된 목표, 방법, 내담자의 선호를 포함하는 상담 관계의 질에 대한 내담자의 인식을 측정한다(Miller et al.,2015). 이 측정 도구에 대한 더 자세한 정보는 *Feedback-Informed Treatment in Clinical Practice: Reaching for Excellence*(Prescott et al., 2017)에서 찾아볼 수 있다. 이 책에는 피드백 기반 치료에 대한 최신 정보와 내담자의 피드백을 상담 실무에 통합하는 방법이 제시되어 있다.

Marlin과 함께 이러한 척도를 사용하는 것은 나에게 그의 치료 경험의 유용성을 문서로 만드는 간단하고 실용적이며 의미 있는 방법을 제공한다. 그의 피드백을 기반으로 나는 바람직한 결과들을 최대화하기 위하여 상담방법을 수정하고 적용할 수 있다. 행동 지향적인 상담 접근은 증거기반의 방법들을 사용하며 Marlin의 이러한 체계적인 피드백은 우리의 상담에서의 성과를 증진하는 데 필수적이다.

행동 치료는 행동적인 변화를 가져오는 다양한 기법들을 제공한다. Marlin의 케이스에서 나는 자기관리 프로그램을 개발하는 것에 중점을 두었다. 예를 들어 그는 긴장되고 불안한 것에 대해서 종종 불평했다. 이완 요법을 배우고 매일 수련함으로써 그는 자기의 신체 및 정신적인 긴장을 통제하는 법을 알게 될 것이다. 마음챙김 수련을 통해서 Marlin은 직장에 가거나 동료를 만나거나 친구와 이야기하기 전에 자신을 중심으로 두는 것에 더 많은 성공을 경험할 수 있다. 그는 매일의 상황에서 그의 행동을 모니터링 함으로써 중요한 변화들을 보였다. 이러한 셀프 모니터링을 통해서 그는 그가 자기 자신에게 말하는 것, 하는 것, 그가 어떻게 느끼는지에 대한 알아차림이 증진될 수 있다. 그는 어떤 것이 치료적이었고 어떤 것이 그가 새로운 방식으로 행동하는 것을 가능하게 했는지에 대하여 일기를 써왔다. 그의 일기에서 그는 그가 우울감을 느끼게끔(또는 불안하거나 상처받게끔) 한 사건들에 대해서 기록하였다. 게다가 그는 이러한 상황에서 실제로 그가 무엇을 하였는지와 다르게 했으면 좋았을 것들에 대해서 기록하였다. 그가 매일 무엇을 하고 있는지에 주의를 집중함으로써, Marlin은 그의 행동에 대하여 더욱 통제력을 갖게 되었다. 나는 Marlin에게 이러한 셀프 모니터링이 상담의 바람직한 결과를 증가시킨다는 증거를 그에게 알려줌으로써 그의 행동과 생각을 관찰하는 것, 그리고 일기 쓰는 행동을 강화하였다(Naar & Safren, 2017).

Marlin은 그의 동료들과 사회적인 상호작용에 참여하고 싶으나 그의 부정적인 자기암시들이 방해하고 있었다. 그는 직장에서 투명인간이 되고 싶지 않았고 직장에 있는 사람들과 자유롭게 이야기할 수 있는 자신감을 느끼고 싶었다. 그는 그가 우정을 형성할 기회들을 놓치고 있다는 것을 깨달았으며 그의 두려움이 그를 방해하는 것을 바꾸고 싶다고 했다. 몇 번의 상담시간을 통해 Marlin은 역할연기를 통하여 그의 직장동료들과의 대화를 시작하는 것을 연습하였다. 몇 번의 행동 시연을 통하여, Marlin은 직장에서의 사회적 활동에 참여하는 것에 더욱 자신감을 느끼게 되었다. 우리는 함께 Marlin이 행동 시연한 것을 그의 직장환경에서 실행할 수 있도록 하게 하는 상담과제를 고안하였다. 상담과제는 Marlin이 그의 상담에 있어서 능동적인 주체가 되도록 하는 훌륭한 방법이다. 변화가 일어나기 위해서 그는 반드시 그가 매일 마주하는 환경에서 무엇인가를 실행(do)해야만 한다. 그의 변화의 정도는 새로운 행동을 시도함으로써 실험해보려는 그의 의지에 정비례한다.

Marlin은 그가 가장 알아가고 싶고 시간을 보내고 싶은 동료에게 접근해보는 몇 가지 시도를 하는 것에 동의하였다. 이어지는 상담의 시작에서 나는 Marlin에게 그가 고른 직장동료들과 어울리는 것이 어땠는지 물어보았다. 그는 나에게 사과하면서 그의 과제를 실행하는 것을 실패했다고 알렸다. 우리는 함께 그가 하고 싶다고 말했던 것들을 방해한 것이 무엇이었는지 탐색하였다. 만약 그의 자기암시나 그의 생각들이 그를 가로막은 것이라면 Marlin에게는 생각은 단지 생각뿐이라는 것을 깨닫는 마음챙김의 기본원리들을 배우는 것이 도움이 될 것이다.

실행계획과 결심들은 그것을 실행하지 않는 한 빈 껍데기일 뿐이다. Marlin이 현실적으로 도달가능한 명확한 계획에 전념하는 것은 매우 중요하다. 나는 Marlin에게 효과적인 계획을 구성하는 것에 대하여 가르치기 위해 현실치료의 WDEP 모델을 적용하였다(Wubbolding, 2017). 매주 우리는 그의 목표를 달성하기 위한 발전들에 관해서 이야기했고 그가 그의 과제를 얼마나 잘 수행하고 있는지 검토하였다. 만약 그가 과제를 하지 않거나 수행해야 하는 과제의 방식을 따르고 싶지 않을 때면 우리는 이것이 그에게 무엇을 의미하는지 이야기해 볼 기회로 사용하였다. 과제를 수행하는 그의 행동을 판단하는 것보다는 우리가 무엇을 배울 수 있고 새로운 기술로부터 그가 어떻게 배울 수 있는지에 초점을 두는 것은 성공을 이끌 것이다. 우리는 Marlin이 다른 방식으로 상황에 접근할 수 있게 하려고 기술들을 공교히 하고 연습하는 데에 많은 시간을 사용하였다. 우리가 함께한 작업 중 대다수는 행동적인 연습과 상담시간 사이에 실행하는 실천계획의 정교화로 구성되었다. 계획을 만들고 실행하는 것의 궁극적인 책임은 Marlin에게 있다. 나의 임무는 Marlin이 마주하는 일상에서의 어려움을 잘 대처할 수 있게 하는 구체적인 정보와 기술들을 계속해서 배울 수 있도록 격려하는 것이다. 머지않아 Marlin은 스스로 자신의 상담자가 될 것이며 현재의 문제뿐만 아니라 미래의 어려움에 대하여 그의 새롭고 효과적인 삶의 기술들을 적용할 것이다.

성찰 질문

행동주의적인 관점에서 Marlin의 사례를 상기하며 다음의 질문들에 대해서 고려해보시오.

- 변화가 일어나기 위해서는 실제 삶에서 직접 행동을 취해야 한다는 가정을 수용하면서 Marlin과 함께 상담할 때 어떠한 상담 접근이 가치가 있다고 생각하며 이유는 무엇인가?
- 당신이 Marlin과 함께하는 상담 전략들을 수정하고 평가하기 위하여 Marlin으로부터의 체계적인 피드백을 어떻게 사용할 것인가?
- Marlin은 그의 부정적인 자기암시가 그의 동료들과 함께하는 사회적인 상호작용에 참여하는 것을 방해한다고 주장하였다. 당신이 Marlin과 함께 작업할 때 사용하고 싶은 행동적인 개입전략들은 어떤 것들이 있는가?

결론적 논평

평가 및 상담 과정의 일부로 증거기반 치료를 강조하는 것은 행동 치료의 특징이다. 행동 치료 상담자들은 그들의 상담 과정의 효과성을 일반가능성, 중요성, 변화의 지속성의 관점에서 평가하는 것에 전념한다. 상담 과정이 효과가 있다는 것을 증명하는 것은 상담자에게 달렸다. 상담에서 진전이 없다면, 상담자들은 원래의 평가와 치료계획을 자세히 살펴보아야 하며 필요하다면 그것들을 수정해야 한다.

행동 치료의 중요한 특징은 내담자와 상담자 간의 협력이다. 내담자는 구체적인 개입방법들의 효과성에 대하여 상담자에게 정기적인 피드백을 제공하는 능동적인 참여자가 되어야 한다. 상담자는 이러한 피드백에 기반하여 그들의 치료 과정을 수정한다. 내담자는 상담의 목적을 형성하는 데에 중요한 역할을 하며 내담자에게는 그들의 적응적인 행동 레퍼토리를 확대하기 위한 목적으로 새로운 시도를 해볼 것이 요구된다. 내담자는 행동적인 변화를 연습해보려고 하는 것이 필요하며 상담시간 이외에도 새로운 행동들을 계속해서 시도하려고 해야 한다. 내담자는 상담실에서의 새로운 행동들을 일상에 적용하지 않는 한 상담의 영향력을 깨달을 수 없다.

Arnold Lazarus는 임상 행동 치료의 발전에 있어 중요한 인물이며 중다치료요법의 설립자이다. 중다치료요법은 사회학습이론에 기반을 두었으나 다양한 이론적 접근들의 기술을 차용하는 기술적 절충주의를 권장한다. 중다치료요법 상담자들은 내담자 각자의 특정한 상황에서 어떠한 전략과 관계가 내담자에게 최선이 될 수 있는지 정확히 결정하는 것에 큰 공을 들인다. 치료적인 유연성과 다양성은 중요하게 여겨지며 중다치료요법 상담자들은 내담자의 목표를 이루기 위한 과정들을 수정하는 단계를 갖는다. 중다치료요법은 인간 기능에 대한 7가지 양식과 그것들 간의 상호작용을 평가하며 상담을 시작한다. 이러한 평가를 기반으로 상담사들은 잘못된 생각을 수정하고, 스트레스를 받는 상황을 관리하는 법을 배우고, 효과적인 대인관계 기술을 배우기 위한 다양한 기술들을 내담자에게 가르친다.

최근 발달한 행동 치료의 제3의 물결은 행동주의적인 접근의 진화를 보여준다. 행동 치료는 고정된 모형이 아니며 다양한 내담자 집단들의 요구에 맞추는 열린 시스템이다. 마음챙김과 수용 이론들은 관계 지향적 치료요법들과 증거기반을 강조하는 상담이론 간의 간격을 연결하는 인본주의적인 관점을 제공한다. 마음챙김과 수용기반 치료의 새로운 세대는 단순히 문제를 다루는 것에서부터 행동적인 원리를 기반으로 한 더욱 복잡하고 완전한 것으로 행동 치료를 변화시켜왔다.

이 장에서 묘사된 행동주의적 상담 접근법의 중요한 테마들을 복습하며 스스로에게 적용해보라. WDEP 모형(현실치료의)을 적용하여 당신이 바꾸기를 원하는 행동들을 탐색해보라(Wubbolding, 2017). 이것은 당신이 감소하고 싶어 하는 행동이거나 당신이 습득하기를 희망하는 행동일 수 있다. 당신의 목표 행동을 정했다면 행동계획을 수립하기 위한 지침들을 스스로 적용해보라.

상담에서 행동에 초점을 두는 것에 대한 이 장을 읽고 나서, 상담의 행동적 초점에 대한 당신의 생각을 정리하는 방법으로 다음의 질문들을 생각해볼 시간을 가져보라.

- 당신에게 효과가 없는 행동 중 하나는 무엇인가?
- 변화를 위해서 필요한 구체적이고 실현 가능한 계획을 세우는 것의 중요성은 무엇인가?
- 효과적인 계획의 특징들은 무엇인가? 당신의 내담자가 변화를 위한 계획을 수립할 때 도움을 줄 수 있는 지침들에는 어떤 것들이 있는가?
- 체계적이고 종합적인 내담자의 평가가 구체적인 문제를 다루는 상담 기법들에 대하여 어떻게 정보를 제공해주는가?
- 제3의 물결 이론 중 어떠한 측면을 당신 내담자와의 상담에 통합시키고 싶은가?
- 당신의 일상에 마음챙김을 적용할 수 있는 방법들에는 어떤 것이 있는가? 당신이 가장 중요하게 생각하는 가치는 무엇인가?
- 행동주의적인 관점에서 상담할 때 내담자와의 치료 관계에 어떠한 중요성을 둘 것인가?
- 당신이 행동 지향적 상담의 내담자가 된다고 상상하면 어떠한가?

- 당신의 개인적인 상담 접근법과 잘 맞는 행동주의적 접근 기술과 개념은 무엇인가?

Chapter 09 | 통합적 접근

이 장에서 나는 통합적 상담에 대한 나의 개인적인 견해를 제시할 것이고 당신도 당신만의 이론적인 접근방법을 고안하기를 바란다. 심리치료의 통합적 접근은 단학제적 접근의 한계를 넘나들며 다른 관점으로부터 무엇을 배울 수 있을지를 보는 특징이 있다(Norcross et al., 2016). Norcross와 Beutler (2019)는 효과적인 상담은 개개인의 내담자의 독특한 요구와 맥락에 맞는 유연하고 통합적인 관점이 필요하다고 주장하였다. 이러한 통합을 시도하는 일반적인 두 개의 방법은 기술적 통합과 이론적 통합이다.

기술적 통합(Technical integration)은 다양한 심리치료 접근으로부터의 기술을 체계적으로 선별한 것에 기초하며 이 기술들을 만든 이론적인 접근에 꼭 동의할 필요는 없다. 상담자들은 내담자에게 사용할 수 있는 그들의 도구함에 다양한 종류의 도구를 가지고 있다. 임상적인 효과성은 상담자의 유연성, 다재다능함과 기술적 절충주의 정도에 따라 결정된다(Lazarus, 2008).

반대로 **이론적 통합**(Theoretical integration)은 기술들을 혼합하는 것을 넘어선 개념적이고 이론적인 창조이다. 이 접근은 단일 이론이 만들어 낼 수 있는 것보다 더 풍부한 결과를 생산하기 위하여 두 가지 이론이나 그 이상의 이론적인 접근들을 종합하여 만든 개념적인 틀이다(Norcross et al.,2016). 이 접근은 각자 이론의 기술들뿐만 아니라 심리치료의 바탕을 이루는 이론들의 통합도 강조한다. 이러한 통합의 예시로는 변증법적 행동 치료(dialectical behavior therapy)와 수용전념치료(acceptance and commitment therapy)이며 모두 8장에 설명되어 있다. 치료적인 변화에 있어서 정서의 역할을 강조한 정서중심치료 역시 이론적인 통합의 형태이다. 모든 형태의 통합 중에 가장 복잡하고 어려운 통합은 이론적인 통합이다. 왜냐하면, 이론적인 통합은 이질적인 접근들의 개념들을 통합시키는 것을 필요로 하기 때문이다.

Lazarus(2008)는 이론적인 통합에 대하여 우려를 표현하였는데, 그 이유로는 다른 이론들의 관점을 혼합하는 것은 상담을 혼란스럽게 할 수 있다고 생각했기 때문이었다. 그는 이론적으로는 일관성이 있지만, 기술적으로는 절충주의를 유지함으로써 상담자들이 다양한 내담자들에게 어떠한 개입을 적용할 것인지 그리고 이러한 과정을 선택하는 배경을 정확하게 설명할 수 있다고 주장하였다.

심리치료의 통합의 세 번째 방법은 **동화적 통합**(assimilative integration)이다. 이 방법은 하나의 이론적인 접근에 기반하지만, 원활히 통합될 수 있을 것으로 보이는 다른 심리치료 모형에서 기법들을 끌어오는 것이다. 내담자의 욕구에 대한 상담자의 이해를 형성하는 것은 하나의 이론적인 관점이지만, 개별화된 치료 계획을 구성하는 데에는 다양한 기술들이 사용될 수 있다. 이러한 통합의 예시는 마음챙김기반 인지치료(mindfulness-based cognitive therapy)이며 이것은 인지치료의 요소와 마음챙김 기반 스트레스 감소 프로그램의 요소들을 통합하였다. 당신이 8장으로부터 상기할 수 있는 것처럼, 이 접근은 우울증 치료에 사용되어온 마음챙김의 기술들과 원리들을 종합적으로 통합한 것이다(Segal et al., 2013).

나는 다양한 이론의 다양한 기술들을 통합시키는 것이 많은 장점이 있다고 생각하지만 다양한 이론적 접근들의 중요 개념과 원리들을 통합시키는 것 역시 가능하다고 생각한다. 경험주의적 접근의 몇몇 개념들은 인지행동치료와 꽤 잘 통합된다. 예를 들어, 경험주의적 접근은 지금 여기에서의 알아차림, 치료적 관계, 그리고 감정의 탐색을 중요시하는데, 이 모든 개념은 행동 지향적 치료에도 쉽게 통합될 수 있다. 내담자들은 변화를 위한 행동 계획을 포함하여 현재의 알아차림에서 무엇을 하고 싶은지 결정할 것이 요구된다. 모든 행동 지향적 치료들은 굳건한 치료 동맹에 의지하고 있다. 좋은 관계가 없다면 기술들은 뿌리내리지 못할 것이며 내담자들은 상담자들이 진심으로 자신들에게 관심이 있다고 믿을 때 인지 행동적인 개입에 협조할 가능성이 크다.

심리치료 이론의 공통적인 요인 찾기

심리치료 통합의 또 다른 방법은 심리치료이론들의 구체적이고 효과적인 요소들을 밝혀내면서 시작된 **공통요인 찾기**(Common factors approach)이다. 이 통합적 접근법은 다양한 이론적인 체계들을 관통하는 공통점을 찾는 방법이다. 이론 간에는 많은 차이점이 존재하지만, 우리가 인식할 수 있는 상담의 핵심은 모든 심리치료에서 공통으로 존재하는 비특이적(non－specific)인 변수로 구성된다. 연구들은 공통요인이 다양한 심리치료 통합의 중요한 핵심이 될 수 있다는 것을 제기하였다(Lambert, 2011). 공통요인의 몇몇 예시들은 공감적 경청, 작업동맹, 긍정적인 상담 결과에 대한 내담자와 상담자의 기대, 개인적 및 대외적 역동에 대한 이해, 자기성찰적인 배움과 문제와 관련한 상담기법의 체계적인 사용을 포함한다(Norcross et al.,2016). Hubble, Duncan, Miller와 Wampold(2010)는 상담 연구들을 종합하여 상담에서의 변화를 설명하는 네 가지 요인들을 발견하였다. 네 가지 요인은 내담자 요인, 작업 동맹 요인(상담 관계), 기대요인(희망과 상담에 대한 충성도), 심리적 이론과 기법 모형요인이며 순서대로 40%, 30%, 15%, 15%를 차지하였다. 이 공통요인들은 하나의 이론을 다른 이론과 구별하는 독특한 구성요소로서 상담에서의 치료 결과를 설명하는 데에 중요하다(Norcross et al., 2016).

Lambert(2011)에 따르면, 심리치료에서 연구되는 공통요인 중 그 어떤 것도 치료 관계를 촉진하는 요소만큼 주목받지 않았다. 작업동맹은 효과적인 상담을 위해 잘 확립되어야 하는 핵심 요소이다. 대인 관계적, 사회적, 그리고 감정적인 심리치료 이론들의 공통요인들은 치료 결과를 촉진하는 데에 있어서 적용되는 기술들보다 더욱 중요하다. 심리치료 연구에 대한 Wampold (2001, 2010)의 리뷰 연구는 특정한 상담 치료적 접근이 다른 접근들보다 분명하게 우수하다는 것이 입증되지 않았다는 Labert의 결과를 지지한다.

Wampold(2010)은 “어떠한 치료의 특정 요소도 상담의 이점을 책임진다는 증거가 없다”라고 결론지었다(p.71). 구체적인 치료 기법은 공통요인, 특히 인본주의적 요소와 비교할 때 결과에 미치는 영향이 상대적으로 미미하다(Elkins, 2016). 모든 이론적인 접근의 부분인 공통요인들은– 예를 들어 내담자와 작업동맹을 형성하는 상담사의 능력– 상담 결과에 매우 중요하다. 상담 연구는 다양한 종류의 치료 기법이 내담자를 믿고 내담자가 믿는 상담자에 의하여 적용될 때에는 모두 동일한 효과를 보인다는 것을 암시하였다(Corey, 2015). 다양한 상담 모형과 기법들은 내담자의 변화를 설명하는 중요한 요인들을 모두 공유하고 있어서 상담 효과에서의 큰 차이가 없다(Bohart & Tallman, 2010).

상담 실무에 통합적인 접근을 적용하는 것은 단순한 작업이 아니다. 개인적인 변덕이나 체계적이지 않은 방식으로 이론들을 고르는 방식은 옳지 않다. 내가 제안하는 통합의 종류는 상담이론들을 관통하는 공통요인에 기초하는 것이다. 그러나 이론적인 개념들을 통합하는 것은 여러 다양한 이론들에서 유래한 다양한 기술을 선별하여 사용하는 것보다 더 도전적이다. 만약 당신의 통합적 모형에 다양한 이론적 접근의 개념들을 통합하고자 한다면, 개념들이 양립 가능해야 하고 실행 가능하여야 한다. 몇몇 학파의 개념은 통합에 적절하지 않을 수 있다. 예를 들어, 현재 문제의 근원으로서 무의식적인 요소에 집중하는 정신역동이론은 무의식적인 요소를 다루지 않는 합리적 정서행동치료나 현실치료와 잘 통합되지 않는다. 정신역동이론은 과거의 트라우마적인 사건이나, 꿈의 탐색, 전이 관계를 이용한 작업, 역전이의 알아차림과 훈습 등을 주요 개념으로 한다. 하지만 몇몇 이론적 모형은 이러한 개념들을 탐색하는 이론적 틀을 제공하지 않는다.

다양한 관점의 통합적 심리치료에 대한 종합적인 작업들은 *Handbook of Psychotherapy Integration*(Norcoss & Holdfried, 2019)에 제시되어 있다. 또한, 나는 *Psychotherapy Integration*(Stricker, 2010)도 볼 것을 추천한다. 이러한 책들은 통합적 심리치료 운동의 방향에 대하여 알려줄 것이다. 이러한 것 이외에 다음의 상담이론을 다룬 책에는 통합적인 치료와 관련한 장이 제시되어 있다. Corey(2017, 15장), Norcross, Goldfried와 Arigo(2016), Prochaska and

Norcross(2018, 16장), Shart(2016, 16장, 17장), Wedding과 Corsini(2019, 14장).

나의 통합적인 접근의 기초

실존적 심리치료는 나의 세계관과 가장 가까우며 나의 상담심리 이론을 구성하는 기초로서 작용하였다. 나는 두 개의 관련된 이론을 중요하게 사용하였는데 그것은 게슈탈트 치료와 심리극이다. 실존치료, 게슈탈트치료, 심리극의 중요 개념과 주제들을 간단하게 소개한 뒤, 이 기초적인 개념이 여러 행동지향적 접근과 체계치료의 기법들과 어떻게 통합되었는지 논의할 것이다.

철학적 기초로서의 실존적 심리치료

나의 철학적인 관점은 상담을 삶의 변화과정으로 여기는 실존주의적 접근으로부터 많은 영향을 받았다. 실존적 심리치료는 나의 통합적인 상담 접근의 기초이며 나는 우리가 각자의 삶을 건축하는 건축가라는 가정을 가지고 상담한다. 만약 우리의 현재 존재하는 모습이 마음에 들지 않는다면, 우리는 청사진을 수정하기 위한 단계를 밟을 수 있다. 상담은 내담자와 상담자가 함께 하는 여행이며 상담자는 내담자의 탐색을 촉진한다.

이 모험의 핵심들이 실존주의적 접근의 많은 주제들에 포함되어 있다. 실존주의자들에 따르면 우리는 **자기인식**(self-awareness) 능력이 있는데 이것은 우리가 반성하고 결정하게끔 해주는 고유한 능력이다. 이러한 알아차림과 함께 우리는 삶의 방식을 선택하는 것에 책임이 있는 자유로운 존재가 되며 그럼으로써 우리는 우리의 운명을 스스로 창조한다. 나는 우리의 삶을 다시 창조하는 것에 우리를 도전하게 하며 자유와 책임감을 강조하는 실존주의적 가정을 중요하게 생각한다. 나는 사람들에게 그들이 가지고 있지만 제한해 왔던 선택들은 무엇인지 알아보게 하고 그들 자신을 위해서 선택한 것을 받아들이도록 장려한다. 그러나 선택을 하는 것은 실존적인 불안을 불러오며 이것은 인간의 기본 본성이다. 이러한 불안은 우리가 죽음의 현실을 생각할 때 가장 고조된다. 죽음이 피할 수 없고 궁극적이라는 것을 인식함으로써 우리가 목적을 달성하기 위해 계획한 것들을 영원히 이룰 수 없다는 사실을 받아들이게 된다. 이것은 현재의 중요성에 대해서 알려준다. 즉, 죽음이라는 현실은 우리가 의미 있고 목적 있는 삶을 만들도록 하는 촉매제이다.

우리는 우리의 자유로움을 받아들이고 삶의 불확실성을 마주한 선택에 전념하며 의미 있는 삶을 위해 노력한다. 개인들은 인생의 목적과 관련한 고민을 갖고 상담실을 찾는다(Yalom & Josselson, 2019). 실존주의적인 관점은 나에게 개인적인 자유와 관련한 문제들을 다루고 마주하는 것, 다른 사람으로부터의 소외와 자기소외(self–alienation), 죽음과 존재하지 않는 것에 대한 두려움, 용기를 가지고 사는 것, 삶의 의미를 탐색하는 것, 중요한 인생의 결정을 내리는 것을 포함하는 인간의 일반적인 걱정들을 이해하는 개념적인 틀을 제공했다. 삶의 주제는 치료의 깊이를 제공하며 사람들이 상담실에 가져오는 문제들은 인간이기 때문에 가지는 고민임을 알 수 있게 한다.

실존적 심리치료와 인간 중심치료는 모두 대인관계에 중요성을 두고 있다. 두 가지 이론 모두 상담자와 내담자의 동등한 권력 관계를 강조하며 무조건적인 수용의 태도를 강조한다. 상담의 결과에 영향을 미치는 중요한 요인은 치료적 관계의 질이며 이것은 경험적인 연구를 통해 잘 증명되었다(Craig, Vos, Cooper, & Correia, 2016). 인본주의적 상담 관계를 강조하는 것은 기계적으로 상담할 가능성을 줄여준다.

실존치료의 개념적 전제들은 다른 상담 치료접근들과 창의적으로 통합될 수 있다(Schneider, 2008; Schneider & Krug, 2017). 실존주의적 관점에서 상담을 생각할 때, 나는 내담자의 목표를 만드는 것과 관련하여 적용할 기법들에 대해서 크게 걱정하지 않는다. 나는 치료 결과를 만드는 것은 상담기법이 아니라 내가 내담자와 가지고 있는 관계의 질이라고 생각하며 그 관계가 치료한다고 생각한다. 나의 주된 관심은 내담자를 위해서 내가 할 수 있는 한 온전히 존재하는 것과 신뢰로운 관계를 만드는 것, 안전한 환경을 조성하는 것, 내담자의 주관적인 세계로 이동하는 것이다. 만약 내담자가 진실한 관계를 위한 나의 존재와 열망을 느낄 수 있다면, 그 다음에 있을 어려운 작업을 위한 탄탄한 기초가 만들어질 것이다.

실존주의적 접근은 궁극적인 목표, 인간 존재의 기본 조건, 그리고 동반자적인 여행으로서의 치료에 중점을 두고 있기 때문에 구체적인 기법의 종류들에 얽매이지 않는다. 개입방법들은 내담자가 그들의 세계를 더 확장하는 것을 돕기 위해 제공된다. 상담기법들은 내담자들이 그들의 선택과 행동 잠재력을 알아차리는 것을 돕는 도구이다. 나는 다양한 심리 치료적 모형의 기법들을 통합시켰으나, 이러한 개입방법들은 내담자의 주관적인 세계를 이해하려는 노력에서 만들어진 것이다.

실존적 접근에 대한 훌륭한 자료는 Schneider와 Krug(2017)의 *Existential Humanistic Therapy*이다. 실존적 치료에 대한 더 많은 내용을 보고 싶다면 다음의 자료들을 참고하라. Corey(2017의 6장), Deurzen(2010, 2012), Elkins(2009, 2016), Frew와 Spiegler(2013, 5장), Neukrug(2018, 5장), Prochaska와 Norcross (2018, 4장), Sharf(2016, 5장), Wedding과 Corsini(2019, 8장).

전체주의적 관점에서의 게슈탈트 치료

게슈탈트 치료는 내담자의 알아차림이 무엇이든지 그것에 집중한다는 점에서 진정한 의미의 통합적 치료접근이라고 할 수 있다. 게슈탈트 관점에서 내담자의 각 순간의 중심이 무엇인지 이해하는 방법으로 감정, 생각, 신체감각 그리고 행동들이 사용된다. 내담자의 세계를 알아보는 이상적인 방식은 그들이 알아차리고 있는 모든 것에 초점을 두는 것이다. 나는 내담자에게 열린 자세로 다가가며 현상학적으로 나타나는 것에 내담자와 초점을 맞춘다. 내담자가 제시하는 언어적, 비언어적 신호들에 주의 집중함으로써, 내담자의 세계를 탐색하는 시작점을 갖게 된다.

게슈탈트 접근으로 상담할 때 나는 "What is"에 대한 내담자의 알아차림을 증진하는 것을 나의 중요 목표로 설정한다. 변화는 내담자가 지금 경험하는 것에 대해 알아차림이 고조될 때 나타난다. 게슈탈트 치료는 내용뿐만 아니라 과정(process)에도 주의를 집중한다. 알아차림, 선택, 그리고 책임감은 상담의 중요한 초석이다. 이 접근은 내담자의 현실에 대한 인식에 초점을 맞춘다는 측면에서 현상학적이며 인간은 항상 자기 자신이 되어가는 과정, 자기 자신을 다시 만들고 다시 발견하는 과정에 있다는 개념에 기초하고 있다는 점에서 존재론적이다.

게슈탈트 접근은 다른 이론적인 접근들과 풍부하게 혼합될 수 있는 다양한 중요 개념들을 특징으로 한다. 게슈탈트 치료(그리고 심리극)의 기법은 내담자의 과거와 현재 사건을 관통하는 고통스러운 감정과 기억들을 현재의 중심 무대로 가져오게끔 한다. 숙련되고 세심한 게슈탈트 치료 개입방법들의 사용을 통해서 내담자들이 하는 것뿐만 아니라 생각하고 느끼는 것에 대한 현실 중심적인 알아차림을 고조시키도록 돕는 것이 가능하다. 이러한 과정은 내담자들이 변화하는 삶에 대하여 결정을 내릴 수 있도록 한다. Jon Frew(2017)은 게슈탈트 치료가 상담자의 이론적인 접근과 관계없이 사용할 수 있는 기법들의 공구가방이라고 하는 것은 흔한 착각이라고 주장하였다. 게슈탈트 치료자들은 내용과 과정은 분리될 수 없다는 것을 깨달았기 때문에 과정에 집중하고 그들의 관찰에 관하여 이야기한다. Frew는 상담 관계에서 이뤄지고 있는 과정에 관하여 이야기하는 것은 내담자를 이 관계로 초대하는 것이라고 말하였다. 비록 상담자가 실험을 제시하지만, 이것은 내담자의 온전한 참여로 이루어지는 협력적인 과정이다. 게슈탈트 실험은 다음과 같은 다양한 형식을 가진다: 내담자와 자신의 삶의 중요한 인물들 간의 대화, 역할 연기를 통한 중요인물의 정체 확인, 고통스러운 사건의 재경험.

게슈탈트 치료는 내담자가 대화 속에서 행동하고 경험하게끔 하기 위해 실험을 사용한다. 이것은 성장과 상승의 관점으로 단순히 장애를 치료하기 위한 기법 체계가 아니다. 내담자와 상담자 간의 관계를 강조하며 알아차림을 증가시키기 위하여 실험을 제안하고 만들고 실행하는 독창적이고 접근이다.

감정적인 차원의 구체적인 게슈탈트 치료의 예시를 보려면 이 책의 7장을 참고하기 바란다. 게슈탈트 치료에 대해서 자세히 알고 싶다면 다음의 자료들을 참고하라. Corey(2017, 8장), Frew와 Spiegler(2013, 7장), Neukrug (2018, 6장), Polster(2015), Prochaska와 Norcross(2018, 6장), Sharf(2016, 7장), Wedding과 Corsini(2019, 9장), Wheeler and Axelsson(2015), Woldt와 Toman (2005).

심리극: 통합적인 관점

심리극(psychodrama)은 집단상담에서 주로 사용되며 역할 연기를 통해 내담자의 문제를 탐색하고, 다양한 극적인 장치를 사용한 환경에서의 **연기**(enactment)를 통해 통찰을 얻고, 창의성을 발견하고 행동적인 기술들을 발전시키는 행동접근법이다. 과거에 발생한 장면이거나 미래에 예상되는 상황일지라도 마치 그것들이 **지금 여기**에서 벌어지는 것처럼 연기된다. 심리극은 집단상담에서 주요 사용되기는 하나 개인 상담에서도 많은 심리극의 기법들이 유용하게 사용될 수 있다. 심리극을 사용하여 내담자들은 과거, 현재 그리고 예상되는 삶의 상황들과 역할들을 연기하거나 각색할 수 있다. 심리극은 더 깊은 이해를 얻고, 감정을 탐색하고 분출하며 새로운 문제 대처법을 발전시키기 위해 시도된다. 중요한 사건들은 시연되며 내담자가 알아차리지 못하거나 표현되지 않은 감정에 접촉하는 것을 돕는다. 심리극은 이러한 감정과 태도들을 충분히 표현할 수 있는 장을 제공하며 역할의 레퍼토리를 넓힌다.

나는 심리극의 활동적인 기술들과 역할극을 중요하게 생각하는데, 그 이유는 내담자가 단순히 발화의 방법으로 자신의 이야기를 할 때보다 이러한 방법들을 통해 더 깊은 수준으로 자신의 충돌을 직접 경험하기 때문이다. 이러한 직접적인 경험은 감정을 표면으로 불러오는 경향이 있다. 역할연기의 정서적인 측면은 심리 치료적으로 가치가 있으나 감정을 경험한 것의 효과를 극대화하기 위해서는 인지적인 통합이 어느 정도 필요하다. 심리극에 참여한 사람들에게 자신들의 신념이나 결정이 심리극에서 경험한 정서적 혼란에 어떻게 영향을 끼쳤는지 숙고해 볼 것이 권장된다.

심리극에는 감정을 극대화하고, 내적인 신념들을 분명히 하며, 자기인식을 높이고, 내담자가 새로운 행동들을 시도해볼 수 있도록 고안된 구체적이고 다양한 기술들이 있다. 심리극의 가장 힘 있는 도구는 내담자가 다른 사람의 역할을 맡는 서로 **역할 바꾸기**(role reversal)이다. 역할 바꾸기를 통하여 사람들은 그들 자신의 준거 체계를 벗어나는 것이 가능하며 그들이 남에게 거의 보이지 않는 그들 자신의 모습을 연기한다. 중요한 인물과의 역할 바꾸기를 통하여 내담자는 그와 그녀와의 관계에서 자신의 인지와 감정을 통찰할 수 있다. 이러한 기술을 다른 사람의 입장에 대한 공감을 만들어내기도 한다.

심리극의 개념과 방법은 다양한 치료접근법에 대한 심상, 행동 및 직접적인 대인관계 상대를 제공한다. 심리극의 기법들은 정신분석적 치료, 인지행동치료, 게슈탈트 치료, 실존적 치료, 아들러 심리치료, 놀이 치료, 가족치료 그리고 집단상담 치료와 같은 다른 심리 치료적 모형들에게 잘 적용될 수 있다. 심리극의 기반이 되는 철학은 실존주의, 인간중심치료, 게슈탈트 치료의 많은 부분과 일치하며 내담자의 경험을 이해하고 존중하는 것과 치료적 요인으로서 치료 관계의 중요성에 대해서 강조한다. 심리극을 사용하는 상담자들이 적극적이고 지시적인 역할을 맡지만, 이러한 기술들은 상담자가 인간중심상담의 정신을 받아들이면서 진행할 때 더욱 효과적이다. 다양한 심리극 기법을 적용하는 것이 가장 효과적이기 위해서는 상담자가 진실하며, 심리적으로 현재에 존재하고, 내담자와 연결되는 것이 가능하며, 공감을 표현할 줄 알며, 내담자에게 긍정적인 수용과 높은 수준의 존경을 표현해야 한다.

집단상담에 적용되는 심리극에 대해서 더 자세히 알고 싶다면 Blatner (1996, 2006)과 Corey(2016, 8장)을 참고하라.

행동 지향적인(Action-oriented) 치료의 차용

감정적인 부분에 대해서 작업하는 것만큼 나는 인지 행동적인 변화를 불러일으키기 위해서는 행동 지향적 접근의 개념과 기술들을 통합시키는 것이 핵심이라고 생각한다. 다음은 내가 행동 지향적인 치료들을 나의 통합모형에 적용한 방법들이다.

아들러 심리치료

아들러 심리치료접근의 기본적인 목표는 내담자들이 그들 자신과 다른 사람 그리고 삶에 대한 잘못된 신념을 확인하고 바꾸도록 돕는 것이며 그렇게 함으로써 사회에 더욱 온전히 참여할 수 있도록 하는 것이다. 상담 치료 과정은 내담자가 느끼고 행동하는 방식에서의 기본적인 변화를 만들 수 있도록 돕는 것이다. 나는 상담을 협력적인 모험이라고 본 아들러의 관점을 특히 좋아한다. 상담은 내담자들이 자신들의 통찰을 현실 세계에서의 행동으로 전환할 수 있도록 돕는 것이다.

아들러 학파의 상담자는 그들의 주된 일을 사람들에게 삶의 도전과제들을 수행하는 데 더 좋은 방법들을 가르쳐주며, 방향을 제시하고, 사람들이 자신들의 잘못된 개념을 바꿀 수 있도록 돕고, 낙담한 사람들에게는 격려를 제공하는 교육적인 과정으로 생각한다. 아들러 학파 상담자는 강점, 건강, 그리고 격려에 초점을 맞춘다. 아들러 상담자들은 우리의 행복은 사회적인 연결과 크게 관련이 있다는 핵심신념을 가지고 있다. 우리는 사회에 속해있기 때문에 사회적 맥락과 분리되어 이해될 수 없다. 우리는 **소속 욕구**에 의해서 움직인다. 사회적인 존재로서 우리는 다른 사람에게 필요하고 싶은 존재가 되려는 욕구가 있으며 사회에서 의미 있는 관계를 만들고 싶어 한다. 사회에 속한 개인으로서 소속감을 경험할 때 살아 있다는 느낌과 사회에 기여하고 있다는 느낌을 받을 수 있다.

아들러 모형은 다양한 내담자들의 요구사항을 충족할 수 있는 다양성이 있다(Carlson & Englar－Carlson, 2017; Calson, Watts & Maniacci, 2006). 아들러 상담자들은 구체적인 과정을 따르는 것에 얽매여있지 않기 때문에 자신들의 심리치료 접근방법에 맞게 독특하게 내담자와 상담할 수 있는 자유가 있다. 아들러 상담자들은 특정 내담자를 위해 가장 잘 작용할 수 있다고 생각되는 다양한 인지, 행동 그리고 실험적인 기법들을 차용하는 지략이 풍부하다. 이러한 몇몇 기법들은 격려, 직면, 요약, 초기기억과 가족 내의 경험에 대한 해석, 제안 그리고 과제들이다.

아들러는 다른 치료적 접근에 많은 영향을 주었으며 이것은 그의 가장 중요한 업적이다. 그의 기본적인 생각들이 가족체계이론, 게슈탈트치료, 현실치료, 합리적 정서행동치료, 인지치료, 인간중심치료, 해결중심단기치료, 실존주의와 같은 다른 심리치료 이론에 적용되어 있다. 이러한 접근방법들은 인간을 목표지향적이며 성장과 삶의 의미를 위해서 노력하는 자기 결정적인 존재로 여기는 아들러식 개념에 기초하고 있다.

아들러 심리치료 이론은 내담자의 과거, 현재 미래를 다루고 있다. 인간을 의미와 목적을 추구하는 존재로 여기는 **목적론적 관점**이 핵심이며 내담자의 영적 고민(spiritual concerns)들이 다뤄질 수 있다. 아들러 학파의 상담자는 내담자의 삶에 있는 영속성이나 패턴들을 찾으면서도, 행동의 목표지향적인 측면에 항상 강조를 두고 있다. 사람들은 자신들에게 행복을 줄 것이라고 믿는 자기 선언된 목표에 도달하려고 계속 노력한다(Calson & Englar-Calson, 2017).

우리가 세상을 더 나은 곳으로 만드는 데 이바지해야 한다는 **사회적 관심**(social interest) 개념은 모든 이론의 일부가 될 수 있다. 사회적인 관심을 가진 사람들은 그들 자신의 웰빙(Well-being)을 생각하는 것만큼 다른 사람의 웰빙(Well-being) 또한 신경 쓴다. 사회적인 소외와 자아도취(self-absorption)의 해결책으로서, 사회적인 관심은 용기, 낙관주의 그리고 진정한 소속감을 불러일으킨다. 자신을 넘어서 다른 사람의 삶을 변화시키는 데 참여하는 것은 본질적으로 통합적이다. 사람들은 그들의 사회적인 맥락에 대한 고려 없이 이해될 수 없다. 사회적인 존재로서 우리는 다른 사람에게 필요한 존재가 되고자 하는 욕구가 있으며 의미 있는 관계를 만들고 싶어한다. 사회에 속한 개인으로서 소속감을 경험할 때 살아 있다는 느낌과 사회에 기여하고 있다는 느낌을 받을 수 있다. 이러한 개념들은 모두 다른 이론적인 모형에 적용될 수 있다.

현대의 아들러 심리치료는 인지, 정신역동 그리고 체계적 관점의 통합이며 사회 구성주의 이론과 많은 측면에서 유사하다. 현대의 사회 구성주의 이론들은 아들러 접근과 공통점을 가지고 있다. 이들 이론은 모두 상호존중하는 상담자와 내담자 간의 관계를 강조하며 내담자의 강점과 자원을 부각하며, 미래지향적이고 긍정적인 입장을 취한다(Calson & Englar-Calson, 2017; Calson et al., 2006).

Miller와 Dillman Taylor(2016)은 신경과학(neuroscience)의 관점에서 아들러 이론의 핵심 원리들을 검증하였다. 그들은 신경과학 연구가 아들러 이론의 많은 핵심개념을 지지한다고 결론지었다. 아들러 이론의 핵심개념들은 발달과정 중 초기경험의 영향 탐색, 웰빙(well-being)에 대한 환경적이고 체계적인 요인의 역할, 전체주의적 관점으로 평가와 치료를 보는 것의 중요성, 행동의 합목적성, 사회적으로 내재함, 심리적 교육의 가치, 목표지향적인 행동의 신념이다. 신경과학 연구는 사회적 관심의 타당성과 사회적 관심이 정신건강과 웰빙을 증진한다는 것을 뒷받침하였다. Miller와 Dillman Taylor는 아들러 심리치료의 발전과 신경과학과 신경생물학(neurobiological)의 연구 결과들이 통합될 가능성이 크다고 제안하였다. 그들은 이러한 통합이 실무자들에게 더 깊은 수준의 아들러 원리와 기법들에 대한 이해를 제공할 뿐만 아니라 개인 내적인 변화를 촉발하는 추가적인 도구들을 제공한다고 하였다.

아들러 심리치료에 대해서 더 자세히 알고 싶다면 다음의 자료들을 참고하라. Carlson과 Englar－Carlson(2017), Carlson, Watts와 Maniacci(2006), Corey(2017, 5장), Neukrug(2018, 4장), Prochaska와 Norcross(2018, 3장), Sharf(2016, 4장), Wedding과 Corsini(2019, 3장).

행동치료

행동주의의 가장 기본적인 가정은 문제가 있는 대부분의 인지, 감정 그리고 행동은 학습된 것이며 새로운 배움이 그들을 수정할 수 있다는 것이다. 이러한 수정 과정이 "**치료**(therapy)"라고 불리지만 이것은 개인들이 가르침과 배움의 과정에 참여하는 교육적인 경험에 좀 더 가깝다. 상담과 교육에는 유사한 점이 많다. 상담은 사람들이 배움의 방식에 대해서 새로운 관점을 발전시킨다는 점에서 교육적이며 사람들은 그들의 인지, 정서, 행동을 다루는 좀 더 효율적인 방식을 시도한다. 행동 지향 접근의 역할 연기, 행동 시연, 코칭, 유도된 연습, 모델링, 피드백, 마음챙김 기술, 상담 과제들과 같은 다양한 기술들은 경험주의적 치료의 특징인 인본주의적인 목표에 도달하는 것에 사용될 수 있다.

현대의 행동치료 상담사들은 치료에 관한 결정을 내리는 내담자의 능동적인 역할을 강조하며 상담자와 내담자는 치료과정 전반에 걸쳐 필요한 경우 치료목표를 바꿀 수 있다. 상담자들은 내담자와 상호협력하여 구체적이고 측정 가능한 상담목표를 만든다. 이러한 목표는 명확하며 구체적이고 이해가능하며 치료자와 내담자가 모두 동의한 것이다. 행동 지향적 상담에서는 내담자가 자신의 목표를 달성하기 위한 구체적인 단계를 결정한다. 행동주의적 치료개입은 내담자들이 경험하는 구체적인 문제에 맞춰서 개별적으로 재단된다. 행동치료는 단기적이고 행동적이며 지시적이고 협력적이다. 또한, 문제를 처음 유발한 요소에 초점을 두기보다는 문제행동을 지속시키는 요소에 집중한다는 점에서 다른 상담이론과 다르다(Antony, 2019). 행동치료의 본질적인 특징은 증거기반 상담을 고수한다는 것이다. 연구를 통해 증거기반 전략을 특정 문제에 사용하는 것이 뒷받침되었으며 이것은 행동의 일반화를 증진하고 변화를 유지하기 위하여 사용된다. 증거기반의 행동주의적 전략은 다른 심리치료 접근과 효과적으로 통합될 수 있다.

행동치료에 대해서 더 깊게 알고 싶다면 Corey(2017, 9장), Craske(2017), Frew와 Spiegler(2013, 8장), Neukrug(2018, 6장), Prochaska와 Norcross(2018, 9장), Sharf(2016, 8장), Wedding과 Corsini(2019, 6장)을 참고하라.

인지행동치료

대부분의 현대 심리치료들은 자기 자신이나 세계에 대한 내담자의 주관적인 관점을 바꾸는 것을 목표로 한다는 점에서 "인지적" 요소가 있다고 여겨진다. 그러나 인지행동접근은 주요한 초점이 잘못된 가정들과 신념들을 약화하는 데에 있고 내담자들에게 문제 해결에 필요한 대처 기술들을 가르친다는 점에서 정신 역동과 실존주의 치료와는 다르다.

많은 점에서 합리적 정서행동치료(REBT)는 종합적이고 통합적인 치료로 여겨질 수 있다. 인지, 정서 그리고 행동적인 기법들은 내담자의 인지적 구조를 바꿈으로써 내담자의 정서와 행동을 바꾸는 것에 적용될 수 있다. 백(Beck)의 인지행동치료는 심리치료의 다양한 양식들을 빌려왔다는 점에서 통합적인 접근이라고 할 수 있다. 인지행동치료는 구조적이고 집중적이며 현재 중심적이고 시간 제한적인 적극적인 접근이다.

인지행동치료(여성주의 상담에서도)에서 내가 특히 중요하다고 생각하는 특징은 치료과정의 신비성을 해체했다는 것이다. 내담자들은 능동적이며 치료 방향에 대해서 책임감이 있고 상담자로부터 상담과 관련한 정보를 고지받는다. 교육적인 모형에 기반하여 이러한 치료들은 상담자와 내담자의 치료 작업동맹을 강조한다. 이러한 접근들은 내담자의 자립(self-help)을 유도하며 개입방법들이 얼마나 잘 진행되고 있는지 지속적인 피드백을 제공하고 결과를 평가할 수 있게 하는 치료과정의 구조나 방향을 제공한다. 인지행동

치료 상담자들은 내담자가 자신의 상담자가 되게끔 하는 방법들을 고심한다. 일반적으로 상담자는 내담자에게 그들 문제의 과정과 특징, 그리고 인지행동치료의 과정 및 그들의 생각이 감정이나 행동에 미치는 영향에 대하여 교육한다. 교육적인 과정은 내담자에게 현재 문제에 대한 정보 제공과 그들이 배운 것을 일상생활에 적용할 때 나타날 수 있는 피할 수 없는 방해요소를 다루는 과정으로 구성된 재발 방지(relapse prevention)로 구성되어 있다.

인지행동치료에 대해서 더욱 자세히 알고 싶다면 다음의 자료들을 참고하라. J.Beck(2011), Corey(2017, 10장), Craske(2017), Dobson과 Dobson(2017), Frew와 Spiegler(2013, 9장), Kazantzis, Dattilio와 Dobson(2017), Ledly, Marx와 Heimberg(2018), Neukrug(2018, 10장), Prochaska와 Norcross(2018, 10장), Sharf(2016, 10장), Sperry와 Sperry(2018), Wedding과 Corsini(2019, 7장).

현실치료/선택이론

선택이론(choice theory)은 현실치료의 바탕이며 현상학적이고 실존주의적인 가정에 기반한다. 선택이론의 관점에 따르면, 우리는 우리의 목표를 선택하고 우리 자신을 위해서 창조한 세계에 대하여 책임이 있다. 우리는 과거에 일어난 일과 상관없이 우리가 하기로 선택한 것에 책임감이 있다. 현실치료는 실존주의적 원리에 기반을 두고 있으며 인지행동치료와도 많은 개념을 공유하고 있다. 현실치료에서 내가 특히 유용하다고 생각한 개념은 **전체행동**(total behavior)이다. 전체행동은 불가분의 관계이나 서로 구별되는 구성요소인 **행동하기**(acting), **생각하기**(thinking), **느끼기**(feeling), **생리작용**(physiology)이라는 우리의 모든 행동, 생각, 감정과 동반되는 요소들로 이루어져 있다. 주된 강조는 행동하기와 생각하기에 있는데, 전체행동의 이러한 요소들이 느끼기와 생리작용보다는 바꾸기가 더욱 쉽기 때문이다. 전체행동을 바꾸는 중요한 요소는 우리가 통제할 수 있는 것인 행동하기와 생각하기를 바꾸는 것을 선택하는 것이다.

나는 자신의 감정에 대한 책임이 스스로에게 있다는 현실치료의 가정이 가치 있다고 생각한다. 이 철학은 우리를 수동적인 역할에서 벗어나게 하고 우리가 하는 것과 우리가 생각하는 방법에 따라 우리가 자신의 감정을 만든다는 것을 받아들이게 한다. 예를 들어 우울함은 우리에게 단순히 발생하는 것이 아니라 우리가 만드는 능동적인 선택이다. Glasser(1998, 2001)는 "우울해진(being depressed)"이나 "화나게 된(being angry)"이라는 표현보다 "우울해지고 있는(depressing)"이나 "화를 내고 있는(angering)"으로 말하게 하였다. "우울해지고 있는"이라고 하는 것은 화를 유지하게 하며 도움을 요청도록 한다. "ing"로 끝나는 행동언어를 사용하게 함으로써, 상담자는 감정이 곧 행동이라는 것을 강조한다. 분명히 이 이론은 우리가 어떻게 행동하고 생각하는지를 강조하며 많은 주제들을 인지행동치료와 공유한다. 현실치료는 인지치료, 동기강화상담, 이야기치료, 해결중심단기상담, 변증법적 행동치료, 아들러 심리치료와 많은 기법이 양립할 수 있다는 점에서 통합적인 접근이라고 할 수 있다. 이러한 현실치료의 기법들은 행동, 인지, 정서 중심적이다(Wubbolding, 2017).

현실치료의 핵심은 더 좋은 선택을 하고 더 효과적인 선택을 하는 법을 배우는 것과 우리의 삶에 있어서 효과적인 통제권을 갖는 것이다. 과거가 현재 문제에 영향을 끼쳐왔을지라도, 과거는 치료의 초점이 아니다. 과거에 발생한 일과 상관없이, 효과적으로 기능하기 위하여 사람들은 현재에 살고 계획해야 한다. 내담자가 자신이 어디에서 왔는지 이해하고 현재 행동에 대한 동기를 인식하는 것이 중요하지만 이는 이야기의 일부분일 뿐이다. 어렸을 때의 결정들에 대한 맥락을 이해하는 것은 그들의 발달과정에 대하여 더 큰 그림을 얻게 해주는 데 유용할 수 있지만, 내담자들이 중요한 행동적인 변화를 만들기 위해서는 자기 이해가 행동을 유발할 필요가 있다. 행동이 수반되지 않은 통찰은 내담자들이 삶의 변화를 가져오는 결정을 내리는 데에 도움이 되지 않을 것이다. 상담자들은 계속해서 내담자들에게 그들이 하기로 선택한 것들의 효과성에 대해서 평가해보게 하며 만약 더 좋은 선택이 가능하다면 결정하도록 한다. 숙련된 질문과 다양한 행동적인 기법들은 내담자가 자기평가를 하게끔 돕는 데 적용된다. 상담자들은 내담자들이 그들에게 효과적이지 않다고 정한 행동을 수정하는 계획을 만들 수 있도록 돕는다.

현실치료와 선택이론에 대해서 더 자세히 알고 싶으면 다음의 자료를 참고하라. Corey(2017, 11장), Frew와 Spiegler(2013, 10장), Glasser(1998, 2001),

Nuekrug(2018, 11장), Sharf(2016, 11장), Wubbolding(2011, 2013, 2016, 2017).

해결중심단기상담

해결중심단기상담(Solution-focused brief therapy; SFBT)은 단기적이고 미래지향적이며 목표지향적이고 실용주의적인 상담 및 심리치료 접근이다. 나는 특히나 해결중심단기상담의 낙관적인 가정을 중요하게 생각하는데, 그것은 사람들을 건강하며 능력 있고 자원이 풍부하며, 해결책과 그들의 삶을 증진하는 대안적인 이야기들을 만들 수 있는 능력이 있는 존재로 여기는 것이다. 이 접근의 철학은 사람들이 현재나 미래의 해결책보다 과거나 현재의 문제에만 집중하면 과거의 해결되지 않은 갈등에 막히고 수렁에 빠진다는 철학적 가정에 기초하고 있다. SFBT 상담자들은 내담자 문제의 예외상황과 내담자의 문제 자체보다 해결책을 만드는 것에 초점을 맞춤으로써 내담자의 강점과 탄력성을 강조한다. 나의 통합적인 접근에서 자주 사용되는 몇몇 기법은 기적 질문, 예외질문, 척도질문, 상담 과제 그리고 요약과 피드백을 포함한다. 몇몇 상담자들은 내담자들에게 문제를 외현화시킬 것과 강점과 사용되지 않은 자원들에 초점을 맞출 것을 요청한다. 다른 상담자들은 내담자가 효과가 있을 것 같은 해결책을 발견하도록 돕는다.

해결중심 상담자들은 호기심과 흥미 심지어는 매혹된 자세를 취하며 내담자가 그들의 삶에 있어서 전문가가 되도록 유도한다. 이 접근에서 특히 내담자들이 삶에서 무엇을 원하는지를 다룰 때는 전문가로서의 상담자(therapist-as-expert)는 **전문가로서의 내담자**(client-as-expert)로 대체된다. 상담자의 역할은 그들이 이미 가지고 있는 탄력성, 용기, 독창성과 같은 자원들에 대해서 내담자가 알아차릴 수 있도록 돕는 것이다.

해결중심상담 이론을 기반으로 하는 상담자들은 내담자들과 함께 무엇이 지금 잘 되고 있는지, 미래 가능성, 그리고 그들에게 성취감을 줄 것 같은 것들에 관하여 대화한다. 초점은 큰 변화를 이끄는 작은 단계들을 만드는 것이다. 상담자들은 내담자에게 "당신의 삶이 당신이 원하는 대로 흘러갔던 시간에 대해서 말해보세요"라고 묻는다. 이러한 대화는 살아갈 가치가 있는 삶에 관해서 이야기하게 한다. 이러한 대화를 기반으로 문제의 영향력을 줄

어들고 새로운 방법과 해결책들을 만드는 것이 가능해진다. 중요한 개념은 "무엇이 효과적인지 알면, 그것을 더 많이 해라"이다. 만약 무언가가 잘 작동하지 않는다면, 내담자들은 다른 것을 해볼 것이 권유된다. 이러한 접근과 함께 내담자들은 상담 과정의 시작부터 끝까지에 모두 관여하며 이것은 성공적인 상담이 될 가능성을 증가시킨다.

해결중심단기상담에 대하여 더 알고 싶다면 다음의 자료를 참고하라. Corey(2017, 3장), de Shazer(1985, 1988, 1991), de Shazer와 Dolan(2007), Murphy(2015), Neukrug(2018, 13장), Prochaska와 Norcross(2018, 15장), Sharf (2016, 12장).

동기강화상담

동기강화상담(MI)은 William R. Miller와 Stephen Rollnik에 의해 1980년대 초반에 발전된 인본주의적이며 내담자 중심적이고 직접적인 상담 접근이다. 25년이 넘는 기간 동안 동기강화상담에 대한 임상과 연구의 적용은 괄목할만한 속도로 증가하였다. 동기강화상담은 다음의 전략들과 기법들을 포함한다: 열린 질문의 사용, 반영적 경청, 공감의 표현, 내담자를 향한 긍정과 지지, 내담자의 자기 효능감지지, 직면 피하기, 상담 후반의 요약과 연결하기, 변화지향 대화(change-talk)를 유발하고 강화하기. 상담자들은 내담자가 변화를 위하여 전념할 수 있도록 이끌며 그들이 그들의 삶에서 변화를 만들고 싶은 부분을 분명히 하는 것을 돕는다.

동기 강화 상담은 인간중심적 접근의 철학에 기초하고 있으나 약간의 변형이 있다. 비구조화적인 인간중심접근과는 달리 MI는 의도적으로 지시적이며 변화에 대한 양가감정을 줄이고 내적인 동기를 증가시키려는 구체적인 목표가 있다. 인간중심상담과 MI 모두에서 상담자는 내담자와 정확한 공감의 태도와 무조건적인 수용의 태도로 의사소통하면서 변화와 성장을 위한 조건들을 제공한다. Naar과 Safren(2017)은 동기강화상담이 인지행동치료와 접목될 때, MI 전략들이 어떻게 내담자의 동기를 증진하고 상담 관계를 강하게 만드는지를 설명하였다. MI는 불안, 물질남용, 식습관과 관련한 다양한 문제들과 관련한 인지행동치료의 연습효과를 증가시키기 위하여 사용된다

(Antony, 2019).

해결중심상담처럼, MI는 치료에서의 "**MI 정신**(MI spirit)"으로 알려진 **관계적인 맥락**(relational context)을 강조한다. MI 정신은 내담자와 협력적인 파트너십을 형성하는 것과 내담자의 자원과 생각을 사용하는 것 그리고 내담자의 자율성을 존중하는 것(모든 선택권이 궁극적으로 상담자가 아니라 내담자에게 있다는 것을 인정하는 것)을 포함한다. MI는 상담의 가장 앞부분에 개인의 선택을 위치시킨다. 동기강화상담의 상담자들은 협력적이고 평등한 관계에서 변화가 일어날 가능성이 있다고 믿는다. 동기강화상담에서 치료 관계는 성공적인 결과를 달성하는 데 매우 중요하다. 상담자가 MI 정신을 이해하고 일치하게 행동하는 것은 단순히 기술과 전략들을 적용하는 것보다 더욱 중요하다. MI는 기술의 개론서보다 더 이상의 것이며 사람과 상호작용하는 방식에 대한 것이다(Naar & Safren 2017). MI는 내담자의 내적 준거 체계와 그들의 현재 고민 그리고 그들의 가치와 행동 간의 차이를 강조한다. MI는 치료 목표를 고수하고자 하는 내담자의 열망과 변화하고자 하는 내담자의 동기를 활성화한다. 상담자들은 내담자가 그들의 가치와 목표와 일치하는 변화들을 만들 수 있게 돕는 방법으로 내담자의 **양가감정**을 사용한다. 내담자들은 변화에 대한 그들 자신의 지지자가 되도록 격려되며 그들 삶의 변화의 주요한 실행자가 된다.

MI는 내담자의 자기 책임을 강조하고 내담자와 협력하여 문제행동에 대한 대안적인 해결책을 생성하는 방법을 장려한다. MI 상담자는 내담자와 논쟁하는 것을 피하는데 그 이유는 이것이 내담자를 방어적으로 만들고 저항을 증가시키기 때문이다(Dean, 2015). 그들은 저항이 내담자가 문제를 해결하기 위한 최선의 노력이라고 이해한다. 상담자는 저항과 함께 구르며 공감을 표현하고 반영적으로 경청한다. 저항을 내담자와 상담자 간의 상호작용에서 발생하는 것으로 보는 관점은 저항이 때때로 제공하는 기능들을 비춰주며 상담자들이 그들의 접근에 저항을 적용할 수 있게 한다. MI 상담자들은 내담자를 이겨야 하는 적이 아닌 그들의 현재 성공에서 중요한 역할을 하는 동맹군으로 생각한다.

Miller와 Rollnick(2013)은 동기강화상담의 다섯 가지 기본 원리들을 다음과 같이 설명하였다.

1. MI 상담자들은 판단이나 비판 없이 내담자의 주관적인 세계를 경험하려고 노력한다. MI 상담자들은 내담자의 목표나 변화에 대해서 주의 깊게 들으며 반영적인 경청은 상담자들이 내담자의 주관적인 세계를 더 잘 이해할 수 있게 하는 방법이다. 목표는 인지, 정서, 행동 그리고 대인 관계적 영역에서 설정될 수 있다. 목표를 설정할 때는 결과를 평가할 수 있는 방식으로 하는 것이 중요한데 그렇게 함으로써 내담자는 그들의 결과가 성공할 때를 알게 된다(Dobson & Dobson, 2017).
2. MI는 양가감정을 유발하고 탐색하도록 고안되었다. 상담자들은 변하지 않는다는 주장과 변화에 대한 내담자의 주장을 비교하며 주의를 기울여야 한다. 변화는 쉽지 않고 삶을 변화시켜야 하는 이유만큼 변화하지 않고 그대로 남아있어야 할 타당한 이유가 있다. 상담자들은 변화에 대해서 논의를 강화하기 위한 특정한 전략들을 적용하여 변화지향 대화(change-talk)를 분명히 하고 강화한다. MI 상담자들은 내담자들에게 변화가 일어나게 할 것인지 그렇게 함으로써 어떠한 변화들이 만들어지며 언제 변화할 것인지를 결정하게 한다.
3. MI 상담자들은 변화에 대한 주체성을 향상하려고 노력하며 내담자의 변화에 관한 생각에 관심 갖는다. MI 상담자들은 내담자의 능력, 힘, 자원, 역량, 결정을 내리는 내재된 능력들을 믿는다. 그들은 내담자의 문제에 대해서 고민하는 것보다 내담자에게 무엇이 효과적인지 탐구하는 것에 흥미가 있다.
4. 내담자들이 삶의 변화를 만드는 것의 좋은 점을 깨달아도 여전히 내담자들은 변화하는 것에 두려움과 걱정들을 많이 가지고 있을 수 있다. MI 과정의 초기 단계에서, 내담자는 변화에 대한 양가감정을 표현할 수 있으며 변화를 위해 필요한 것을 할 만큼의 충분한 동기가 없을 수도 있다. 상담자는 양가감정을 이해하고 존중하며 내담자를 위한 연민을 표현한다. 내담자의 양가감정의 두 면을 모두 이해하는 것이 우선순위를 갖는다.

5. 변화에 대한 내담자의 저항이 감소하고 변화에 대해 자주 언급하면서 변화에 준비가 되었다는 신호들을 보일 때 MI의 중요한 단계가 시작된다. 이 단계에서 내담자들은 변화에 대한 열망과 능력이 있음을 표현하며 변화와 관련한 질문과 상담시간 간에 실행 가능한 변화 행동과 관련된 실험, 그리고 그들이 원하는 변화가 이뤄진 그들의 미래 삶의 모습에 대하여 흥미를 표현한다. 상담자들은 변화를 향한 내담자의 전념을 강화하는 것에 초점을 맞추며 내담자들이 변화계획을 실행할 수 있도록 돕는다. 변화에 대한 내담자의 준비도를 정확히 평가하는 것은 상담자에게 매우 중요하다. 내담자가 변화를 위해 동기가 있다는 증거들을 제시하면 상담자의 역할은 내담자가 자신들의 행동 계획을 발전시킬 수 있도록 돕는 것이다. 상담자는 "다음 단계로 어떤 것을 생각하고 있나요?"라는 질문을 할 수 있다. 내담자들이 상담자의 도움과 함께 자신만의 계획을 구성하면 그들의 자기효능감이 증가한다. 변화를 위한 계획에는 변화에 대한 전념과 변화 그리고 행동의 지속성을 지원하는 것이 포함된다. 내담자의 변화가능한 능력에 대한 상담자의 확신은 내담자의 자신감으로 이어지는 경향이 있다(Dobson & Dobson, 2017).

MI에 대하여 종합적인 논의들을 보고 싶다면 Miller와 Rollnick(2013)을 참고하여라. Narr과 Safren(2017)은 동기강화상담과 인지행동치료를 통합하는 것이 한 가지 이론적 접근을 사용하는 것보다 어떻게 더 좋은 상담 결과를 끌어내는지 보여주는 훌륭한 책이다.

여성주의 상담과 가족체계이론으로부터의 차용

여성주의 상담과 체계이론은 개인들은 그들의 관계 맥락 속에서 가장 잘 이해될 수 있다는 가정에 기초한다. 개인의 문제는 개인의 내적인 역동에만 초점을 맞춰서는 이해될 수 없다. 그보다는 개인의 부적응적인 행동들은 가족 단위, 공동체, 그리고 사회 체계에서의 상호작용에서 생긴다. 그러므로 개인의 문제에 대한 해결책은 맥락적인 관점에서 고안될 필요가 있다.

여성주의 상담

여성주의 상담(Feminist therapy)은 비교적 단기상담이며 개인과 사회 모두의 변화를 목적으로 한다. 개인 수준에서 상담사들은 여자들과 남자들이 그들의 개인적인 힘을 알아차리고 요구하고 받아들일 수 있도록 돕는다. 의식적으로 정치적인 주체로서, 여성주의 상담자들은 사회변화를 위해 일한다. 현재의 가부장적인 시스템을 여성주의 의식으로 대체하고 그럼으로써 관계에서의 평등성이 중요시해지고 의존적이기보다는 독립적인 것을 강조하며 여자들이 사회적인 요구에 의해 정의되기보다는 스스로를 정의하는 사회로 만드는 것이 여성주의 상담의 목적이다.

여성주의 상담자들은 다양한 개입방법을 통하여 상담 관계에서의 위계적인 힘의 관계를 적극적으로 무너뜨리는 데 전념한다. 성 역할분석과 개입, 권력 분석과 개입, 여성에게 적합한 역할을 위하여 전통적인 태도에 도전하는 것을 지지하는 것과 내담자가 사회적인 행동을 하도록 권유하는 전략들은 여성주의 상담의 독특한 전략들이다. 여성주의의 이론적 배경을 가진 상담자들은 전통적인 성 역할 메시지와 이러한 메시지들에 의하여 어떻게 사회화되어왔는지 알아차리는 것이 얼마나 중요한지 알고 있으며 내담자들이 이러한 메시지들을 확인하고 도전하도록 돕는 데 능숙하다. 여성주의상담의 원리들과 기술들은 개인상담, 부부상담, 가족상담, 집단상담 그리고 공동체적 개입과 같은 심리치료적인 양식들에 적용될 수 있다.

Brown(2018)은 여성주의 상담이 다른 이론적 접근으로부터의 다양한 개입방법들을 빌려왔기 때문에 통합적인 접근이라고 주장하였다. 정신역동, 인지행동치료, 마음챙김기반접근, 인본주의적 상담으로부터 기법들이 차용되었다. 다른 모형으로부터 차용한 개입방법은 역할연기, 독서치료, 심리교육, 주장훈련, 행동 시연, 인지적 재구조화, 심리극, 검증되지 않은 신념의 확인과 도전, 일기 쓰기 등이 있다. 개입방법들은 내담자를 강하게 하며 내담자가 개인적인 힘을 얻는 것을 돕기 위해 재단된다. 상담자들은 내담자와 협력적으로 상담목표를 정하며 강한 작업동맹을 만든다. 역량 강화, 평등주의, 권력 분석, 성과 사회적인 위치의 중요한 목표들은 항상 명심된다. Brown에 따르면, 여성주의 상담자는 내담자의 주장과 경험에 힘과 특권을 부여하여 내담자의 입장을 대신 전달하는 사람과 분리시키려고 한다.

가족체계이론

개인에게 영향을 끼치는 체계적인 요인, 특히 가족에 초점을 두는 개인 상담 이론은 거의 없다. 가족체계이론의 마인드셋(mind-set)을 가지고 상담할 때, 내담자에게 그들의 가족에서 경험하는 규칙들에 관하여 묻는 것은 매우 중요하다. 가족 규칙은 명시적일 수도 있고 그렇지 않을 수도 있다. 그러나 그들은 우리가 생각하고 느끼고 행동하는 것에 매우 강하게 영향을 미친다. 이러한 규칙들은 "해야 하는 것" 또는 "하면 안 되는 것"들로 표현되며 가족 내의 상호작용을 지배하는 강력한 메시지가 된다. 가족의 영향력을 이해하는 것은 우리가 가족규칙에 따라 어떻게 성장했는지를 알 수 있게 한다. 가족 규칙의 예시는 다음과 같다. "아버지에게 절대 화를 내면 안 된다.", "항상 웃어라", "관심을 끌려고 하지 마라", "절대로 사람들에게 너의 약점을 드러내지 마라", "밖에서 가족에 관해서 이야기하지 마라", "아이들은 보이지만 들을 수 없다", "모든 일이 끝난 뒤에야만 놀 수 있다", "다른 가족 구성원들과 달라지지 마라" 어린애였던 당신은 생리적이고 심리적인 생존을 위해 이 규칙들을 받아들이고 살아가기로 했을 수 있다. 그러나 이러한 패턴들이 어른들 간의 상호작용에서 행해진다면 그것은 자기 파괴적이다.

내담자의 외부세계로부터의 개념들을 통합하는 것은 나의 통합적 접근에서 가장 중요한 부분이다. 여성주의 상담과 가족체계이론들의 개념은 내담자의 내적이고 외적인 세계 모두를 다룸으로써 어떻게 개인들이 가장 잘 변화할 수 있을지를 이해할 수 있는 중요한 부분을 제공한다. 나의 상담 접근방식에서 개인의 핵심문제에 기여하는 체계적(가족, 공동체, 문화) 변수들이 다뤄지며 이러한 요소들은 변화과정을 촉진하기 위한 자원으로 활용된다.

여성주의 상담과 체계이론에 대하여 더 자세히 알고 싶다면 다음의 자료들을 참고하라. Bitter(2014), Brown(2018), Corey(2017, 12장, 14장), Remer

(2013), Sharf(2016, 13, 14장).

내담자 되어보기: 당신이 원하는 사람 되기

통합적인 접근의 힘을 배우기 위하여 당신 자신을 내담자라고 상상해보자. 알아차림은 당신이 생각하고 느끼고 행동하는 방식을 바꾸는 것의 중요한 첫 번째 단계이다. 우리가 함께하는 작업의 초기 단계에서 나는 당신의 문제에 대해 알아차림을 증가시키는 것과 당신의 삶의 변화의 중요한 선택들에 초점을 맞출 것이다. 상담이 진행될수록, 당신은 당신과 함께 살아온 "해야 하는 것", "하지 말아야 하는 것", "하는 것", "하지 않는 것"에 대하여 살펴볼 많은 기회가 있을 것이다. 당신의 내면의 목소리를 알게 되고 확인하게 된다면 당신은 이 내면의 목소리를 가지고 계속 살지, 그렇지 않을지를 결정하기 위하여 그것들을 잘 살펴볼 수 있다.

행동 지향적인 단계에서 나는 당신이 문제를 해결하게 함으로써 그리고 결정을 내리게 함으로써 당신이 상담에서 얻은 통찰을 행동으로 옮기는 것을 돕는 데 집중할 것이다. 우리는 가능한 대안들과 그 결과들에 대해서 함께 고민할 것이며 이러한 대안들이 어떻게 당신의 개인적인 목표를 충족시킬지 평가할 것이며 구체적인 행동 과정에 관해서 결정할 것이다. 당신 스스로 할 수 있는 행동들이 최고의 대안적인 새로운 행동들이다.

이번 상담 과정의 중요한 부분들은 상담의 여정을 통해 당신이 얻은 확장된 정보에 기반한 새로운 결정을 내리는 것으로 구성된다. 나는 당신에게 비효율적인 행동을 하도록 이끈 오래된 패턴들을 반복하는 것을 멈추라고 한다. 나는 당신의 문제를 해결하기 위한 구체적인 할 일들을 정하고 실행하도록 권유한다. 행동함으로써 당신의 새로운 통찰은 구체적인 행동으로 이어진다. 작은 단계들이 중요한 변화를 불러일으킨다.

통합적인 접근으로 상담할 때 나는 당신의 자기 제한적인 가정(self-limiting assumption)들을 직면하게끔 하고 마치 지금의 당신이 그동안 당신이 되기를 원했던 사람인 것처럼 행동하게끔 하는 아들러 심리치료 기법들을 사용한다. 당신이 되기를 원하는 사람을 그려보고 생각하는 시간을 갖는다. 당신이 되기 위해서 노력했던 사람이 되었다면 어떠한 구체적인 특징을 가지고 있을지 확인한다. 몇 주 동안 당신의 집, 학교 그리고 직장에서 마치 당신이 원하는 사람인 것처럼 행동한다. 그렇게 행동한 기간이 끝날 때쯤, 당신 스스로 당신의 이상적인 자기에 가까워진 진전들은 무엇이 있는지 물어보라. 당신이 원하는 사람이 되는 것을 방해했던 것들은 무엇인가?

통합적인 관점에서 Petra와 함께 작업하기

Petra의 사례 개념화

Petra는 39세의 기혼 여성으로 두 명의 십 대 아이들이 있다. 그녀는 상담을 처음 받아보는 것이며 약간의 불안감과 다수의 신체적인 고통을 호소하였다. 그녀는 남편(Rudy, 44세)과 그녀의 아이들(Robert, 19세, Mark, 17세)과 함께 살고 있었다. Petra는 다섯 명의 형제 중에 첫째이다. 그녀의 아버지는 철학 교수며 그녀의 어머니는 가정주부이다. 그녀는 자기 아버지를 거리감이 있고 권위적이라고 묘사했으며 어렸을 때 그녀와 아버지의 관계는 아버지의 기준에 꼼짝없이 부합해야 하는 것 중에 하나라고 했다. 그녀는 자기 어머니를 비판적으로 기억하고 있으며 그녀는 아무리 노력해도 그녀의 어머니를 기쁘게 할 수 없었다고 했다. 그녀는 어린 남동생들과 여동생들을 돌보는 역할을 맡았으며 부모님의 인정을 받기를 매우 희망하였다. 남을 돌보는 이러한 패턴은 그녀 삶의 전반적인 부분에 매우 강하게 나타나고 있다.

Petra는 그녀의 그녀 삶이 불만족스럽다고 했으며 사건이 없고 예상 가능하다고 하였다. 그녀는 39세가 되는 것에 조금의 두려움을 느끼고 있었고 세월이 다 어디로 갔는지 의문이었다. 2년 동안 그녀는 수면장애, 불안, 어지러움, 가슴 두근거림, 두통 등의 심리적인 문제로 인한 다양한 신체적 고통으로 고생했다. 때때로 그녀는 집을 떠나기 위해서 그녀 자신을 채찍질해야만 했다. Petra는 사소한 문제로 쉽게 운다고 했으며 때때로 우울감을 느낀다고 했다. Petra는 최근 종합건강검진을 받았으며 의학적인 원인은 발견되지 않았다고 했다.

Petra는 그녀의 삶이 남들을 돌보는 것에만 사용되었다는 것을 최근 깨닫게 되었다. 이렇게 사는 것은 그녀 자신의 욕구와 열망을 간과하게 하였다. 그녀는 관계에서 건강하게 독립성을 획득하지 못하였고 그녀의 모든 삶의 부분에서 "슈퍼우먼"의 역할을 하고 있다는 것을 깨달았다. 그녀는 자신의 모든 관계에서 그녀가 공허함을 느낄 때까지 너무 많이 주고 있다고 느낀다. 그녀는 다른 사람에게 그녀의 필요사항을 처리해달라고 요청하는 것에 어려움을 느낀다. 그녀는 자기 가족들과 그녀 자신도 그녀에게 기대하는 좋은 아내와 엄마가 되기 위해 노력하고 있다.

가족 규칙, 메시지 그리고 초기 유년기 결정 탐색하기

Petra와 나는 가족 규칙과 가족 메시지를 탐색하고 확인하는 시간을 가졌다. 그녀는 어렸을 때부터 자라오면서 기억할 수 있는 한 많은 가족 규칙들을 생각해 냈다. 그녀는 다음과 같은 부모 메시지를 기억해냈다 "스스로 생각하지 마라", "교회를 순종적으로 따르고 하나님의 뜻을 따라라", "네가 배운 것에 대해서 절대 질문하지 마라", "도덕적인 삶을 살라", "너에게 아내로서, 엄마로서 기대되는 것보다 너의 경력을 우선시하지 마라", "남자가 원하는 것에 따라라", "관심과 돌봄이 필요한 사람들을 돌보기 위해 항상 준비하라"

Petra의 초기 유년기 결정에 대해 다루면서 나는 정신역동과 가족치료 모형의 개념들을 빌렸다. 정신역동 접근은 무의식적인 갈등을 해결하기 위해서는 억압된 초기기억을 다뤄야 하며 과거를 재구성해야 한다고 강조하였다. 몇몇 가족치료 접근을 통해 Petra는 그녀의 가족 관계에서 형성된 패턴과 정서적인 짐을 풀기 위해 삼대에 걸친 가족 행동 패턴을 이해하려고 노력했다. Petra가 제노그램(genogram)을 만들도록 하는 것은 이러한 작업을 시작하는데 매우 유용한 도구이다.

나는 Petra의 초기 유년기 결정을 다룰 때 행동 지향적이고 지시적인 접근을 사용했다. 선생님의 역할을 하면서 그녀의 생각하는 방식, 행동하는 방식, 감정을 느끼는 방식을 변화시키기 위해서 그녀가 알아야 하는 것들에 집중하였다. 그녀가 내면화 한 주요 메시지들에 관해서 확인한 후에는 그녀가 자신과 타인 및 세상에 대해 내린 결정에 대해 생각하도록 했다. Petra는 그녀의 삶의 방식 중 많은 부분이 아버지의 인정을 받기 위했던 것이라는 것을 깨달았다. 그녀는 그녀 아버지의 인정과 수용을 받지 못하면 그녀 스스로에 대해서 좋게 느끼지 못할 것이라고 느꼈다. 그녀는 자기 아버지가 그녀를 사랑할 수 없다면 누구도 그녀를 사랑하지 못할 것이라고 이유를 들었다. 아들러 심리치료와 인지행동 개념들을 끌어와서, 나는 그녀 삶의 주제들을 볼 수 있게 하였으며 그녀가 계속해서 만들어내고 있는 잘못된 몇몇 가정들을 비판적으로 평가할 수 있게 하였다.

Petra는 이 치료 단계에서 그녀의 생각과 가치체계를 직면하기 시작했다. 그녀는 자기 삶의 의미에 대해서 질문하기 시작했다. 그녀는 자신이 받아들이기로 한 신념과 가치를 살펴보며 자신의 삶이 그것들에 기반을 두고 있는지 판단한다. 그녀는 인생의 나머지를 그녀의 아버지를 "이기기" 위한 헛된 시도에 사용하고 싶은가? 그녀가 마침내 아버지의 인정과 사랑을 얻는 것이 가능해졌다면 무엇이 필요할까? 그의 인정을 받기 위해서 되어야만 하는 사람에 대해 어떻게 생각하는가? 이러한 질문을 하는 것은 그녀의 삶의 기준들에 대해서 그녀 스스로 생각하고 결정하게 한다.

Petra의 실존주의적 탐색

실존주의적 접근에서 나는 그녀의 가치들이 어떻게 그녀 삶의 방식에 영향을 끼쳤는지 탐색하기 위하여 Petra의 삶의 주제들을 끌어왔다. Petra가 그녀의 가치체계에 대해서 다시 생각해보고 싶다고 했기 때문에 그녀가 이 과정을 잘할 수 있도록 돕기로 하였다. 우리의 상담에서 그녀에게 그녀의 가치체계 중에 무엇을 유지하고 싶고 무엇을 바꾸고 싶어 하는지 신중하게 고려해 볼 것이 요구되었다. 실존주의적이고 관계 지향적인 접근들은 그녀가 자신의 가치에 대해서 비판적으로 검토하고 이 가치들이 그녀 자신의 것이 되는 것이 중요하다고 강조한다. 다른 사람들이 그녀에게 부여한 검증되지 않은 가치보다 그녀 스스로 선택한 가치에 의해서 살 때 진실됨(authenticity)

이 가능하다.

우리의 상담목표는 Petra의 자기 주도적인 결정 능력을 증가시키는 것과 그녀의 선택들을 통하여 그녀의 미래에 영향을 끼치는 것이다. 그녀는 자기 투영을 통해서 그녀 자신을 다시 창조하는 것을 시도하였다. 우리가 함께 한 대다수 작업은 그녀 존재에 대해서 그녀에게 다음의 중요한 질문들을 던지는 것으로 구성되었다. “나는 누구인가?”, “나는 그동안 누구였는가?”, “나는 누가 되기를 원하는가?”

Petra와의 관계에서 내가 사용한 실존주의적인 기초 가정들은 그녀는 환경의 피해자가 아니라는 것이다. 더 넓은 범위에서 그녀는 그녀가 지금까지 선택한 것이며 오늘도 선택하고 있다는 것이다. 그녀의 삶의 대부분에서 그녀는 자기 존재를 제한해왔다. 그녀는 삶의 상황들을 다루기 위한 선택들을 거의 알지 못했고 무기력함과 갇혀있다는 느낌을 보고하였다. 나의 핵심과제 중 하나는 그녀가 제한된 삶을 묘사하는 방식을 점검하도록 그녀를 초대하는 것이다.

나는 Petra가 다양한 대안적 선택들을 알게 하고 미래에 대한 확실한 보장 없이도 결정을 내리는 게 가능하게 하기 위해 자신의 삶의 방향을 생각하도록 했다. 그녀가 자신의 과거와 답답한 현재 존재의 요소들을 깨닫게 되면 그녀는 자신의 미래를 바꾸기 위한 책임감을 수용할 수 있다. 그녀가 통제에 수동적으로 굴복했던 몇몇 방법들을 깨달을 때, 그녀는 그녀가 원하는 미래를 구성하며 그녀 자신의 삶을 의식적으로 꾸려나갈 수 있다.

여성주의적 관점

여성주의 상담 모형은 Petra의 핵심적인 고통의 몇몇 부분을 이해할 수 있는 가치 있는 렌즈를 제공해주었다. 성 역할분석은 사회적인 성 역할 기대가 그녀에게 어떻게 영향을 미쳐왔는지에 대한 통찰을 증가시키기 위해서 아주 유용하게 사용되었으며, 남자와 여자가 어떻게 다르게 사회화되는지 이해하는 것을 도왔다. 이러한 과정을 통해서 Petra는 그녀가 평생 겪어온 성 역할 메시지(언어적, 비언어적, 모형화된)들을 알아내는 것을 배울 것이다. 상담을 통해 Petra는 그녀가 사회 전체로부터 받아온, 그녀의 원 가족으로부터 받아온, 종교로부터 받아온 사회적 메시지들을 더 잘 점검할 수 있을 것이다. 그 결과로서 그녀는 자기 삶과 정체성에 있던 많은 갈등이 사실은 그녀가 전통적으로 정의된 여성의 성 역할에서 벗어나고 싶어 했기 때문이라는 것을 깨달을 것이다. 그녀는 이제 이러한 성 역할 메시지를 따르는 것의 긍정적이고 부정적인 결과를 알 수 있다. Petra는 그녀가 어떻게 특정 성 역할 메시지를 의식적으로, 무의식적으로 내면화했는지에 대해서 배웠다. 나는 그녀가 성 역할의 편견에 사로잡히기보다는 그녀가 자유롭게 선택한 다양한 행동을 하는 것이 가능해지기를 희망한다.

Petra가 행동하도록 장려하기

가능한 한 나는 상담 세션에서 Petra의 새로운 결심들을 시도해 볼 수 있게 하였다. 그녀 자신의 변화와 환경적인 변화를 불러올 수 있는 행동 과정에 그녀를 전념시키는 것은 매우 중요하다. 나는 Petra가 행동 계획을 결정하고 그것을 수행하게 하려고 현실치료의 강조들을 적용하였다.

상담은 내담자들이 정말로 원하는 행동적인 변화들을 시도해 볼 수 있는 안전한 장소이다. Petra는 행동 없는 통찰은 불완전하다는 것을 깨달았다. 그녀는 상담에서 배운 교훈들을 실제의 삶에 적용해야만 한다. 나는 그녀의 두려움과 금지들을 다양한 실제적인 환경에서 직면해보는 과제들을 수행하도록 그녀를 장려하였다. Petra는 정말로 달라지기를 원했기 때문에 우리는 상담시간에 역할 연기와 행동 시연을 했다. 그러고 나서 나는 그녀에게 새로 배운 것을 다른 삶의 상황에서 시행해 볼 것을 요청하였다. 특히 그녀의 가족에서. 나는 상담에서 배운 것을 매일의 삶으로 전환하는 것이 상담의 핵심이라고 생각한다.

Petra와의 상담기법 선별의 기초

Petra와 진행할 상담기법들을 선별하는 기초로써 나는 그녀를 생각하고 느끼고 행동하는 사람으로 여겼다. 나는 이 세 가지 차원과 함께 단선적인 방법보다는 상호작용하는 방식으로 작업했다. 따라서 나는 Petra의 인지만을 작업하지는 않고 그녀의 감정을 향해 나아가며 마지막에는 행동과 구체적인 실행 프로그램을 진행하였다. 이 모든 차원은 상호연관되어 있다. 내가 그녀의 인지적 수준에서 작업할 때 (그녀가 만들어 온 결정들이나 그녀의 가치 중 하나를 다룰 때), 나는 그녀가 지금, 이 순간에 느끼는 감정들을 생각하며 그것들을 그녀와 함께 탐색하였다. 인지적 그리고 감정적인 차원은 행동에 상호영향을 준다. 그러므로 우리는 그녀의 생각과 느낌이 그녀가 지금 하는 것과 그녀가 다르게 할 수 있는 것에 어떻게 영향을 끼칠 수 있을지 알아볼 것이다. Petra는 상담시간에 새로운 행동을 시도해 볼 수 있고 그녀가 마주하는 일상의 문제들에 새로운 기술들을 적용해보는 것을 연습할 수 있다. 통합적인 접근의 기초로써 나는 감정의 경험과 표현을 강조하는 실존주의를 사용했으며 Petra의 사고과정과 감정, 행동 그리고 신념을 다루기 위하여 인지치료 접근을 사용했고 행동 변화를 위한 계획을 만드는 것의 중요성을 강조한 행동접근 치료들을 사용하였다.

종결을 향하여

Petra는 형식적인 상담 없이도 그녀의 삶에 대해서 더 생각하기 시작하였다. 그녀는 그녀가 새로운 결정들을 만들 수 있다는 것을 배웠으며 그녀 스스로의 리드를 따를 수 있다는 것을 배웠다. 종결 과정의 부분으로서 해야 하는 많은 과제가 있었으므로 추가적인 한 번의 상담이 더 필요하였다. 나는 Petra에게 상담을 통해서 그녀가 배운 것에 대해서 생각해보게 하였고 그녀가 더 상담에 오지 않을 때도 계속할 수 있는 행동의 계획을 만들어 오라고 요청하였다. 종결의 다양한 면을 다루며, 나는 인지행동, 실존주의적 접근 두 가지 모두를 사용하여 Petra가 그녀 삶의 새로운 방향으로 나아갈 수 있도록 도왔다. 이러한 통합 과정은 그녀가 그녀의 상담 경험으로부터 가져가는 것에 대한 새로운 관점을 얻도록 도와주며 그녀가 상담이 끝나도 그녀의 작업을 계속 도와줄 것이다.

성찰 질문

통합적인 관점에서의 Petra의 사례 개념화를 생각하며 다음의 질문들에 대해 생각해보자.

- 통합적인 관점에서 Petra의 사례를 개념화하는 것의 장점은 무엇인가?
- Petra는 초기 유년 시절의 결정과 메시지들을 확인하였다. 당신이 이러한 주제들을 다루기 위해 다른 두 개의 이론을 고른다면 어떤 이론들을 선정할 것이며 이유는 무엇인가?
- 여성주의 관점에서 Petra와 상담을 할 때 어떠한 개념들과 기법들을 적용할 것인가?

통합적인 방법으로의 부부 상담: Rob과 Lani

부부 상담의 초점

Rob과 Lani는 일 년의 교제 뒤 결혼하여 6개월의 결혼생활을 한 부부이다. 그들은 자주 운동하던 체육관에서 만났다. 둘 다 야외활동을 좋아하며 많은 흥미와 목표들을 공유하며 사귀기 시작하였으며 얼마 지나지 않아 결혼하였다. 그들이 호소하는 문제는 의사소통문제와 일상에서의 가치관 차이며 현재의 갈등 패턴을 해결하고 더 잘 관리할 수 있는 방법들을 알고 싶어 했다.

Rob은 39세의 백인이며 한 회사에서 17년 동안 소프트웨어 엔지니어로 일했다. Rob과 Lani는 주말 동안 많은 친구와 그들의 가족들이 스포츠게임을 보거나 바비큐를 하거나 등산, 달리기 또는 카약을 하러 오는 것을 기대하고 있다. Lani는 30세의 간호학교의 전일제 대학생이며 주중에는 간호 시설에서 시간제로 일하고 있다. 아시아 미국계 가정에서 자랐으며 형제 중 첫째이다. Lani는 그녀의 유년 시절 동안 여러 번의 이사를 했다. 그녀는 부모님의 관계는 변덕스러웠다고 말했으며 어머니 때문에 그녀와 그녀의 형제들이 종종 개입해야 했다고 보고했다.

2주간의 짧은 별거를 하게 한 최근의 말다툼이 Lani와 Rob이 상담을 받게 된 계기였다. 의학적, 약물, 또는 법적인 문제가 없었으며 둘 다 그들의 결혼생활을 충실히 하고 싶다고 했다. Rob은 Lani가 30살이고 결혼한 만큼 주중에는 학교나 도서관, 직장 그리고 친구들과 함께 "모든 곳에 있는" 것보다는 집에서 더 많은 시간을 보내야 한다고 했다. Rob은 존중받지 못한다고 느꼈으나 그가 이 문제에 대해서 Lani에게 이야기하면 그녀가 방어적으로 굴며 화를 내고 때로는 폭발적으로 반응하며 Rob이 후퇴할 수밖에 없게 만들었으며 때때로는 떠나게 했다. 그는 Lani가 "똑똑하지만, 그의 처지를 이해해주지 못한다."라며 혼란스러워했고 그녀의 "비구조적이고 혼란한" 삶의 방식은 그녀가 그들의 결혼생활과 그에 대한 존경의 부족을 반영하는 것으로 느껴진다고 하였다.

Lani는 Rob이 그의 방식을 강요하고 융통성이 없으며 그녀에게 그처럼 될 것을 기대하고 있다고 말했다. 둘이 만나기 시작했을 때 그녀는 학생이었으며 Rob은 그녀의 삶의 빠른 속도를 즐겼다고 했다. 그녀는 그가 비판적으로 변했으며 그녀의 입장을 보지 못하며 가족 문제가 발생했을 때 그녀의 편에 서서 도와주려고 하지 않는다고 했다. 그들이 싸울 때 Lani는 마치 그녀의 부모님이 싸우는 것처럼 싸운다고 인정했다. 그녀는 Rob이 그녀를 "가르치는" 것 대신 그녀의 의견을 듣게 할 방법을 모르겠다고 했다. Lani는 Rob이 떠나는 것을 선택할 때 "비탄에 빠지는 느낌"이라고 표현하였으며 그가 그녀를 정말로 사랑하지 않기 때문에 영원히 떠나는 것이 두렵다고 하였다.

말다툼이 잦아지고 별거하는 기간이 계속 길어졌지만, 그들은 서로 아직도 사랑하고 있으며 그들 관계의 어려움을 해결하기를 원하고 그들 관계의 긍정적인 부분들을 즐기고 그들이 서로에게 매우 충실하다는 것을 믿고 싶다고 했다.

부부 상담에 통합적인 접근을 적용하기

Rob과 Lani가 통찰할 수 있는 능력이 있어 보였고 변화를 하고 싶어 했기 때문에 나는 초기 상담단계에서 그들이 열린 자세로 그들의 관계에 관한 생각과 감정을 탐색하고 공유할 수 있는 안전한 환경을 만들기 위하여 노력했다. 이 부부상담의 기초로서, 나는 신뢰로운 상담관계를 쌓기 위한 인간중심상담 접근을 사용하였다. 나는 Rob과 Lani의 고민을 들으며 그들의 관계에 대한 그들의 인식을 이해하려고 노력하였다. 그들은 통찰이 증가하고 알아차림이 열리는 것처럼 보였다. 그들의 문제를 빨리 해결하려고 하기보다 나는 그들의 부부로서의 어려움뿐만 아니라 개인적인 고민을 들어줄 수 있다는 것을 나타내었다.

Rob과 Lani가 자신들의 부정확한 신념들을 알게끔 하기 위하여 많은 인지행동치료 기법들을 사용하였고 비생산적인 신념을 새롭고 더 기능적인 신념으로 대체할 수 있도록 장려했다. Rob은 Lani가 바쁜 것과 주중의 불규칙한 일정이 그를 인정하지 않거나 중요하지 않다고 생각하는 것이 아니라는 것을 알 수 있게 되었다. Lani는 Rob이 갈등으로부터 철수하는 것이 그가 그녀를 더는 사랑하지 않는다는 것이나 인정하지 않는다는 것을 의미하는 게 아니라는 것을 알게 되었다.

나는 행동주의적인 접근들을 적용하여 이 부부에게 적극적인 경청의 기술과 긍정적인 의사소통 방식을 가르쳤다. 나는 상담시간을 통해 자기 주장 훈련 기술을 가르쳤으며 행동 시연을 했다. 나는 상담시간 이외에도 Lani와 Rob이 수행할 수 있는 과제를 협력적으로 만들었다.

Rob과 Lani는 해결중심단기치료에 적합한 사람들이었다. 나는 그들이 그들의 관계에서 각각 원하는 중요 변화들을 평가하도록 장려하였다. 내가 그들과 함께 상담하면서 가진 가정은 그들이 과거에 효율적이었던 것과 효율적이지 않은 것이 무엇인지 알 뿐만 아니라 미래에 효율적일 것에 대하여 잘 알고 있다는 것이다. 나는 Lani와 Rob이 그들의 상호작용을 더 관찰하며 다르게 할 수 있는 것들에 대해서 보고하는 것을 원했다. 나는 이 부부에게 현재나 미래의 해결책에 대해서 초점을 맞추지 않고 현재나 과거의 문제들에 대해서만 생각하는 것은 해결되지 않은 갈등의 수렁에 빠질 수 있게 한다는 것을 알려주었다. 나는 그들 문제의 예외사항들에 초점을 맞춤으로써 그들의 강점과 탄력성을 강조하였다. 그들의 문제에 초점을 맞추기보다는 나는 그들이 자신들의 관계를 긍정적인 방향으로 나아가게 하려고 한 주 동안 할 수 있는 작은 단계들에 집중하게끔 했다. 나는 상담을 시작하면서 그들에게 "지난번 시간 이후부터 지금까지 다르게 행동한 것은 무엇입니까?,

바뀐 것은 무엇입니까?"를 물어보았다. 나는 그들이 관계는 멈춰있는 것이 아니라는 것을 깨닫고 그들에게 그들의 관계를 더 좋게 하려고 각자 무엇을 했는지 생각하도록 권했다. "이번 주에 함께 있으면서 당신이 즐겼던 시간에 대해서 말해주세요."

동기강화상담은 이 부부를 상담하는 데에 유용하였다. Rob과 Lani와 상담하며 그들의 변화에 대한 양가감정을 알아보았다. 그들은 각각 서로의 관계를 변화시키고 싶어 하였으나 그들이 불안할 때는 이전의 패턴에 의존하고 있었다. 동기강화상담은 이 부부가, 모든 사람이 그러하듯, 문제행동들을 변화하고 싶은 것과 동시에 문제행동을 지속하기를 바라는 것 사이에서 흔들리고 있다는 것을 이해하도록 돕는 데 유용하였다. 그들이 결혼생활에서 바라는 것이라고 이야기하는 것과 그들이 실제로 하는 것에는 차이점이 있었다. 예를 들어 그들이 갈등을 효율적이지 않은 방식으로 다루는 것과 건설적인 방식으로 갈등상황에 대처할 수 있는 것에는 차이가 존재했다. 나는 그들의 상황이 바뀌기를 희망하는 구체적인 방법들에 관해서 물어보는 것이 유용하다는 것을 알게 되었다. 그들이 서로 어떻게 지내고 싶은지에 대해서 언급할 때, 나는 그들에게 그들이 무엇을 할 수 있을지에 관해서 물었다. 나는 새로운 결정들을 지지하였고 그들이 따르기로 동의한 새로운 방식과 구체적인 목표를 설립하도록 했다.

부부의 행동 계획 만들기

Rob과 Lani는 둘 다 결혼에 대해 가치를 공유하고 변화를 만들기 위해서 전념하고 있었으나 그들은 그들이 원하는 변화를 불러올 수 있는 구체적인 행동 계획을 발전시킬 필요가 있었다. Rob과 Lani는 부부 상담 과정을 통해서 중요한 교훈들을 배웠다. Rob은 갈등상황에서의 그의 좌절과 불편감을 받아들이는 것과 정서적으로 철수하거나 실제로 떠나지 않고 열린 자세로 소통하는 것을 유지하는 것을 배웠다. Lani는 Rob이 화를 낼 때 그녀를 사랑하지 않는다고 생각하는 것에 대한 그녀의 불안을 확인하고 받아들일 수 있다. 부부 상담에서 나는 그들이 자신의 상담자가 되도록 돕기 위하여 인지행동 전략들을 사용하였다. 나의 상담 대부분은 그들 문제의 본질과 과정에 대해서 가르치는 것과 인지치료의 과정에 대해서 가르치는 것으로 구성되었다. 교육적인 과정은 Rob과 Lani에게 재발 방지에 대한 정보를 제공하는 것과 그들이 형식적인 부부 상담을 종결하였을 때 겪을 수 있는 피할 수 없는 어려움을 다루는 방법들로 구성되었다. Rob과 Lani와의 상담의 종결에 가까워지면서 나는 행동 계획을 만들기 위해서 현실치료의 방법들을 사용하였다. 나는 그들이 더는 부부상담에 오지 않을 때도 사용할 수 있는 행동 계획을 만들도록 도왔지만, 이 계획은 개인적으로 그리고 부부로서 그들이 원하는 것에 기반하였다.

성찰질문

통합적인 관점에서 상담한 부부의 케이스를 생각하며 다음의 질문들에 대하여 생각해보자.

- 통합적인 관점에서 몇몇 기법들을 적용하며 다양한 이론적 접근들이 소개되었다. 당신이 이 부부와 상담한다고 가정할 때 이 이론 중 가장 사용하고 싶은 이론은 무엇인가?
- 이 부부와 상담할 때 당신의 상담 접근법은 개인을 상담할 때와 어떤 면에서 다른가?
- Rob과 Lani가 그들의 관계에서 원하는 변화들을 이룰 수 있도록 하는 행동 계획을 만들 때 당신은 어떻게 도와줄 것인가?

주요 이론들을 공부하라. 그러나 통합에도 열린 자세를 가져라

당신이 내담자에 대해서 생각할 때 그리고 상담시간에 가면서 당신 스스로에게 다음의 질문들을 해보라. “특정한 문제와 특정한 환경에 있는 이 내담자에게 어떤 치료가 효과적일까?”(Paul, 1967: 111). 당신이 주로 사용하는 모형과 관계없이 당신은 상담기법과 개입방법들이 언제 그들을 위해서 사용될지 그리고 어떠한 내담자에게 사용될지를 결정해야 한다. 당신은 다양한 내담자를 만날 것이다. 효과적인 상담을 위해서는 내담자의 가치, 세계관,

삶의 경험 그리고 문화적인 배경과 잘 맞는 기법과 방법들을 사용하는 것이 필수적이다. 내담자들의 문화적 배경에 의해서 편견을 갖는 것은 현명하지 않고 윤리적이지 않을 수 있지만, 문화적인 배경이 그들의 현재 문제에 어떻게 영향을 끼쳤는지 평가하는 것은 유용하다. 몇몇 기법들은 내담자의 사회에서는 금지되어있을 수 있다. 특정 기법에 대한 내담자의 반응(또는 반응의 부족)은 이러한 기법의 효과성을 판단할 수 있는 중요한 지표이다.

평가의 중심이 되는 질문은 "자기의 문제를 효율적으로 해결하기 위하여 이 사람이 가장 필요로 하는 것은 무엇인가?"이다. 가장 유용한 기법들은 내담자에 대한 당신의 평가로부터 결정될 수 있으며 이것이 치료에 평가를 통합하는 중요한 이유이다. 당신이 내담자의 문제와 목표가 무엇인지 알고 나면 다음 단계는 이 내담자에게 효과적인 구체적인 기법들을 고안하는 것이며 증거기반의 기법들이 선호될 것이다. Wampold(2010)는 만약 내담자들이 특정 접근에 반응하지 않는다면 상담사는 그들의 치료를 적절하게 수정해야 한다고 충고하였다. 그는 상담사들이 내담자의 특성, 태도, 가치 그리고 다양한 선호에 적용 가능한 다수의 상담기법에 대해서 유능해야 한다고 덧붙였다. "효과적인 상담자가 되는 과정은 고도의 수련을 포함하는 평생의 과제이다. 목표는 '옳은' 치료 기법을 선택하는 것이 아니라 특정 이론 또는 이론들을 효과적으로 사용하는 것이다"(Wampold, 2010: 113). 다양한 이론적인 접근이 모두 제공할만한 가치를 갖고 있으므로, 학생들이나 상담자는 통합적인 관점의 사고에 개방적인 자세를 유지하는 것이 좋다.

통합의 장단점

나는 대다수 내담자에게 한 개의 이론으로부터의 몇 가지 기술들만 적용하는 것은 불필요하게 제한적이라고 생각한다. 나는 나의 상담법에 다양한 접근들을 통합하는 것을 좋아한다. 그러나 당신이 정확하게 이론들에 대해 깊이 알고 있지 않는다면 당신은 진정한 통합을 달성할 수 없다. 당신은 당신이 알지 못하는 것에 대해서는 통합할 수 없다. 통합적인 접근은 단기상담과 증거기반의 치료들에 대한 증가하는 요구에 효과적인 답을 제공할 수 있다(Norcross & Beutler, 2019; Norcross et al., 2016). 당신의 상담에서 통합적인 치료접근을 구성하는 것은 오래 걸리는 과정이다. 통합적인 상담자가 되는 것은 임상경험, 독서, 반영 그리고 동료와의 교류를 포함하는 평생의 노력을 수반한다. 당신을 위한 도전과제는 통합적인 관점에서 비판적으로 생각하고 수련하는 것이다.

성급하게 함께 던져져 통합되지 않은 이론의 잡동사니에 빠지는 것을 피해야 한다. 통합적인 접근은 체계적인 근거가 부족한 엉성한 수련에 대한 변명이 될 수 있다. 만약 당신이 근거 없이 상담 접근들을 고르고 선별한다면 당신의 선택은 당신의 편견과 선입관을 반영하게 될 것이다. 최선의 통합적인 접근은 다양한 이론적 접근들의 독특한 기여의 창조적인 종합이며 당신의 스타일과 개성에 맞는 개념들과 기법들의 역동적인 종합이다.

결론적 논평

이 책을 통해서 나는 상담실습의 다양한 요소를 통합하는 체계적이고 일관적이며 개인적이고 훈련된 상담 접근방식을 만드는 것의 장점들을 제시하였다. 당신의 통합적인 상담 접근이 무엇이든 간에 당신은 다양한 임상적 환경의 다양한 내담자와 효과적으로 상담하기 위하여 다양한 이론적인 체계와 상담기법들에 대해서 기본적인 지식을 가져야 한다. 한 이론에 집착하는 것은 임상적인 수련과 관련된 복잡성을 창의적으로 해결할 수 있는 치료 유연성을 제공하지 못한다.

대세가 통합적인 상담으로 기울어지는 이유는 특히, 다양한 내담자의 유형과 그들의 구체적인 문제들을 고려하면, 인간의 복잡성을 설명할 수 있는 종합적인 하나의 이론이 없다는 것이 인정됐기 때문이다. 당신의 통합적인 상담관점을 구성하는 다양한 상담 모형과 이론들에 대해서 고려해보라. 만약 당신이 통합적인 관점에 개방적이라면 당신은 몇몇 이론들이 당신의 개인적인 상담접근에 중요한 역할을 하고 있다는 것을 알게 될 것이다. 각

이론에는 강점과 약점이 있으며 정의에 따라 다른 이론과 “다르다”라는 것을 받아들이면 당신에게 맞는 상담관점을 개발할 수 있다. 통합적인 상담 접근의 사용에 대한 당신의 생각을 명확히 하게 해주는 방법으로서 다음의 질문들에 대해서 생각해보라.

- 상담의 통합적인 접근에 대해서 어떻게 이해하고 있는가?
- 기술적 절충주의와 이론의 통합은 어떻게 다른가?
- 다양한 이론으로부터 다양한 기법들을 통합하는 것의 잠재적인 장점들은 무엇이 있는가?
- 내담자–치료자 관계가 여러 이론적 모형의 공통점이 되는 이유는 무엇이라고 생각하는가?
- 통합적인 접근의 주요 장점과 한계점은 무엇인가?
- 통합적인 접근이 당신에게 잘 맞는가?
- 지금까지 배운 것이 당신의 상담에 당신만의 통합적인 접근을 만드는 것에 도움이 되었는가? 통합적인 접근을 발전시키기 위해서 어떠한 접근법과 기법들에 대해서 배워야 하는가?

Chapter 10 | 전이와 역전이 다루기

전이는 다양한 관계에서 일어나며 특히 강도 높은 심리치료에서 잘 일어난다. 내담자는 중요한 타인과 미해결된 감정을 치료 관계에 가져와서 상담자에게 투사한다. 전이와 역전이라는 개념에 대해 당신이 가지고 있는 이론이 있겠지만 나는 전이와 역전이가 대부분의 상담 관계에서 일어난다고 생각한다.

전이에 대한 상반된 관점

전이(Transference)는 내담자가 상담자에게 투사하는 과거나 현재 관계에서 비롯된 모든 감정을 포함한다. 전이는 항상 내담자의 과거에서 비롯된 왜곡이 아니며 치료자의 행동에 대한 내담자의 해석의 결과일 수도 있다. 이것은 치료과정에서 흔한 일이며, 당신이 전이가 어떤 의미이고 전이를 어떻게 윤리적이고 효과적으로 다룰 수 있을지에 대해서 아는 것은 중요하다. 당신만의 통합적 접근을 만들어나갈 때 내담자의 전이와 그 전이에 대한 당신의 반응, 또는 당신의 역전이를 이해할 방안에 대해 개념화할 필요가 있다.

역전이(Countertransference)는 내담자의 전이에 대한 치료자의 반응을 포함하며 내담자와의 관계에서만 일어나는 것이 아니라 치료자의 과거나 현재의 관계 속에서 미해결된 갈등에 영향을 받은 것일 수 있다. 내담자에 대한 치료자의 무의식적인 정서 반응은 내담자의 행동에 대한 왜곡된 인지를 초래할 수 있다. 넓은 의미에서 역전이는 치료자가 내담자를 돕는 과정에서 방해될만한 잠재적인 모든 투사를 포함한다.

정신역동적 접근에서 전이와 역전이는 치료과정의 핵심으로 간주한다. 무의식적인 과정에서, 전이는 일반적으로 내담자의 초기 아동기에서 비롯되며 과거 갈등의 반복으로 구성된다. 이 미해결된 과제 때문에 내담자는 상담자를 왜곡된 방식으로 인식한다. 이러한 내담자의 반응과 감정이 상담자에게 전이됐을 때, 감정의 강렬함은 현재 상담 관계보다 내담자의 인생의 미해결된 과제와 더 관련이 있다. 예를 들어, 내담자는 엄하고 매정한 아버지에 대한 미해결된 감정을 치료자에게 전이하여 내담자의 눈에 결국 치료자는 엄하고 매정한 사람으로 비치게 된다. 또는 내담자가 긍정적인 전이를 일으켜 전능한 치료자의 사랑, 수용, 인정을 얻으려 할 수도 있다. 어떤 방향이든 정신분석치료의 핵심은 치료자가 중요한 타인의 심리적 대체물이 되는 것이다.

내담자는 전이를 통해 과거 관계부터 치료자와의 현재 관계까지 다룸으로써 미해결된 과제를 이해하고 해결할 수 있다. 본질적으로, 유사한 감정적 갈등을 치료적 관계에서 다루는 것이 내담자의 초기 부정적인 경험의 영향을 해소할 수 있다. 다음 질문에 대해 생각해보자. 개인상담을 받으면서 상담자에게 전이가 일어났던 적이 있는가? 당신에게 이 경험은 어땠나? 당신의 상담자는 당신에게 도움이 될 만한 행동을 했는가? 개인상담을 받아 본 적이 없는 경우, 교사, 고용주, 그리고 감독자와 같은 권위적 대상에게 불러일으킨 전이 반응에 대해서 생각해보자. 당신은 그들에게 어떤 반응을 했는가? 그 반응을 이해하고 잘 다루는 데 도움이 된 것은 무엇이고 어떻게 했더니 그 사람을 좀 더 현실적으로 지각할 수 있었는가?

정신분석 모델은 전이와 역전이의 의미를 이해하기 위한 가장 오래된 관점을 제공하며 이러한 개념은 내 통합적 접근 방식의 기본적인 부분이다. Altman(2013)은 고전적 정신분석 모델과 현대적 관계 모델을 비교한다. 고전적 정신분석 모델에서는 분석가가 관계의 밖에 있으며 내담자의 정신역동에 대해 거리를 두고 객관적인 관찰과 해석을 위해 노력한다. 이와는 반대로 현대적 관계 모델에서는 정신분석치료에 비해 치료 관계의 즉시성이 훨씬 중요하다. 현대적 분석 모델에서는 치료과정에서 치료자의 참여가 없으면 안 되는 것을 인정한다.

치료자가 하는 모든 개입에는 객관적 관찰뿐만 아니라 주관적 경험도 포함되어 있다. 더 나아가, 내담자는 치료자가 내담자에게 영향을 주는 것만큼 또는 그 이상으로 치료자의 경험에 영향을 미친다. 현대적 정신분석 관계 모델에 따르면 치료 상황 내, 즉 지금 여기에서 이루어지는 상호작용에서 전이 및 역전이와 같은 기본 개념이 일반적으로 존재한다.

따라서 현대 정신분석 치료자들은 많은 감정 반응들을 다음 네 가지 범주로 나눈다. (a) 상담 관계 내 실제 상호작용 결과로 나타나는 긍정적인 감정; (b) 긍정적인 감정을 치료자에게 무의식적으로 투사하는 긍정적인 전이; (c) 상담 관계 내 실제 상호작용 결과로 나타나는 부정적인 감정; 그리고 (d) 부정적인 감정을 치료자에게 무의식적으로 투사하는 부정적인 전이. 여기서 핵심 단어는 **투사(Projection)**, 즉 어떤 다른 곳에서 초래되어 내담자가 치료자에게 느껴지는 감정 또는 치료자가 내담자에게 느끼는 감정이다. 만약 상담과정의 경험에서 예상되는 감정반응이라면 그것은 전이나 역전이가 아니라 단순한 느낌이나 반응일 뿐이다. 예를 들면, 상담하는 중에 내담자가 잠깐 몽상하는 상담자를 알아차리면 내담자는 "내 말을 듣고 있습니까? 당신이 넋 놓고 있을 때면 정말 속상해요."라고 반응할 수 있다. 이것은 내담자의 전이가 아니다. 상담자가 넋 놓고 있으면 누구나 그렇게 느낄 수 있다. 하지만 애초에 무엇이 상담자의 몽상을 자극했는지에 따라 치료자가 넋 놓고 있는 것이 역전이일 가능성이 상당히 높기도 하고 아니기도 하다.

일반적으로 정신분석 치료자는 긍정적이거나 부정적인 감정에 대해 이야기를 하지만 많은 의미를 부여하지는 않는다. 그러나 전이와 역전이는 또 다른 문제이다. 일반적으로 치료자는 작업동맹을 쌓기 위해 처음에는 긍정적인 전이를 내버려 두는 경향이 있지만, 부정적인 전이에 대해서는 내버려 두지 않고 부정적인 전이를 다룰 때 비로소 회기를 끝내려 한다.

정신분석 상담 실무자는 전이가 아니었으면 접근할 수 없었던 내담자의 다양한 감정을 재경험하는 기회를 전이가 제공하기 때문에 전이 상황을 가치 있다고 여긴다. 전이는 또한 치료자와 내담자 간의 지금 여기의 상호작용에 대한 많은 단서를 제공한다. 전이는 다른 치료 체계에서도 이해되고 다루어질 수 있다. 정신분석과정만이 치료 관계에서 전이를 탐색하고 이해할 수 있는 유일한 방법은 아니다.

현실치료, 인지치료, 합리적 정서행동치료, 그리고 행동치료는 전이와 역전이를 다루기 위한 틀이 없다. William Glasser(1998, 2001)에 의한 현실치료는 전이의 개념을 거부한다. 현실 치료의 시작 이래로 Glasser는 지속적으로 현실 치료자는 자신이 아닌 다른 사람이 되기 위해 노력해서는 안 된다고 말해왔다. 그는 전이가 사람들이 현재에 대한 개인적인 책임을 피하는 방법이라고 주장한다.

합리적 정서행동 치료자들은 전이 현상을 다루는 것에 대해 비판적이다. REBT에서는 전이는 장려되지 않으며 전이가 일어나면 치료자는 그것을 직면하려고 한다. 치료자는 전이 관계가 내담자가 치료자(또는 부모)로부터 호감을 얻고 사랑받아야 한다는 비합리적 신념에 기반을 두었다는 것을 보여주고 싶어 한다. Ellis는 초기 트라우마 상황을 되살리거나 전이 감정을 탐색하는 데에 오랜 시간을 투자하는 것은 "응석 받아주기 치료"라 여기며 이로 인해 내담자의 감정을 잠시 좋아지게 할 수 있지만, 증상이 더 호전되는 데에는 거의 도움이 되지 않는다고 믿는다(Ellis & Ellis, 2011, 2019).

비록 인지행동 치료자는 "전이"와 "역전이"라는 용어를 사용하지는 않지만, 그들은 이러한 현상이 치료적 관계에서 발생하고 이러한 문제를 이야기하려고 한다. Kazantzis, Dattilio와 Dobson(2017)에 따르면, 인지행동 상담실무자는 작업동맹과 협력적인 파트너십에 대해 상당히 강조한다. 작업동맹의 결렬은 내담자와 치료자 둘 다 균열된 상황에 대해 인지하고 있기에 고통스럽다. 결렬의 원인이 지금 여기의 치료적 상호관계에서 비롯된 것이라면, CBT 치료자는 치료 관계를 방해하는 요인들에 대해 논의할 것이다. 이 논의가 이루어지지 않는다면 의미 있는 치료 작업은 제한될 수 있다.

전이와 역전이의 연관성

당신의 내담자는 중요한 타인에 대한 과거 반응을 현재 당신에게 드러낼 것이다. 내담자는 어떨 때는 당신을 긍정과 부정이 뒤섞인 감정으로 바라볼 것이고 다른 때는 사랑, 애정, 분개, 분노, 의존, 또는 양가성을 표현할 것이다. 실제로 이것은 몇몇 성격장애의 치료적 정의이기도 하며 특히 대비되는 감정들이 몇 분 안에 표현될 때 그렇다. 전이는 내담자로 하여금 넓은 범위의 관계에서 어떻게 행동할지에 대한 통찰력을 얻을 수 있는 통로가 될 수 있다. 내담자는 자신의 상담자뿐만 아니라 많은 사람들과 전이를 경험할 수 있다.

정신분석적 관점에서는 치료자로서 당신이 내담자뿐만 아니라 자신을 아는 것이 필수적이라고 생각한다. 자기에 대한 지식을 얻는 방법 중 하나는 내담자와의 지금 여기 상호작용의 맥락에서 당신의 행동들을 관찰하고 반영하는 것이다. 내담자에 대한 당신의 반응들과 당신이 그들과 치료적으로 어떻게 작업하는지에 주의를 기울여라. 당신의 내담자가 당신을 향해 일으키는 전이 반응은 상담자로서 당신의 반응을 일으킬 것이다. 이러한 반응이 역전이가 될 때 문제가 될 수 있다. "당신의 문제"가 당신의 내담자의 문제가 되지 않도록 역전이가 일어날 것에 대한 가능성에 주의하는 것이 중요하다. 그러나 당신이 당신의 역전이를 인지하고 관찰할 수 있다면 이러한 현상이 치료적 관계에서 파괴적인 요소로 인지될 필요는 없다. 사실, Levenson(2017)이 말했던 것처럼 기간이 제한된 정신역동 치료의 관점에서 보면 상호작용 역전이는 내담자의 역동에 대한 보다 더 보편적인 반응으로 볼 수 있다. Levenson은 치료자의 내적 그리고 외적 반응들이 종종 내담자의 평생의 역기능적 패턴과 역동을 이해하기 위한 중요한 정보를 제공한다고 주장한다. 이 유리한 시점으로 본다면 치료자의 역전이는 치료의 진행을 방해하는 것보다는 치료 효과를 더 높이기 위해 사용될 수 있다.

전이를 치료적으로 다루기

자신을 상담자 역할로 설정하고 이 절을 읽어라. 내담자의 어떤 행동이 특히 당신에게 다루기 어렵게 느껴지는가? 당신의 입장에서 다음과 같은 내담자의 전이를 생각해보고, 당신이 이러한 전이 반응을 어떻게 다룰지에 대해서 고려하라. 당신이 문제가 있다고 인식하는 내담자를 만날 때, 그들에게만 집중하지 마라. 문제가 되는 행동에 초점을 맞추는 대신에 내담자에 대한 당신의 반응을 고려하라. 이 반응이 당신과 내담자에 대해 무엇을 말하는지 확인하라.

전이의 예시

이 절은 당신이 상담할 때 마주할 수도 있는 내담자의 전이 상황 몇 개를 설명할 것이다. 이러한 전이 상황에 대해 당신이 어떻게 반응했으며 어떤 감정이 생겼는지 스스로 질문해보라.

당신을 당신이 아닌 다른 사람으로 여기는 내담자

몇몇 내담자는 당신이 그들의 부모를 대신할 수 있는 사람이 되기를 원한다. 그들은 당신을 자신을 돌보고 자신의 문제를 해결해주는 구원자로 볼 수 있다. 그들은 당신을 자신에게 답을 알려주는 전능한 사람으로 볼 수 있다. 당신이 전 배우자, 중요한 부모님, 또는 그들의 인생에 있어 중요한 타인을 상기시킴으로써 어떤 내담자는 당신을 바로 불신할 수도 있다. 몇 명의 내담자는 자신을 아꼈던 대상에게 버림받은 아이로 인식하여 당신과 감정적으로 가까워지려고 하지 않을 것이다. 부모가 자신을 돌보지 않고 버림받았다고 느끼는 내담자는 당신을 자신의 인생에 끼어들게 하는 것을 매우 조심스러워할 것이다.

당신을 완벽하게 여기는 내담자

내담자는 당신을 설명하기 위해 최상급 형용사를 사용할 수 있다. 당신을 항상 이해하고 지지하는 사람으로 보는 내담자를 고려해보라. 그는 당신이 이상적인 가족이 있다는 것을 확신할 것이며 어떠한 개인적 어려움도 있을 것이라고 상상하지 못할 것이다. 그는 당신과의 상담을 통해 큰 변화가 있을 것이라고 믿어 의심치 않을 것이다. 당신은 이 내담자와 당신을 향한 모든 칭찬을 어떻게 다루겠는가?

당신에게 지나치게 의존하려는 내담자

일부 내담자는 먼저 당신이 무엇을 생각하는지 알아내지 않고서는 결정을 내리지 않을 수 있다. 그들은 낮이든 밤이든 언제든지 당신에게 전화하기를 원한다. 그들은 회기에 할당된 시간을 초과하여 상담받고 싶을 수 있다. 의존하는 내담자는 당신을 전지전능한 사람으로 바라볼 것이다. 그들은 당신이 그들에게 맞는 답을 가지고 있는 것을 확신하며 동시에 자신의 답을 스스로 찾는 것을 절대 하지 않으려 할 것이다. 그들은 당신의 눈에 특별하다는 것을 늘 확인받고 싶어 할 것이다.

당신은 의도하지 않았지만 미묘한 방식으로 내담자의 의존성을 조장할 수 있다. 자율성을 촉진하는 것의 가치를 지적으로 이해하더라도 어떤 보상에 의해 내담자의 의존성을 장려할 수도 있다. 예를 들어, 당신의 내담자가 당신에게 의존하고 당신의 개입이 자신에게 얼마나 중요한지 당신에게 말할 때, 중요하고 필요하다고 느껴지고 싶은 당신의 욕구가 강화될 수 있다. 특정 내담자가 당신에게 의존하도록 함으로써 충족하고자 하는 욕구가 있는가? 어떻게 이 상황을 관찰할 수 있겠는가?

경계를 받아들이지 못하는 내담자

몇몇 내담자는 적절한 경계를 이해하고 받아들이는 데에 어려움을 보일 수 있다. 그들은 상담 관계 내에서 당신이 그들과 얼마나 함께 할 수 있는지 알기 위해 당신을 시험할 수도 있다. 일부 내담자는 치료적 경계를 위반하고 당신과 우정을 쌓거나 사회적 관계로 발전되기를 원한다. 내담자–치료자 관계 이상의 것을 원하는 것이 전이 현상일 수 있다. 어린 시절, 이 내담자는 경계를 알지 못했으며 이제는 그들이 당신과 함께 어디에 서있는지 확신하지 못하기 때문에 길을 잃었다는 느낌과 불안함을 느낄 수 있다. 이러한 내담자와 작업할 때, 그들이 부모를 대하는 것처럼 당신을 대하지 않도록 해야 한다. 이를 위해서는 당신이 당신의 경계를 명확히 해야 한다. 치료적 관계에서의 당신의 역할과 기능을 알고 당신의 내담자에게 호감을 얻기 위해 적절한 경계를 느슨하게 하는 것을 피하라.

당신에게 분노를 전가하는 내담자

몇몇 내담자는 엄청난 분노로 당신을 공격할 것이다. 이 내담자는 당신이 그들을 도와야 하므로 당신은 감정을 표현할 권리가 없다고 말할 것이다. 당신이 마땅히 받아야 할 분노보다 더 많은 분노를 받고 있는 것을 인식하라. 논쟁하는 것을 피하라. 당신이 분노를 받는 것을 너무 개인적으로 받아들이면 당신은 아마도 역전이가 일어나 방어적으로 반응하기 시작할 것이다.

당신에게 사랑에 빠지는 내담자

몇몇 내담자는 당신을 그들의 애정 상대로 만들 것이다. 그들은 당신을 이상적인 사람으로 보고 딱 당신처럼 되고 싶어 할 수 있다. 그들은 당신과 같이 자신을 사랑하고 받아들일 수 있는 사람을 찾을 때만 자신의 문제에 대한 해결책을 찾을 수 있다고 확신한다. 당신은 칭찬의 대상이 되는 것에 어떻게 반응할 수 있겠는가? 이때가 당신이 자기개방 하기에 적절한 시기일 수 있다. 예를 들어, 내담자의 찬사를 받는 것이 불편하다면 당신은 그들에게 그들이 말한 일부를 듣기 어렵다는 것을 공유할 수 있다. 예를 들어, 당신은 "당신이 저를 좋아해 주고 가치 있게 여겨주는 것에 대해서는 감사하지만 그런 발언들이 가끔 저를 불편하게 합니다. 때때로 저는 당신이 저를 흠 없는 존재로 인식하는 것을 느낍니다. 당신이 저를 높이 올릴수록 언젠가는 제가 당신의 기대에 훨씬 못 미칠 것 같습니다. 그때는 우리 둘에게 힘든 순간이 될 것입니다."라고 말할 수 있다. 상담자는 내담자의 애정 표현이나 찬사에 대해 다룰 때 명확한 경계를 설정하는 게 매우 중요하다. 상담자는 자신의 욕구를 인식해야 하며 내담자의 감정을 조장하지 않도록 해야 한다.

전이 행동에 대한 이 몇 가지 설명은 당신이 자신의 욕구와 동기를 인식하는 것이 얼마나 중요한지 설명해준다. 이러한 전이 행위 중 어떤 행동을 다룰 때 가장 많은 기술을 요구하는가? 당신이 내담자의 전이 반응들에 얽매어버린 경우, 수퍼비전이나 개인상담을 받는 것에 얼마나 열려있는가? 당신이 자신의 역동을 알아차리지 못한다면 내담자의 투사에 묶여 그들의 왜곡으로 인해 길을 잃을 수 있다. 당신은 주요 치료적 문제에 집중하는 대신 자신을 방어하는 데 집중할 수도 있다. 내담자를 향한 당신의 반응을 스스로 이해한다면 당신을 향한 내담자의 반응에 대한 더 나은 이해의 기준을 갖게 될 것이다.

특정 내담자와의 작업에서 감정적으로 촉발될 때를 생각해 볼 때, 특히 어렵다고 인식하는 내담자에게 어떻게 영향을 받고 있는지 생각해보자. 다른 형태의 전이에 어떻게 반응하는가? 어떤 종류의 전이가 당신의 강렬한 감정적 반응을 불러일으키는 경향이 있는가? 개인적인 방식으로 내담자에게 강렬하게 반응하는가? 당신이 충분히 능숙하지 않다는 이유로 자신을 비난하는가? 당신에게 다양한 감정을 투사하는 내담자와 싸우고 있는가?

내담자가 당신이 자신을 밀어내도록 매우 열심히 애쓸 때, 그들이 이러한 자기 패배적 행동을 통해 얻는 것이나 그들이 하는 행동이 어떻게 자신에게 이득을 주는지 탐색하는 것이 치료적으로 유용할 수 있다. 그런 내담자에게 "알다시피, 저는 당신과 함께 작업하고 싶습니다. 때때로 저는 당신이 제가 당신을 좋아하지 않게 노력하고 있다는 느낌을 받습니다. 저를 당신으로부터 밀어내는 것을 알아차리고 있습니까?"라고 말할 수 있다. 치료적 관계에서 적절하게 다루어진다면, 내담자는 사실상 자신의 삶 속에서 중요한 타인에 대한 감정을 당신에게 표현하고 이를 재경험할 수 있다. 이러한 감정이 생산적으로 탐색이 된다면, 내담자는 현재 관계 속에서 어떻게 이전의 패턴이 기능적으로 유지되고 있는지 알 수 있을 것이다.

내담자가 당신을 향해 가지고 있는 모든 감정이 전이의 신호라고 생각하는 것은 실수이다. 내담자는 당신이 실제로 어떤 걸 했거나 하지 않아서 화가 날 수 있다. 그들의 분노는 항상 과거에 의해 유발된 과장된 반응은 아니다. 예를 들어, 만약 당신이 상담에 지속적으로 늦는 경우, 내담자는 자신이 받아 마땅한 존중과 시간을 당신이 주지 않는 것에 대해 속상할 수 있다. 그들의 반응은 정당화될 수 있으며 단순히 전이의 표현으로 설명돼서는 안 된다.

마찬가지로 당신을 향한 내담자의 애정이 항상 전이를 나타내는 것은 아니다. 아마도 몇몇 내담자는 당신의 특성을 진심으로 좋아하고 당신과 함께 있는 것을 즐기는 것일 수 있다. 당신은 내담자가 하는 말을 너무 다 기꺼이 받아들이거나 내담자의 모든 것들을 전이의 신호로 해석함으로써 실수할 수 있다. 다시 말해, 특정 반응이 전이에 의한 것인지 아니면 사실에 의한 것인지 분별하는 것은 어려운 일이다. 연습과 경험은 당신의 직관적인 능력의 발달을 도와줄 것이며 시간이 지남에 따라 분별하기 더 쉬워질 것이다.

역전이 문제 다루기

전이의 또 다른 측면은 역전이이며 치료자 자신의 문제가 개입됨에 따라 정서적 반응을 일으킬 때, 방어적으로 반응하거나 관계에 충실하지 못할 때 일어난다. 당신이 역전이를 당신과 작업하고 있는 대상 사이에서 어려움을 일으킬 수 있는 잠재적 요소로 고려하는 것이 중요하다. 당신이 자신의 문제가 내담자와의 작업동맹의 질에 영향을 줄 수 있다는 것을 알아차리는 것도 중요하다.

단순히 내담자에 대해 감정이 있다고 해서 그것이 자동적으로 역전이 반응이 일어난 것은 아니다. 당신은 일부 내담자의 삶의 상황으로 인해 그들을 깊이 공감하고 그들에게 연민을 느낄 수 있다. 역전이는 당신의 욕구가 관계에 너무 많이 관여되거나 내담자가 당신의 오래된 상처를 건들 때 일어난다. 내담자가 당신에게 비현실적인 반응을 보이고 그들의 미해결된 과제를 당신에게 투사할 수 있는 것처럼 당신도 그들에게 비현실적인 반응을 보일 수 있다. 내담자의 전이 반응에 말려들면서 당신의 취약성이 드러날 것이다. Norcross와 VandenBos(2018)는 상담 실무자들이 "내담자를 상담실에 남겨 두는 것"을 잘해야 한다고 제시한다. 문제 행동을 보이는 내담자에 대한 우리의 반응을 관리하는 법을 배우는 것은 자기돌봄의 필수 요소이다.

역전이는 상담과정에서 긍정적인 영향과 부정적인 영향이 모두 있을 수 있다. 당신이 자신의 감정을 자신, 내담자, 그리고 둘의 관계를 이해하는 방법으로 사용한다면 이러한 감정은 긍정적이고 치유적인 힘이 될 수 있다. 역전이는 인식되지 않고, 이해되지 않으며 관찰 및 관리가 되지 않을 때 문제가 된다. 역전이를 관리하는 방법을 배울 때 가장 중요한 첫 번째 단계는 역전이를 인식하는 것이다. Hayes, Gelso와 Hummel(2011)은 모든 치료자가 치료작업을 통해 활성화되는 미해결된 갈등, 개인적 취약성, 무의식적인 "약점"을 가지고 있기 때문에 역전이가 불가피하다고 생각한다. 치료 회기들 동안 당신의 감정을 관찰하고, 당신의 반응을 자기 알아차림을 높이기 위한 요소로 사용하라. 이렇게 한다면 내담자를 더 잘 이해할 수 있을 것이며 그들이 자신에 대해 더 깊이 이해할 수 있도록 도와줄 수 있을 것이다.

고통스러울 정도로 스트레스가 높을 때나 특정 내담자가 상담자의 삶 속에서 흔히 촉발되는 반응을 자극할 때처럼 상담자가 그녀 또는 그의 삶 속 다른 부분에서 심각한 문제를 겪고 있을 때, 상담 관계에서 역전이가 일어날 가능성이 더 높아진다. 이것이 현직의 상담자가 자신의 치료자를 두고 일어나는 자신의 감정과 전이 문제를 다루는 과정이 매우 중요한 이유이다. 가장 명백한 역전이는 내담자에게 성적 감정을 갖는 것인데 이것은 문제가 될 수 있으며 이 감정을 행동으로 옮기는 것은 언제나 비윤리적이다. 하지만 더 미묘한 역전이 경험 또한 문제가 되며, 자신의 상담자와 함께 다루는 것이 개인적으로나 전문적으로나 의미가 있을 수 있다.

당신의 역전이 반응은 당신에게 자신에 대해서 가르쳐줄 수 있다. 역전이의 미묘한 신호에 대해 깨어있어라. 그리고 당신의 반응에 대해 너무 쉽게 내담자를 비난하지 마라. 예를 들어 특정 내담자가 당신 안에 있는 부모의 반응을 불러일으킨다는 것을 안다면 그들의 행동은 당신의 비판적 반응을 이끌어 낼 수 있다. 당신 자신에 대해 알면 당신의 투사나 막히는 부분에 대해 다룰 수 있을 것이다. 만약 당신이 특정 유형의 내담자에게 느껴지는 강한 증오나 이끌림 같은 특정 증상들에 대해서 알아차리면, 임상적 효과를 저해하는 이러한 개인적인 문제를 해결하기 위해 한동안 자문을 구하고, 수퍼비전을 받거나 개인상담을 받아라.

당신의 수퍼비전은 전이와 역전이 반응을 효과적으로 다루는 것을 배우는 데에 핵심 요소이다. 당신의 사각지대는 "어려운 내담자"나 당신의 오래된 상처를 다루는 능력을 방해할 수 있다. 당신의 수퍼비전 회기 때 오직 내담자의 문제에 대해 말하기보다는 자신에게 집중하라. 당신의 생각, 감정,

그리고 특정 내담자에 대한 반응에 대해 탐색하는 시간을 가져라. 잠재적 역전이에 대한 인식을 확장하는 좋은 방법은 동료와 수퍼바이저에게 내담자에게 느껴지는 감정에 대해서 말하는 것이다. 이것은 당신이 일부 회기에서 막혔다고 느껴지고 무엇을 해야 할지 잘 모를 때 필수적이다.

자기에 대한 지식은 전이와 역전이를 효과적으로 다루는 가장 기본적인 도구이다. 당신이 내담자의 변화에 중요한 역할을 하는 것이 당신에게도 영향을 끼친다는 것을 기억하는 것이 좋다. 당신이 자신의 개인적인 문제를 인식하는 것을 꺼려한다면 내담자의 전이 문제를 다루는 것이 어려울 것이다.

우리 역전이의 이해를 돕는 개인치료

문제 행동을 보이는 내담자와 작업하는 것은 우리에게 개인적으로 영향을 끼칠 수 있다. 우리가 훈련 중인 학생이든, 신입 전문가이든, 노련한 치료자이든 우리의 개인 심리치료에서 탐색될 수 있는 역전이를 알아차리고 효과적으로 다루는 것은 매우 중요하다. 우리 모두는 내담자와 작업하기 시작할 때면 자주 촉발되는 각자의 취약성을 가지고 있다. 개인치료 및 임상 수퍼비전을 활용하는 것은 당신의 내적 반응이 치료 과정에 어떻게 영향을 미치는지에 대해 이해하고 당신의 역전이 반응들을 치료과정의 진전에 어떻게 활용할 수 있는지 아는 데에 매우 도움이 될 수 있다(Hayes et al., 2011).

역전이의 또 다른 형태는 지나치게 내담자에게 관여되어 있는 것과 관련이 있다. 한 동료가 수련생에게 역전이를 감지하는 데 도움이 되는 다음의 지침을 알려준다. "당신이 이 내담자보다 더 열심히 작업한다는 것은 역전이의 신호입니다." 우리가 실무를 시작할 때, 심리적으로 내담자를 상담실에 둔다는 것이 매우 어려울 수 있지만 우리가 내담자와 효과적으로 작업하기를 기대한다면 이를 어떻게 해야 하는지 배워야 한다.

내담자 되어보기: 개인치료의 가치

이전 장에서처럼 당신이 내 내담자가 되는 대신 이번 부분에서는 당신의 개인치료 경험의 가치를 고려할 것을 권장한다. 내담자가 되어봄으로써 당신은 당신에 대해 개인적으로도 많은 지식을 배우고 전문가로서 적용할 수 있는 지식과 기술을 습득할 수 있을 것이다. 다른 이유가 있다기보다는 치료과정을 끝까지 임하기 위해서는 용기와 끈기가 필요하다는 것을 느껴보기 위해 당신이 언젠가 내담자가 되어보는 경험이 중요하다. Yalom과 Josselson(2019)은 학생뿐만 아니라 다양한 경력의 치료자에게도 개인치료의 가치를 말한다. 개인치료는 수련하는 학생이 자신의 사각지대를 알아차리도록 하고 내담자의 관점에서 치료 과정을 경험할 수 있도록 한다. 당신의 개인치료에서 당신은 전이를 경험할 수 있으며 이에 따라 치료자를 부모의 형상으로 본다는 것이 어떤 의미인지 알게 된다. 개인치료를 활용하는 것은 개인 문제를 해결하기 위한 방법으로도, 자기 알아차림과 다른 사람들과 작업하는 능력을 향상시키는 방법으로도 매우 가치 있는 자원이 될 수 있다. 당신의 개인치료는 당신에게 내담자에 대한 역전이 반응을 탐색하고 처리할 방안을 제공한다.

개인상담은 당신이 얼마나 특정 내담자에 대해 과도하게 발견하려고 하는지, 내담자를 희생하며 당신의 욕구를 충족하는지, 그리고 당신과 내담자 사이에서의 통제 문제가 이루어지고 있는지 인식하는 데에 유용하다. 나는 당신이 과거의 문제를 다루지 않았거나 미해결된 대인 갈등이 있다면 이러한 문제가 내담자에 대한 당신의 반응에 영향을 줄 것이라 확신한다. 당신의 삶 속의 특정 사건에 대한 당신의 고통을 탐색하지 않았다면 당신은 내담자의 감정적 파도에 끌려 다닐 수 있다. 개인상담은 개인 생활과 직장 생활 사이의 균형을 찾을 수 있는 기회를 제공한다(Corey et al., 2018). 자신의 현재 및 과거 문제를 해결하려는 노력은 자기돌봄의 중요한 부분이다. 당신의 자기돌봄의 정도가 치료자로서의 효과성과 직접적으로 관련이 있다는 것을 기억하는 것이 중요하다. 당신의 개인상담은 단순히 당신의 문제를 해결만 하는 것이 아니라 실무적인 지혜를 알려주며 인간의 번영을 증진시킨다(Woolfolk, 2015).

당신의 삶 속에서 경험하는 특정 사건과 관련해서 늘 남아있는 감정이 있을 것이며 당신만의 취약한 요인이 있을 것이다. 당신은 당신의 갈등이 무엇이고 그 갈등이 상담자로서 당신에게 어떤 영향을 미칠지 알고 있어야 한다. 당신이 언제 촉발되는지 인식하는 것은 중요하다. 예를 들어, 분노를 다루는 것에 어려움이 있다면 당신은 이러한 감정이 내담자에게 발생할 때 이를 희석할 가능성이 있다. 당신이 갈등을 매우 불편해하고 갈등 속에서 물러나려고 한다면 내담자가 회기 밖에서 경험하는 갈등을 제기하더라도 그 갈등을 회피할 방법을 찾을 가능성이 높다. 당신이 중요한 사람의 상실에 대해 애도할 시간을 갖지 않았다면 상실과 슬픔의 감정을 다루려는 내담자와 상담하는 것을 어려워할 수 있다. 당신이 거부하려는 감정을 어떻게 내담자에게 표현해보라고 격려할 수 있겠는가?

자기 탐색 과정에 참여하는 것이 오만한 태도를 취할 가능성을 줄일 수 있다. 당신의 프로그램이 개인상담을 요구하지 않더라도 치료적 경험을 하는 것을 추천한다. 개인상담과 집단상담과 같은 다양한 치료를 통해 당신이 대인 관계 속에서 어떻게 소통하는지에 대해 더 나은 이해를 갖게 될 것이다. 실제로 내담자로서 상담을 경험하는 것은 단순히 상담 이론과 기법에 대해 읽는 것이랑 매우 다르다. 내담자로서의 경험을 숙고해보면 상담과정의 기초적인 면들을 확인할 수 있을 것이다. 당신은 내담자의 저항을 다루는 것을 촉진할 수 있는 치료자로서의 태도와 행동을 배울 것이다. 이 개인적이고 경험적인 측면은 상담자가 되는 과정에서의 지식과 기술을 향상시킬 것이다.

치료자들의 개인치료에 대한 더 많은 정보를 위해서는 *The Psychotherapist's Own Psychotherapy: Patient and Clinician Perspectives*(Geller, Norcross, & Orlinsky, 2005)과 *The Value of Psychotherapy: The Talking Cure in an Age of Clinical Science*(Woolfolk, 2015)을 읽어볼 것을 추천한다. 상담자의 자기돌봄에 대한 깊이 있는 논의를 위해서는 *Leaving It at the Office: A Guide to Psychotherapist Self-Care*(Norcross & VandenBos, 2018)책과 *Counselor Self-Care*(Corey et al., 2018) 책을 추천한다.

Matt의 사례에서 전이와 역전이 다루기

어려운 내담자와 작업하기

Matt은 17세의 유럽계 미국인 이성애자 남성이다. 그는 남성성 규범과 일치하는 감정을 제외하고는 감정 표현을 장려하지 않는 가정에서 자랐다. Matt는 지난 2년간 법과 관련해 문제가 있었으며 현재는 법원 명령에 의해 보호 관찰의 일환으로 심리치료 및 청소년 대상 외래 환자 약물 남용 치료에 참여하게 되었다. 과거 치료 경험은 정신건강 치료자에 대한 Matt의 신뢰를 떨어트렸다. 전 치료자는 Matt에게 비밀보장의 한계에 대해 알리지 않은 채 Matt의 상담내용을 부모에게 보고하였다. 그가 마리화나를 피웠다고 밝혔을 때 치료자는 Matt의 인식 또는 동의 없이 부모님에게 알렸다. 현재 Matt은 다양한 유형의 범죄 행위에 참여하고 정기적으로 물질 및 알코올을 남용하는 사람들이 속해 있는 그룹과 어울리고 있다.

지난 2년간 Matt은 마리화나 흡연으로 시작하여 메타암페타민, 코카인 및 알코올을 사용하는 것으로까지 발전했다. 그의 고립과 억압된 감정은 그를 학교와 공동체에서 폭력적으로 행동하게 했다. 그는 최근에 자신의 삶을 바꾸지 않는다면 자신의 현재 행동으로 인해 소년원 또는 18세가 되면 감옥에 가게 될 것이라고 통지 받았다.

전이와 역전이의 상호작용

Matt이 첫 번째 회기를 위해 내 상담실에 도착했을 때, 그는 상당히 불안해 보였다. 그가 책상 위에 있는 점토를 알아차리는 것을 볼 수 있었다. 나는 그가 예상하는 것처럼 우리의 시간이 심문처럼 느껴지지 않도록 우리가 이야기하는 동안 그가 손으로 점토를 만질 수 있게 했다. 그는 무언가를 중얼거리며 나를 경멸하게 바라봤다. 나는 Matt에게 초기면접의 구성 요소에 대한 개요를 제공하는 것으로 시작하였고 우리가 초기면접 때는 구조화, 법적, 그리고 윤리적 요소에 대해 이야기해야 하므로 다른 회기들과 다르다는 것을 설명했다. 나는 회기의 첫 부분을 비밀보장과 비밀보장의 한계의 내용을 포함하는 사전동의 정책을 설명하는 데에 사용하였다. 그가 물질남용의 경험이 있다는 것을 알고 있기에, 그의 안전이 위험하다고 생각되면 가끔 비밀보장의 원칙을 깨서 부모님이 개입될 수 있음을 설명했다. 내가 보고할 만한 행동에 무엇이 있을지 질문하도록 하였고 그가 질문하는 세부요소와 나의 경험에 근거하여 일어날 수 있는 상황의 예를 제공했다. 나의 초기 우려는 심장 마비나 뇌졸중으로 인한 실제 사망 가능성이 있는 알코올과 코카인의 혼용이었다. 나는 먼저 그에게 알리지 않은 채 비밀보장을 깨지 않으려고 노력할 것이라고 설명했고 그가 내 눈앞에서 부모님께 이러한 사실들을 직접 개방하도록 격려하고 지원했다. 나는 그에게 법원에 보내는 상담진행 보고서는 단순히 그의 치료 참여의 정도만 기록한다고 말했다. 비록 내가 "시스템"을 위해 일하지만, 나의 우선순위는 Matt의 복지이며 그가 더욱 효과적인 선택을 할 수 있게 돕는 것이라고 Matt에게 말했다.

Matt과의 첫 번째 회기에서 나는 그의 무례함과 저속한 언어에 놀랐다. 그는 자신이 치료가 필요 없고 나를 자신을 감옥으로 넣으려는 "시스템"의 일부임을 분명히 했다. 그는 나를 판단하고 있는 게 틀림없었으며 나에게 개입할 기회를 주지 않은 채 전이를 경험하고 있었을지도 모른다. 내가 존중받지 못하고 상담이 빨리 끝날 때 나의 역전이가 일어난다는 것을 관찰하는 것이 중요하다. 그에 대한 나의 즉각적인 반응은 그의 모든 이전 부정적인 경험, 특히 권위 있는 인물과 함께했던 경험에 대한 비난을 내가 받고 있다고 느껴지는 것이었다. 나는 내가 그의 부정성에 대해서 책임이 없고 그의 비난을 개인적으로 받아들일 필요가 없음을 상기시켜야 했다. 나는 Matt에게 그의 세계를 이해하고 작업동맹을 쌓기 위해 인간중심 접근 방식을 사용하였다. 나는 치료에 대한 그의 저항과 취약성이 아마도 그의 인생에 있어 유용한 방어기제였음을 상기시켰다. 따라서, 나는 Matt에게 비록 그의 자기 파괴적인 행동들을 용납하지는 않지만, 그의 걱정, 감정, 그리고 생각을 듣고 이해하고 있음을 보여줬다. 그 "시스템"이 얼마나 자신에게 피해를 줬는지 설명하면서 Matt은 그의 전 치료자와 그가 부모님께 그의 마리화나 사용을 말한 사건에 대해서 언급했다. 나는 그의 분노와 좌절의 근원을 이해할 수 있었고 "전 치료자가 부모님께 마리화나 흡연에 대해 너와 상의하지도 않은 채 말해버려서 정말 실망스럽고 당황스러웠을 것 같아. 네가 얼마나 실망하고 배신당한 기분일지 느껴진다."라고 말했다. 우리는 그가 그의 전 치료자와 어떤 다른 경험을 하고 싶었는지에 대해 이야기했다.

이 만남에서 매우 중요한 두 가지가 있다. 첫째, 나는 Matt을 공감할 수 있는 능력이 있다는 것을 알았다. 그가 모든 치료자의 존재를 신뢰할 수 없다고 비난하는 수렁에 빠질 필요가 없었다. 나는 내 개인적인 반응들로 Matt의 치료 진행을 방해하면 안 되는 의무가 있었다. 내가 Matt를 볼 때 보이는 것은 Matt이 전문가를 신뢰했지만 실망한 사람이라는 것이었다. 둘째, Matt은 그가 얼마나 실망했는지 이해할 수 있다는 나의 발언에 놀랐다. 그는 내가 전 치료자의 편을 들 거라 예상했고 부모에게 위험한 상황에 부닥친 것을 말하는 게 그의 의무라고 말할 거라 생각했다. 그를 향한 나의 걱정을 표현함으로써 Matt은 이해받았다고 느꼈고 이는 우리 관계를 형성하는 데 도움이 되었다.

회기가 끝날 무렵, Matt은 화가 가라앉았고 나를 더 신뢰했다. 나는 그의 신뢰에 대한 거리낌과 취약성에 대해 공감할 수 있었다. 이 시점에서 Matt은 비밀보장이 위반될 수 있는 상황들에 대해 완전히 파악했다. 이러한 지침이 주어짐에 따라 그는 그가 공개하고자 하는 것에 권한이 생겼다.

치료적 개입

치료를 시작할 때, 나는 관계를 형성하고 신뢰를 쌓으며 Matt의 목표를 탐색하는 데 초점을 뒀다. 몇 달 동안 나는 Matt이 치료 목표를 달성할 수 있도록 여러 방법을 통합했다. 전통적인 대화 치료에만 의존하는 대신 회기들이 진행될 때 연령에 맞는 게임이나 미술 활동을 활용했다. 나는 내담자 중심 접근을 사용하였고 Matt은 우리가 이야기하는 동안 할 활동을 골랐다. 청소년에게 흔히 볼 수 있듯이 Matt은 기술에 대해 매력을 느꼈다. 나는 Matt에게 대처 전략에 도움이 되는 마음챙김 이완 훈련과 같은 앱을 보여줬다.

나는 또한 Matt과의 회기에서 동기강화상담 기법을 사용했다. 그와 라포와 신뢰를 쌓았음에도 불구하고 그는 여전히 그를 치료에 오게 한 행동에 대해서 작업하는 것에 대해 꺼렸다. 내가 행한 첫 번째이자 가장 중요한 기법은 "저항과 구르기"이다. 동기강화상담의 중요한 구성 요소는 문제를 이해함으로써 목표를 파악하는 것이다. 따라서 나는 "5년 후 너의 모습은 어떨 것 같니?", "너의 현재 법적 문제에 대해서 어떻게 생각하니?"와 "어떻게 하면 상담 회기들이 너에게 가장 도움이 될 것 같니?"와 같은 질문을 했다. 또한 Matt이 무엇을 원하는지, 그리고 그의 현재 행동이 어느 방향성으로 이끄는지에 집중하는 현실치료를 사용하였다. 그가 하는 행동이 그에게 소용이 있는가? 그는 인생에서 무엇을 원하는가? 현실치료의 정신으로 나는 그의 행동을 평가하지 않았고 대신 그의 현재 행동이 인생에서 원하는 것을 얼마큼 얻게 하는지를 평가하도록 격려했다.

처음 몇 번의 회기 후, Matt은 그의 감정에 대해 나에게 더 쉽고 정직하게 털어놓았다. 나는 그의 진전과 그가 회기에 가져오는 모든 감정을 확인했다. 이러한 상호작용을 하는 동안에 나는 Matt과의 문제를 탐색했고 문제가 없는 Matt의 삶으로 넘어가는 "변화 대화"를 장려했다. Matt은 천천히 법적 정의 시스템에서 벗어나고자 하는 욕망을 표현하기 시작했다. 나는 우리가 같은 것을 이해하는지 확인하고자 그에게 그가 말하는 것을 자세히 설명하고 요약하도록 권장했다.

Matt과 나는 협력하여 숙제를 설계했다. 그는 글쓰기를 싫어하는 마음을 표현했고 우리는 그가 원하는 방식으로 일기를 수정했다. 그의 생각과 감정을 쓰는 대신 Matt은 미술과 상징을 사용해 일기를 쓰기로 했다. 이 방법은 잠깐 풍부한 재료와 통찰력을 제공했지만 Matt이 그의 미술 일기를 안 쓴 지 2주가 지났다. 나는 이 작업을 하는 데 방해가 되는 게 무엇인지 조심스럽게 그에게 물었고 그는 갑자기 폭발했다. 그의 몸은 긴장되었고 나에게 이렇게 외쳤다. "당신은 저를 계속 밀어내고 또 밀어내요! 이건 멍청한 일이에요! 당신은 멍청해요! 내가 하는 일은 당신에게 충분하지 않아요!!!!" 그의 분노는 눈물로 바뀌었고 우리는 그냥 잠시 함께 앉아 있었다. 내가 항상 그에게 공감, 연민, 그리고 무조건적인 긍정적 관심으로 접근했기에 우리는 둘 다 Matt의 폭발이 나와 관련이 거의 없다는 것을 알아차렸다. 우리는 아버지를 향한 미해결된 감정이 나에게 향하게 되는 사실을 발견함으로써 이전이 반응을 다룰 수 있었다. 이 경험이 고통스러웠지만 우리는 이것을 오래된 상처를 탐색하고 결국 치유할 수 있는 선물과 기회로 사용했다.

몇 달 후, Matt은 마음을 열었고 8살 때 이웃에게 성폭행을 당했던 자신의 경험에 대해 이야기했다. 아무도 이 학대를 인식하지 못했고 Matt은 이 상황을 비밀로 지키기 위해서 골머리를 앓아왔다. Matt은 그의 침묵을 깨고 무슨 일이 일어났는지 이야기하고 싶어 했지만 아무도 이해하지 못할 까봐 두려워했고 이것을 공개하면 사람들이 그를 어떻게 생각할지 걱정했다. 나는 그의 인생에 있어 이 어려운 시기를 공유할 때, 감정적으로 주의를 기울이고 느꼈다. 이 말을 듣는 것이 나를 슬프게 했고 그에게 일어난 일로 인해 그가 어떻게 괴로워하는지 듣는 것도 슬프다는 것을 그에게 알렸다. 비판단적이고 수용적인 방식으로 대답함으로써 Matt은 그의 태도의 변화를 느꼈다.

나는 그에게 성적 학대 가해자가 어떻게 피해자로 하여금 그 행위에 관여되는 것만으로 무언가 잘못됐다는 느낌을 느끼게 하는지 인지행동치료(CBT)에 기반한 심리교육을 제공하면서 설명했다. 우리는 또한 일부 사람들이 그의 이야기를 믿지 않을 가능성에 대해서도 이야기했다. 우리는 이 주제에 대해 많은 시간을 사용했고 마지막 회기에서는 내가 Matt의 정보를 바탕으로 이웃의 성적 학대로 아동 보호 서비스에 전화해 아동 학대 의심을 신고할 것을 알렸다. 투명한 진행과정과 Matt에게 권한을 부여하기 위해 그가 그 호출에 관여하고 싶거나 참석하고 싶은지 물었다. 그는 아동 보호 서비스 호출 참석을 거부했다. Matt은 언젠가는 그의 부모님에게 그 사건에 대해 이야기하고 싶다고 말했으며, 미래에 가족상담 진행 시, 내가 그의 자기개방을 위해 옆에 있어 줄 수 있다고 말했다. 우리는 그의 부정적인 자기 신념 체계를 다음 몇 개월에 걸쳐 집중할 것이고 부끄러움, 분노, 신뢰의 주제를 다뤘다.

우리의 초기 회기들에서 나의 분노와 방어를 그대로 내버려 두었다면 나는 단순히 Matt을 실망하게 한 또 다른 치료자가 됐을 것이다. 대신에 나는 Matt이 스스로 다치는 것으로부터 보호하기 위해 저항, 분노, 그리고 물질남용의 벽을 쌓았다는 것을 알려주기 위해 치료적 관계, 동기강화상담 기법, 현실치료, 그리고 CBT를 활용했다. Matt은 고통스러운 사건을 표현하고 공유하는 것이 자신에게 새로운 시각을 준다는 것을 배웠다. 그는 또한 자신 안에 존재하고 있는지 몰랐던 자원을 발견했다. 우리는 그의 회복탄력성과 그가 트라우마적인 사건과 어려운 과거에도 어떻게 살아남을 수 있었는지에 대해 이야기했다.

성찰 질문

내담자의 전이가 당신의 역전이 반응을 일으킬 수 있는 방법에 대해 생각하고 다음의 질문들에 대해서 고려해보시오.

- Matt의 사례 중 어떤 부분이 당신에게 가장 어렵게 느껴졌으며, 그 이유는?
- Matt을 상담할 때, 어떤 기법을 사용할 의향이 있는가? 그리고 무엇을 성취하고 싶은가?
- Matt을 상담할 때, 몇 개의 치료적 개입들이 묘사되었다. 어떤 개입이 가장 흥미로웠으며, 그 이유는?

Bonnie의 사례에서 전이와 역전이 다루기

Bonnie는 그녀 인생 속 한 남자와의 문제를 해결하기 위해 2년 동안 상담을 했다. 그녀는 엄격한 가정에서 자랐으며 항상 자신이 어떤 이유로든 문제가 있다고 느꼈다. 그녀는 자주 “나는 특히 아버지의 성에 찰 만큼 제대로 하는 게 없어요.”라고 말했다. 그녀는 이 관계가 이후의 남자와의 관계의 질을 결정한다고 느꼈다. 우리의 치료 작업을 보완하기 위해 나는 Bonnie로 하여금 일기에 자기 생각을 표현하고(그녀는 글을 쓰는 것을 좋아한다) 매 회기에 가지고 오라고 말했다. 비록 Bonnie가 일기를 쓰게 되어 기쁘고 그녀의 치료에서 큰 효과를 볼 수 있다고 말했지만 그녀는 일기를 회기에 가져오는 것을 자주 잊었고, 갖고 오더라도 매우 적게 써왔다. 그녀와 함께 이것을 탐색하고 처리하려는 노력의 일환으로 나는 큰 소리로 “일기 쓰기를 어렵게 만드는 것이 뭐에요?”라고 물어봤다. 나의 의도는 그녀가 그녀에게 유용한다고 여기는 무언가를 하기를 꺼리는 것을 이해하도록 돕는 것이었으나 그녀는 내 질문을 개인적인 공격으로 해석했다.

Bonnie는 상담 회기에서 "아무리 노력해도 당신을 기쁘게 할 수 없습니다. 우리 아버지처럼 당신이 나를 판단할까 봐 두렵고 나는 당신에게 충분하지 않습니다. 당신을 기쁘게 하거나 기대에 부응할 수 없을 것처럼 느껴집니다."라고 말했다. 나에 대한 Bonnie의 반응은 자신의 아버지에 대한 감정의 전이 반응이었다. 그녀가 자신을 세세하게 표현하는 것을 장려하는 것이 치료적 장점이 있다고 생각된다. 그리고 그녀의 설명이 그녀의 역동을 이해하는 데에 도움이 될 것이다. 나는 그녀에게 그녀의 아버지와 나 사이의 연결성에 대해 탐색해보라고 요청했다.

나에 대한 그녀의 감정과 그녀가 나에게 어떤 영향을 미치는지 탐색하는 것이 아버지와의 미해결된 갈등에 대한 통찰력을 줄 수 있다. 나는 자주 Bonnie에게 현재 순간에도 일어나고 있는 나에 대한 자신의 인식을 이야기하고 치료를 받는 경험을 공유하라고 제안했다. 정신분석적 접근은 Bonnie의 아버지가 여전히 그녀의 삶에서 어떻게 영향을 주고 있는지 이해하도록 돕는 데 풍부한 관점을 제공했다. 그녀의 전이는 우리 사이에서 일어나는 지금 여기의 상호작용들에 대해 중요한 단서들을 제공했다. 전이 상황은 Bonnie에게 전이가 일어나지 않았더라면 접근할 수 없었던 다양한 감정들을 재경험할 기회를 제공했으며 그녀의 과거 관계의 미해결된 과제를 이해하고 다루는 것을 도와줬다. 그녀의 전이 반응을 생산적으로 탐색함으로써, Bonnie는 오래된 패턴이 현재 관계에서 어떻게 작동하고 있는지에 대한 통찰력을 얻을 수 있었다.

나에 대한 Bonnie의 전이 반응을 적절하게 다루면 이것은 그녀에게 더 높은 자기 이해의 통로가 될 수 있다. 정신역동 관계적 접근은 치료자가 역전이 반응을 인식하고 관찰하며 관리하는 것의 중요성을 강조한다. 나는 내담자가 나를 과정에 포함하지 않은 채 나를 어떤 사람이라 규정지어 말하고 그들의 인식에 근거하여 나를 대할 때 참을성이 없어지고 방어적으로 대하는 경향이 있다. Bonnie가 계속 내가 누구인가에 대해 가정을 하면 나는 그녀에 의해서 오해받는다고 생각이 되어 방어적으로 반응할 수 있다. 만약 내가 나를 방어하는 데에 많은 에너지를 쓴다면 치료에서의 그녀의 반응을 치료적으로 다룰 수 없을 수도 있다.

이 경우, 나는 나의 취약성을 인식하고 Bonnie에게 그녀의 말을 듣고 내가 어떻게 영향을 받는지 그리고 그녀에 의해 평가받는다고 느껴지면 그것이 나에게 영향을 미친다고 이야기했다. Bonnie는 나에게 "나는 당신이 내 고통이나 나를 이해하는 데에 시간과 에너지를 들인다는 것이 상상이 안 갑니다. 특히, 당신이 내게 준 숙제를 내가 하지 않을 때 그러는 건 더더욱 상상이 안 갑니다."라고 말했다. 나는 "당신이 어떻게 나에 대해서 이러한 결론을 내리게 됐는지 더 듣고 싶어요."라고 대답했다. Bonnie에게 그녀가 인식하는 사람과 나는 다르다고 설득하는 것을 나중으로 미룬다면 우리는 이 전이를 치료적으로 다룰 수 있다. 나는 전이를 부인하기보다는 더 많이 탐색하려고 했다.

나 또한 자기개방을 했고 Bonnie에게 "충분하지 않다"는 그녀의 감정이 개인적으로 나의 마음을 건드렸다고 알렸다. 내 개인적인 반응을 Bonnie에게 적절히 개방함으로써 치료적으로 사용할 수 있다고 가정하여 나는 그녀에게 "나 또한 내가 충분하지 않다고 느꼈던 때가 있어요. 내가 어떻다고 이야기를 듣거나 평가받는다고 느껴지면 나의 오래된 문제를 건드려요. 내가 최선을 다했으나 존중받지 못한다고 느끼면 나 스스로 내가 부적절하다고 평가내려진다고 쉽게 생각하게 돼요."라고 말했다. 이렇게 개방하자 그녀는 그녀의 경험을 치료에 활용할 수 있겠다고 이야기했다.

회기 후반에 Bonnie에게 내가 항상 옳은 것만 말하는 것도 아니고 항상 예상하는 것처럼 예민하지도 않다고 말했다. 나는 내 단점 중 일부로 인해 그녀가 회기들에서 보였던 작업을 알아차리기 어려웠을 수도 있었다는 것을 인정했다. 나는 또한 내 질문의 톤이 항상 내 의도를 반영하는 것은 아니며 이는 당연히 잘못된 인상을 남길 수 있음을 인정했다. 그녀가 침묵하고 눈물을 흘린 것을 봤을 때, 내 자기개방이 Bonnie에게 영향을 미친 것을 알 수 있었다. 나는 그녀가 그 눈물에 대해 이야기하도록 요청했다. 그녀는 내가 그녀를 비난하지 않고 그녀가 어떻게 나를 인식하고 나에게 반응함에 있어 나의 요소를 고려했다는 것에 놀랐다고 말했다. Bonnie의 두려움 중 하나는 그녀가 나에게 말하는 것이 그녀의 아버지에 대한 것이라고 말하는 것이었다. 또한 우리 둘 다 개인적으로 충분히 괜찮다는 느낌을 갖기 위해 투쟁한다는 공통점을 가지고 있다는 말을 듣는 게 그녀로 하여금 긍정적인 느낌이 들게 했다.

나는 점점 더 나의 역전이 패턴을 인식할 수 있었고 내 반응을 관찰하기 위한 단계를 밟았다. 나는 확실히 내 반응이 내 시야를 흐리게 하고 Bonnie와의 상담 효과성을 방해할 수 있는 부분을 알 필요가 있었다. 수퍼비전이나 개인 치료를 통해, 나는 판단을 받거나 부정적인 평가를 받을 때 내 안에서 나타나는 즉각적인 반응을 확인하고 받아들이는 법을 배울 수 있었다. 이것을 나의 내담자에게 나누는 것이 중요하지 않거나 적절하지 않을 수 있으나 이것을 직접 아는 것은 객관성을 유지하는 데 중요하다.

성찰 질문

Bonnie의 사례에서 전이의 특정한 부분에 대해서 생각하고 다음의 질문들에 대해서 고려해보시오.

- 내담자의 전이와 상담자의 역전이 상호작용 중 어떤 부분이 당신의 눈에 띄었고, 그 이유는? 이 사례에서 배운 것은 무엇인가?
- Bonnie의 전이를 이해하기 위해서 어떤 이론적 틀을 적용할 의향이 있는가?
- 내담자와 작업할 때 예상되는 역전이를 생각해보사. 당신의 역전이를 가장 잘 이해하고 관리할 방법이 뭐가 있겠는가?

결론적 논평

치료작업의 강도에 의해 어떤 영향을 받는지에 대해 곰곰이 생각해 보길 바란다. 당신이 당신의 역전이와 관련하여 인식하고 탐색하는 데에 열려 있다면 이것은 무조건 당신이 다른 사람들과 효과적으로 기능할 수 있는 능력에 영향을 줄 것이다. 당신에 대한 내담자의 반응을 치료적으로 다루는 것은 내담자-치료자 관계에 있어 주요한 도전이다. 당신이 상담자로 일하면서 촉발된 내적 갈등과 과거의 고통을 인식하고 다루는 것은 중요하다.

내담자와 만들어가는 정서적으로 강렬한 관계는 우리 자신의 취약성으로 다가올 수 있다. 우리 내담자의 이야기와 고통은 우리에게 영향을 미칠 수밖에 없으며, 우리에게 터놓은 것에 대해 대처할 방법을 찾아야 한다. 우리는 내담자가 경험한 고통으로부터 둔감해질 필요가 없으며 실제로 그들의 이야기에 의해 감동하고 그에 대한 연민과 공감을 표현할 수 있다. 그러나 우리는 그것이 그들의 고통이고 그 고통을 대신 겪어주는 것이 아니라는 것을 깨달아야 하며 그 고통에 압도되면 내담자와의 상담이 효과적이지 않다는 것을 명심해야 한다.

전이 및 역전이 작업에 대한 이 장을 읽은 후에 시간을 갖고 이러한 개념들이 상담 실무에서 어떻게 치료적으로 사용될 수 있는지에 대한 당신의 생각을 명확히 하기 위해 다음 질문에 대해 생각해보라.

- 당신은 전이의 개념에 대해 어떻게 이해하고 있는가?
- 치료적 관계 속 전이를 다루는 것은 어떤 가치가 있는가?
- 당신은 역전이에 대해 어떻게 이해하고 있는가?
- 당신이 내담자를 향한 역전이 반응을 알아차렸을 때, 어떤 행동을 하고자 하는가?
- 치료자의 자기개방은 어떤 가치가 있는가?
- 상담자가 되기 위해 공부하는 사람에게 심리치료를 요구하거나 권하는 것에 대해 어떻게 생각하는가?
- 당신 스스로 개인치료를 받는 것은 어떤 가치가 있는가?
- 치료자의 자기돌봄이 치료자가 내담자에게 효과적인 서비스를 제공하는 것과 어떤 관련이 있는가?

Chapter 11 | 과거가 현재와 미래에 어떻게 영향을 끼치는지 이해하기

현실치료, 행동치료, 합리적 정서행동치료, 인지치료 및 해결중심 단기치료와 같은 접근들은 행동의 역사적 요인을 알아보지 않는다. 그들은 유아기 때의 트라우마나 잘못된 학습이 아닌 현재 상태가 내담자의 문제에 영향을 미치며 인지 및 행동 기법이 내담자의 행동에 영향을 미치는 현재의 요인을 바꿀 수 있다고 전제한다. 그러나 나는 과거가 내담자의 현재의 인지적, 정서적, 행동적 어려움을 이해하고 다루는 데의 맥락을 제공한다고 믿으며 내 통합적 접근에 따르면 현재와 미래뿐만 아니라 과거를 다루는 것도 가치 있다.

과거, 현재, 그리고 미래가 어떻게 서로 밀접하게 연결되어 있는지 이해하기

현재에 과거를 가지고 오기

정신분석 모델은 과거의 그림자가 현재에도 드리워질 수 있다고 주장하며 나는 계속해서 내가 하는 작업의 과거와 현재의 중요한 연결성을 발견한다. 사람들이 상담할 때 가져오는 전형적인 문제에는 자유롭게 사랑을 주고받을 수 없음; 분노, 분개, 격분, 증오와 공격성을 인식하고 다루는 것의 어려움; 자기 삶의 방향성을 제시할 수 없음; 부모와 분리되어 독립된 사람이 되는 것의 어려움; 친밀함에 대한 필요성과 두려움; 그리고 자신의 성 정체성을 받아들이는 것의 어려움이 있다. 정신 분석적 관점에서 볼 때, 이러한 성인의 삶 속 문제는 초기 발달기에 기원을 두고 있다. 초기의 학습 경험을 돌이킬 수 없는 것은 아니지만, 그것이 미치는 효과를 변화시키려면 특정 초기 경험이 현재 우리의 성격 구조에 어떠한 영향을 미쳤는지 알아야만 한다. 나는 이러한 기본적인 정신 분석적 개념을 상담에 있어 내 개인적인 통합 접근 방식에 통합했다.

정신분석 치료에 대한 일반적인 오해는 치료자가 과거의 유물을 파내고 현재의 관심사를 배제한 채 과거에 거주하는 고고학자와 비슷하다고 생각하는 것이다. 정신분석 이론의 핵심 인물인 Otto Kernberg(1997)는 현대 정신분석 치료자들이 과거를 재구성하기에 앞서 지금 여기의 무의식적 의미에 초점을 맞추는 것에 대한 관심이 증가했다고 말한다. 현대 정신 분석학 치료자 중에는 대상관계이론을 지지하여 관계의 내적, 외적 세계를 치료의 핵심으로 본다. 치료의 대상관계 모델은 주로 아이와 엄마의 초기 관계와 이 초기 관계가 어떻게 아이의 내면세계와 나중에는 어른 관계들까지 형성하는지에 근거한다. 치료자는 과거와 현재 사이를 오가며 초기 패턴이 현재에도 어떻게 반복되는지 이해하려고 한다. 현대 정신역동 상담 실무자는 내담자의 과거에 관심이 있지만, 이것은 현재를 이해하는 것과 밀접한 관련이 있다. 관계분석적 관점에서 보면, 그때 거기에서 지금 여기로 초점이 옮겨지면서 치료적 작업이 더 활성화되고 가속화되었다(Levenson, 2017).

통찰력은 내담자가 현재를 침범하는 과거부터 행해 온 오래된 행동을 포기할 수 있도록 하는 수단이 될 수 있다. 내담자에게 치료에서의 과거 자료를 이해하고 사용하는 것이 유용하지만 초기 경험의 끝없고 관련이 없는 세부 사항에 집착하면 과거에서 길을 잃는 함정에 빠질 수도 있다. 과거에 대한 집착은 쓸데없이 시간을 많이 소비하고 상담 진행을 방해할 수 있다. 내담자와 치료자 간의 지금 여기의 상호작용과 관련된 과거를 다루는 것이 아동기의 사건에 대한 토의보다 더 유용하다.

미래 그려보기

우리의 과거가 그랬던 것처럼 미래에 대한 비전이 현재의 기능에 영향을 미칠 수 있다. 많은 치료적 접근들은 미래의 노력을 강조한다. 나는 미래를 다룰 때 게슈탈트와 사이코드라마 접근들을 가치 있게 여기며 미래 열망에 대해 다루는 이야기치료, 해결중심치료, 아들러식 치료, 현실치료, 실존치료에서 많은 유용한 개념들을 발견한다.

해결중심치료는 과거를 피하고 현재와 특히 미래를 강조한다. 이 치료는 무엇이 가능한지에 너무 집중해서 내담자의 문제에 대해 거의 관심이 없거나 이해하지 못한다. de Shazer(1991)는 치료자가 해결해야 할 문제를 알 필요가 없고 문제와 해결방안이 관계가 없다고 제안한다. 미래에 집중하고 기적질문(de Shazer & Dolan, 2007)과 같은 기법을 사용함으로써, 해결중심 치료자는 내담자가 더 나은 삶에 대한 비전을 향해 나아가도록 격려한다.

이야기치료는 현재 중심적이면서 미래 지향적이다. 치료자는 내담자가 새로운 가능성의 촉매제가 될 수 있는 능력, 재능, 긍정적인 의도, 삶의 경험을 가지고 있다고 믿는다. 치료자는 내담자가 자신의 강점과 역량을 찾는 것을 어려워해도 그들에게 강점과 역량이 있다는 믿음을 보여줄 필요가 있다. 이야기 치료자는 내담자가 강하고 유능한 사람으로 새롭게 나타나게 되면 어떤 미래가 기대되는지 내담자에게 예상해보도록 할 것이다. 내담자가 과거의 문제가 가득한 이야기로부터 자유로워지면서 그 또는 그녀는 문제가 덜 되는 미래를 그리고 계획할 수 있게 된다.

해결중심 및 이야기 치료자 모두 치료의 중심이 되는 질문에 의존한다. 내담자의 태도, 생각, 감정, 행동, 인식에 대한 개방형 질문은 이 치료법의 주요한 개입들이다. 특히 유용한 것은 내담자가 미래에 마주할 잠재적인 문제를 해결할 수 있는지에 대해 생각하도록 하는 미래 지향적 질문이다. 이야기 치료에서는, **유일 가능성 질문(unique possibility question)**을 통해 내담자가 미래의 가능성과 현재 달성한 것들에 대해 고려할 수 있도록 한다. 그들의 성공을 바탕으로 그들은 다음 단계를 고려할 수 있다. 여기 몇 가지 예시가 있다.

- 현재에 대한 깨달음과 이해 이후 당신의 다음 단계는 무엇이라고 예상되는가?
- 당신의 자기돌봄에 대해 사람들이 지지적으로 대응하는 것을 알아차렸을 때, 당신을 돌보는 능력을 계속 유지하기 위한 계획에는 무엇이 있는가?
- 이제 당신이 당신의 삶의 방향성에 대해 질문하고 재검토할 준비가 되었다면 이런 행동이 당신이 현재 보이는 개인적 특성과 능력에 대해 무엇을 알려주는가?

내담자가 어딜 향해 가고 있는지 그리고 어떤 것을 성취하고자 하는지를 볼 때, 내담자가 가장 잘 이해될 수 있다는 아들러의 전제에 매우 동의한다. 아들러 학파 상담자는 미래에 관심이 있지만, 그들은 과거 영향의 중요성을 축소하지 않는다. 그들은 우리의 결정은 우리의 경험, 현재 상황, 그리고 우리가 나아가려는 방향성에 근거한다고 가정한다. 나는 삶 속의 연속성 또는 패턴을 찾는 아들러 학파 상담자의 관점에 동의한다. 아들러 학파 상담자는 내담자의 생활양식에서 이러한 연속성을 발견하고자 했는데 이 방법은 과거가 현재에도 여전히 영향을 미치는 것을 보여준다. 몇몇 게슈탈트 치료자도 모든 지금 여기는 그때 거기에 의해서 진행이 되었고 그 다음을 예측한다는 것을 깨닫게 되면서 연속성의 중요성을 인식하게 되었다(Polster, 1987).

내담자 되어보기: 당신의 과거, 현재, 그리고 미래 돌아보기

우리는 과거, 현재, 그리고 미래가 뗄 수 없는 관계임을 살펴보았다. 지금이 당신의 과거가 현재 그리고 미래에 어떤 영향을 미치는지 고려할 수 있는 좋은 시간이다. 이 절에서는 당신에게 "내담자가 되라"고 요청하고 당신의 과거, 현재, 미래를 다루는 데 적용해보도록 할 것이다. 당신의 과거 경험들은 당신이 지금 누구인지에 영향을 미친다. 당신이 무엇이 되고자 노력하는 것 또한 지금의 당신에게 의미가 있다. 당신의 과거는 현재의 당신 안에 여전히 살아 있으며 미래 방향성에 영향을 미칠 수도 있다. 치료자로서 다음 질문에 대해 성찰해보자.

- 당신의 어린 시절에 어떤 주제들이 아직도 당신의 성격의 일부로 자리 잡고 있는가?
- 당신의 어린 시절에서 어떠한 미해결된 갈등이 당신의 기쁨을 방해하는가? 어느 정도의 미해결된 과제들이 현재 행동이나 문제에 영향을 주고 있는가?
- 개인상담에 가지고 올 만한 아동기 혹은 청소년기 사건들이 있는가?
- 당신 인생에 있어 이 회기에 가지고 오고 싶은 중요한 타인이 있는가? 당신이 그 사람이 되어서 나와 함께 역할극을 할 의향이 있는가?
- 이전에 겪었던 어려웠던 경험을 재경험하고 치료 순간에 무엇을 느끼는지 이야기할 때 어떤 가치가 있는가?

지금 당신의 인생에 있어 개선하고 싶은 특정 관계 하나를 떠올려보라. 일 년 후에 그 사람과 대화한다고 상상해보라. 그 또는 그녀에게 가장 하고 싶은 말은 무엇인가? 그 사람에게서 가장 듣고 싶은 말은 무엇인가?

당신의 미래에 대한 비전을 탐색하는 것은 분명히 나와 당신이 함께 작업해야 할 요소이다. 개인적으로 자신의 미래를 상상하는 것이 얼마나 가치 있다고 생각하는가? 해결중심 단기치료에서 자주 사용되는 기법인 기적질문은 당신의 미래 목표와 노력에 대해 명확히 하는 방법 중 하나이다. 우리의 치료 회기에서 나는 당신에게 "기적이 하룻밤 사이에 일어나 당신의 문제가 해결되었다면 해결되었다는 것을 어떻게 알 수 있으며 무엇이 달라질까요?"라고 물을 것이다. 그런 다음 나는 인식된 문제를 무시하고 "무엇이 다른지"를 연기해보도록 격려할 것이다. 이 미래 관점을 명확히 함으로써 당신은 당신의 삶에서 무엇을 원하고 어떻게 그것을 얻을 수 있을지에 집중하게 될 것이다.

Tricia의 과거, 현재, 그리고 미래 다루기

통합적 방식으로 과거 다루기

43세의 Tricia는 어린 시절에 자신에 대한 부정적인 말들을 많이 들었다. 오늘날 Tricia는 두 번째 남편과 이혼 과정에 있다. 그녀는 그녀가 연인 관계에서 친밀함을 형성하는 데에 문제가 있다는 것을 기꺼이 인정한다. 그녀는 그녀가 치명적이고 감정이 메마른 남자를 유혹하는 패턴이 그녀의 아버지와의 관계에서 비롯됐다고 믿는다.

엄격하고 종교적인 Tricia의 아버지는 그녀의 어머니가 죽은 이후에, Tricia의 감정적 폭발과 행동적인 문제가 부끄러운 것이고 죄라고 여겼다. 그는 그녀를 공공장소에서 자주 꾸짖었고 그녀에게 적대적으로 보였으며 이는 그녀의 화와 고립감을 증폭시켰다. Tricia는 그녀의 아버지가 찬양대 지휘자였기 때문에 매주 교회에서 많은 시간을 보낸 것을 회상했으며 그녀는 아직까지도 찬양대원들이 자신을 차갑게 대했던 것을 분개한다. 그녀는 그녀의 아버지가 교회에서 힘과 영향력이 있었기 때문에 다른 사람들이 자신을 어떻게 인식하는지에 대해 그녀의 아버지가 책임이 있다고 믿는다. 청소년이 되면서 그녀는 아버지로부터 인정을 받지 못하자 매우 반항적으로 변했고 결국 그녀는 고모에게 보내졌다.

나는 Tricia의 초기 역사가 현재 문제에 두드러지게 나타나기 때문에 그것을 탐색하는 정신역동적 접근을 사용하면서 상담을 시작했다. 나는 그녀가 자기 과거가 현재 겪고 있는 문제에 어떻게 연결되어 있는지 대한 통찰력을 얻도록 도와주는 것에 관심이 있었다. 과거가 Tricia의 현재 태도와 행동에 있어 의미심장한 것처럼 보일 때 게슈탈트 실험을 통해 가능한 한 많은 과거를 현재에 가지고 왔다. 나는 과거와 현재의 연결 고리를 밝혀내는 방법으로써 게슈탈트 치료 개념을 중심으로 나의 통합적 실무를 만들어나갔다.

Tricia가 과거 사건에 대해 이야기할 때, 다양한 역할극 기법을 통해 그때 당시의 감정을 다시 느끼게 함으로써 나는 그녀에게 무엇이든 느껴지는 감정을 현재에 꺼내놓으라고 요청했다. 나는 그녀가 상처받은 아이가 되고 환상 속의 아버지와 직접 이야기하도록 제안했다. 나는 "아버지를 지금 이

방에 데려오고 어렸을 때로 돌아가 보세요. 그가 지금 여기에 있고 당신이 그 시절의 아이라 생각하고 그에게 가장 하고 싶은 말을 해보세요."라고 말했다. 비록 그녀는 십 대 때, 반항적이었고 말썽을 피웠지만, 한 번도 아버지에게 하고 싶은 말을 표현할 기회가 없었다. 그녀는 아버지에게 그때 당시 가장 원했던 것과 지금도 그에게 원하는 것을 말할 수 있었다. 대부분의 이러한 기법의 이론적 근거는 어린 시절의 압도적인 감정이 왜곡 또는 부정의 형태로 다루어졌다는 가정에서 비롯되었다. 마치 지금 다시 그 일이 일어난 것처럼 그 경험을 겪는다면 억압되었던 감정이 표면에 나타날 수 있다.

지지적이고 수용적이며 안전한 치료적 환경에서 Tricia는 자신이 알아차리기를 거부했던 감정들을 재경험할 수 있게 허락할 것이고 그녀는 이제 그녀를 얼어붙게 하는 감정들을 표현할 수 있을 것이다. 아버지가 어떤 사람인지에 대한 그녀의 가정에 도전함으로써 그와 관련된 새로운 기반을 마련할 수 있다. 예를 들어, 어렸을 때 느꼈던 분노와 고통을 표현하면서 이제 그녀는 아버지도 아내를 잃은 것을 슬퍼하고 있었고 가장 좋은 대처 전략이 없었음을 깨닫게 된다. 이 과정을 통해 그녀는 상처를 되살리면서도 고통스러운 상황에 대한 이해와 해결을 경험할 수 있다. 그녀의 삶 속 미해결되었다고 느끼는 사람들을 지금 여기에서 상징적으로 다룸으로써 그녀는 고통스러운 사건을 마무리 지을 수 있다.

내가 개입한 방법과 함께 Tricia와 그녀의 아버지 사이의 몇 가지 중요한 상황을 살펴보자. 그녀가 9살이었을 때, 하나의 중대한 사건이 발생했다. 그녀는 "어느 날 합창단 리허설에서 몸이 안 좋아서 집에 언제 갈 수 있을지 알기 위해 계속 아버지를 방해했습니다. 모두 앞에서 그는 화가 나 이성을 잃었고 나에게 그의 작업을 방해하고 있다고 말했습니다. 그는 내가 항상 요구적이며 지금 당장 멈춰!라고 말했습니다. 거절당한 것 같았고 부끄러웠습니다."라고 보고했다.

우리의 작업을 시작하기 위해서 나는 마음챙김 이완 훈련을 소개하거나 Tricia가 순간에 집중할 수 있도록 도왔고, 이후에 경험을 깊게 하기 위해 구조화된 심상 작업을 했다. 그러고 나서 게슈탈트 방법으로 바꿔 Tricia에게 9살 때의 자신이 되어 나를 아버지라 생각하고 나에게 말해보라고 했다. 나는 그녀에게 "내가 당신의 아버지라고 상상해 봐요. 나는 아무것도 이야기하지 않을 거예요. 나는 그냥 듣기만 할 거예요. 지금 당신에게 무슨 일이 벌어지고 있는지 말해주세요." 그녀가 오랫동안 마음속에 담아뒀던 감정을 표현하는 것이 중요했기에 그녀가 말하기 시작했을 때 나는 그냥 듣기만 했다. Tricia는 자신이 공개적으로 창피를 당한 게 얼마나 부끄럽고 화가 났었는지 말했다. 그녀는 자기 아버지 눈에 언제나 충분하지 않다는 게 너무 절망스러웠다. 그녀가 받았던 엄격한 양육 방식이 계속해서 그녀의 자기 이미지 형성에 영향을 주는 것이 분명했다. 그녀는 자신이 그녀의 아버지와 교회의 눈에서 봤을 때 매우 나쁜 사람으로 인식되고 있다고 확신했다.

Tricia가 교회 문제를 제기했기 때문에 우리는 종교적 가정교육이 오늘날 그녀에게 어떤 영향을 미쳤는지 탐색했다. 나는 그녀가 교회, 과거, 그리고 아버지의 목소리가 되는 두 번째 역할극을 제안했다. 나는 그녀에게 그 입장에서 나에게 이야기하라고 부탁했다. 나는 더 수용적이고 그녀가 듣고 싶어하는 목소리로 대했다. 그녀는 그녀가 자라오면서 오랫동안 들었던 것이기도 했고 스스로 조용히 말했던 것을 말하는 거였기에 그 역할극에 잘 빠져들 것에 큰 확신이 있었다. 그녀는 아버지와 교회로부터 받은 메시지의 타당성을 검증하지도 않은 채 그들의 비판적이고 판단적인 목소리를 통합했다. 역할극에서 "수용하는 측면"에서 내가 전달하고 싶은 메시지는 "비록 내가 결함이 있고 불완전하지만 나는 확실히 나쁜 사람이 아니에요."였다. Tricia의 단호한 측면에서 내가 전달하고자 했던 핵심 메시지는 아버지의 인정을 받으려고 하는 것이 그녀에게 많은 불행을 가져다준다는 것이었다. "아빠, 나는 이제껏 살아오면서 아빠의 인정을 받기 위해서 늘 노력했어요. 하지만 아빠가 원하는 사람이 되기 위해서는 저는 항상 힘들었고 늘 그 기준치를 미치지 못했기 때문에 항상 죄책감을 느꼈어요. 나는 더 이상 그러고 싶지 않아요. 아빠의 인정을 얻기 위한 대가가 너무 커요."

이것은 Tricia가 진정으로 말하고 싶어 하고 믿고 싶어 하는 것이 무엇인지를 알게 했다. "아버지에게 진짜 그렇게 말할 수 있었으면 좋겠어요!" 우리는 여러 회기들 동안 그녀의 아버지가 연인 관계에서의 기대치를 형성하는 데에 얼마나 중심적인 역할을 했는지 논의했다. 결국 Tricia는 그녀가 아버지의 요구에 맞춰 살고 싶지도 않고 그녀의 감정들을 더 통제하고 관계에서 더 호의적이고 포용적이면 인생에서 더 성공할 수 있을 거라는 그의 계속적인 메시지를 받아들이고 싶지도 않다는 통찰력을 얻었다. 그녀는 진실된 자신의 모습으로 다른 사람들에게 받아들여지고 싶어 하며 그녀가 도달할 수 없는 이상적인 모습이길 바라는 남자와의 관계를 추구하지 않기를 원했다. 과거를 지금 여기로 가지고 옴으로써 Tricia는 어린 시절에 뿌리를 둔 신념들과 감정들을 표현할 수 있었다. 내 개입으로 인해 그녀는 오늘날 어떻게 생각하고 느끼고 믿고 싶어 하는지 명확히 할 수 있었다.

게슈탈트 방법과 함께 나는 Tricia가 자신의 과거를 이해하도록 돕는 사이코드라마의 개념과 기법을 사용했다. 사이코드라마에서 그녀는 과거 사건을 서술하는 것보다 현재 순간에 발생하는 것처럼 갈등을 재현했다. 예를 들어, 나는 그녀에게 "당신이 어렸을 때 아버지가 교회 교인들과 찬양대 사람들 앞에서 꾸짖었을 때, 어떤 일이 벌어졌는지 보여주세요."라고 요청했다. 사이코드라마는 그녀에게 현재 시제의 생동감 있는 단어를 사용할 수 있도록 격려한다. 언제 그 장면을 경험했든 내담자를 현재에 가지고 오는 것은 언어적 보고를 줄이고 내담자로 하여금 직접적으로 그 사건을 경험하도록 돕는다. 그녀가 생각하고 있는 거나 느끼고 있는 것을 보여줄 때, 그녀는 자신의 방어막을 뚫고 구체적인 경험으로 들어간다. 이 과정을 통해 그녀는 과거 사건에 새로운 의미를 부여하고 이전 상황에 대해 새롭고 다른 결말을 만들 수 있다.

통합적 방식으로 현재 다루기

나는 현재 중심의 관점에서 Tricia를 상담하고 있다. 우리 토론의 대부분은 그녀의 생각과 신념, 그녀의 감정 상태, 그리고 그녀가 현재 행동에 대한 것이다. 비록 나는 그녀의 과거를 탐색하는 데에 열려 있지만, 그녀의 과거가 여전히 현재에 영향력이 있는지가 나의 초점이다. Tricia와 나는 그녀의 생각과 행동뿐만 아니라 즉각적인 감정에도 주의를 돌릴 수 있다. 세 가지 차원, 즉, 그녀의 생각하고 있는 것, 그녀의 생각과 행동이 그녀의 감정 상태에 어떤 영향을 미치는지, 그리고 그녀가 실제로 무엇을 하고 있는지를 작업하는 것이 중요해 보인다. 우리의 회기가 진행되는 동안 그녀의 관심을 그녀에게 무엇이 일어나고 있는지에 둔다면, Tricia는 그녀가 치료와는 별개로 자신의 세계에서 어떻게 상호 작용하는지 알게 될 것이다.

통합적 방식으로 미래 다루기

과거 상황을 현재 상황에 재현하는 기법은 미래의 사건에도 적용할 수 있다. 이렇게 하는 기본 원리는 과거를 다룰 때와 같다. 만약 재현을 통해 미래가 현재 상황이 되면 추상적인 개념을 다룰 가능성이 적어진다. 나는 내담자가 희망, 공포, 미래에 대한 기대를 경험하는 것을 돕기 위해 게슈탈트와 사이코드라마 기법 둘 다 자주 활용했다. Tricia가 미래에 있을 아버지와의 대결이 두렵다면 나는 그녀에게 역할극 상황에서 아버지에게 직접적으로 말함으로써 그녀의 두려움을 지금 여기에 가지고 오라고 요청했다. 안전한 치료 상황에서 그녀의 공포와 희망을 표현함으로써 그녀는 그녀가 아버지에게 실제 말하고 싶은 것에 대해 명확히 할 수 있었다. 따라서 그녀는 역할극에서 상징적인 아버지에게 “내가 아빠와 얼마나 가까워지고 싶은지 말하고 싶었지만 그렇게 말을 했을 때 아빠가 아무 신경을 쓰지 않을까봐 두려웠어요. 나는 말실수를 해서 아빠가 내게서 더 멀어질 것 같아서 무서웠어요. 때로는 내가 아빠가 바라던 사람이 아니어서 아빠를 실망시켰을 거라 생각했어요.”라고 말했다.

사이코드라마 또한 미래에 예상되는 사건에 대해 탐색하는 데 유용하다. 사이코드라마에서는 과거, 현재, 그리고 미래는 모두 중요한 시점이지만 행동은 현재 순간에 재현이 된다. 사이코드라마는 Tricia로 하여금 미래를 현실로 가지고 오게 한다. “당신의 아버지와 어떻게 이야기 하고 싶은지 보여주세요. 내가 당신의 아버지가 되도록 하고 그에게 하고 싶은 이야기를 나에게 하세요.”

사이코드라마의 기법 중 하나인 미래 투사는 Tricia가 중요한 관계에 있어 어떻게 변화시키고 싶은지를 다룰 때 적절하게 사용할 수 있다. 내가 그녀에게 미래의 시나리오를 재현하도록 요청할 때 나의 목표는 그녀가 미래에 대한 걱정을 표현하고 명확히 하는 것을 돕는 것이다. 그녀의 미래 걱정이 단순히 논의되는 것이 아니라 예상되는 사건이 현재에 재현되는 것이다. 이러한 걱정에는 그녀의 소원, 소망, 내일의 공포, 그리고 그녀의 삶의 방향성을 정해 줄 목표들이 포함되어 있다. 이 기법을 실행함에 있어 나는 그녀로 하여금 미래의 시간을 상상하여 지정한 사람들을 데려오고 이 사건을 현재에 가지고 오게 하여 그 문제에 대해 새로운 관점을 갖도록 할 것이다. Tricia는 주어진 상황이 이상적으로 풀어져나가는 방식 또는 최악의 가능성이 실현되는 방식으로 연출할 것이다.

Tricia가 특정 결과에 대한 희망을 명확히 한다면 그녀는 그녀가 갈망하는 미래를 달성할 수 있는 구체적인 단계를 밟을 수 있을 것이다. 예를 들어, 그녀는 미래에 언젠가 이상적으로 아버지와 하고 싶은 대화를 하도록 요청받을 수 있다. 역할 전환 기법은 적시에 사용되는 경우 강력할 수 있다. 나는 그녀에게 "당신이 당신의 아버지가 되어보세요. 당신은 그에게서 가장 듣고 싶은 말을 알고 있어요. 당신의 아버지로서 내가 Tricia라고 생각하고 나에게 말해보세요. 그리고 그가 뭐라고 말하고 행동하기를 원하는지 나에게 말해주세요."라고 제안할 수 있다. 그녀의 아버지와 역할을 바꿔보는 것을 통해 Tricia는 그녀의 아버지와 관련된 상황에서 중요한 정서적, 인지적 통찰력을 얻을 수 있다. 또한, 그녀는 자신을 아버지에게 투사하여 그녀가 전년도에 아버지에게 어떻게 다르게 행동했는지 이야기할 수 있다. 그녀가 아버지와 바라는 관계에 대해 더 명확해지고 그 관계의 질에 대한 자신의 책임을 인정한다면 그녀는 자기 아버지에게 접근하는 방식을 고쳐나가기 시작할 것이다.

성찰 질문

Tricia의 과거, 현재, 그리고 미래가 어떻게 통합적인 방법으로 탐색 되는지 생각해보고 다음의 질문들에 대해서 고려해보시오.

- Tricia의 현재 기능을 더 잘 이해하기 위해 과거의 어떤 부분이 탐색되어야 하는가?
- 게슈탈트 치료와 사이코드라마에서의 기법이 Tricia와의 상담에서 사용되었다. Tricia와

의 상담에 있어 다른 이론들의 어떤 기법을 적용해보겠는가?

- Tricia와의 상담에 있어 미래의 노력을 고려하는 게 얼마나 중요한가? 당신의 흥미를 끄는 그녀의 미래의 부분은 무엇인가?

Jasper의 과거, 현재, 그리고 미래 다루기

친밀한 관계를 형성하고 유지하기

Jasper는 2살에 입양된 51살 남성이다. 이번 회기는 Jasper와의 5번째 만남이고 그가 호소하는 문제는 남자나 여자와 친밀한 관계를 형성하고 유지하는 것의 어려움이다. Jasper는 두 명의 형이 있는 가정에서 자라났는데 그는 그들이 자기보다 부모님으로부터 더 호의적으로 받아들여지고 대우받는다고 느꼈다. 그의 양모와 양부 사이에는 가끔 가정폭력으로까지 이어지는 상당한 긴장감이 있었다. Jasper는 그의 양부가 자신을 콕 집어 그의 좌절감과 분노를 푸는 표적으로 삼았고 Jasper에게 신체적으로도 정서적으로도 학대한다고 믿었다. Jasper가 상담에서 얻기 바라는 것은 미래에 어느 시점에서 친밀한 가족을 가질 수 있는 능력이다. 이 회기에서는 Jasper의 초기 기억을 다룬다. 이 아들러 기법은 내담자의 초기 기억이 종종 오늘날의 주제와 연결된다는 것을 보여준다.

Jasper의 과거 다루기

나는 Jasper의 초기 역사를 탐색하고 자신의 과거가 현재 문제인 사적인 관계를 맺는 것의 어려움과 어떻게 연결되어 있는지 이해를 돕는 것에 매우 관심이 있었다. 나는 우리가 우리 어린 시절의 중요한 경험을 받아들이는 법을 배운다면 우리 삶 속에 스며들어 있는 주제들을 밝혀낼 수 있다고 믿었다. 그의 과거의 주요 측면과 Jasper가 과거 사건에 부여한 의미를 확인함으로써, 그는 치료작업이 자신과 타인, 그리고 세상에 대한 인식과 결론을 재구성한다는 것을 알게 됐다. 내 강조점은 Jasper가 이 결론에 대해 질문을 시작하는 것이었다. 초기 경험부터 형성해온 Jasper의 잘못된 결론과 자기패배적인 인식은 다음과 같다.

- 내가 사람들에게 가까이 다가가면, 나는 거절당하고 상처받을 것이다.
- 나의 친부모가 나를 원하지 않았고 양부모는 나에게 학대적이었기 때문에 나는 그 누구에게도 사랑받지 못할 것이다.
- 내가 만약 더 사랑스럽고 좋은 사람이었다면 사람들은 나를 받아들일 것이다.
- 나의 친부모가 나를 버렸고 양부모가 나를 거절했기 때문에 나는 가치 없는 사람이다.

게슈탈트 치료의 핵심 인물인 Erv Polster(1987)는 내담자가 그들의 과거, 현재, 그리고 미래가 포함된 이야기를 구체화하는 것의 중요성을 강조한다. 이 틀을 유지하기 위해서는 Jasper의 과거, 현재, 그리고 미래의 통합이 필요하다. 이것은 그의 어린 시절과 현재 걱정에 대해 듣는 것, 그리고 그의 미래 삶에 대한 이야기를 구성하는 것이 포함된다.

Jasper의 과거 중요한 사건에 대해 더 잘 이해하는 한 가지 방법은 그에게 그를 평가하는 과정의 일부로 사용될 초기 기억을 보고하도록 요청하는 것이다. 초기 기억은 구체적인 사건이며 여기에는 Japer의 감정과 생각이 수반된다. 이러한 기억들은 Jasper의 과거와 그것이 오늘날 어떤 영향을 미쳤는지 더 잘 이해하는 데 유용하다. Jasper는 그가 9살이었을 때의 초기 기억을 보고했다. "아빠와 엄마는 말다툼하고 소리를 지르고 있었고 아빠가 엄마를 벽으로 밀고 있었습니다. 정말 무서웠었지만, 아빠한테 그만하라고 소리쳤습니다. 그런 다음 그의 분노는 나를 향했고 그는 벨트를 풀고 나의 다리를 때리고 있었습니다."

Jasper는 갈등 상황에서 무력감을 느꼈지만, 그는 어린 시절의 힘이 없는 것이 오늘날 그를 정의할 필요가 없다는 것을 보고했다. 그는 자신이 그의 친부모의 결정 또는 그의 입양 가족의 정서적 격변에 책임이 없다는 것을 깨달았다. 그는 자신에 대한 자신의 초기 결론이 정확하지 않다는 것을 깨닫기 시작했다.

Jasper의 현재 다루기

Jasper와 계속 상담하면서 그의 현재 생활에 계속 집중했다. 나는 주로 그의 현재 갈등에 대해서 더 풍부한 인식을 얻기 위해 그의 과거 역사에 관심이 있었다. 그가 그의 과거나 예상되는 미래 상황에 대해서 이야기하는 여부와 상관없이 나는 그를 지속적으로 지금 여기로 데려왔다. 내 가정의 힘은 현재에 있다는 것이었다. 게슈탈트 치료의 가장 중요한 기여 중 하나는 현재를 느끼고 온전히 경험하는 것을 배우는 것에 중점을 둔다는 것이다. 과거는 갔고 미래는 아직 오지 않았지만, 현재의 순간은 가능성으로 살아 있다.

Jasper의 미래 다루기

아들러 철학의 영향을 받아 나는 Jasper가 목표와 목적에 따라 살아가고, 미래에 대한 기대에 의해 움직이며 의미를 창조하기 위해 노력한다는 가정을 하고 있었다. Jasper의 과거, 현재, 그리고 미래는 역동적으로 상호 연관되어 있다. 그의 결정들은 그가 과거, 현재 상황, 그리고 그가 향해 가고 있는 목표에 기반을 두었다. Jasper와 내가 그의 인생에 있어 연속성을 찾는 것처럼 그의 모든 행동이 갖는 목표지향적 특성도 중요하다. 나는 특히 Jasper의 미래에 대한 새로운 결정에 관심이 있다. Jasper가 원하는 것은 무엇인가? 그는 갈등이 없거나 적은 상태와 안전함을 원하지만, 너무 자주 그에게 그것은 부차적이고 비효율적인 느낌을 남긴다. 만약 그가 현재 행동이 자신이 원하는 것을 가져다주지 않는다고 결정한다면 어떤 변화를 할지 그리고 그 열망을 현실화시키기 위해서 무엇을 하면 좋을지 생각해볼 수 있는 좋은 때이다. 행동치료의 현재 지향적인 행동 강조는 향후 Jasper가 그의 삶에 대해 무엇을 말하고 싶은지 생각해보기 좋은 기준점이 된다. Jasper가 자신이 원하는 미래에 대한 명확한 그림을 갖게 되면 그는 자신의 목표를 달성하는 데 도움이 될 체계적인 계획을 수립할 수 있는 좋은 위치에 있게 된다. 여기에서 선택 이론과 현실치료는 그가 바라던 목표들을 성취해나가기 위한 현실적인 행동 계획을 세우는 데 가장 유용하다. 비록 Jasper는 그의 과거 경험을 바꿀 수 없지만 미래 목표 달성으로 이어지는 작은 단계를 밟음으로써 힘을 얻을 수 있다.

성찰 질문

Jasper의 과거, 현재, 그리고 미래가 통합적인 방법으로 어떻게 탐색 되는지 생각해보고 다음의 질문들에 대해서 고려해보시오.

- Jasper의 현재 갈등을 잘 이해하기 위해 과거 신념과 경험에 대해 작업할 때, 어떻게 개입할 것인가?
- Jasper의 과거, 현재, 그리고 미래에 대해 생각해보는 것이 어떤 개입을 적용하면 좋을지와 어떻게 관련이 있는가?
- 당신이 만약 과거, 현재, 그리고 미래의 상호 연관성에 대해서 잘 이해하기 위해서 한 가지 이론을 골라야 한다면 어떤 이론이며, 그 이유는?

결론적 논평

통합적 접근 방식에 있어 설명한 개념과 기법에 대해 읽어 보는 것과 그것들을 당신이 스스로 적용하는 것은 다른 문제이다. 당신이 과거, 현재, 그리고 미래와 관련된 개인적인 주제의 중요성을 더 많이 확인할수록 이러한 개념을 더 잘 이해할 수 있을 것이다. 내가 설명한 관점으로 상담하는 내담자를 본다면 당신은 내담자와 함께 과거와 미래에 대한 우려를 현재에 가지고 올 수 있는 기법들을 찾을 수 있을 것이다. 내담자를 지금 여기의 시나리오의 경험적 역할극을 참여하게 하기 위해서는 당신은 이러한 개입을 할 수 있는 기술이 있어야 한다. 비록 이 장에서는 감정을 알아차리고 표현하는 것을 강조하지만 과거, 현재, 그리고 미래와 관련된 인지 및 행동 패턴을 탐색해볼 가치가 있다.

과거가 현재와 미래에 어떻게 영향을 주는지 알아보는 이 장을 읽고 난 후에 당신의 과거가 당신의 현재와 미래 목표들에 어떠한 영향을 미쳤을지에 대해 생각해 볼 수 있는 다음과 같은 질문들을 생각해 볼 시간을 가져라.

- 당신의 과거 경험 중 오늘날의 당신에게 지속적으로 영향을 주는 것은 무엇인가?
- 당신의 인생 중 한 부분을 바꿀 수 있다면 어떻게 바꾸고 싶은가?
- 내담자의 문제를 이해하는 데 있어 당신의 과거가 어느 정도 도움이 되는가?
- 현재 자신의 모습 중에 가장 바꾸고 싶은 세 가지를 생각해봐라. 그것들을 바꾸는 데 성공한다면, 당신은 당신의 삶이 어떻게 달라질 것이라 상상하는가?
- 5년 후에 어떤 삶을 살고 싶은가? 당신이 당신의 목표에 가까워지기 위해 지금 어떤 단계를 밟아야 하는가?
- 당신의 미래 목표와 포부에 대해 생각해 볼 시간을 얼마나 갖는가? 미래의 비전이 오늘날 당신이 생각하고, 느끼고, 행동하는 데에 얼마큼 영향을 준다고 생각하는가?
- 당신의 과거 경험이 당신이 내담자와 작업할 때 어떤 영향을 줄 거라 생각하는가?
- 내담자의 과거, 현재, 미래 중 무엇을 강조하는 편인가? 주로 어디에 초점을 맞추는가?

Chapter 12 평가와 종결

첫 회기가 치료적 관계의 분위기를 형성하는 것처럼 종결 회기는 치료 관계에서 얻은 바를 극대화하고 변화 과정을 지속할 방법을 결정한다. 종결 과정은 앞선 단계에서 상담 관계의 마지막을 계획하면서 시작된다. 이 종결을 위한 준비는 당신이 당신의 내담자와 협력하여 관찰함으로써 시간이 지남에 따라 진행된다(Davis & Younggren, 2009). 상담자로서 당신의 목표는 내담자와 그러한 방식으로 작업하여 가능한 한 빨리 당신과 상담 관계를 종결하고 스스로 변화를 지속할 수 있게 하는 것이다. 내담자와의 첫 만남부터 당신의 의도가 당신이 없어도 그들이 효과적으로 기능하도록 돕는 것이라고 전달하는 것이 중요하다. 치료의 목표는 내담자를 치료에 오게 한 문제와 걱정의 해결이다. 이상적으로는 치료는 처음에 설정된 목표가 달성되면 종결된다(Dobson & Dobson, 2017). 비록 내담자가 첫 번째 치료 경험이 끝난 후에 간헐적으로 돌아올 수 있지만, 치료가 무기한으로 지속되는 것은 도움이 되지 않는다.

치료 경험이 끝날 무렵, 치료자는 컨설턴트의 기능을 하며 내담자가 얻은 바를 통합하고 잠재적인 미래 문제 영역을 발견하는 것을 돕는다. **종결**(*Termination*)은 치료적 관계의 끝을 보기 위해 임상적 및 윤리적으로 적절한 단계를 밟는 과정이다(Davis & Younggren, 2009). 내담자가 그들이 직면할 수 있는 어려움을 다룰 때 필요한 기술을 터득했기 때문에 치료를 종결하는 것은 긍정적인 단계이다. 종결의 주요 과업은 내담자가 치료에서 달성한 바의 평가를 도와주기, 상담 경험 요약하기, 치료에서 배운 바를 실생활에 적용하기, 관계를 종결하는 것과 관련한 감정 다루기, 미래의 문제들과 장애물들을 다루는 전략 탐색하기가 있다.

효과적인 종결 전략을 위한 지침

Norcross, Zimmerman, Greenberg와 Swift(2017)는 다양한 이론들을 지향하는 숙련된 치료자의 주요 종결 행동들을 연구했고 90%의 상담 실무자들이 동의하는 몇 가지 과업을 발견해냈다. 이러한 과업 중에는 치료 중 내담자가 얻은 바와 성장 영역 확인하기, 심리치료에서 잘 다뤄진 것에 대해 이야기 나누기, 얻은 바에 대해 내담자의 노력 격려하기, 미래 목표 설정 및 달성을 위한 계획 수립하기, 윤리 지침 따르기가 있다.

행동 지향적 접근들(현실치료, 행동치료, 인지행동치료, 해결중심 단기치료, 동기강화상담)은 치료에서 배운 것을 통합하고 일상생활에서도 적용하는 것에 대한 아주 좋은 지침을 가지고 있다. 치료 종결을 계획할 때 다음 과업을 고려하라.

- 치료의 종결을 여러 측면에서 적극적으로 계획하라. 종결 과정을 빨리 논의하고 치료 관계가 끝을 향해 달려갈 때 내담자에게 상기시켜라. 내담자에게 끝나가는 몇 주 동안 무엇에 대해 이야기하고 싶은지 물어보라. 마지막 회기 이전 회기에서 내담자의 피드백을 물어보라. "만약 이게 우리의 마지막 만남이라면 당신은 어떻겠는가?"
- 만약 당신이 몇 회기까지 상담할지 미리 정해놓지 않았고 당신과 내담자 둘 다 종결이 적절하다고 느껴진다면 새로운 행동을 연습해보고 종결을 준비할 수 있도록 마지막 몇 회기는 3주에 한 번씩 만나는 것을 제안하라.
- 내담자가 치료를 주도적으로 돌아보도록 격려하라. 어떤 걸 배웠는지, 어떻게 배웠는지, 그리고 배운 것을 토대로 무엇을 하고자 하는지, 당신과의 회기에서 어떤 것이 가장 도움이 된다고 느꼈는지, 내

담자가 이 질문을 주도적으로 해결하는 것이 좋다. 내담자가 얻어낸 것들에 대해 주인의식을 갖고 치료적 동맹을 통해 긍정적인 변화들이 일어났다는 것을 아는 것은 중요하다. 마지막 회기들은 치료로 얻어진 것들을 유지하고 종결 이후에 그 작업을 지속할 수 있는 논의를 포함해야 한다.

- 내담자가 이별과 상실에 대한 감정을 이야기하도록 격려하라. 내담자가 도움을 요청하는 것에 대한 두려움이 있듯이 그들은 상담 관계가 종결되는 것에 대한 불안과 걱정이 있을 수 있다.
- 종결에 대한 당신의 감정들에 대해 확실히 알고 있어라. 특정 내담자를 놓아주는 것에 대해 양가적인 감정이 들 수 있다. 내담자가 당신을 원하는 정도보다 당신이 내담자를 원하는 정도를 생각하라. 너의 욕구로 인해 종결을 어렵게 하지 않도록 역전이의 어떤 신호든 관찰하라. 수퍼바이저나 믿을 만한 동료에게 이러한 감정들에 대해 말하라.
- 상담의 기본 원칙은 내담자로 하여금 자기 주도적 행동을 할 수 있도록 돕는 것이다. 내담자-상담자 관계가 끝나는 것에 대해 내담자가 주는 단서들에 집중하고 적절한 시기에 이 증거들에 대해 논의하라. 종결과 관련된 내담자의 의견을 존중하면서도 기꺼이 종결할 시기를 이야기할 회기를 가져라.
- 당신이 효과적인 상담자라면 당신은 결국 적어도 현재 내담자들과의 일과 분리될 것이다. 당신의 과업은 내담자가 당신의 조언을 듣기 위해 오도록 하는 게 아니라 스스로 나아가게 하는 것이다. 내담자가 자신의 상담자가 되게 하기 위한 수단들을 제공하라. 당신은 몇몇 내담자와 종결할 때 슬픔을 느낄 수도 있지만, 당신의 역할은 내담자가 스스로 의지하게 함임을 알아차릴 시간을 가져라.
- 잠재적인 미래 어려움에 대해 논의하고 치료가 끝난 뒤에 내담자가 이러한 어려움을 효과적으로 대처할 방법에 대해 계획하는 것을 도와라.
- 상담의 목표는 인생의 모든 문제를 다루고 해결할 때까지 작업하는 것이 아니다. 완벽하거나 문제없는 삶은 불가능하다. 상담은 진행되

고 진화하는 과정이다. 상담의 뒷부분에서 내담자는 아직은 맞설 준비가 되지 않은 새로운 문제나 걱정들에 대해서 맞설 준비가 될 수도 있다.

- 내담자가 나중에 더 배움이 필요하다고 느낄 때 돌아오도록 격려하라. 내담자는 다시 집중하기 위해 한 회기나 조금의 회기만 필요할 수 있다. 내담자로 하여금 미래에 도움을 요청하는 것이 실패가 아니라 한 단계 더 발전했음을 알려줘라.
- 내담자가 개인적인 성장의 과정을 지속시키기 위해 그들의 배움이 행동으로 이어질 수 있도록 도와라. 내담자가 성공적이었다면 종결은 또 다른 시작이다. 그들은 이제 문제가 생길 때마다 그들이 따를 수 있는 새로운 방향성이 생겼다. 내담자와의 마지막 상담에서 사용가능한 프로그램에 대해 논의하고 추천하는 것은 적절하다. 이럴 경우, 상담 관계의 종결은 내담자의 개인적 관계에서 새로운 시작을 이끈다.

이러한 지침은 성공적인 상담으로 끝내기 위한 좋은 시작이다. 치료의 마지막 단계에서 내담자와 함께 어떤 주제를 꺼내기 원하는가? 어떤 목표가 효과적이고 긍정적인 상담 관계의 종결에 중요한가? 종결을 위해 당신이 사용할 수 있는 기법은 무엇인가? 재발 예방을 위해 내담자를 어떻게 준비시키겠는가? 내담자와 종결 시, 어떤 어려움을 예상하는가?

내담자 되어보기: 당신의 변화에 대해 인정하기

당신은 상담의 다양한 단계를 거쳐 나의 내담자가 되어왔고 나는 한 번 더 나의 내담자가 되어 이 관계의 종결을 생각해보라고 요청한다. 이 치료적 관계를 끝낸다는 것이 당신에게 어떤가? 상담의 마지막은 당신에게 힘든 시간일 수 있지만, 당신의 치료가 언제 종결될지에 대해 결정하는 사람은 당신이다. 나는 당신에게 당신의 이런 치료적 경험을 끝내는 것과 관련된 감정들을 표현할 기회를 주고 싶다.

긍정적인 끝은 당신의 치료적 과정 경험에 대한 생각과 감정을 논의하는 것을 포함한다. 당신이 치료에서 배운 핵심적인 바를 일상생활에 적용할 수 없을까 봐 걱정되는가? 우리는 치료에서 얻은 바를 유지하고 이 행동들을 당신의 일상생활에서 적용하기 위해 당신이 할 수 있는 일을 논의한다. 우리는 또한 실수나 좌절에 대해 어떻게 대처할 수 있을지에 시간을 할애한다. 만약 당신이 당신의 기술을 일상생활에서 실행할 때, 어떤 좌절을 경험한다면 당신이 실패했다고 생각하지 않기를 바란다. 실수나 좌절을 학습 기회로 보는 것은 당신이 만든 변화를 장기적으로 유지할 가능성을 높인다(Naar & Safren, 2017). 종결 단계에서 나는 당신의 배움을 통합하기 위해 행동치료와 현실치료의 기법들에 의존할 것이다. 치료 경험을 의미 있게 만들기 위해 당신이 무엇을 했는지 이해하는 것이 가장 중요하다. 치료의 목표를 성취함에 있어 당신이 내린 결정과 취한 조치에 대해 인정하라.

마지막 회기 동안, 나는 당신에게 게슈탈트와 사이코드라마 접근 중 한 기법인 이상적인 미래 상황에서의 당신의 삶을 상상하도록 요청한다. 나는 다음과 같은 바들을 제안할 수 있다.

- 지금으로부터 5년 후, 추수상담에 와서 우리가 당신의 삶이 어떻게 변화했는지 논의한다고 상상해보자. 당신은 무엇을 가장 나에게 말하고 싶은가?
- 이전 치료를 끝내고 나서 당신의 일상생활에서 무엇이 변화되었으면 하는지 생각해보자. 눈을 감고 자신과 당신에게 가장 특별한 사람들 사이에서 조용한 대화를 해보라. 그들에게 뭐라고 말하는가? 그들은 뭐라고 대답하는가?
- 상담이 끝나고 1년이 지난 후, 당신의 삶에서 아무것도 변화하지 않았고 당신이 늘 하던 대로 지속해왔다고 상상해보자. 어떻게 느껴질지 생각해보자.

치료의 마지막 단계에서 나는 당신에게 계속 당신이 마주하는 문제, 특정 상황에서 자신에 대해 어떻게 느끼는지, 당신의 계약 이후의 성공과 어려움에 대해 일기를 쓸 것을 권장한다. 올바른 시기에 올바른 책을 읽는 것은 변화를 만드는 데에 매우 힘 있는 촉매제가 될 수 있기에 나는 당신이 스스로 작업하는 방법으로 읽을 것을 격려한다. 당신이 얻은 바를 유지하고 자신을 위해 설정한 새로운 목표를 성취하기 위해 무엇을 할 것인지가 적혀있는 계약서를 작성하도록 요청한다. 당신의 계약을 실천하기 위해 나는 당신이 계속해서 자신에게 숙제를 주도록 요청한다.

이야기 치료자는 때때로 회기 사이에 내담자에게 피드백을 제공하고 내담자가 만드는 변화를 강화하기 위해 편지를 쓴다(White & Epston, 1990). 이 편지들은 회기 간의 대화를 생생하게 유지함으로써 발전을 촉진하고 힘을 실어 줄 수 있다. 나는 다음 중 하나를 간단한 편지에 말할 수 있다. "당신이 위험을 감수하려는 의지에 감탄했어요." "우리의 마지막 회기에 동의했던 숙제를 당신이 어떻게 하고 있는지 궁금해요." "나는 당신이 계속 일기 쓸 것을 희망해요." "행동 계획을 세우고 따르겠다는 당신의 결심에 감사드려요." 종결 회기를 갖기 전에 나는 당신이 치료를 시작한 이후로 당신에게서 본 변화에 대한 관찰내용 중 일부를 요약하는 자세한 편지를 쓸 수도 있다.

우리의 마지막 회기 동안 나는 당신에게 이 실존적 메시지를 주고자 한다. "나는 당신이 당신의 삶에 변화를 가져오는 당신의 역할에 대해 알기를 희망해요. 다른 사람이 변하기를 바라기보다 자신을 변화시키는 데 집중하세요. 당신은 당신에게 열려있는 선택을 알게 되었고; 따라서 이제 당신이 내릴 결정을 고려할 수 있어요. 지금 상태를 유지하기로 하더라도 당신은 이제 다르게 선택할 수 있다는 것을 알 수 있어요. 비록 자신을 위한 선택을 하면 불안할 수 있지만 당신의 삶은 당신의 것이고 당신은 자신의 미래를 형성할 힘이 있어요."

마지막으로 나는 당신이 언제든 필요하다면 추수상담을 요청하는 것을 환영한다. 지금은 우리의 상담을 종결하는 게 중요하지만 나는 당신이 언제든 미래 계약서를 요청하는 것이 당신의 최선의 이득이라 여겨지면 이것을 요청하는 것을 편하게 느끼길 바란다.

Chelsea와의 평가 및 종결

Chelsea는 1년 동안 상담을 받아왔다. 그녀는 집과 직장에서 빈번하게 울음을 터트리는 것을 발견한 후에 치료를 시작했다. 비록 그녀의 어머니는 임상적 우울증과 불안장애를 겪었지만, Chelsea는 자신이 어머니와 같지 않다고 믿었고 스트레스가 많고 좌절된 상황들을 겪더라도 좌절감에 굴복하지 않고 그녀의 인생을 잘 살아갈 수 있을 거라 믿었다. 그녀는 감정을 잘 참는 능력과 그녀의 남편, 아이들, 친구들, 그리고 다른 가족 구성원, 심지어 동료들에게 강하게 보이는 것에 자주 자부심을 느꼈다. 이 모든 사람들은 자신의 위기 상황에서 Chelsea가 지지해줄 것을 기대했지만 그녀가 지지가 필요할 때는 아무도 그녀에게 도움을 줄 사람이 없었다. 그녀는 그들이 그녀를 매우 강하고 혼자 알아서 잘 사는 사람으로 인식하여 도움을 줬을 때 기분이 상할 수 있을 거라 믿는다고 확신했다.

상담과정에 걸쳐 Chelsea와 나는 상담에서 그녀의 진전을 논의했다. 우리는 특히 그녀가 상담과 나에게 바라는 바를 얼마큼 얻고 있는지 확인하였다. 어떠한 이유로 그녀가 그녀의 치료적 목표를 달성하지 못했다면 우리는 그녀의 진전을 방해하는 가능 요소들을 탐색했다. 우리의 초기 면접에서 나는 우리 관계에서 Chelsea의 주요 목적은 그녀가 상담자인 나 없이도 잘 기능할 수 있도록 돕는 것이라고 명확히 했다. 상담과정에서 우리는 Chelsea의 궁극적 목표, 즉 Chelsea가 자신의 상담자가 되는 것을 위해 계속 작업해왔다. 자신을 다른 사람의 도움을 받지 않는 강한 사람으로 보는 Chelsea의 경향에 초점을 두었다. 비록 상담과정을 통해 그녀는 사람들이 자신의 인생에 들어와 자신이 그들에게 뭐가 필요한지 알게 하는 것의 중요성을 인식했지만, 그녀는 우리의 치료적 관계에서 과하게 의존적이고 싶어 하지 않았다.

Chelsea가 치료를 종결해야 하는 때는 언제인가? Chelsea는 높은 수준의 자기 알아차림에 도달했고 인지적 재구조화에 성공했으며 현재와 미래 문제들을 다루는 특정 행동적 기술을 획득했다. 이전 회기에 그녀는 상담을 종결하고 싶은 욕구를 내비쳤다. 우리는 그녀가 상담을 종결할 준비가 되었는지 그리고 종결하고 싶은 이유에 대해서 이야기했다. 여러 방면에서 중요한 변화를 보인 후에도 Chelsea를 치료를 계속하도록 격려하는 것은 불필요하게 나에 대한 의존성을 조성할 수 있으며 이는 그녀의 자율권으로 이어지지 않을 것이다. 치료의 종결은 초기의 단계만큼 중요하며 종결의 주요 과업은 그녀가 얻은 바를 통합하고 회기에서 배운 새로운 기술과 태도를 사회상황에 적용함으로써 실천하는 것이다.

우리의 마지막 회기에서 Chelsea는 그녀가 상담 회기에서 무엇을 배웠고 어떻게 배웠으며 그녀가 배운 것으로 상담 종결 후에 무엇을 하고 싶은지를 말하는 데에 상당한 시간을 썼다. Chelsea가 치료가 공식적으로 끝난 후에 무엇을 할지는 상담실에서의 회기들만큼 중요하다. 아들러 용어에 따르면 우리는 재교육 단계에 있다. 이때 주요 과업은 Chelsea가 그녀의 통찰력을 새롭고 효과적인 방법으로 재현하는 것을 격려하는 것이다. 우리는 다시 그녀가 유용한 방향성을 위해 세운 몇 개의 계약을 탐색한다.

마지막 회기에서는 Chelsea가 치료 과정 동안 만들어 낸 구체적 변화와 치료에서 가장 도움이 되는 측면을 다루었다. Chelsea는 우리의 초점이 시간에 따라 이동했다고 말했다. 어떨 때는 그녀의 생각에 초점을 맞추기도 했고, 다른 때는 그녀의 감정에, 또 다른 때는 그녀가 얻는 통찰력, 그리고 다른 때는 그녀가 실천하는 행동에 초점을 맞추기도 했다. 때로 그녀는 단순히 자신의 감정을 경험하고 표현해야 할 때도 있었고, 행동을 취해야 할 때도 있었으며, 때로는 그녀의 신념, 생각, 결정에 대해서 고려해야 할 때도 있었다. Chelsea가 얻은 가장 중요하고 새로운 변화는 자신에 대한 생각, 감정, 행동에 대한 이해가 증가했다는 것이다.

우리는 함께 행동 계획을 세우고 그녀가 어떻게 새로 배운 것을 유지할 수 있을지에 대해 현실치료의 방법을 활용했다. 나는 또한 그녀가 설정한 방향성에 대한 나의 관점들을 공유했다. 우리는 Chelsea가 다른 자기 개발 프로그램을 참여하기 위한 단계들에 대해서도 이야기를 했다. 그녀는 다양한 사회 네트워크에서 도움을 받을 수 있다는 것을 발견했다. 아들러의 개념인 사회적 관심에서 고안하여 우리는 Chelsea가 사회 활동 프로그램에 참여할 수 있는 계획들을 세웠다. 다른 사람들에게 이득이 되는 방법들을 찾는 것은 치료에서의 그녀의 이득을 극대화하는 데에 중요할 수 있다. 본질적으로 그녀는 계속해서 그녀에게 어려우면서도 선택의 범위를 넓혀주는 일을 함으로써 도전할 수 있다.

Chelsea의 핵심 어려움 중 하나는 너무 자주 그녀를 이용하는 가족 구성원과의 관계였다. 가족 치료자에게 의뢰하는 것이 그 다음 순서일 것이다. 그녀는 아마도 남편과 아이들을 가족치료의 몇 회기에 초대할 것이다. 그녀의 변화는 남편, 아이들, 그리고 자기 자신에게 절대 쉽지 않았을 것이다. 가족 체계의 관점에서 볼 때 그녀의 변화는 그녀의 다른 구성원에게 의미가 있다. 전체 가족과 한두 번만이라도 상담을 진행한다면 역할과 기대를 다시 설정하는 데 도움이 될 수 있을 것이다. Chelsea가 가족 문제를 다루지 않기로 했더라도 계속해서 가족 구성원에게 다른 행동을 할 수도 있다. 그녀의 가족 구성원을 바꾸는 것을 강조하기보다는 자기 자신을 바꿔서 남편과 아이들에게 다르게 대하는 것에 집중할 수 있다. 실제로 자신을 변화시키고 자신에게 초점을 둔다면 다른 사람들이 새로운 그녀의 영향을 받을 수 있다.

상담을 받기 전에 Chelsea는 그녀의 기능을 방해하는 패턴들을 알지 못했다. 그녀의 치료 결과로 그녀는 자신의 삶을 관리하고 필요할 때 사랑하는 사람들의 지원과 같은 외부 자원을 활용할 수 있는 것에 대해 더 큰 감사를 느꼈다. Chelsea가 정식 치료를 떠나면 그녀가 계속해서 자신의 기능을 방해하는 방향으로 생각하고 느끼며 행동할 때의 인식을 높일 것으로 기대한다. 그녀가 이러한 패턴에 빠지는 것을 알아차린다면 Chelsea는 어떻게 변화하고 행동해야 하는지 알게 될 것이다. 그녀가 도움을 청하는 것의 무익함에 대해 자기 암시를 할 때, 그녀는 이 부정적인 목소리를 인식하고 새로운 대화로 전환할 수 있다. 그녀가 우울이나 불안을 경험할 때, 그녀는 이것을 알아차리고 자신의 증상에 대처하고 자기돌봄을 실천할 방법에 대해 생각해 볼 것이다. 그녀가 자기 패배적인 패턴에 갇히게 될 때를 알아차리는 과정이 그녀가 자신의 상담자가 되는 것을 돕는다.

Chelsea의 계속되는 여정에 힘을 실어주기 위해 우리는 함께 가능한 걸림돌과 그것을 대처하는 방안에 대해 탐색했다. 재발 예방은 치료의 마지막 단계에서 중요한 부분이다. Chelsea는 정식 치료가 끝나면 좌절을 경험할 수 있고 재발 예방의 목표는 그녀가 미래에 필요로 할 때, 치료에서 배운 것을 사용하여 그녀가 얻은 바를 유지하도록 돕는 것이다(Dobson & Dobson, 2017; Marlatt & Donovan, 2007). 때때로 Chelsea가 오래된 패턴으로 되돌아가고 자기 패배적인 생각과 행동을 경험하는 것은 불가피하다. 요점은 그녀가 결코 좌절을 경험하지 않는다는 것이 아니라 그녀가 더 이상 그녀에게 도움이 되지 않는 오래되고 친숙한 패턴으로 돌아갈 때 자신을 바로잡는 법을 배운다는 것이다. 예상되는 바는 Chelsea가 좌절감에 빠지는 것을 피할 것이고 그녀가 어떻게 다시 회복의 길로 돌아갈 수 있을지에 집중할 것이다.

성찰 질문

치료 관계를 끝내는 동안 중요한 과업에 대해 생각하고 다음의 질문들에 대해 고려해보시오.

- Chelsea와의 상담 종결 단계에 있어 어떤 이론이 가장 유용하다고 생각되고, 그 이유는?
- 종결 과정 동안 Chelsea와 논의해보면 좋은 주제는 무엇인가?
- 만약 Chelsea가 그녀의 목표를 달성했음에도 불구하고 당신과의 치료를 종결하는 것을 꺼린다면 당신은 관계를 끝내는 것에 대한 그녀의 걱정을 어떻게 다룰 것인가?

Charles와의 평가 및 종결

Charles는 35살의 이혼한 이성애자 백인계 남성이다. 그는 경제적으로 불우한 Chicago 지역에서 자라왔고 중졸의 부모 밑에 태어난 외동아들이었다. Charles의 아버지는 어린 Charles를 데리고 강도를 저지르고, 미지급 부채를 회수하며, 마약 거래를 하는 전문적인 범죄자였다. Charles의 어머니는 가정폭력의 피해자였으며 Charles가 자신에게 주는 짐에 대해서 분개했다. Charles는 절도, 협박 및 폭력과 범죄가 만연한 사회의 사람들의 조종을 통해 생존하는 법을 배웠다. Charles가 다른 구역에서의 아이와 문제가 있었을 때, Charles의 아버지는 Charles가 어려움을 폭력으로 해결한다고 주장했다. 어른이 되자 Charles는 주변 사람들이 존경하고 무서워하는 성공적인 마약 거래자가 되었다. 그는 돈이 아주 많았고 협박과 폭력을 일삼았다.

결국, Charles는 마약 범죄로 체포되어 유죄를 선고받았다. 그는 2년 동안 감옥에서 복역했고 살아남기 위해 폭력과 협박에 가담했으며 사람들을 신뢰할 수 없고, 위험하며 "처리해야 하는 위협"으로 인식했다. Charles의 아버지는 Charles가 감옥에 있는 동안 죽었다. 그는 아버지가 죽었을 때 옆에 있지 못했던 것에 대해 죄책감을 느꼈다. 이 경험은 Charles의 대학 진학과 삶에서 "좋은 일"을 하는 결정에 큰 영향을 미쳤다. 그는 자기 아버지와는 다른 삶을 살기로 했다. Charles는 아버지의 규칙과 삶의 접근 방식에 얽매일 필요가 없다는 결론에 도달했다. Charles는 또한 그가 다시 감옥에 돌아가고 싶지 않다는 것을 깨달았고 그의 행동을 바꾸지 않는다면 이것이 그의 운명이 되리라는 것을 점점 더 깨닫게 되었다.

대학 입학 직후 Charles는 그가 만난 모든 사람들이 그가 감옥에 있었고 "나쁜 사람"이었다는 것을 알까봐 괴로웠다. 그는 또한 인간 본성에 대해 배우고 논쟁을 협박을 통해서가 아닌 이성과 언어 기술로 해결하는 것을 많이 어려워했다. Charles가 어릴 때부터 어떻게 범죄의 인생을 살아왔는지 배우기 시작하면서 강력한 감정이 드러나기 시작했다. 그는 아버지를 우러러보는 이유에 대해 의문을 품기 시작했다. 그는 그가 저지른 범죄에 대해 회개할 수 있는지 치료자에게 묻기 시작했다. 그는 치료에서 얼마나 공유해야 할지 고민이었고 내가 자신의 신뢰를 배신하고 그가 "나쁜 사람"이라고 믿진 않을지 걱정했다.

Charles와 나는 상담을 종결하기로 상호 협의하기 전에 꽤 오랫동안 치료를 위해 함께 작업했다. Charles는 우리의 시간을 그의 과거를 초월하여 그의 삶에 대한 새로운 가능성을 생성하는 데에 방해가 되는 생각, 감정 및 행동을 탐색하는 데에 사용했다. 그는 그가 수감되어 있는 동안 경험한 수치심을 진심으로 직면하는 데에 놀라운 용기를 보여줬고 그가 대학을 성공적으로 마칠 만큼 "충분히" 괜찮지 않다는 두려움에 대해서 다뤘다. 그가 4년제 대학 졸업을 앞두고 우리는 상담을 끝내기 위한 준비를 했다.

마지막 회기 날짜가 다가오자 그의 오래된 증상인 분노와 충동이 다시 나타났다. 우리는 치료 초기에 실시했던 인지 및 정서적 전략을 다시 논의했다. Charles는 이러한 오래된 반응에 대해 새로운 방식으로 접근하고자 했으며 변화하고자 하는 의지가 높았다. 우리는 치료 회기와 그의 일상생활에서 얻은 이익들을 돌아봤다. 그는 처음에는 치료자인 나에게 모든 공을 돌리고 싶어했지만 결국 그는 그가 만들어낸 변화에서 그가 했던 중요한 역할을 인정할 수 있었다. 지금 인생의 변화를 위해서는 치료 회기와 치료 밖 삶 속에서 그가 실제로 한 일을 인식하는 것은 매우 중요하다. 그의 성장은 나의 마법 때문이 아니라 그의 노력 덕분이다. 치료의 성공에서 그의 역할을 인식함으로써 Charles는 계속해서 긍정적인 발전을 이룰 수 있을 것이다.

치료의 과정과 결과를 평가하는 것은 종결의 중요한 부분이다. 우리는 치료에서의 전환점과 그 전환점이 우리 둘에게 어떤 의미였는지에 주목하여 첫 번째 회기에서 마지막 회기까지의 과정을 훑어봤다. 나는 Charles에게 그가 무엇을 배웠고("당신에게 가장 눈에 띄는 것은 무엇인가? 당신에게 특히 유용하다고 생각하는 것은 무엇인가?") 그가 자신이 배운 것을 통합하는 방법("새로운 사고방식과 새로운 행동을 연습하기 위해 지금 무엇을 할 수 있는가?")에 대해 물었다. 우리는 그가 얻은 바를 검토했고 이러한 새로운 목표를 달성하기 위해 계속해서 밟을 수 있는 구체적 단계들을 탐색했다. Charles와 나는 그가 다른 사람들과 다르지 않더라도 그의 인생에서 어떻게 다를 수 있는지에 대해 이야기했다. 우리는 또한 문제를 다르게 처리 할 수 있는 방법에 대해 탐구했고 Charles에게 그가 그의 인생에서 경험하고 싶은 변화에 대해서 물어봤다. 과정을 검토하는 것은 항상 부가적이며 요약을 매우 신중하게 사용하면 치료에 도움이 되는 결과를 가져온다.

또한, 그가 주마다 받았던 상담을 더 이상 받지 않을 때 직면 할 수 있는 몇 가지 잠재적인 어려움을 탐색했다("좌절을 경험한다면 무엇을 하겠는가?"). 우리는 Charles가 어려운 상황을 마주할 때, 오래된 패턴인 자기 비난을 다시 할 거라 예상했고 그는 자신이 치료에서 이러한 상황을 다루었던 방법에 대해서 적었다. 나는 Charles가 미래 문제를 건설적으로 대처할 수 있도록 돕는 **재발 예방 전략**(relapse prevention strategies)에 대해 소개했다. 이러한 인지 행동 기법은 종결 이후, 유지력, 접근성 및 적응적인 대처 반응을 향상시키고 치료 효과의 지속성을 유지할 수 있도록 도울 것이다(Newring,

Loverich, Harris & Wheeler, 2008). 잠재적인 문제와 그가 다루어야 할 걸림돌을 나열함으로써, Charles는 그가 어떤 좌절을 경험해도 낙담할 가능성이 적어질 것이다.

또한 우리는 Charles가 다시 치료가 필요한 경우를 어떻게 알 수 있는지에 대해서도 이야기했다. 그는 치료에서 배운 것을 확인했고 상담실 밖에서 이 깨달음을 유지하기 위해 어떻게 해야 하는지 계획했다. Charles가 어떤 방향으로 움직이고 싶은지 결정하면 그는 현실적인 행동 계획을 세우고 이 계획을 수행하겠다는 약속을 할 필요가 있었다. 지속적인 성장에 대한 소개 및 제안은 특히 이 시기에 유용하다. 나는 Charles와 함께 우리의 상담관계가 종결되더라도 치료에서 보인 변화를 계속해서 이어나갈 방법에 대해 탐색했다. 정식 치료의 종결이 그가 상담을 다시 받는 것이 유용하다고 생각할 때 다음 상담에 돌아올 수 없다는 의미는 아니라는 것을 Charles가 알게 하였다. 종결 이후 그의 진전을 평가하기 위한 추수상담 또한 이 시간에 잡힐 수 있다. 마지막 회기가 다가오자 우리는 우리의 작업이 우리에게 의미하는 바가 무엇인지 인식했고 우리 각자가 Charles의 작업으로 인해 어떻게 영향을 받았는지 생각해봤다.

성찰 질문

내담자의 치료적 관계의 종결과 평가를 어떻게 도울 수 있을지 생각해보고 다음의 질문들에 대해 고려해보시오.

- Charles의 사례에서 가장 흥미로웠던 것과 그 이유는?
- Charles의 치료 경험을 평가함에 있어 어떤 이론적 틀을 사용할 것인가?
- Charles와의 치료 마지막 단계에서 재발 예방 전략을 통합함에 있어 어떤 가치가 있는가? Charles에게 소개할 만한 재발 예방 전략들에 대해서 알아보라. 잠재적인 좌절을 예상하고 다루기 위해 그와 어떻게 협력적으로 작업할 것인가?

치료적 관계의 종결에 대한 당신의 생각

치료적 관계에서 내담자의 결과와 종결에 대해 평가하는 것을 명확히 하는 수단으로 다음의 질문들을 생각할 시간을 가져라.

- 상담의 종결이 어떻게 긍정적인 단계가 될 수 있는가?
- 치료 관계의 효과적인 종결을 위해 어떤 지침이 가장 중요하다고 생각되는가?
- 치료 관계를 끝내기 위해 당신의 내담자를 준비시킬 방법은 뭐가 있는가?
- 내담자의 종결 문제를 탐색하는 것을 도울 때, 당신의 상실과 이별의 경험과 관련된 개인 문제로 인해 직면할 수 있는 어려움은 무엇인가?
- 상담 경험의 의미에 대해 평가하는 것에 대한 당신의 생각은 어떤가?

통합적 상담에 대한 결론적 논평

통합적 상담의 미래

통합적 상담의 미래는 무엇인가? 통합적 상담에 대한 "올바른" 단 하나의 접근 방식이 있는 것은 아니다. 통합적 상담은 고정된 것이 아니라 진화하는 것이다. Stricker(2010)는 "통합적 상담은 창의적인 노력이며 현실적이고 유연한 태도로 상담 기관의 발전에 꾸준히 기여한다고 약속한다(p. 109)"라고 말하면서 가능한 최고의 서비스를 내담자에게 제공하는 것이 통합적 상담의 궁극적 목적이 돼야 함을 상기시킨다. 다양한 접근들의 기여가 통합될 때 상담이 가장 효과적이라는 인식이 증가하고 있다. 현재까지 통합적 상담의 대부분은 이론적 및 임상적 기초에 기반을 두고 있지만, 미래에는 증거기반 실무가 통합적 상담을 조직하는 기반이 될 것이다(Goldfried et al., 2011). Norcross, Goldfried와 Arigo(2016)는 통합적 상담이 내담자 각각의 고유한 욕구를 만족시킬 수 있는 증거와 반응을 제공한다고 주장한다. "통합적 상담은 지적으로 활기차고 임상적으로 인기가 있으며 입증된 효과가 있다."(p. 124).

통합적 관점 발전에 있어 연구의 역할

내담자와의 작업 방식을 발전시키기 위해서는 이론과 연구 모두 고려해야 한다. 심리 치료 분야의 연구 문헌에 익숙해지고 연구를 실무에 어떻게 적용할 수 있는지를 고려하라. 오늘날 상담 실무자가 일하는 기관에서 연구에 의해 입증된 기법을 사용하라는 요구가 증가하고 있다. 통합적 상담의 장점은 내담자 유형 각각에 맞는 상담의 효능을 증명하는 많은 양의 연구가 있다는 것이다. 체계적인 연구는 개개인에게 맞는 다른 치료들을 적용하는 훈련된 절충주의의 효과성을 지지한다(Prochaska & Norcross, 2018).

책무성이 점점 강조되고 있지만, 상담은 단순히 경험적으로 입증된 기법을 고르는 것보다 더 복잡한 과정이다. 치료 관계, 치료자의 성격과 치료적 스타일, 내담자 및 환경 요인은 모두 치료 성공에 중요한 요소이다. **증거 기반 실무(Evidence-based practice)**는 이러한 요소 중 하나, 즉, 연구에서 가장 성공적으로 검증된 개입을 선택하는 것을 강조하는 경향이 있다. Norcross, Hogan, Koocher와 Maggio(2017)는 EBP의 세 가지 기둥인 성공적으로 검증된 연구 찾아보기, 임상가의 전문성에 의지하기, 내담자의 성격, 문화, 선호도 고려하기를 통합하는 포괄적 증거 기반 실무를 주장한다. 증거에 대해 설명을 듣고 적극적인 고객의 참여는 치료 서비스의 성공에 중요하다는 것을 명심해야 한다. 당신의 임상적 전문 지식을 바탕으로 구체적 개입에 대한 판단을 내릴 것으로 예상되며 이러한 결정은 내담자의 가치와 선호도를 고려한 맥락에서 내려져야 한다.

EBP 치료에 대해 더 자세히 알고 싶다면 Dobson과 Dobson(2017)의 Evidence-Based Practice of Cognitive-Behavioral Therapy와 Norcross, Hogan, Koocher, Maggio(2017)의 Clinician's Guide to Evidence-Based Practices: Behavioral Health and Addictions을 참고하라.

당신의 개인적인 통합적 접근 설계하기

현재 상담 프로그램에 참여 중이거나 상담 경력을 시작하는 사람들에게 당신의 기본 신념에 가장 가까운 주요 이론을 고르고, 그 이론을 최대한 꼼꼼히 배우고 그와 동시에 다른 이론을 깊이 검토하는 것에 대해서도 열려 있으라고 제안한다. 선호하는 이론 작업을 시작하면 당신의 상담 관점의 기준점을 갖게 될 것이다. 당신의 상담 접근 방식이 이 책이나 특정 수업 또는 대학원 학위를 끝낼 때까지 완성될 필요는 없다는 것을 기억하라. 당신이 하나의 이론을 고수한다고 하더라도 똑같은 기법들을 당신의 모든 내담자에게 적용할 수 있다고 생각하지 마라. 당신이 하나의 이론만 고수해도 각자 다 다른 내담자와 작업하기 때문에 하나의 이론에 대해 융통성을 갖고 이 이론을 기반으로 하는 기법들을 다 다르게 적용해야 한다. 통합적 상담은 사용된 기법과 내담자의 관계 스타일, 둘 다 고려하고자 한다(Norcross et al., 2016). 다시 말해, 관계 스타일은 최소한 사용된 기법만큼 중요하다.

결론적 논평

이 책을 통해 당신은 내가 다양한 개입을 적용하는 "내담자가 되어보았다." 자신을 내담자로 생각하면서 개인적인 관점에서 이러한 이론을 계속 연구할 수 있다. 당신과 개인적인 관련성이 있는 여러 이론의 핵심 개념을 골라내서 이 아이디어를 자신의 삶에 적용하라. 다른 이론의 어떤 측면이 내담자로서 당신을 이해하는 데 가장 도움이 되는가? 또한, 각 이론의 어떤 측면이 다양한 내담자와 작업하는 데 치료자로서 당신에게 가장 유용한가? 당신의 이론적 지향에 있어 어떤 기본 개념이 중요한가? 이 질문을 하나 이상의 이론을 시험해보면서 답하려고 노력하라. 나는 당신이 내담자라고 생각하면서 작업하는 활동과 다른 다양한 사례들을 통해 나의 통합적 접근들에 사용하는 개념과 기법에 대해서 설명했다. 당신만의 독자적인 상담 방식을 만들어내는 수단으로 이러한 사례 예시들을 고려하라.

독서 프로그램에 전념하고 다양한 전문적 워크숍에 참여하는 것을 고려하라. 읽기는 당신의 지식 기반을 확장하며 기법을 만들어내고, 실행하고, 평가하는 것에 대한 새로운 아이디어를 배우는 현실적이고 유용한 방식이다. 이 책의 전체와 뒤에 있는 참고문헌에 나열된 책에서 제공되는 내용을 검토할 시간을 가져라. 상담과정의 다른 측면을 다루고 기법 실행에 대해 배우는 워크숍에 참석하라. 내가 언급한 거의 모든 이론적 시스템은 하나 이상의 특정 오리엔테이션에 대한 추가 교육을 받을 수 있는 전문적 기관들과 관련이 있다(구체적인 치료 접근들에 대한 훈련 및 수퍼비전을 위해 Theory and Practice of Counseling and Psychotherapy[Corey, 2017]의 "Where to go from here" 부분을 참고하라).

워크숍에 참석할 때, 당신에게 의미가 있고 당신의 상담 맥락에 잘 적용되는 아이디어에 열려 있어라. 아이디어를 먼저 당신의 개인적 필터를 거치고 채택하지 마라. 다양한 상담 기법을 실험할 때, 엄격한 또는 "요리 책" 방법으로 기법을 사용하지 마라. 기법은 당신이 내담자에게 효과적으로 접근하는 것을 도와주는 단순한 도구이다. 당신의 스타일과 당신의 내담자 요구를 만족시킬 수 있도록 기법을 개인화하고 당신의 기법이 얼마나 도움이 되는지에 대한 내담자의 피드백에 열려 있어라.

상담 프로그램의 학생이든 새로운 전문가이든 간에 경력 전반에 걸쳐 수퍼비전 받는 것에 대해 열린 사고를 하라. 수퍼바이저들과 동료들에게 당신이 무엇을 하는지 말하라. 다른 전문가와 당신의 개입에 대해 논의하고 내담자에게 취할 수 있는 대안적 접근에 대해 생각하라. 평생 배우는 사람으로 남아있고 대안적 이론적 틀에 대해 계속 생각하라. 새로운 실무 모델을 만드는 데 어떤 이론이 당신에게 잘 맞는지 그리고 어떤 종류의 이론적 청사진이 가장 유용할지 계속 생각하라. 당신이 이론적 구성의 견고한 기초를 가지고 있겠지만 통합적 상담은 당신의 성격과 인생 경험을 표현하는 개인화된 것임을 알아차려라. 사전에 만들어진 모델이 당신에게 완벽하게 맞지는 않을 것이다. 당신의 스타일과 내담자의 요구에 맞게 맞춤식 접근법을 개발하라. 같은 내담자라도 치료 단계에 맞게 당신의 방법을 조정해야 할 것이다. 통합적 상담은 서로 다른 내담자에게 각자 다른 방법이 필요하다는 가정에 기반하지만, 아직까지는 이 혼합된 개념과 방법이 체계적으로 이루어져야 한다.

아마도 당신이 할 수 있는 가장 중요한 일은 **성찰적 실무(deliberate practice)**(Rousmaniere, 2016)이다. 자신의 작업을 기록하고 연구하며 그것이 내담자에게 미치는 영향을 고려하라. 성찰적 실무는 집중적이고 체계적이며 장기간에 걸쳐 수행된다. 성찰적으로 실무하는 사람들은 자주 자신의 작업에 대한 녹음을 검토하고; 그들이 받은 피드백에 대해 반영하며; 전문가의 피드백을 추구하고 기회가 있을 때마다 직장 내 전문가를 찾아가며; 매우 구체적이고 행동적으로 정의된 기술을 연습하며; 자신의 기술에 대한 효과성을 평가한다. 성찰적 실무에는 특정 기술을 습관이 될 때까지 반복적으로 연습하겠다는 약속이 포함되어 있다(Rousmaniere et al., 2017). 수년간의 경험이 있는 것과 1년 동안의 경험을 여러 번 반복하는 것 사이에는 주요한 차이점이 있다.

이 책을 읽고 난 후에, 당신은 아마도 당신만의 방법으로 이론을 의미 있게 통합할 수 있을 것이다. 나는 당신이 다양한 통합 방법의 사용 가치를 찾길 바란다. 당신은 상담 실무에 있어 통합적인 접근을 개념화하지는 않겠지만 통합하는 과정을 시작하기 위한 지식은 있을 수 있다. 추가적인 연구와 실무 경험을 통해 당신은 상담에 대한 개인적인 관점을 계속 확대하고 개선해 나갈 것이다.

참고문헌

Altman, N. (2013). Psychoanalytic therapy. In J. Frew & M. Spiegler (Eds.), *Contemporary psychotherapies for a diverse world* (pp. 39-86). New York, NY: Routledge.

American Counseling Association (2014). *ACA code of ethics*. Alexandria, VA: Author.

Antony, M. M. (2019). Behavior therapy. In D. Wedding & R. J. Corsini (Eds.), *Current psychotherapies* (11th ed., pp. 199-236). Boston, MA: Cengage Learning.

Batten, S. V., & Ciarrochi, J. V. (2015). Acceptance and commitment therapy. In E. Neukrug (Ed.), *The Sage encyclopedia of theory in counseling and psycho-therapy* (Vol. 1, pp. 7-10). Thousand Oaks, CA: Sage.

Beck, A. T. (1976). *Cognitive therapy and emotional disorders*. New York, NY: International Universities Press.

Beck, A. T., & Weishaar, M. E. (2019). Cognitive therapy. In D. Wedding & R. J. Corsini (Eds.), *Current psychotherapies* (11th ed., pp. 237-272). Boston, MA: Cengage Learning.

Beck, J. S. (2005). *Cognitive therapy for challenging problems*. New York, NY: Guilford Press.

Beck, J. S. (2011). *Cognitive behavior therapy: Basics and beyond* (2nd ed.). New York, NY: Guilford Press.

Bitter, J. R. (2014). *Theory and practice of family therapy and counseling* (2nd ed.). Boston, MA: Cengage Learning.

Bitter, J. R., & Byrd, R. (2011). Human conversations: Self-disclosure and storytelling in Adlerian family therapy. *Journal of Individual Psychology*, 67, 304-323.

Bitter, J. R., & Carlson, J. (2017). Adlerian thoughts and process in systems of family therapy. *Journal of Individual Psychology*, 73, 307-327.

Blatner, A. (1996). *Acting-in: Practical applications of psychodramatic methods* (3rd ed.). New York, NY: Springer.

Blatner, A. (2006). Current trends in psychodrama. *International Journal of Psychotherapy, 11*, 43-53.

Bohart, A. C., & Tallman, K. (2010). Clients: The neglected common factor in psychotherapy. In B. L. Duncan, S. D. Miller, B. E. Wampold, & M. A. Hubble (Eds.), *The heart and soul of change: Delivering what works in therapy* (2nd ed., pp. 83–111). Washington, DC: American Psychological Association.

Brown, L. (2018). *Feminist therapy* (2nd ed.). Washington, DC: American Psychological Association.

Cain, D. J. (2010). *Person–centered psychotherapies*. Washington, DC: American Psychological Association.

Cain, D. J. (2016). Toward a research–based integration of optimal practices of humanistic psychotherapy. In D. J. Cain, K. Keenan, & S. Rubin (Eds.), *Humanistic psychotherapies: Handbook of research and practice* (2nd ed., pp. 485–535). Washington, DC: American Psychological Association.

Carlson, J., Watts, R. E., & Maniacci, M. (2006). *Adlerian therapy: Theory and practice*. Washington DC: American Psychological Association.

Carlson, J. D., & Englar–Carlson, M. (2017). *Adlerian psychotherapy*. Washington DC: American Psychological Association.

Cashwell, C. S., & Young, J. S. (2011). *Integrating spirituality and religion into counseling: A guide to competent practice* (2nd ed.). Alexandria, VA: American Counseling Association.

Comas–Diaz, L. (2019). Multicultural theories of psychotherapy. In D. Wedding & R. J. Corsini (Eds.), *Current psychotherapies* (11th ed., pp. 561–598). Boston, MA: Cengage Learning.

Corey, G. (2010). *Creating your professional path: Lessons from my journey*. Alexandria, VA: American Counseling Association.

Corey, G. (2013). *Case approach to counseling and psychotherapy* (8th ed.). Boston, MA: Cengage Learning.

Corey, G. (2015). Eclecticism. In E. Neukrug (Ed.), *The Sage encyclopedia of theory in counseling and psychotherapy* (Vol. 1, pp. 307–310). Thousand Oaks, CA: Sage.

Corey, G. (2016). *Theory and practice of group counseling* (9th ed.). Boston, MA: Cengage Learning.

Corey, G. (2017). *Theory and practice of counseling and psychotherapy* (10th ed.). Boston, MA: Cengage Learning.

Corey, G., Corey, M., & Corey, C. (2019). *Issues and ethics in the helping pro–fessions* (10th ed.). Boston, MA: Cengage Learning.

Corey, G., Muratori, M., Austin, J., & Austin, J. (2018). *Counselor self–care*. Alexandria, VA: American Counseling Association.

Cormier, S., Nurius, P. S., & Osborn, C. (2017). *Interviewing and change strat–egies for helpers* (8th ed.). Boston, MA: Cengage Learning.

Craig, M., Vos, J., Cooper, M., & Correia, E. A. (2016). Existential psychotherapies. In D. J. Cain, K. Keenan, & S. Rubin (Eds.), *Humanistic psychotherapies: Handbook of research and practice* (2nd ed., pp. 283-317). Washington, DC: American Psychological Association.

Craske, M. G. (2017). *Cognitive–behavioral therapy* (2nd ed.). Washington, DC: American Psychological Association.

Currier, J. M., Pearce, M., Carroll, T. D., & Koenig, H. G. (2018). Military veterans' preferences for incorporating spirituality in psychotherapy or counseling. *Professional Psychology: Research and Practice, 49*, 39-47.

Dattilio, F. (2010). *Cognitive–behavioral therapy with couples and families: A comprehensive guide for clinicians*. New York, NY: Guilford Press.

Davis, D., & Younggren, J. N. (2009). Ethical competence in psychotherapy termination. *Professional Psychology: Research and Practice, 40*, 572-578.

Dean, L. (2015). Motivational interviewing. In E. Neukrug (Ed.), *The Sage ency–clopedia of theory in counseling and psychotherapy* (Vol. 2, pp. 668-672). Thousand Oaks, CA: Sage.

de Shazer, S. (1985). *Keys to solutions in brief therapy*. New York, NY: Norton.

de Shazer, S. (1988). *Clues: Investigating solutions in brief therapy*. New York, NY: Norton.

de Shazer, S. (1991). *Putting difference to work*. New York, NY: Norton.

de Shazer, S., & Dolan, Y. M. (with Korman, H., Trepper, T., McCullom, E., & Berg, I. K.). (2007). *More than miracles: The state of the art of solution –focused brief therapy*. New York, NY: Haworth Press.

DiGiuseppe, R., David, D., & Venezia, R. (2016). Cognitive theories. In J. Norcross, G. R. VandenBos, & D. K. Freedheim (Eds.), APA *handbook of clinical psychology* (Vol. 2, pp. 145-182). Washington, DC: American Psychological Association.

DiGiuseppe, R., Venezia, R., & Gotterbarn, R. (2018). What is cognitive behavior therapy? In A. Vernon & K. A. Doyle (Eds.), *Cognitive behavior therapies: A guidebook for practitioners* (pp. 1-35). Alexandria, VA: American Counseling Association.

Dobson, D., & Dobson, K. S. (2017). *Evidence–based practice of cognitive–behavioral therapy* (2nd ed.). New York, NY: Guilford Press.

Duncan, B. L., Miller, S. D., & Sparks, J. A. (2004). *The heroic client: A revolu–tionary way to improve effectiveness through client–directed, out–come–informed therapy*. San Francisco, CA: Jossey–Bass.

Duncan, B. L., Miller, S. D., Wampold, B. E., & Hubble, M. A. (Eds.). (2010). *The heart and soul of change: Delivering what works in therapy* (2nd ed.). Washington DC: American Psychological Association.

Elkins, D. N. (2009). *Humanistic psychology: A clinical manifesto*. Colorado Springs, CO: University of the Rockies Press.

Elkins, D. N. (2016). *The human elements of psychotherapy: A nonmedical model of emotional healing*. Washington, DC: American Psychological Association.

Ellis, A. (1962). *Reason and emotion in psychotherapy*, New York, NY: Harper.

Ellis, A. (2001). *Overcoming destructive beliefs, feelings, and behaviors*. Amherst, NY: Prometheus Books.

Ellis, A., & Ellis, D. J. (2011). *Rational emotive behavior therapy*. Washington, DC: American Psychological Association.

Ellis, A., & Ellis, D. J. (2019). Rational emotive behavior therapy. In D. Wedding & R. J. Corsini (Eds.), *Current psychotherapies* (11th ed., pp. 157-198). Boston, MA: Cengage Learning.

Fishman, D. B. (2016). Behavioral theories. In J. Norcross, G. R. VandenBos, & D. K. Freedheim (Eds.), *APA handbook of clinical psychology* (Vol. 2, pp. 79-115). Washington, DC: American Psychological Association.

Follette, V. M., & Hazlett-Stevens, H. (2016). Mindfulness and acceptance theories. In J. Norcross, G. R. VandenBos, & D. K. Freedheim (Eds.), *APA handbook of clinical psychology* (Vol. 2, pp. 273-302). Washington, DC: American Psychological Association.

Frew, J. (2017). Key concepts from Gestalt therapy for non-Gestalt therapists. Counseling *Today, 59*(12), 46-51.

Frew, J., & Spiegler, M. D. (2013). *Contemporary psychotherapies for a diverse world* (Rev. ed.). New York, NY: Taylor & Francis.

Geller, J. D., Norcross, J. C., & Orlinsky, D. E. (Eds.). (2005). *The psychotherapist's own psychotherapy: Patient and clinician perspectives*. New York, NY: Oxford University Press.

Gelso, C. J. (2011). *The real relationship in psychotherapy: The hidden foundation of change*. Washington, DC: American Psychological Association.

Germer, C. K. (2013). Mindfulness: What is it? What does it matter? In C. K. Germer, R. D. Siegel, & P. R. Fulton (Eds.), *Mindfulness and psychotherapy* (pp. 3-35). New York, NY: Guilford Press.

Ginicola, M. M., Filmore, J. M., & Smith, C. (2017). Developing competence in working with LGBTQ+ communities: Awareness, knowledge, skills, and action. In M. M. Ginicola, C. Smith, & J. M. Filmore (Eds.), *Affirmative counseling with LGBTQI+ people* (pp. 3-20). Alexandria, VA: American Counseling Association.

Ginicola, M. M., Smith, C., & Filmore, J. M. (Eds.). (2017). *Affirmative counseling with LGBTQI+ people*. Alexandria, VA: American Coun\-seling Association.

Glasser, W. (1998). *Choice theory: A new psychology of personal freedom*. New

York, NY: HarperCollins.

Glasser, W. (2001). *Counseling with choice theory: The new reality therapy*. New York, NY: HarperCollins.

Goldfried, M. R., Glass, C. R., & Arnkoff, D. B. (2011). Integrative approaches to psychotherapy. In J. C. Norcross, G. R. VandenBos, & D. K. Freedheim (Eds.), *History of psychotherapy* (2nd ed., pp. 269-296). Washington, DC: American Psychological Association.

Gonzales, D. M. (2016). Client variables and psychotherapy outcomes. In D. J. Cain, K. Keenan, & S. Rubin (Eds.), *Humanistic psychotherapies: Handbook of research and practice* (2nd ed., pp. 455-482). Washington, DC: American Psychological Association.

Goodrich, K. M., & Ginicola, M. M. (2017). Evidence-based practice for coun-seling the LGBTQI+ population. In M. M. Ginicola, C. Smith, & J. M. Filmore (Eds.), *Affirmative counseling with LG\-BTQI+ people* (pp. 97-107). Alexandria, VA: American Counsel\-ing Association.

Greenberg, L. S. (2017). *Emotion-focused therapy* (Rev. ed.). Washington, DC: American Psychological Association.

Hayes, J. A., Gelso, C. J., & Hummel, A. M. (2011). Management of countertransference. In J. C. Norcross (Ed.), *Psychotherapy relationships that work: Evidence-based responsiveness* (2nd ed., pp. 239-258). New York, NY: Oxford University Press.

Hayes, S. C., & Lillis, J. (2012). *Acceptance and commitment therapy*. Washington, DC: American Psychological Association.

Hayes, S. C., Strosahl, K. D., & Wilson, K. G. (Eds.). (2011). *Acceptance and commitment therapy: The process and practice of mindful change* (2nd ed.). New York, NY: Guilford Press.

Hays, P. A. (2009). Integrating evidence-based practice, cognitive-behavior therapy, and multicultural therapy: Ten steps for culturally competent practice. *Professional Psychology: Research and Practice*, *40*, 354-360.

Hays, P. A. (2016). *Addressing cultural complexities in practice: Assess\-ment, diagnosis, and therapy* (2nd ed.). Washington, DC: American Psychological Association.

Hoyt, M. F. (2009). *Brief psychotherapies: Principles and practices*. Phoenix, AZ: Zeig, Tucker & Theisen.

Hoyt, M. F. (2015). Brief therapy. In E. Neukrug (Ed.), *The Sage encyclopedia of theory in counseling and psychotherapy* (Vol. 1, pp. 144-147). Thousand Oaks, CA: Sage.

Hubble, M. A., Duncan, B. L., Miller, S. D., & Wampold, B. E. (2010). Introduction. In B. L. Duncan, S. D. Miller, B. E. Wampold, & M. A. Hubble

(Eds.), *The heart and soul of change: Delivering what works in therapy* (2nd ed., pp. 23-46). Washington DC: American Psychological Association.

Johnson, R. (2013). *Spirituality in counseling and psychotherapy: An integrative approach that empowers clients*. Hoboken, NJ: Wiley.

Kabat-Zinn, J. (1990). *Full catastrophe living: Using the wisdom of your body and mind to face stress, pain, and illness*. New York, NY: Dell.

Kabat-Zinn, J. (2003). Mindfulness-based interventions in context: Past, present and future. *Clinical Psychology: Science and Practice, 10*, 144-156.

Kazantzis, N., Dattilio, F. M., & Dobson, K. S. (2017). *The therapeutic relationship in cognitive-behavioral therapy: A clinician's guide*. New York, NY: Guilford Press.

Keenan, K., & Rubin, S. (2016). The good therapist: Evidence regarding the therapist's contribution to psychotherapy. In D. J. Cain, K. Keenan, & S. Rubin (Eds.), *Humanistic psychotherapies: Handbook of research and practice* (2nd ed., pp. 421-454). Washington, DC: American Psychological Association.

Kelley, G. B. (2018). Multimodal therapy. In A. Vernon & K. A. Doyle (Eds.), *Cognitive behavior therapies: A guidebook for practitioners* (pp. 143-176). Alexandria, VA: American Counseling Association.

Kelly, C., & Robinson, D. M. (2018). Dialectical behavior therapy. In A. Vernon & K. A. Doyle (Eds.), *Cognitive behavior therapies: A guidebook for practitioners* (pp. 209-245). Alexandria, VA: American Counseling Association.

Kernberg, O. F. (1997). Convergences and divergences in contemporary psychoanalytic technique and psychoanalytic psychotherapy. In J. K. Zeig (Ed.), *The evolution of psychotherapy: The third conference* (pp. 3-22). New York, NY: Brunner/Mazel.

Kottler, J. A., & Balkin, R. (2017). *Relationships in counseling and the counselor's life*. Alexandria, VA: American Counseling Association.

Krebs, P. M., Norcross, J. C., Nicholson, J. M., & Prochaska, J. O. (2018). Stages of change and psychotherapy outcome: A review and meta-analysis. *Journal of Clinical Psychology: In Session*.

Kuo, J. R., & Fitzpatrick, S. (2015). Dialectical behavior therapy. In E. Neukrug (Ed.), *The Sage encyclopedia of theory in counseling and psychotherapy* (Vol. 1, pp. 292-297). Thousand Oaks, CA: Sage.

Lambert, M. J. (2011). Psychotherapy research and its achievements. In J. C. Norcross, G. R. VandenBos, & D. K. Freedheim (Eds.), *History of psychotherapy* (2nd ed., pp. 299-332). Washington, DC: American Psychological Association.

Lazarus, A. A. (1997a). *Brief but comprehensive psychotherapy: The multimodal way*. New York, NY: Springer.

Lazarus, A. A. (1997b). Can psychotherapy be brief, focused, solution-oriented, and yet comprehensive? A personal evolutionary perspective. In J. K. Zeig (Ed.), *The evolution of psychotherapy: The third conference* (pp. 83–94). New York, NY: Brunner/Mazel.

Lazarus, A. A. (2005). Multimodal therapy. In J. C. Norcross & M. R. Goldfried (Eds.), *Handbook of psychotherapy integration* (2nd ed., pp. 105–120). New York, NY: Oxford University Press.

Lazarus, A. A. (2006). Multimodal therapy: A seven–point integration. In G. Stricker & J. Gold (Eds.), *A casebook of psychotherapy integration* (pp. 17–28). Washington, DC: American Psychological Association.

Lazarus, A. A. (2008). Multimodal therapy. In R. J. Corsini & D. Wedding (Eds.), *Current psychotherapies* (8th ed., pp. 368–401). Belmont, CA: Brooks/Cole.

Ledley, D. R., Marx, B. P., & Heimberg, R. G. (2018). *Making cognitive–behavioral therapy work: Clinical process for new practitioners* (3rd ed.). New York, NY: Guilford Press.

Lee, C. C. (Ed.). (2018). *Counseling for social justice* (3rd ed.). Alexandria, VA: American Counseling Association Foundation.

Lee, C. C. (Ed.). (2019). *Multicultural issues in counseling: New approaches to diversity* (5th ed.). Alexandria, VA: American Counseling Association.

Levenson, H. (2017). *Brief dynamic therapy* (2nd ed.). Washington, DC: American Psychological Association.

Linehan, M. M. (1993a). *Cognitive–behavioral treatment of borderline personality disorder*. New York, NY: Guilford Press.

Linehan, M. M. (1993b). *Skills training manual for treating borderline personality disorder*. New York, NY: Guilford Press.

Linehan, M. M. (2015). *DBT skills training manual* (2nd ed.). New York, NY: Guilford Press.

Maniacci, M. P., & Sackett–Maniacci, L. (2019). Adlerian psychotherapy. In D. Wedding & R. J. Corsini (Eds.), *Current psychotherapies* (11th ed., pp. 59–100). Boston, MA: Cengage Learning.

Marlatt, G. A., & Donovan, D. M. (Eds.). (2007). *Relapse prevention: Maintenance strategies in the treatment of addictive behaviors* (2nd ed.). New York, NY: Guilford Press.

Matu, S. A. (2018). Cognitive therapy. In A. Vernon & K. A. Doyle (Eds.), *Cognitive behavior therapies: A guidebook for practitioners* (pp. 75–108). Alexandria, VA: American Counseling Association.

McGoldrick, M., Giordano, J., & Garcia–Preto, N. (2005). *Ethnicity and family therapy* (3rd ed.). New York, NY: Guilford Press.

Meichenbaum, D. (2007). Stress inoculation training: A preventive and treatment approach. In P. M. Lehrer, R. L. Woolfolk, & W. Sime (Eds.), *Principles and practices of stress management* (3rd ed., pp. 497–518). New York, NY: Guilford Press.

Meichenbaum, D. (2008). Stress inoculation training. In W. O'Donohue & J. E. Fisher (Eds.), *Cognitive behavior therapy: Applying empirically supported techniques in your practice* (2nd ed., pp. 529–532). Hoboken, NJ: Wiley.

Meichenbaum, D. (2012). *Roadmap to resilience: A guide for military, trauma victims and their families*. Clearwater, FL: Institute Press.

Meichenbaum, D. (2017). *The evolution of cognitive behavior therapy: A personal and professional journey with Don Meichenbaum*. New York, NY: Taylor & Francis.

Miller, R., & Dillman Taylor, D. (2016). Does Adlerian theory stand the test of time? Examining individual psychology from a neuroscience perspective. *Journal of Humanistic Counseling, 55*, 111–128.

Miller, S. D., Hubble, M. A., Duncan, B. L., & Wampold, B. E. (2010). Delivering what works. In B. L. Duncan, S. D. Miller, B. E. Wampold, & M. A. Hubble (Eds.), *The heart and soul of change: Delivering what works in therapy* (2nd ed., pp. 421–429). Washington, DC: American Psychological Association.

Miller, S. D., Hubble, M. A., & Seidel, J. (2015). Feedback–informed treat\–ment. In E. Neukrug (Ed.), *The Sage encyclopedia of theory in coun–seling and psychotherapy* (Vol. 1, pp. 401–403). Thousand Oaks, CA: Sage.

Miller, W. R., & Rollnick, S. (2013). *Motivational interviewing: Helping people change* (3rd ed.). New York, NY: Guilford Press.

Moffatt, G. K. (2018). Ethics, religion and diversity. *Counseling Today, 60*(8), 42–47.

Morgan, W. D., Morgan, S. T., & Germer, C. K. (2013). Cultivating attention and compassion. In C. K. Germer, R. D. Siegel, & P. R. Fulton (Eds.), *Mindfulness and psychotherapy* (pp. 76–93). New York, NY: Guilford Press.

Murphy, J. J. (2015). *Solution–focused counseling in schools* (3rd ed.). Alexandria, VA: American Counseling Association.

Naar, S., & Safren, S. A. (2017). *Motivational interviewing and CBT: Combining strategies for maximum effectiveness*. New York, NY: Guilford Press.

Neukrug, E. (2018). *Counseling theory and practice* (2nd ed.). Sorrento Valley, CA: Cognella Academic.

Newring, K. A. B., Loverich, T. M., Harris, C. D., & Wheeler, J. (2008). In W. O'Donohue & J. E. Fisher (Eds.), *Cognitive behavior therapy: Applying em–pirically supported techniques in your practice* (2nd ed., pp. 422–433). Hoboken, NJ: Wiley.

Norcross, J. C., & Beutler, L. E. (2019). Integrative psychotherapies. In D. Wedding & R. J. Corsini (Eds.), *Current psychotherapies* (11th ed., pp.

527–560). Boston, MA: Cengage Learning.
Norcross, J. C., & Goldfried, M. R. (Eds.). (2019). *Handbook of psychotherapy integration* (3rd ed.). New York, NY: Oxford University Press.
Norcross, J. C., Goldfried, M. R., & Arigo, D. (2016). Integrative theories. In J. C. Norcross, G. R. VandenBos, & D. K. Freedheim (Eds.), *APA handbook of clinical psychology* (Vol. 2, pp. 303–332). Washington, DC: American Psychological Association.
Norcross, J. C., Hogan, T. P., Koocher, G. P., & Maggio, L. A. (2017). *Clinician's guide to evidence–based practices: Behavioral health and addictions* (2nd ed.). New York, NY: Oxford University Press.
Norcross, J. C., & Lambert, M. J. (Eds.). (2019). *Psychotherapy relationships that work* (3rd ed.). New York, NY: Oxford University Press.
Norcross, J. C., Pfund, R. A., & Prochaska, J. O. (2013). Psychotherapy in 2022: A Delphi poll on its future. *Professional Psychology: Research and Practice*, 44, 363–370.
Norcross, J. C., & VandenBos, G. R. (2018). *Leaving it at the office: A guide to psychotherapist self–care* (2nd ed.). New York, NY: Guilford Press.
Norcross, J. C., Zimmerman, B. E., Greenberg, R. P., & Swift, J. K. (2017). Do all therapists do that when saying goodbye? A study of commonalities in termi–nation behaviors. *Psychotherapy, 54*, 66–75
Pantaleno, A., & Sisti, M. (2018). Mindfulness. In A. Vernon & K. A. Doyle (Eds.), *Cognitive behavior therapies: A guidebook for practitioners* (pp. 247–280). Alexandria, VA: American Counseling Association.
Pascual–Leone, A., Paivio, S., & Harrington, S. (2016). Emotion in psy\–cho–therapy: An experiential–humanistic perspective. In D. J. Cain, K. Keenan, & S. Rubin (Eds.), *Humanistic psychotherapies: Handbook of research and practice* (2nd ed., pp. 147–181). Washington, DC: American Psychological Association.
Paul, G. L. (1967). Outcome research in psychotherapy. *Journal of Consulting Psychology, 31*, 109–188.
Pedersen, P. B. (2008). Ethics, competence, and professional issues in cross–cultural counseling. In P. B. Pedersen, J. G. Draguns, W. E. Lonner, & J. E. Trimble (Eds.), *Counseling across cultures* (6th ed., pp. 5–20). Thousand Oaks, CA: Sage.
Phillips, F. B. (1990). NTU psychotherapy: An Afrocentric approach. *Journal of Black Psychology, 17*, 55–74.
Podina, I. R., & David, D. (2018). Acceptance and commitment therapy. In A. Vernon & K. A. Doyle (Eds.), *Cognitive behavior therapies: A guidebook for practitioners* (pp. 177–208). Alexandria, VA: American Counseling Association.

Polanchek, S., & Shaw, S. (2015). Ten intimate relationship research findings every counselor should know. *Counseling Today, 58*(6), 34-39.

Polster, E. (1987). Escape from the present: Transition and storyline. In J. K. Zeig (Ed.), *The evolution of psychotherapy* (pp. 326-340). New York, NY: Brunner/Mazel.

Polster, E. (2015). *Beyond therapy: Igniting life focus community movements.* New Brunswick, NJ: Transaction.

Polster, E., & Polster, M. (2000). *From the radical center: The heart of Gestalt therapy.* Cleveland, OH: Gestalt Institute of Cleveland.

Prescott, D. S., Maeschalck, C. L., & Miller, S. D. (Eds.). (2017). *Feedback-informed treatment in clinical practice: Reaching for excellence.* Washington, DC: American Psychological Association.

Prochaska, J. O., & DiClemente, C. C. (2005). The transtheoretical approach. In J. C. Norcross & M. R. Goldfried (Eds.), *Handbook of psychotherapy integration* (2nd ed., pp. 147-171). New York, NY: Oxford University Press.

Prochaska, J. O., & Norcross, J. C. (2018). *Systems of psychotherapy: A transtheoretical analysis* (9th ed.). New York, NY: Oxford University Press.

Rashid, T., & Seligman, M. (2019). Positive psychology. In D. Wedding & R. J. Corsini (Eds.), *Current psychotherapies* (11th ed., pp. 481-526). Boston, MA: Cengage Learning.

Rasmussen, P. R. (2010). *The quest to feel good.* New York, NY: Taylor & Francis.

Ratts, M. J., & Butler, S. K. (in press). *Multicultural and social justice counseling competencies: A blueprint for the profession.* Alexandria, VA: American Counseling Association.

Remer, P. (2013). Feminist therapy. In J. Frew & M. D. Spiegler (Eds.), *Contemporary psychotherapies for a diverse world* (pp. 339-372). New York, NY: Routledge.

Robins, C. J., & Rosenthal, M. Z. (2011). Dialectical behavior therapy. In J. D. Herbert & E. M. Forman (Eds.), *Acceptance and mindfulness in cognitive behavior therapy: Understanding and applying the new therapies* (pp. 164-209). Hoboken, NJ: Wiley.

Rogers, C. (1957). The necessary and sufficient conditions of therapeutic personality change. *Journal of Consulting Psychology, 21*, 95-103.

Rogers, C. (1961). *On becoming a person.* Boston, MA: Houghton Mifflin.

Rogers, C. (1980). *A way of being.* Boston, MA: Houghton Mifflin.

Rousmaniere, T. (2016). *Deliberate practice for psychotherapists: A guide to improving clinical effectiveness.* New York, NY: Routledge.

Rousmaniere, T., Goodyear, R. K., Miller, S. D., & Wampold, B. E. (Eds.).

(2017). *The cycle of excellence: Using deliberate practice to improve supervision and training*. Hoboken, NJ: Wiley.

Sahker, E. (2016). Therapy with the nonreligious: Ethical and clinical considerations. *Professional Psychology: Research and Practice*, *47*, 295-302.

Schneider, K. J. (Ed.). (2008). *Existential-integrative psychotherapy: Guideposts to the core of practice*. New York, NY: Routledge.

Schneider, K. J., & Krug, O. T. (2017). *Existential-humanistic therapy* (2nd ed.). Washington, DC: American Psychological Association.

Segal, Z. V., Williams, J. M. G., & Teasdale, J. D. (2013). *Mindfulness-based cognitive therapy for depression* (2nd ed.). New York, NY: Guilford Press.

Sharf, R. S. (2016). *Theories of psychotherapy and counseling: Concepts and cases* (6th ed.). Boston, MA: Cengage Learning.

Siegel, R. D. (2010). *The mindfulness solution: Everyday practices for everyday problems*. New York, NY: Guilford Press.

Sperry, J., & Sperry, L. (2018). *Cognitive behavior therapy in counseling practice*. New York: Routledge.

Stebnicki, M. A. (2008). *Empathy fatigue: Healing the mind, body, and spirit of professional counselors*. New York, NY: Springer.

Stricker, G. (2010). *Psychotherapy integration*. Washington, DC: American Psychological Association.

Sue, D. W., & Sue, D. (2016). *Counseling the culturally diverse: Theory and practice* (7th ed.). New York, NY: Wiley.

Teyber, E., & Teyber, F. H. (2017). *Interpersonal process in therapy: An integrative model* (7th ed.). Boston, MA: Cengage Learning.

van Deurzen, E. (2010). *Everyday mysteries: A handbook of existential psychotherapy* (2nd ed.). London, United Kingdom: Routledge.

van Deurzen, E. (2012). *Existential counselling and psychotherapy in practice* (3rd ed.). London, United Kingdom: Sage.

Vernon, A., & Doyle, K. A. (Eds.). (2018). *Cognitive behavior therapies: A guidebook for practitioners*. Alexandria, VA: American Counseling Association.

Vontress, C. E. (2013). Existential therapy. In J. Frew & M. D. Spiegler (Eds.), *Contemporary psychotherapies for a diverse world* (pp. 131-164). New York, NY: Routledge.

Walsh, R., & Vaughan, F. (2019). Mindfulness and other contemplative psychotherapies. In D. Wedding & R. J. Corsini (Eds.), *Current psychotherapies* (11th ed., pp. 429-480). Boston, MA: Cengage Learning.

Wampold, B. E. (2001). *The great psychotherapy debate: Models, methods, and findings*. Mahwah, NJ: Erlbaum.

Wampold, B. E. (2010). *The basics of psychotherapy: An introduction to theory and practice*. Washington, DC: American Psychological Association.

Wampold, B. E., & Imel, Z. E. (2015). *The great psychotherapy debate: The evi-dence for what makes psychotherapy work* (2nd ed.). New York, NY: Routledge.

Wedding, D., & Corsini, R. J. (Eds.). (2019). *Current psychotherapies* (11th ed.). Boston, MA: Cengage Learning.

Weiten, W., Dunn, D. S., & Hammer, E. Y. (2018). *Psychology applied to modern life: Adjustment in the 21st century* (12th ed.). Boston, MA: Cengage Learning.

Wheeler, G., & Axelsson, L. S. (2015). *Gestalt therapy*. Washington, DC: American Psychological Association.

White, M., & Epston, D. (1990). *Narrative means to therapeutic ends*. New York, NY: Norton.

Woldt, A., & Toman, S. (Eds.). (2005). *Gestalt therapy: History, theory, and practice*. Thousand Oaks, CA: Sage.

Woolfolk, R. L. (2015). *The value of psychotherapy: The talking cure in an age of clinical science*. New York, NY: Guilford Press.

Wubbolding, R. E. (2000). *Reality therapy for the 21st century*. Muncie, IN: Accelerated Development.

Wubbolding, R. E. (2011). *Reality therapy*. Washington, DC: American Psychological Association.

Wubbolding, R. E. (2013). Reality therapy. In J. Frew & M. D. Spiegler (Eds.), *Contemporary psychotherapies for a diverse world* (pp. 339-372). New York, NY: Taylor & Francis.

Wubbolding, R. E. (2016). Reality therapy/choice theory. In D. Capuzzi & M. D. Stauffer (Eds.), *Counseling and psychotherapy: Theories and interventions* (6th ed., pp. 311-338). Alexandria, VA: American Counseling Association.

Wubbolding, R. E. (2017). *Reality therapy and self-evaluation: The key to client change*. Alexandria, VA: American Counseling Association.

Wubbolding, R. E., Casstevens, W. J., & Fulkerson, M. H. (2017). Using the WDEP system of reality therapy to support person-centered treatment planning. *Journal of Counseling & Development, 95*, 472-477.

Yalom, I. D., & Josselson, R. (2019). Existential psychotherapy. In D. Wedding & R. J. Corsini (Eds.), *Current psychotherapies* (11th ed., pp. 273-308). Boston, MA: Cengage Learning.

Yontef, G., Jacobs, L., & Bowman, C. (2019). Gestalt therapy. In D. Wedding & R. J. Corsini (Eds.), *Current psychotherapies* (11th ed., pp. 309-348). Boston, MA: Cengage Learning.

Young, J. S., & Cashwell, C. S. (2011). Where do we go from here? In C. S. Cashwell & J. S. Young (Eds.), *Integrating spirituality and religion into counseling: A guide to competent practice* (2nd ed., pp. 279–289). Alexandria, VA: American Counseling Association.

찾아보기(인명)

찾아보기(사항)

ㅇ

ㅈ

기타

역자 소개

이상민

고려대학교 교육학과 상담전공 교수, 플로리다 대학교 학교상담 전공 박사, 상담심리전문가

이태림

고려대학교 교육학과 학사·석사 졸업, 박사과정 재학중(상담전공)

고혜연

고려대학교 교육학과 상담전공 석사 졸업, 박사과정생

이장희

고려대학교 교육학과 상담전공 석사 졸업, 박사과정 재학(상담전공), 한국고용정보원 연구원

남지은

이화여자대학교 교육대학원 상담심리전공 교수, 서울대학교 교육학과 석사/박사,
미국 Wellesley대학교 심리학과 학사, 전문상담사

제4판
상담과 심리치료의 통합적 접근

제 4 판발행 2021년 3월 10일
중판발행 2023년 8월 10일

지은이 Gerald Corey
옮긴이 이상민 · 이태림 · 고혜연 · 이장희 · 남지은
펴낸이 노 현

편 집 전채린
표지디자인 조아라
제 작 고철민 · 조영환

펴낸곳 ㈜ 피와이메이트
서울특별시 금천구 가산디지털2로 53 한라시그마밸리 210호(가산동)
등록 2014. 2. 12. 제2018-000080호
전 화 02)733-6771
f a x 02)736-4818
e-mail pys@pybook.co.kr
homepage www.pybook.co.kr
ISBN 979-11-6519-142-9 93180

* 파본은 구입하신 곳에서 교환해 드립니다. 본서의 무단복제행위를 금합니다.

정 가 16,000원

박영스토리는 박영사와 함께하는 브랜드입니다.